圖一、宮女圖　永泰公主李仙蕙墓壁畫

命運無常。武則天也曾是這三千後宮中的一員，嫵媚婉轉，婀娜多姿。最初的時刻，誰曾想到她能一飛沖天，成為一代女皇？

死生無常。年方十七歲的李仙蕙，身懷六甲，卻死於非命。生為武則天的的孫女兒，既是她的榮耀，又是她的悲哀。（詳見本書第二十九回〈二張亂政〉）

圖二、觀鳥捕蟬圖　章懷太子李賢墓壁畫

「風暖鳥聲碎，日高花影重。」觀賞飛鳥，傾聽蟬鳴，寂寞中，多少宮女就這樣打發著漫長的歲月。但深宮之中也同樣存在著血影刀光。太子李賢，本可以成為一代名君，卻死於武則天的魔掌，先廢後殺，或許，他果真非武則天親生？（詳見本書第十五回〈李賢之廢〉）

圖三、騎馬女子俑　阿斯塔那墓出土

氣定神閒的女子騎在馬背上，這是一個多麼令人神往的時代。美女和駿馬，刻畫著屬於大唐的浪漫與勇氣，一起構成了我們心目中的皇皇盛唐。馬上女子頭戴流行的幃帽，眉心貼著漂亮的花鈿，身著高腰的長裙，這可是當時非常時髦的打扮。

圖四、男裝的侍女　房陵公主墓壁畫

男式胡服是唐朝前期婦女的時髦裝束。男女、內外、陰陽，這曾經是何等嚴格的秩序規範！但是圖中侍女，卻一身男裝，英姿颯爽。襁褓中的武則天，就曾身著男裝，她的女兒太平公主也酷愛戎裝。也許正是這個性別界限模糊、觀念寬容開放的時代才給了武則天一個雄飛的機會？

蒙曼說唐——

武則天

蒙曼——著

他們的推薦，肯定《蒙曼說唐：武則天》

公孫策　名作家
何飛鵬　家庭傳媒集團首席執行長
邱文仁　知名行銷人
金惟純　《商業周刊》榮譽發行人
易中天　《品三國》作者
孟憲實　《孟憲實講唐史：從玄武門之變到貞觀之治》作者
張鈞甯　名演員
張國立　名作家
陳　浩　媒體人
陳鳳馨　媒體人
馮翊綱　【相聲瓦舍】創辦人、政大廣電系副教授
雷　倩　知名企業家、前立委
楊　澤　名作家
楊　照　名作家
趙　薇　作家／主持人
蝴　蝶　名作家

（依姓氏筆劃順序）

臺灣版／序言

拙著《蒙曼說唐：武則天》在臺灣出版，蒙麥田公司邀請，寫幾句話給臺灣的讀者朋友。臺灣究竟是什麼樣子的，對我來說還僅僅是夢中風物，未得親瞻其儀，但接到這個邀請後，我使一直懸想：臺灣的讀者，究竟是些怎樣的人呢？他們又為何非要在浩如煙海的出版物中，獨獨選擇我的這本《武則天》呢？

記得大約在二十年前了，大陸、臺灣和香港差不多同時推出了以《武則天》為主題的電視連續劇，三部片子的插曲也都在街頭巷尾風靡，讓少年時代的我耳熟能詳。當年熱衷於品評三劇的優劣，現在回想起來，倒分不清彼此了，只覺得依稀相似：在一些固有的事件鋪陳和或多或少的藝術想像之外，它們難道不都把視線對準了陰沉詭譎的大內嗎？所有的夢想、陰謀和愛情都在這裡搬演；而最後的慨嘆，不也都落在儒家傳統中，女性創業的艱難和皇權對人性的戕害上嗎？這種影視作品的相似性，可能正是文化同源的緣故吧。雖然現在總體生存環境有異，每個人的經歷更是千差萬別，但是，說起傳統、說起背負著傳統的男男女女，我們之間原本沒有太多的隔閡。我就拿這種文化上的共性來定位臺灣的讀者朋友，因為有對傳統中內外秩序、男女分別、陰陽定位的共同認定，我們才都會帶著驚奇的眼光打量這個離經叛道的女子——武則天何以能夠突破如此眾多的障礙，成就一段千古帝業呢？她的存在，對於我們來說究竟意味著什麼？

我想，根植在我們心中的傳統文化固然是孔孟老莊開創的，其實也是武則天開創的：看看武則天，你才能知道，中國傳統文化的張力究竟有多大；你也才能領略，中國傳統女性的能力究竟有多強。我們正是靠著這種文化的寬容與張力和前人的堅忍與奮鬥才走到今天，我們也將帶著這樣的基因接著走下去。

拙著所企望的，就是和大家一起分享這個存在於我們共同記憶之中的傳奇女子，分享存在於我們共同夢想中的煌煌盛唐，也分享存在於我們心靈深處的文化感悟。我寫出了自己對武則天的理解，諸位讀者朋友又會讀出什麼呢？有人說，一部《紅樓夢》，經學家看見易，道學家看見淫，才子看見纏綿，革命家看見排滿，流言家看見宮闈祕事。其實，任何一部作品，一旦出版，也就有了自身的生命，非復作者所能控制了。現在，由我手邊誕生的這個新生命正在接受著臺灣讀者的評判。至於我本人，只能在萬里之外的北京，惴惴地守望，守望她，也守望著萬千讀書人。

推薦序／

還原武則天的真相

公孫策

武則天是獨一無二的——三十年信史中，唯一一位女性皇帝。相較於其他幾位經常被拿來相提並論的政治女強人，呂后、慈禧太后也都曾在中國傳統的男性政治中，讓所有男人俯首聽命，可是只有武則天「稱帝」。

中國歷史全都是男性中心的儒家學者所修的，所以武則天的「歷史名聲」非常不好。但是隨著兩性平權的觀念日漸普及，這些年來，為武則天「平反」的文章愈來愈多。恕我直言，這些文章總不免流於女性主義的情緒，或「不過正無以矯枉」的偏頗。

「平反」不是報復，所以，最重要的工作是還原真相，否則將不免「平反了這一頭，卻冤枉了那一頭」。

但是，歷史資料就只有史書上記載的這些，人都「作古」上千年了，要如何「還原真相」？這時就得靠作者對人性、對事理的洞悉力與理解力。

蒙曼教授就是這麼一位洞悉人性、熟悉事理的學者，她在講述武則天的時候，的確有引領聽眾進入情境的功力，因而能夠相當程度的還原真相。現在，電視講座的內容以文字呈現，讀者乃得以更冷靜、更有思考空間的方式接觸到武則天，也就是可以因這本書，而看到更接近真相的武則天。

武則天的故事，書中講得非常詳細，不再贅述。這裡提出幾點個人觀點，供讀者做為「貼近武則天」的參考。

首先，武則天是不是一位好皇帝？史書記載了很多武則天的恐怖統治手段，但那些酷吏對付的都是官吏，也就是說，特務橫行是武則天控制政府的手段。以今日民主時代的「人民史觀」來評價政府施政良窳，我們應當更注意「武則天主政時，人民的生活如何？」這個問題的解答不在〈武則天本紀〉裡，而在〈食貨志〉裡：我們看到了「咸亨三年（西元六七二年，武則天當時已代唐高宗裁決政事），關中飢，監察御史王師順奏請運晉、絳州倉粟以贍之：河、渭之間，舟楫相濟」，也就是說糧食漕運京師自武則天時代開始。又，唐太宗時在各地買「義倉」，功能是賑給飢饉，《舊唐書・食貨志》上記載：「高宗、則天數十年間，義倉不許雜用，其後公私窘迫」，也就是說，武則天主政下的中國社會，即使因年歲不好，發生飢饉，災民也能有一口飯吃，而且以後的男性皇帝都做不到，包括「開元之治」。中國歷史上，「搞吃飽」是政府第一要務，三千年歷史中，沒有「吃飽問題」的年代，加起來可能不到十分之一。所以，武則天可以排在前十分之一的名次。

其次，武則天必須一個人（一個女人）對抗一整個大唐帝國李氏皇族，加上一個「上品無寒門」的勢利社會，以及一個對「牝雞司晨」極度敵視的士大夫官僚集團。她如果和一般女性一樣，恪守「三從四德」，大概就只好在感業寺終老了。要曉得，宮廷鬥爭是你死我活、無所不用其極的零合遊戲，失敗者的下場就是腦袋搬家。如果我們讀歷史的人可以接受男性發動鬥爭、兵變、篡位，那就該以同理心看待武則天，否則我們就是性別歧視。如果我們接受「武則天是宮廷權力鬥爭的正常個案」，那麼，對於她之所以採取那些「非凡」手段，自亦可以理解。

但即使她的個性、能力、手腕再怎麼強，若不是剛好遇到一位個性闇弱的唐高宗李治，她又能怎樣？說得再露骨一點，如果拿歷史當做鏡子，武則天這面鏡子照出了男性主義的儒家學者最言行不一的一面。面對一位女皇帝，他們和對男性皇帝一樣：唯唯諾諾、奉命唯謹、甚至拍馬諂媚。什麼「唯女性與小人」，這想到都有罪惡感。——如果還有人要批評武則天，得先承認「絕大多數男性不如這位女性」！

（本文作者為名作家）

目錄

紅塵一世，她寂寞過，抗爭過，成功過，也失敗過。她的時代就在這之間，她的功業也就在這之間。今天，就讓我們翻開史冊，看看究竟是怎樣的巨手，在傳遞著歷史的雄奇與蒼涼吧！

人物關係圖

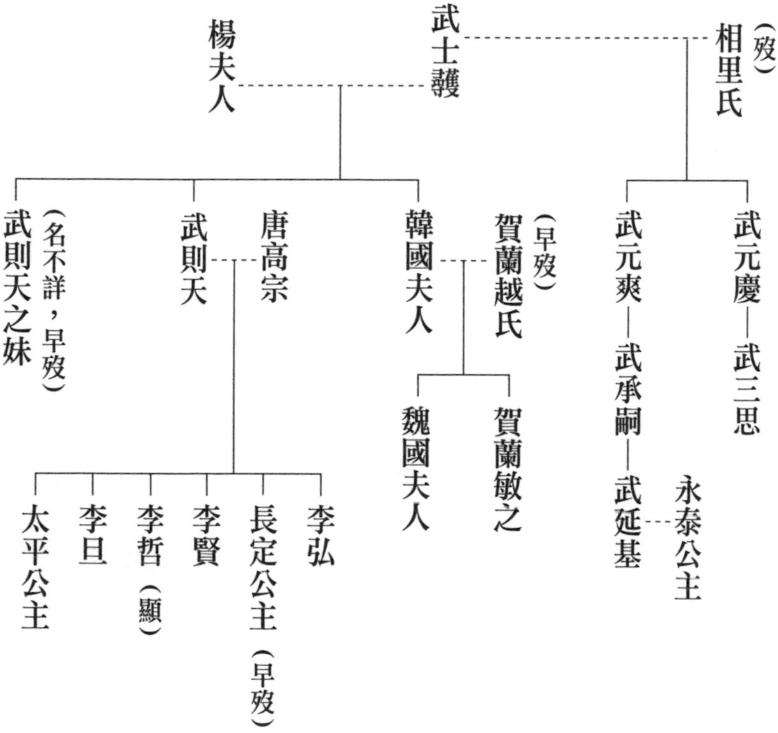
武士彠
楊夫人
相里氏（歿）
武則天之妹（名不詳，早歿）
武則天
唐高宗
韓國夫人
賀蘭越氏（早歿）
武元爽
武元慶
武承嗣
武三思
武延基
永泰公主
魏國夫人
賀蘭敏之
太平公主
李旦
李哲（顯）
李賢
長定公主（早歿）
李弘

引子

歷史是用文字記載下來的。而根據傅柯的看法，文字中早已滲透了權力的改造。一切歷史形象，也因此都在文字中扭曲、變形。這樣看來，儘管歲月留痕，但洛陽奉先寺的盧舍那大佛還是被改造最少的歷史證物——據說，這尊意為光明普照的慈悲之佛，正是依據武則天的形象塑造的。北魏以來，從荒涼邊塞走來的皇帝們，一方面拜倒在佛祖腳下，另一方面也把自己想像成法力無邊的佛祖。他們留下了開窟造像的傳統：「鑿石造佛，如朕帝身。」和他們一樣，武則天也要當皇帝佛。

然而，世俗和神聖畢竟不能完全等同。佛祖拈花一笑間，禮佛的女尼幻化成了乾元殿上的皇帝，曾經的嫵媚與威嚴也升騰為莊嚴與慈悲，方額廣頤的女皇凝固為「相好稀有，鴻顏無匹，大慈大悲，如月如日」的大佛。千載之下，當我們仰望十七米高的盧舍那大佛，內心的震撼無與倫比。這究竟是藝術的魅力，還是女皇的威靈？

同樣的還有無字碑。在中國畫中，留白是一種意境。碑上留白豈不是遠勝於心中留白！「乾陵松柏遭兵燹，滿野牛羊春草齊。惟有乾人懷舊德，年年麥飯祀昭儀。」麥飯就是心頭的豐碑。

千百年來，人們在盧舍那大佛前禮拜，在乾陵無字碑前沉思。沉思的背後，是歷史上那個活色生香的女子。有人說她「雷霆其武，日月其文」，也有人說她「鬼神不容，人神共憤」。然而，她只在蒼穹間微笑。

追究起來，她是一個抑鬱難平的女子。她的才華和能力超越了時代所允許她發揮的範圍，這真是英雄的悲哀。「自恨羅衣掩詩句，舉頭空羨榜中名」的魚玄機，「我報路長嗟日暮，學詩謾有驚人句」的李清照，時代和傳統曾經讓多少女傑扼腕嘆息。然而，歷史眷顧了武則天。皇皇盛唐，有著令人神往的寬容與開放，容得下更多的激情與夢想。武則天的勇氣和智慧就在這樣的環境下綻放。

紅塵一世，她寂寞過，抗爭過，成功過，也失敗過。她親身經歷過一個君明臣直、彪炳史冊的貞觀治世，也親手推動了一個典章煥然、風流富貴的開元盛世。她的時代就在這之間，她的功業也就在這之間。今天，就讓我們翻開史冊，看看究竟是怎樣的巨手，在傳遞著歷史的雄奇與蒼涼吧！

【第一回】

則天家世

武則天是一個奇蹟。她在一個幾千年來，一直教導女子順從的世界裡雄飛高舉，君臨天下。在她的時代，禁區可以突破，命運可以改變，激情和夢想造就了千古流芳的大唐氣象；在她的身後，正史和野史，留下了種種撲朔迷離的記載，給這位傳奇女子平添了許多神祕色彩。是時代造就英雄，還是性格決定命運？

武則天也許是中國歷史上最有影響力的女性了。她先後嫁了兩位皇帝，也是一對父子——唐太宗和唐高宗；生了兩位皇帝，也是一對兄弟——唐中宗和唐睿宗；同時自己還是中國歷史上獨一無二的女皇帝。有關這個女人富有傳奇色彩的一生，有許許多多的謎團需要我們解開。諸如：她如何從唐太宗的才人變成唐高宗的皇后？她為什麼會突破人倫的底線，殺死自己的親生兒女？她又如何能在一個幾千年來由男性統治的世界裡，成為聲威赫赫的一代女皇？她的大周王朝如日中天，為什麼又及身而止，不能傳之後世呢？她推翻了李唐王朝，建立了武周政權，為什麼李唐的子孫卻始終將她視為自己的皇帝，對她尊奉有加呢？……凡此種種，撲朔迷離。興亡千古，得失一瞬，當厚重的歷史演化成老百姓茶餘飯後的談資時，女皇的舉手投足，便都成了人們津津樂道的話題。她真的那樣剛硬狠毒嗎？她真是個狡詐淫亂的女人嗎？她有著怎樣的智慧和能力，才能締造出那樣一個絢麗多彩的皇皇盛世呢？她的生命軌跡又會留給我們什麼樣的思考和啟示呢？諸多謎團，眾說紛紜，就讓我們從最初的那個謎團開始探幽之旅吧！作為一個非凡人物，武則天究竟有著怎樣不同尋常的身世呢？

一、山西文水的小門戶：關於武則天的故鄉與身世

說到武則天的出身，我們首先會面臨一個籍屬問題。我們中國人填履歷表，往往要填寫籍貫。對於武則天來說，這個問題自然也避免不了。根據名人效應的原則，一個人只要出了名，願意攀附他做老鄉的人就多了，而他的故鄉也就在眾說紛紜中變得曖昧不明起來，甚至成為各地方爭奪文化資源的一個聚焦點。比如大名鼎鼎、逍遙夢蝶的莊子，就有過類似的遭遇。莊子是戰國時期著名的思想家，

按照《史記》的記載，他是宋國蒙城人，可是蒙城究竟在今天什麼地方？山東、河南、安徽各省為此爭執不休，莊子也就依違在幾個省市之間，成了不同地方的形象大使。

那武則天呢？作為中國歷史上獨一無二的女皇帝，自然更有攀附的價值了。所以關於她的故鄉，就出現了三種不同的說法。哪三種呢？第一是并州，也就是在今天的山西；第二是長安，也就是今天的陝西西安；第三是利州，在今天的四川。這三個地方都留下了與武則天相關的遺跡和各種離奇的傳說。利州那兒有一個龍潭，傳說武則天的母親曾經在那兒遊玩，忽然水中躍出一條金龍，圍著她就盤旋而上，嬉戲交歡，武則天的母親就懷孕了，生下了武則天。這樣一個故事用我們現代話來說叫做「人獸情未了」，但是，按照古代的說法，可就叫做「神靈感孕」了。它傳達給人們的資訊就是，武則天的出身太神奇了，她的父親不是一介凡人，而是龍，她是一個龍種，所以後來才能成為真龍天子。這個傳說後來還被晚唐大詩人李商隱寫進了《利州江潭作》一詩裡：

神劍飛來不易銷，碧潭珍重駐蘭橈。
自攜明月移燈疾，欲就行雲散錦遙。
河伯軒窗通貝闕，水宮帷箔捲冰綃。
他時燕脯無人寄，雨滿空城蕙葉雕。

在詩題後面，他自己注明利州是「感孕金輪所」，「金輪聖王」為武則天當皇帝時臣子們給她上的尊號，「感孕金輪所」就是說武則天是在利州由母親感孕而生的。可見，武則天生於利州的說法流布之廣。

既然偉人們需要神道設教，所以類似的故事在中國古代比比皆是。根據《史記》的記載，上古三代時商王朝的創始人商湯就是「感孕而生」的。有了這個先例，以後凡是偉人名家的出生，都會有些光怪陸離的感應神話。武則天的降生傳說也是如此。

可是，傳說固然有其荒唐性，不足採信，但也都有它真實的一面，這樣的傳說之所以在上述幾個地方流傳，關鍵是這三個地方都和武則天有關聯。其中并州是她的祖籍，長安是出生地，而利州則是她度過童年時代的地方。中國人一貫重視祖籍，那麼我們就應該說武則天是并州文水人，也就是現在的山西省文水縣人。文水在現代還出了一個女英雄劉胡蘭*，所以說這可是一個盛產女英雄的地方啊。

當時，文水武氏還是個當地小姓。何謂小姓呢？就是介乎世家大族和平頭百姓之間的門戶。祖上做過幾任官，但是官不大；有一定的社會聲望，可是也不會太高。武則天就出生在這麼一戶人家。她的父親叫武士彠，家中兄弟四個，他排行第四，三個哥哥都是老實巴交的農民。武士彠是一個有野心的人，他可不想一輩子當個修理地球的土財主。他想發財，想換一種生活方式。什麼生活呢？據《太平廣記》記載，武士彠經商去了，做了木材商人。武士彠年輕的時候，正趕上隋煬帝統治時期。隋煬帝是位雄才大略的皇帝，但有個毛病，就是好大喜功，喜歡大搞基本建設，到處修建離宮別館。特別是他修建東都洛陽，對建築木材的需求量特別大。武士彠是個精明人，他看準了這個商機，開始做起長途販運木材的生意，藉此發家，一夜暴富。

但是中國古代是個身分制社會，老百姓根據所從事的行業被分成四個等級。第一等是士，就是知識分子，這是最高級的，因為有可能做官。第二等是農，因為我們是一個農業國家，以農為本，所以農民比較受重視。第三等是工，就是手工業者，靠手藝吃飯的人。第四等也是最末一等，那才是商，靠流通來賺錢，自己不生產任何東西，當時人們認為這叫投機取巧，對商人曾經有過很多歧視性的政策。舉一個極端的例子，魏晉南北朝的時候，對商人特別歧視，商人出門不能騎馬，不能坐車，甚至穿鞋時兩隻鞋都不能一個顏色。比方說你左腳穿個白鞋，那右腳就得穿個黑鞋，讓人們老遠一看就知道，這個人是個商人，是個下等人。這就叫只富不貴，雖然有錢，可是社會地位並不高。

武士彠是個有理想的人，他不願意這樣一輩子老遭人鄙視，他不滿足僅僅當個富翁，他還要改變自己的身分。

二、家族崛起：父親武士彠藉從軍改變身分

怎麼改變身分呢？經過一番考慮，武士彠決定走從軍這條路。從軍大概是科舉制實行以前，寒門子弟最主要的起家途徑了。首先，從軍不需要家世背景，只要勇敢、身強體壯就可以；另外，從軍週期短，打一場勝仗後，就可能得到提拔。當時有很多從軍起家的故事，最著名的比如唐朝的薛仁貴，他本來就是一個普通農民，既沒錢，也沒什麼背景，在唐太宗征高麗的時候白衣從軍，因為作戰勇敢受到唐太宗的賞識，一下子就提拔為五品的將領。後來，他在西北戰場大顯身手，留下了「將軍三箭定天山，壯士長歌入漢關」的佳話。

---

*注釋：生於西元一九三二年十月八日，卒於西元一九六三年二月十四日，為中國共產黨著名的抗日女英雄。

這樣的故事在當時非常具有典型性，武士彠也想走這條路。可是他和薛仁貴不同，他有錢。薛仁貴沒錢，所以從一個士兵做起；武士彠有錢，有錢能使鬼推磨，當然不用從普通一兵做起了。從軍伊始他就當了一個小小的武官，這個官職的名稱叫鷹揚府隊正，是隋朝府兵制體系下所有常任軍官中最低級的官員，管五十個人，相當於我們現在說當排長了。

武士彠當官的地方，是在他的家鄉文水。就在這任職務上，他結識了自己一生中的真命天子，後來的大唐帝國開國皇帝——唐高祖李淵。這是在隋煬帝大業十一年（六一五年），李淵奉煬帝之命討伐反叛，路過武士彠當官的地方。武士彠一看，有大人物經過，這以後有利用價值啊，趕緊巴結，他又有錢，所以好酒好肉款待李淵，賓主盡歡，給李淵留下了美好的印象。但是，李淵隨即就離開了。又過了兩年，大業十三年，天下大亂，群雄蜂起，都預感到隋朝大廈將傾，都想推翻隋煬帝的統治。當時的隋煬帝，正在江都（就是現在的揚州）巡遊，故都難回，怎麼辦呢？北邊總得有人鎮守，於是隋煬帝就派李淵擔任太原留守——整個太原地區的軍政第一把手，防守整個北方地區。李淵到了太原以後，不由得想起了武士彠當年的熱情款待。現在有條件了，提拔他一下吧。於是提拔他當了行軍司鎧參軍，掌管武器兵仗。武士彠當上行軍司鎧參軍之後，跟李淵的來往就頻繁多了。他很快就發現李淵這個人雄心勃勃，想趁天下大亂當皇帝。頂頭上司圖謀造反，武士彠該怎麼辦呢？經過一番思考和權衡，他決定力挺李淵。力挺當然得用行動表現出來，武士彠為此做了三件大事。

第一，獻兵書，獻符瑞。武士彠先搜羅了一些古代兵書，然後總結了其中的經驗教訓，編了一本「精裝版」的兵書，獻給了李淵。這個禮物獻得好不好呢？那簡直是正合李淵心意。那個時候，造紙術和印刷術還不發達，書本身就是相當寶貴的文化資源，兵書尤為可貴，誰想問鼎皇權，都得借鑑一下別人行軍打仗的經驗啊，所以李淵收到這個禮物，異常高興。那麼，武士彠獻了什麼符瑞呢？史書沒有記載。但是，按照《新唐書・武士彠傳》的說法，他曾經「夢帝騎而上天」，當然這個夢是從他自己口中說出的。很明顯，這是對李淵剖明心跡，表示願意效犬馬之勞。只有龍才能上天，武士彠等於在向李淵表態，您就是真龍天子啊。這是第一個意思：我支持您，很看好您。第二個意思，您要是想當真龍天子，就應該重用我，我願為您效犬馬之勞。李淵也是個明白人，聽完這個夢，哈哈大笑，說這話你可千萬別跟別人說，天知地知你知我知。大概所謂的獻符瑞都是這一類的事情。

第二，協助李淵發展勢力。隋煬帝雖然派李淵當太原留守，可是對任何將領，皇帝都不能全盤相信，所以還是給他安排了兩個副手，一個叫王威，一個叫高君雅。這兩個人幹什麼呢？名義上協助李淵，其實是在監視李淵。很快，他們就發現李淵搜羅了一些不法之徒，於是起了疑心，想暗中調查一下李淵的用心。武士彠財力雄厚，出手大方，朋友眾多，他在投靠李淵之前，就和王威、高君雅有交情，也算是他們的心腹，聽說他們要調查李淵招納亡命之徒這件事，就找到這兩人，對他們說：「此皆唐公客，若爾，必有大嫌。」意思是說，你們作為唐公（即李淵，李淵被封為唐國公）的副手，這樣不信任他，這要是給他知道了，以後還怎麼處理上下級關係？這兩個缺乏警惕性和辦事魄力的副手也是一對草包，沒什麼心眼，一聽武士彠說得合情合理，也就罷手了。這樣一來，就為李淵贏得了寶貴的時間，進一步擴充實力。

第三，傾盡家私，舉族從軍。武士彠傾其所有，把萬貫家產都獻給李淵。我們知道，革命需要本錢啊，有了錢才能招兵買馬，李淵此刻也需要大量金錢，武士彠的投資非常及時。此外，武氏一門人才濟濟，補充到李淵隊伍中，也給李淵提供了幹部力量。李淵稱帝後，武士彠的哥哥武士稜官至司農少卿，另一個哥哥武士逸官至益州行台左丞），可見武氏一門在李淵起兵的過程中確實貢獻良多。

武士彠這麼做，有沒有冒險性呢？當然有了。跟著李淵起兵，有可能獲得成功，從而享受榮華富貴，但也有可能賠上身家性命。做這樣的決定不光需要有頭腦，更需要有孤注一擲的勇氣。他冒險了，也成功了。李淵所率軍隊在太原起兵後，勢如破竹，很快攻下了隋朝的都城大興（唐朝改叫長安，也就是現在陝西西安），推翻了隋朝的統治。李淵當上了大唐帝國開國皇帝，歷史上稱為唐高祖。李淵做了皇帝後，論功行賞。武士彠雖然沒有什麼戰功，但是一直主持軍需，保障後勤，也成了十四位太原元謀勳效功臣之一。李淵讓他繼續發揮特長，做庫部郎，仍然主管財貨，後來經過幾次升遷，成為三品的工部尚書，主管工程水利建設，是個部長級的要員，那是高官了。這時武士彠的政治夢基本實現了，地位已經發生了顯著的變化。

隋唐時代是個身分制社會，人們固然尊重你的政治地位，但是也非常看重你的出身。當了高官後的武士彠不久就發現，同僚從內心裡瞧不起他，經常在背後嚼舌頭，說你看他現在趾高氣揚的樣子，他以為自己是誰啊？他原來就是個木頭販子，是個暴發戶。這讓他感到很鬱悶，真是太傷自尊了。他還要進一步取得社會認可。怎樣才能讓自己的社會地位再提高一步呢？

這次，他選擇了婚姻這個途徑。武士彠年輕時候娶了一個姓相里的女子為妻。相里氏跟武士彠生活多年，已經有了兩個兒子，一個叫武元慶，一個叫武元爽。在武士彠當工部尚書的時候，這位相里夫人一病不起，死了。一般來說，中年喪妻是人生的一大不幸，可是對於當官的人來講就未必盡然了。陳世美當了官之後，不就巴不得秦香蓮死嗎？可是秦香蓮偏偏不死，最後逼得陳世美沒辦法，要把她殺死。相里夫人倒是挺識趣的，沒等武士彠厭倦她，她就先死了，於是，武士彠身邊就出現空缺了。

誰來填補這個空缺呢？唐高祖李淵親自給他做媒來了。李淵為什麼對武士彠這麼好？根據《冊府元龜》的記載，主要是由於武士彠工作太勤勉，把唐高祖給感動了。唐高祖說：「此人忠節有餘，去年兒夭，今日婦亡，相去非遙，未常言及，遺身徇國，舉無與比！」說這個人太忠誠了，去年兒子夭折，今天老婆又死了，可是他沒有向組織上開過口，沒有要過錢，沒有要過假期，還是這麼勤勤懇懇地工作，如果大家都像他這麼好好幹，我們這個帝國肯定會興旺發達啊！所以，李淵下定決心幫他娶個好媳婦。經過千挑萬選，最後就選中了楊氏夫人。

楊氏夫人是什麼背景？她是隋朝四貴之一觀王楊雄的姪女，楊達的女兒。她的伯父和父親都是隋朝的宗室，也都做過宰相。算是正宗的金枝玉葉。楊夫人少有大志，小的時候不喜歡做女紅，喜歡閱讀文史書籍，因此被家裡的長輩認為是「隆家之女」。但奇怪的是，這麼優秀的女孩在婚姻方面卻是高處不勝寒，她跟武士彠結婚的時候，「芳齡」已經四十有四了。這個年紀即使從今天的眼光來看，也早過了談婚論嫁的時候了。為什麼楊夫人這麼晚婚呢？按照武則天當皇后以後的說法，是因為楊夫人信仰佛教，本來抱定獨身主義，後來遇到她優秀的父親才改變主意的。但是也有人懷疑楊夫人不是初婚，是二婚。也許正是因為再婚，並且已經人老珠黃，她才肯委曲求全，下嫁給一個新朝的暴發戶。無論如何，這次婚姻可是強強聯手，武士彠有政治地位，楊夫人有身分背景，正可謂優勢組合。

晚婚的楊夫人生育能力頗為了得，以四十多歲的大齡，還一連生下了三個女兒。大女兒後來嫁給了賀蘭氏，以後我們還要提到；三女兒後來嫁給一個姓郭的，很快就死了；二女兒就是我們的主人公武則天。

三、童年故事：父親的死，幸福童年的結束

俗話說，名不正則言不順。既然主人公已經登場，我們有必要先給她正一下名，交代一下為什麼叫她武則天。其實「則天」二字，並非她的本名，而是她晚年退位之後，新皇帝李顯給她的尊號「則天大聖皇帝」中的前兩個字。此前她並沒有用過這個名字，甚至聞所未聞。她去世後，諡號「則天大聖皇后」，到了玄宗天寶年間，又追尊為「則天順聖皇后」，但是無論怎麼變，「則天」這兩個字一直保留著，成為唐朝人對她的一個基本評價。這個評價非常高，什麼是「則天」？《論語》說「惟天為大，惟堯則之」。「則天」就是取則於天，取法於天。美則美矣，但畢竟是尊號，不是名字。

那麼她有沒有自己的名字呢？她當皇帝前後，為了造輿論，曾經給自己取了個名叫「武曌」。這個「曌」字是她新造的，意思是「日月當空」，說自己像太陽和月亮一樣普照著萬里江山。這是一個很有氣魄的名字，但已經是她六、七十歲當皇帝前後的事情了。那麼，現在通過各種影視劇深入人心的「武媚娘」是不是她的本名呢？其實也不是。那是她在給唐太宗當才人的時候太宗給起的名字，我們下一回還要提到。那麼，在入宮之前，就是武則天小時候，父母管她叫什麼名字呢？歷史書上沒有明確的記載，已經湮沒無聞了。這樣說來，一千多年來如雷貫耳的武則天，居然是一個無名英雄。在她死後的一千多年裡，人們一般管她叫「武后」。

近代以來，因為女權運動的興起，人們覺得中國歷史上就出了這麼一位獨一無二的女皇帝，有大力表彰的必要，再叫她「武后」就不能彰顯她作為女皇帝的身分了。那究竟叫她什麼好呢？當時的人們覺得「則天」這個尊號非常有氣勢，恰如其分地反映了她的豐功偉績，所以就開始叫她「武則

天」，後來約定俗成，就漸漸成為她的通用之名了。我們今天為了方便起見，還是按照近代以來的習慣，就管她叫「武則天」。

按照咱們中國人的敘事習慣，偉人一般從童年時期就會表現得與眾不同，所謂「三歲看老」嘛。那麼童年的武則天有沒有特別神奇的地方呢？有關武則天的童年生活，留下來的記載不多，但是有一件事情被記錄了下來，顯得頗為靈異。據《新唐書．袁天綱傳》記載，在她小的時候，父親武士彠就任利州都督。當地有一個相面大師叫做袁天綱，曾經給她看過相。袁天綱有一次路過武則天家，巧遇楊夫人。袁天綱一見，馬上說，夫人您生得骨法不凡，家中必有貴子。哪個當母親的聽到這種說法不高興啊？楊夫人馬上把袁天綱請到家裡，想讓他看看到底哪個孩子是貴子？按照當時的習慣，先看兒子。武元慶和武元爽就被拉出來了，袁天綱看了看說，這兩個郎君長得不錯，以後是個保家之子。接著，又把大女兒給叫出來，袁天綱又看了看說，這個小娘子生得也不錯，以後肯定是個貴夫人，可惜呢，不利其夫。她大福大貴之後，丈夫卻得不著好。再接著，奶媽就把武則天給抱出來了。武則天當時還特別小，穿著一身男孩的衣服。其中的緣由我們也明白，母親生了三個女兒，挺盼著要兒子的。可是沒有兒子怎麼辦呢？先把這個女兒當男孩打扮著吧。袁天綱一看這小孩兒，臉色驟然一變。楊夫人和武士彠都感覺到了，馬上就問，袁先生，您看我們這個孩子怎麼樣啊？袁天綱搖搖頭說，看不好，你得讓她下地走兩步。武則天就走了兩步，忽閃著一雙大眼睛看著袁天綱。袁天綱說，哎呀，不得了，這個郎君生得是龍睛鳳頸，這是大福大貴的樣子，他怎麼會是個男孩呢？如果是女孩，必定為天下之主啊。

這段神奇的記載是否可靠呢？有人認為是真的。日本人原百代在她寫的《武則天傳》裡頭，就把這個事情看成是武則天一生力量的基礎，認為武則天正是靠了這次算命結果的鼓舞，才在以後的人生搏鬥中百折不撓，直到最後走上皇帝的寶座。但是我覺得這個故事和漢高祖斬白蛇起義一樣，都是帝王神話，不足為憑。在我看來，不是因為這次神奇的算命，武則天才有了日後的皇位，而恰恰是因為她最後當上了皇帝，才有了這個神奇的預言。換言之，這是後來編造的，而且沒準兒是武則天自己授意編造的。

史籍有關武則天童年的記載少之又少，就有這麼一件挺神奇的事兒，又還不可信，那麼，武則天的童年究竟是怎麼度過的呢？我覺得，她就像同時代的所有官僚人家的少女一樣，過著無所用心、養尊處優的生活。如果說有什麼不一樣的話，那就是她比一般的少女多走了一些路，也多讀了一些書。

武則天的父親武士彠最初是三品的工部尚書，在長安當官，唐高祖晚年，他轉任揚州大都督府長史，從此離開了京城。此後，他陸續擔任過豫州都督、利州都督、荊州都督，最後死在荊州都督任上。按照中國人的習慣，死後靈柩返回自己的老家并州。從我們今天的地理概念來看，揚州在江蘇，豫州在河南，利州在四川，荊州在湖北，并州在山西。由於武士彠四方為官，武則天也就追隨著父親跑遍了半個中國。我們姑且稱之為「行萬里路」。又因為她的母親楊夫人喜歡文史，不善女紅，家庭的耳濡目染，母親的言傳身教，必然對女兒有著潛移默化的影響，所以武則天也像母親一樣熟讀文史，我們姑且稱之為「讀萬卷書」。讀萬卷書、行萬里路當然是增長見識與才幹的最佳手段，這使得武則天較之一般官僚人家的少女更加聰明和勇敢。勇敢和聰明確實都是好事，但是，如果武則天一直在這樣的家庭裡長大，然後依據門當戶對的原則嫁給一個門戶相當的人家，她的智慧和勇氣也終究會消磨在瑣碎的日常生活中，不會對環境產生太大的影響，更不會有機會載入史冊之中。當然，就我個人看來，那樣的日子也不錯，我們現在不是也說「平平淡淡才是真」嗎？

但是天有不測風雲，人有旦夕禍福。上天沒有給武則天過這種平淡生活的機會，她的幸福童年在十二歲的時候突然結束了，那是在貞觀九年（六三五年）。唐高祖李淵因病去世，武士彠聞知舊主的死訊，心裡非常悲痛，沒多久也嘔血而死，享年五十九歲。家主去世，新寡的楊氏夫人帶著三個女兒扶柩回到并州老家。由於武士彠是三品大員，所以當時擔任并州都督的李勣親自監護葬禮。我們以後會講到，這個人在武則天的生命中將產生極其重要的影響，不過此時的他只是例行公事而已。武則天當時肯定不會注意到李勣的存在。因為她還沉浸在悲痛之中，她悲痛的不僅僅是父親的去世，還有家庭生活的驟然改變。

回到并州後，武則天原來所熟悉的那個簡單的核心家庭一下子變成了鉤心鬥角的聯合家庭。父親死後，家裡原來潛藏著的各種矛盾一下子爆發了。武士彠與前妻生的兩個兒子武元慶和武元爽，對繼母楊氏和她的三個女兒非常不客氣。這個我們容易理解，因為三個小姑娘還都沒出嫁，按照唐朝的習慣，出嫁還要分割財產。武元慶和武元爽一想到這兒，便對這三個妹妹不由得討厭起來。此外，武氏是一個大家族，一般來說，在中國古代，族人在處理這種家庭矛盾的時候，通常向男不向女。為什麼呢？男孩是一家人，還要在大家庭裡共同生活，而女孩子遲早要嫁出去的。武氏族人對楊夫人母女也非常刻薄，特別是兩個堂哥，一個叫做武惟良，一個叫做武懷運，對這娘兒幾個態度極其惡劣。從養尊處優的高幹子弟一下子變成任人欺凌的弱勢女子，武則天心裡充滿了陰影。這樣的命運，還有沒有發生轉機的可能呢？
請看下回：初入宮廷。

【第二回】

初入宮廷

武則天本來過著幸福無憂的生活，可是這一切都隨著父親的謝世戛然而止。她和母親、姊妹受到同父異母哥哥們的虐待，生活一下子從天堂掉到了地獄。貞觀十一年（六三七年），十四歲的武則天迎來了命運的轉機。她帶著夢想走進了唐太宗的後宮。但命運在給她開啟一扇窗的同時，也為她關上了一扇門。等待她的究竟是什麼？

光陰荏苒，一晃武則天已經長成十四歲的美少女，她的美到底屬於哪一類型呢？根據史書記載，武則天生得「方額廣頤」，寬闊的額頭，豐滿的下巴。按照我們今天的看法，寬額頭意味著智慧，豐滿的下巴則意味著堅毅的性格，符合一般人對武則天的判斷。不過在唐朝，方額廣頤本來就是美人的標準之一，所以在當時人看來，小小的武則天已經出落成一個美人胚子了。

一、見天子庸知非福：進宮是好事？還是壞事？

自古以來美麗就是女人改變命運的重要資本。楊夫人看著女兒豐麗的小臉，也不禁開始動起重振家聲的念頭。她一有這個念頭，整個楊氏家族就開始行動了。當時，楊氏一族至少有兩三個姑娘都正當著太宗的妃嬪，這些人就開始在宮裡宣傳起武則天的美貌來。一來二去，當然就傳到了唐太宗的耳朵裡。唐太宗當時正是後宮寂寞，決定徵召她進宮當才人。那正是：武家有女初長成，一朝選在君王側。這「才人」是個什麼稱號呢？古代普通男子有妻有妾，皇宮裡呢，當然也有高下貴賤之分。皇帝的嫡妻，也就是大老婆，叫皇后。在皇后之下，皇帝的小老婆們也就是妃嬪，也是分等級的，並且每個等級都有固定的員額。第一等叫妃，有四人，為一品；妃之下是二品的嬪，共九人；嬪之下，第三等是婕妤，九人；婕妤之下是四品的美人，也是九人；再往下就是第五品的才人，還是九個人。

進宮是好事？還是壞事？這很難說清楚。一方面，十四歲的小姑娘，進宮就封為五品才人，確實是很榮耀的事情。另一方面，「後宮佳麗三千人」，皇帝身邊的女人很多，可是真正能夠得寵的人卻寥寥無幾，所謂「三千寵愛在一身」，中獎率很低啊。大部分妃嬪都是寂寥一生，出頭的指望很小，所以一般的父母都不捨得讓女兒去冒險。楊夫人雖有心讓女兒改變命運，但事到臨頭還是難以割捨，聽到這個消息後，日夜啼哭。但是武則天不是這麼想，她覺得家裡的生活前景很暗淡，如果進了宮，也許會有新的機會。大概是她父親武士彠喜歡冒險的基因遺傳給了她吧，她願意去冒險。

臨上車進宮的時候，武則天對母親回眸一笑，說：「見天子庸知非福？」您怎麼知道見皇帝不是一件好事呢？從這一點我們就可以看出，這個十四歲的小姑娘，已經表現出不一般的見識和膽量。

就這樣，貞觀十一年，武則天帶著改變命運的夢想，正式進入了宏偉壯麗的大唐宮殿。剛進宮的時候，唐太宗確實喜歡過她，還給她起了個名字叫「武媚娘」，因為這個小姑娘長得是嬌媚動人啊。這個名字初聽起來也許會覺得不錯，可是不能太認真，為什麼呢？「武媚娘」其實是從隋朝開始就流行的一首歌曲的名字，猶如多年前流行過的歌曲〈村裡有個姑娘叫小芳〉*。如果給女朋友起個名字叫「小芳」，在那個時代就會覺得有失莊重。透過這個名字，我們也可以看出，武則天在唐太宗心目中，就是可以隨玩隨丟的一個小玩意兒。喜歡了一段時間以後，軍國大事一忙，太宗就把她丟到腦後去了。武則天可是帶著夢想進宮的，她怎麼能夠容忍皇帝把自己忘了呢？她要尋找機會，在皇帝面前表現自己。

---

*注釋：為中國大陸一九六〇年代著名的流行歌曲，歌詞內容描述一段淒美的愛情故事。

二、獅子驄事件：武才人在太宗面前的表現

怎樣才能夠表現自己呢？有一個故事流傳很廣，是武則天晚年親口說出來的，我們姑且把它叫做「獅子驄事件」。獅子驄是一匹馬的名字，由於鬈毛像獅子似的，所以叫作獅子驄。這匹馬長得高大威猛，神駿異常，但是性子暴烈，沒有人能馴得了牠。唐太宗是個愛馬之人，為此很是著急。有一天，他帶著一群妃嬪到馬廄來看這匹馬。看到這裡大家可能要覺得奇怪了，妃嬪不好好待在後宮看花鳥魚蟲，出來看馬做什麼呢？這就涉及唐朝的社會背景了。唐朝的統治者有北方胡人的血統，受此前北方民族的影響，對婦女的束縛比較少。婦女不纏足，經常參加戶外活動，比如踏青啊，打獵啊，打馬球啊。特別是宮廷婦女，常常需要陪伴皇帝一起狩獵，對馬並不陌生。唐代畫家張萱的《虢國夫人遊春圖》，就表現了宮廷婦女騎馬遊春的場景，好多出土的唐代陶俑都有女子騎馬的形象。

就是在這樣的社會大背景下，有一天，風和日麗的，唐太宗在一群妃嬪的擁簇之下來看馬來了。這之中就有武則天，她進宮許久，還沒引起皇帝的格外關注呢。太宗圍著獅子驄轉了一圈，不由得嘆息：這真是一匹好馬呀，可惜就是沒人能馴得了。其他的妃嬪都默不作聲，一片寂靜。突然，武才人挺身而出說：「陛下，我能治服牠！」唐太宗吃了一驚。武則天款款地說道：「不過，我需要三樣東西。第一，鐵鞭；第二，鐵錘；第三，匕首。」唐太宗說：「這可不是馴馬的東西啊，妳要這些東西幹什麼啊？」武則天笑道：「陛下，這馬如此暴烈，必須用特殊手段。我先用鐵鞭抽牠，如果牠不服，我就用鐵錘錘牠腦袋，如果牠還不服，我就匕首捅了牠。」哎呀！唐太宗聽了心裡是哇涼哇涼的：面前這個嬌弱如花的小姑娘，怎麼說起話來這麼狠呢！一時半會兒他都不知道該說什麼好，過了

好一會兒，太宗終於訥訥地說了一句：「妳真了不起。」說完之後呢？這事兒就沒了下文，既沒有封官，也沒有賞賜。可見，武則天在太宗面前的第一次表現以失敗而告終。

三、非凡的預言：宮外流傳「女主武王」

可是還有更糟糕的事情在等著武則天呢。唐太宗晚年的時候，宮外忽然開始流傳「女主武王」的預言，說唐三代之後，當有女主武王代有天下。這本來是一個民間的流言，後來就傳到宮廷裡了，李世民聽了這個話很難受。他祕密地把一位叫李淳風的太史令召到宮裡，問他有沒有這回事。唐代的太史令管天文曆法，相當於現在的占星術大師。李淳風說，臣夜觀天象，發現有太白經天，這意味著有女主要興起。又說，我經過一番推算，發現這個女人已經在陛下的宮裡，是陛下的眷屬。不出三十年後，她就要取代陛下，代掌陛下的大好河山，而且還要誅殺李唐皇室的子孫。李世民聽了非常緊張啊，說，那怎麼辦呢，既然預言和天象都一致了，就這樣吧，寧可錯殺三千，不可使一人漏網。我要在宮裡頭清理清理，凡是姓武的、跟武沾邊的我們都殺了算了。李淳風說，這可不大好啊，有一句話叫王者不死。上天既然派這麼一個人下來，就會保護她，您恐怕輕易殺她不得，而且會殃及眾多無辜，上天會怪罪的。退一步說，就算您把她殺了，上天的意思如果沒有改變的話，祂還會再派一個人來。這個人我剛剛說是陛下的眷屬，已經在陛下的宮裡了，現在是個成年人了，三十年之後就是老年人了。老年人心地比較仁慈，可能對陛下的子孫會留有餘地。如果您現在把她殺了，上天又生出一個新的人來，那這個人三十年之後可是年輕人啊，年輕人心狠，殺起陛下的子孫恐怕就毫不留情了，所以您還是別殺了吧。這是一個說法。

《太平廣記》還記載了一個更離奇的說法，說唐太宗在李淳風觀星象之後，曾經讓他到宮裡指認一下這傳言中的武王。李淳風說，陛下後宮的女人太多了，臣怕老眼昏花看不準。唐太宗說，這還不容易嗎？馬上就把宮人一百人編成一隊，先讓李淳風看這個人在哪一隊中。李淳風就指了一隊。太宗說，這目標也太多啦，再細化一下！於是，又把這一百人分成兩組，各五十人，李淳風又指出了一組。武則天就在這一組裡。唐太宗覺得五十人也還是太多了，讓李淳風再明確一些，李淳風卻說天機不可洩漏，讓唐太宗自己猜。唐太宗說這怎麼猜呀！再說，也用不著那麼費事，乾脆，把這五十人都殺掉算了。可是李淳風說這樣違反天意，恐怕後果更加嚴重。最後唐太宗沒有動手，但是他由此存了一份防範之心。

他這一存殺心不要緊，有個人就當了替死鬼。誰呢？此人姓李名君羨，是玄武門的一員守將。玄武門是唐代長安城的正北門，扼守皇帝居住的大內，位置相當重要。唐太宗當年就是在玄武門設下伏兵，殺死了哥哥李建成、弟弟李元吉，再用武力逼迫父皇李淵退位，自己當上了皇帝。這個事情就是歷史上著名的玄武門之變。所以玄武門歷來為人所重，它的守將都非常驍勇。

李君羨的崗位在玄武門，他的職位則是左武衛將軍，這是唐代府兵制十六衛中左武衛的一員大將。有官有職，李君羨還有爵位，他的爵位是武連郡公。而他本人又是洺州武安人，也就是今天的河北武安市人。玄武門守將、左武衛將軍、武連郡公、武安人，已經四個「武」字了。這還不算，真正要他命的是他自己說的一句話。有一天，唐太宗很高興，在宮內宴請武將開派對。酒酣耳熱之際，太宗想活躍一下氣氛，說，我們別這麼悶頭坐著，說說笑話，各自報上自己的小名，博大家一笑嘛。武將紛紛響應，報上小名，說得是千奇百怪。比如有的武將站起來說，臣小名和尚。再有的武將呢？說臣小名禿子。大家哈哈大笑。到了李君羨這兒，他說：「臣小名五娘子。」這下爆發出哄堂大笑。一個牛高馬大、鬍子拉碴的將軍，小名竟叫五娘子，這可是個小女人的名字啊，太不協調了。大家都笑，可是有一個人卻怎麼也笑不起來。這人是誰呢？唐太宗啊。他心裡打了一個激靈，突然想起了「女主武王」的預言。玄武門守將、左武衛將軍、武連郡公、武安人、五娘子，而且還是武將！他覺得這個人可能要謀反。所以沒過多久，他就找了一個藉口，把李君羨給殺了。這下，唐太宗鬆了一口氣，覺得這事兒就算完了，沒有再追究下去，武則天因此躲過了一劫。

這事兒是真是假呢？我個人認為，這恐怕是武則天當皇帝前後造神運動的一個產物。她要宣傳自己：我就是受命於天，王者不死。即便在這樣的危急關頭，我的名字都要呼之欲出了，還有人出來為我做替死鬼。為了坐實這件事，武則天當了皇帝以後，還煞有介事地替李君羨平反。經過這麼一番努力，神話終於流傳開來，百姓也相信了武則天天生就是皇帝，這時候，武則天的目的也就達到了。那麼，我們今天回顧歷史，拋開這些神話不說，武則天在唐太宗一朝，處境究竟是怎樣的呢？一言以蔽之：她在太宗一朝鬱鬱不得志。從貞觀十一年進宮當才人，到貞觀二十三年，漫漫十二年過去了，武則天已經由十四歲的青澀少女長成了二十六歲的成熟少婦，她的職位還是才人，沒有得到任何升遷。

四、太宗不愛武則天：武才人缺少的婦道、遠見與溫柔

既然武則天是個英雄，怎麼就讓這十二年光陰稀裡糊塗地荒廢過去了？我想，要分析武則天為什麼沒有得到唐太宗的歡心，先得分析一下唐太宗究竟喜歡什麼樣的女人。

唐太宗喜歡什麼樣的女人呢？有一個女人是唐太宗終身愛慕的，她就是長孫皇后。長孫皇后是唐太宗一生最敬重的女人。她從小知書達理，十三歲時嫁給了秦王李世民。李世民當了皇帝之後常常想和她探討國家大事，但是，長孫皇后總是避而不答，她說：「牝雞之晨，惟家之索。妾以婦人，豈敢預聞政事？」意思是母雞打鳴那是家門不幸啊，我一個婦道人家，怎麼可以干涉國家大事？因此，無論唐太宗怎麼問，她都三緘其口。那麼，長孫皇后是不是一個只關心柴米油鹽，對政治一無所知、不感興趣的人呢？當然不是。我舉幾個例子，大家就明白了。

第一，大家都知道，李世民是個少年英雄，在他當秦王的時候，和父親李淵一起東征西討，建立了赫赫戰功。李淵集團最大的幾個對手竇建德、王世充等，都是李世民拿下的。功勞大了，他的野心也就膨脹了，不甘心只當秦王，他想當皇太子，進而當皇帝。在野心的驅使下，李世民和他的哥哥太子李建成、弟弟李元吉以及父親唐高祖李淵的矛盾與日俱增。在這種宮廷危機的緊張氛圍中，長孫氏怎麼辦呢？她謹小慎微，非常賣力地孝敬李淵，討得他老人家的歡心，同時委曲求全地拉攏李淵身邊的妃嬪，和她們搞好人際關係。這有什麼用呢？其實這等於在李淵身邊安插了許多眼線。這樣一來，李淵和其他兒子的一舉一動，都盡收於李世民的眼底。兵法中說，知己知彼，百戰不殆，長孫氏在李世民獲取敵方情報方面立了大功。

第二，在玄武門之變的時候，李世民與父親、兄弟的矛盾已經白熱化，要兵戎相見。李世民親自上陣，長孫氏則在秦王府鼓舞將士，勉勵他們奮勇殺敵。在夫妻雙方的共同努力下，玄武門之變一舉成功，李世民登上了皇帝寶座，長孫氏也因此成為皇后。

第三，李世民做了皇帝後，勵精圖治。他唯恐自己做得不好，常常虛懷若谷地跟大臣們說：「我有什麼不對的地方，你們一定要提出來，要直言己見。」臣子中魏徵做得最好。魏徵是個有名的諫臣，給李世民提意見是他的職責，而且他說話直截了當，經常讓太宗下不來台。有一天在殿廷上，他終於把唐太宗惹惱了。唐太宗回到後宮後怒氣難平，越想越氣，覺得自己顏面盡失，自言自語道：「會當殺此田舍翁！」就是說，我一定要把這個鄉巴佬給收拾掉！長孫皇后聽到這句話之後，不言不語，娉娉婷婷轉身進屋，不一會兒穿著厚重的朝服走出來，對著唐太宗行跪拜之禮。朝服那可是皇后在重大場合穿的大禮服啊。唐太宗嚇了一跳，忙問：「皇后為什麼要對我行此大禮呢？」長孫皇后說：「妾聞君明則臣直。」如今魏徵敢於直言進諫，說明您是個非常英明的皇帝啊，所以我特意向您表示祝賀！唐太宗聽了龍顏大悅，同時也明白了皇后的用心：皇后這是在勸諫自己，做皇帝要有氣度，胸懷要像大海一樣，容納百川，哪能為了一點小事就要殺人呢！

第四，長孫皇后是一個很賢德的人，但是由於太操心，身體又不好，三十六歲就撒手人寰了。她病入膏肓的時候，無論皇帝還是太子都十分著急。病篤亂投醫，太子承乾出主意說：「醫藥備盡，尊體不瘳，請奏赦囚徒，並度人入道，冀蒙福助。」想要赦免犯人，再多度一些僧人，為她祈福延壽。可是長孫皇后說：「死生有命，非人力所加。若修福可延，吾素非為惡。若行善無效，何福可求？」表示堅決反對。彌留之際，她對唐太宗說：您千萬不要重用外戚，現在我娘家人都已經當官了，可是您千萬不要讓他們當位高權重的大官，「慎勿處之權要」。為什麼呢？因為自古外戚干政沒有好結果，您要真對我好，真對我娘家好，就別給他們干政的機會。她還說，我死之後，千萬不要厚葬。我活著的時候，作為一個女人，無益於天下；死了，怎麼能讓國家浪費資財在我的葬禮上呢？真是一個簡樸而又識大體的皇后典範。

通過這樣一些例子，我們可以看出，長孫皇后並不是真的對政治漠不關心。其實她對政治深諳其道，所作所為極其到位，但又有分寸。所以當她閉上雙眼時，唐太宗悲痛欲絕說：「我在內宮失去了一個好幫手！」從此再也沒有立過皇后。太宗還特地在宮內建造了一座塔，登塔瞭望，可以看到皇后所葬之地昭陵，用這種方式寄託他的哀思。

可能有人會說：長孫皇后和唐太宗是結髮夫妻，本來就感情深厚，和武則天沒有可比性，而且孤例不為證。只看一個長孫皇后遠不能說明唐太宗到底喜歡什麼樣的女人，而且也看不出武則天有什麼欠缺。

那我們就再舉一個女人的例子。這個女人和武則天就有可比性了。她也曾深得唐太宗的喜歡。她姓徐名惠，出生於知識分子家庭。徐惠從小號稱神童，五個月會說話，四歲熟讀《毛詩》、《論語》，八歲就能寫出洋洋灑灑的文章。就在武則天進宮前後，徐惠也被徵召入宮封為才人。這個經歷不是跟武則天很相像嗎?而且起點也一樣，都是才人。徐才人進宮之後，知書達理，而且非常關心國家大事。她看到唐太宗在經過多年的勵精圖治，國家蒸蒸日上後，有點志得意滿了。她覺得此風不可長，就給太宗上書說：「伏願抑志裁心，慎終如始，削輕過以添重德，循今是以替前非。」意在勸諫唐太宗戒驕戒躁，保持革命本色。革命的路還很漫長，打江山難，守住江山更難，希望皇帝能善始善終。在她身上一下子看到了長孫皇后的影子，唐太宗非常欣賞。沒過多久，徐才人就升為徐婕妤，從五品升到三品了。徐婕妤繼續關心國家大事，很快又變成充容了。充容是九嬪之中的一個名號。嬪是二品，所以徐惠又從三品上升至二品。貞觀二十三年，唐太宗去世，徐充容非常哀傷，她說先帝有厚恩於我，我發誓要追隨他於地下。於是她有病也不肯吃藥，很快也殉情而死了。死後被追贈為徐賢妃。從徐才人到徐婕妤，到徐充容，再到徐賢妃，徐惠從五品一直上到一品。反觀當時的武則天呢？她是從武才人，到武才人，最後還是武才人。很明顯，徐惠的性格和為人也比武則天更討唐太宗喜歡。

綜合徐賢妃和長孫皇后這兩個人，我們可以看出唐太宗究竟喜歡什麼樣的女人了。我歸納了三項素質：

第一點，要擺正位置，恪守婦道。一定要明白自己的身分，有事可以幹在前頭，但不能爭功，表現欲不能太強，要甘心做幕後英雄。

第二點，要胸懷天下，善謀大事。皇帝治理天下，風雨一肩挑，需要有人幫助他出主意，想辦法，解決問題。所以當后妃一定要有眼光，有胸懷，還要有辦理政治事件的能力。

第三點，要溫柔敦厚，外柔內剛。做事一定要掌握分寸，要給皇帝留面子。就像長孫皇后那樣，要學會曲諫。

再看武則天，她符合哪個條件呢？都不符合。

先說第一點，擺正位置，恪守婦道。她不行。從獅子驄事件就可以看出，她愛作出頭鳥，別人都不吭聲，她跳出來，「妾能治之」，把皇帝和其他人放哪兒去了？這就沒有擺正位置。

再說第二點，胸懷天下，善謀大事。武則天日後確實是一位了不起的女政治家，但是在這個時候她還是個稚嫩的小姑娘，沒有表現出這個特點。她也曾嘗試過馴馬，並且苦練書法。她發現唐太宗喜歡王羲之的書法，就整天臨摹王羲之的字，想把這個作為突破口，當皇帝在這方面的 個紅顏知己。後來她還真成一代書法大家了。但是無論馴馬還是寫字，對於皇帝來說，都只是業餘愛好，不是正事。皇帝最愛什麼呢？最愛江山。他需要一個能幫他坐穩江山的女人，而不是一個能陪他吃喝玩樂的人。所以，武則天的切入點選錯了。

再看第三點，溫柔敦厚，外柔內剛。武則天更做不到了。武則天是一個動不動就拔刀子的人，是個古裝版的野蠻女友。

這三點武則天都不符合，她的性格就注定了她在唐太宗的宮廷裡得不到機會。既然已經得不到什麼機會，按照一般人的想法，也許就認命了。可是武則天不是一般人啊，她永遠不會向命運低頭，當她發現在唐太宗這裡得不到機會的時候，她把目光轉向了一個新的目標。誰呢？此人姓李名治，是唐太宗的第九個兒子，就是以後的大唐高宗。

古人云：禍兮福之所倚，福兮禍之所伏。福禍之間是相互轉化的，武則天的剛硬、勇敢，愛出鋒頭，不能吸引唐太宗，但恰恰能夠吸引唐太宗軟弱的兒子。就是這個年輕的太子，後來給了武則天機會，讓她的命運發生了翻天覆地的改變。而她命運的改變，也就此改寫了中國的歷史，為之增添了千古評說的絢麗一頁。

那麼，武則天是如何與唐高宗建立聯繫的？她又是如何打動這位年輕的太子的呢？

請看下回：狐媚惑主。

【第三回】狐媚惑主

從十四歲到二十六歲，武則天可謂鬱鬱不得志，十幾年沒有得到升遷，她一生中最美好的一段青春年華都虛度在大內深宮。可是蒼天不負有心人，在唐太宗把皇位傳給兒子李治之後，武則天的命運發生了改變。李治成了武則天的幸運之神，那麼，身處逆境的武則天是如何抓住這個幸運之神的呢？

武則天是怎麼跟李治搭上關係的呢？這還得先從唐太宗之死說起。根據《舊唐書・太宗本紀》的記載，唐太宗在貞觀二十三年（六四九年）的五月二十六日病死在終南山的翠微宮，享年五十二歲。導致唐太宗死亡的直接原因是「痢病」，痢就是痢疾，是拉肚子、腸炎之類的疾病。不過，在此之前唐太宗已經病了好幾年了，他的病在當時的史書中稱為「風疾」。風疾是指中風，這是李唐皇室的家族遺傳病。從貞觀二十一年開始，唐太宗就感染了風疾。得病之後，他覺得在長安城的太極宮住著很不舒服，因為太極宮地勢低窪，讓人氣悶。為了養病，他在地勢比較高敞開闊的終南山修建了翠微宮，作為療養的行宮。可是療養來療養去，這病沒養好，反倒越來越重，最後就病死在翠微宮裡。

一、流落尼姑庵：太宗崩，武才人何去何從？

皇帝病死在宮城之外，對政治可能產生非常不利的影響，容易引發動亂。因此，唐太宗在臨死之前召來他的妻舅、長孫皇后的哥哥、元老重臣長孫無忌和另一位元老重臣褚遂良，交代後事，讓他們忠心輔佐太子，穩定局勢。兩人接受了這個政治遺囑之後，馬上安排禁軍護送太子李治回到長安，先穩定局勢。同時自己帶領其他隨行人員，護送太宗靈柩，返回長安。兩批人馬會合之後，才昭告天下，宣布皇帝駕崩的消息。又經過幾天的緊張運作，這年的六月一日，太子李治在太極殿即位，這個新皇帝就是後來的大唐高宗。

唐太宗一死，武則天馬上就面臨著一個何去何從的問題，她以後的生活怎麼辦呢？根據北朝以來的慣例，死去皇帝的妃嬪有三種安置方式。第一種，妃嬪自己育有子女。那麼，有子隨子，有女隨女，跟著自己的孩子到宮外居住，安享晚年。這是最好的情況。第二種，妃嬪沒有子女，但是具備某種特殊才能。這樣的人會繼續留在宮裡，為新皇帝服務。比如，唐高祖的薛婕妤是當時的大文豪薛道衡之女，薛道衡曾留下「暗牖懸蛛網，空梁落燕泥」的名句，讓同樣有文人情懷的隋煬帝嫉妒得要命。隋煬帝掂量掂量自己的本事，覺得這輩子想超過薛道衡是不可能的了。於是，乾脆以莫須有的罪名把老薛殺了了事。殺人之後，隋煬帝很解恨地說了一句話：看你能不能再「空梁落燕泥」了！薛婕妤早年跟著父親，耳濡目染，學養深厚，滿腹經綸。唐高祖死後，她雖然沒有子女，但是因為飽讀詩書，被唐太宗留下來，讓她繼續留在宮裡任職，教育自己的兒子。她教的這個學生是誰呢？就是後來的大唐高宗李治。這是第二種情況。第一和第二種情況的人數都不太多，最多的是第三種情況：妃嬪既沒有子女，又沒有任何特殊才能，那怎麼辦？依據北朝慣例，她們或者被安排到為故去皇帝修建的別廟裡，或者被安排到國家指定的尼姑庵或者道觀之中，當尼姑或者是道士。這是最大多數人的命運。武則天呢，就屬於這沉默的大多數，在先皇歸去的哀樂裡到尼姑庵當尼姑去了。

根據《唐會要》的記載，「太宗崩，武則天隨嬪御之例出家，為尼感業寺」。感業寺在哪兒呢？這是學術界眾說紛紜的一個問題。現在主要的說法有三種：第一種，感業寺在長安城西南部的崇德坊，崇德坊原來有兩個尼寺，東邊的叫做道德尼寺，西邊的叫做濟度尼寺。貞觀二十三年，唐太宗死後，這兩個尼寺都搬家了。道德尼寺搬走之後，原址建成了崇聖宮，這就是唐高宗給唐太宗建的別廟；同時，它西邊的濟度尼寺也搬家了，原址改成靈寶寺，安置唐太宗沒有子女的妃嬪。按照這種說法，感業寺就在崇德坊的濟度尼寺的舊址，當時叫感業寺，後來由於歷史變遷，又改名叫做靈寶寺。這種說法最早是由北宋的宋敏求在他的《長安志》中提出來的。

第二種說法是在第一種的基礎上產生的，見於南宋程大昌的《雍錄》中。程大昌說，崇德坊有兩個尼寺，東邊的叫道德尼寺，西邊的叫濟度尼寺。唐太宗死後，兩個尼寺分別搬遷，其中濟度尼寺就搬到了長安城東邊的安業坊，在安業坊又改名叫靈寶寺，這就是史料中所提到的感業寺。可以看出，第二種說法可能是程大昌對宋敏求第一種說法的誤讀或者誤記。

第三種說法是現代學者提出來的。現在西安有一所小學叫做感業寺小學，感業寺小學的原址就是唐朝的感業寺。感業寺小學在哪兒呢？比對唐朝長安城史料，感業寺小學應該在唐朝的禁苑之中，沒出大內。

三種說法哪種可信呢？我個人認為第一種是最可靠的，理由有兩點。第一點，這個記錄出現最早。持這種觀點的宋敏求是北宋人，北宋離唐朝相對較近，比較容易了解唐朝的真實情況。第二點，既然是安置唐太宗的妃嬪，那麼這個寺的位置應該和唐太宗的別廟相去不遠。唐太宗的別廟崇聖宮就在崇德坊道德尼寺的原址之上，證據確鑿，向無異議，那麼它西邊的濟度尼寺舊址用來安置妃嬪，也是最合理的一種安排。所以我認為，武則天當尼姑的感業寺就坐落在長安城西南的崇德坊。

到感業寺當尼姑可能是武則天整個生命線的最低谷了，為什麼這麼說？前面我們說過，一個女子到了後宮本來就前途莫測，得皇帝寵愛的機會很少。可是皇帝死了之後，到尼姑庵裡給皇帝當未亡人，出頭的機會可以說是等於零了。因為所謂「未亡人」，就是這個人雖然還沒有死，但她今後生命的唯一目標就是等死，等著到九泉之下去跟皇帝會合。但我覺得，機會的有無和大小原本就因人而異，因為人在機會面前的反應是分層次的：

第一個層次也是最低層次，我管他叫凡人，常常是機會到了手邊都可能抓不住，任由機會悄悄溜走，然後自己再追悔莫及。

比這高一個層次的，我管他叫強人，強人的特徵是什麼啊？只要有機會來了，一定能抓住它，借助機會走向成功，所以強人也就是成功人士。

再往上一個層次，就是最高層次了，我管他叫超人，超人不是等待機會，而是創造機會，叩開命運之門。武則天就是我所說的超人，她即使在感業寺這樣的不利環境之中，也能夠創造機會，讓自己走出陰影，走向輝煌。

二、愛上父皇的才人：太子李治的性格分析

武則天是怎樣創造機會呢？她施展手段，把自己的命運和當時的皇帝李治緊緊地聯繫在一起。這個事情並非起源於感業寺，早在武則天進入感業寺的前幾年，她已經開始逐步實施這一計畫了。《唐會要》記載說：「時，上在東宮，因入侍，悅之。」這是講武則天和唐高宗二人初步建立關係的一段經典史料。「上在東宮」，表明是在李治當太子時期，「因入侍」，是說侍奉病中的唐太宗。有了這段史料，我們就能夠把唐高宗李治和武則天建立感情聯繫的時間段給確定下來。因為唐太宗是貞觀二十年得病，貞觀二十三年去世，所以太子李治伺候唐太宗於病榻前，確定、一定以及肯定是在這三年之間。「悅」是喜歡，但是放在男女之情上，就不是一般的喜歡，而是愛慕了。也就是說，在唐太宗的病榻之前，太子李治不可救藥地愛上武則天了。這個事情大家可能不太理解，李治和武則天是庶子與庶母的關係，也就是，兒子和父親的妾之間的關係。兒子愛上庶母是亂倫啊。一旦被發覺，就是十惡

不赦了。另外，李治比武則天小了整整四歲，他怎麼會冒天下之大不韙，愛上比自己大四歲的庶母呢？

要解答這個問題，還得先分析一下李治的性格。李治是何許人？他是唐太宗的第九個兒子。從長孫皇后的角度來講，他是嫡出的第三子。按照常理，當太子無論如何也輪不到他。貞觀元年，唐太宗剛剛當上皇帝的時候，嫡長子李承乾就已經被立為太子了。李承乾小的時候聰明伶俐，但是長大之後就不學好了，騎馬、喝酒、打獵、玩孌童，真是「五毒俱全」的問題少年。並且，他還因為打獵把腿給摔折了，成了殘疾人。這還不算什麼。要命的是，他還有點心理問題，喜歡當突厥人。他沒事就把頭髮披散開來，像突厥人那樣梳成滿頭的小辮子。更加不可思議的是，他最喜歡學突厥首領死的樣子。經常把自己裝扮成突厥首領，假裝突然倒地而亡，身邊的人都裝成突厥百姓，騎馬圍著他轉，邊轉邊哭，同時還要割耳剺面，就是用刀子劃耳朵、劃臉，讓血淚合流，表現自己的無比傷心。大家正在表演這悲痛萬分的場面時，李承乾會死而復生，一躍而起，哈哈大笑說，等我有了天下，我就帶著幾萬兵跑到蘭州去，在那兒，我就把頭髮解開，然後委身於突厥的首領阿史那思摩，在他手下當個小官，那簡直就是天底下最快活的事兒了。這叫什麼話啊？這是大唐太子該說的話嗎？這樣的人以後怎麼當皇帝啊？這是人格分裂。所以，太宗漸漸地不喜歡他了。

根據繼承的原則，嫡長子不行，就該輪到嫡次子了。長孫皇后生的第二個兒子，也是唐太宗所有兒子排行中的老四，是魏王李泰。李泰生得儀表堂堂，而且喜歡讀書，當年他老爸李世民不是搞了個秦府十八學士嗎？他亦步亦趨，也網羅了一些文學之士來替他編書，編了一本《括地志》。這本書可是與眾不同，怎麼個與眾不同？它和言情小說有什麼區別呢？《括地志》是講山川地貌的一本書，和政治、軍事、經濟等關係國計民生的大問題都密切關聯，所以這書意義不同尋常。由此，我們可以看出魏王李泰眼界不凡，稱得上是那種胸懷祖國、放眼世界的人，挺適合當皇帝的。唐太宗越看越喜歡，覺得這兒子像我，於是對他的態度越來越好，甚至超過了太子。

我們也知道，唐太宗當皇帝當得不光彩，他是通過玄武門之變殺死了自己的親兄弟，逼父皇退位才當上皇帝的。這給他的兒子們樹立了一個很不好的榜樣，讓兒子們覺得皇位是可以靠爭取得來的，誰有本事，誰爭得過，誰就是皇帝。李泰看到父親喜歡自己超過太子，就開始拉幫結派，簡而言之，開始搞小團體。另外一方面，李承乾覺得自己失愛於父皇，弟弟李泰又野心勃勃，也害怕自己變成第二個李建成。他勾結了一些文臣武將甚至還有亡命之徒，想要提前奪權。這個陰謀在貞觀十七年因為一個別的案子被牽連出來了。唐太宗知道後異常憤怒，他想，我是通過造反起的家，我兒子再造我的反，那還了得？他決定親自提審李承乾，問一問他為什麼要這樣幹。面對父皇的盤問，李承乾回答說：「兒臣已經貴為太子，還有什麼好奢求的呢？如果不是四弟李泰苦苦相逼，我怎麼會走到這步田地呢？父皇如果廢了我，讓李泰當太子，那我可真是落入他的算計之中了。」唐太宗聽了這番痛徹肺腑的表白，也開始自我反省，覺得自己如果廢掉李承乾，改立李泰，就等於再開一個惡例，讓兒子們彼此競爭皇位，長此下去，以後宮廷裡可就血腥不斷了。為了保持穩定，太宗痛下決心，把李承乾和李泰雙雙廢黜。這樣，按照繼承順序就輪到嫡三子，也就是老九晉王李治做太子。於是，天上掉餡餅，一下子就砸中了這個十六歲少年的腦袋，他當時都被砸懵了，從來就沒想過啊。

少年李治被立為太子了，他到底是否符合當太子乃至以後當皇帝的要求呢？讓我們來分析一下他的性格特徵吧。李治的性格可以歸納為五點特徵：

第一點，孝順。李治是個好孩子，溫情脈脈。貞觀十年，長孫皇后去世。當時李治才九歲。他悲不能忍，哀感行路，他爸爸和舅舅都被深深感動了，都想著以後好好照顧照顧這孩子。對母親這樣，對父親也是如此。貞觀二十年，唐太宗打高麗回來，在路上，腿上長了一個毒瘡，不能走路。李治看見二話沒說，撲上去就把毒給吮出來了。這可不是一般人能做到的，這都是可以上孝子傳的孝行啊。

第二點，友愛。李治對兄弟都非常友愛。他的大哥李承乾和四哥李泰雙雙被廢，要貶到窮鄉僻壤了，他前去送行。看到哥哥們衣衫單薄，隨行人員很少，他非常不忍，給父皇上書，說哥哥們雖然犯了罪，但是請求父親念及父子之情，給他們一條生路，多多地給他們衣食補給，讓他們吃得好，穿得好，這樣心情慢慢地快活起來，能夠多活幾年。由此可以看出李治對兄弟的眷眷深情。

第三點，聰明感性。《舊唐書・高宗本紀》說，唐高宗幼而「岐嶷」，所謂「岐嶷」，就是不一般的聰明，是聰明絕頂。李治的才氣，表現在文學方面，他擅長寫華麗的詩文，如行雲流水；表現在書法方面，他的字寫得大氣磅礴，可能李唐皇室沒有字寫不好的，唐太宗、唐玄宗都擅長書法，當時是一個書法藝術流行的時代。他還酷愛音樂，曾經為舞蹈配樂，在宮中演奏，風靡一時。從這幾個方面我們可以看出，他的才華主要表現在文學藝術方面，很感性，有藝術家氣質。

第四點，柔弱。李治的柔弱在當時盡人皆知。唐太宗對此也很清楚，而且非常憂慮。《舊唐書》記載：唐太宗曾經對長孫無忌說：「公勸我立雉奴，雉奴仁懦，得無為宗社憂，奈何？」「雉奴」是李治的小名，「仁懦」是一個粉飾性的詞語，就是懦弱。用到皇帝、太子身上，就說仁懦，說他心地仁厚，只是膽子小一點兒，可是偌大的李唐江山，他沒有足夠的魄力來管理，怎麼辦？唐太宗晚年做了許多事情，都是針對李治這種柔弱的性格，想幫他掃平障礙。比如，唐太宗晚年東征西討，打高麗，打薛延陀，就是為了清除這些可能會給兒子找麻煩的強鄰，他怕兒子以後難以對付這些邊疆民族。另外，他晚年殺了幾個桀驁不馴的大臣，也是為了給兒子創造一個比較安定的國內政治環境，與其以後給兒子留下禍患，還不如提早收拾了。還有，為了培養李治，唐太宗還經常對他進行言傳身教。父子一起泛舟湖面，唐太宗就說：「君，舟也；人，水也。水則載舟，水則覆舟。」這是荀子的話，是說我們當皇帝的就好比這船，老百姓就好比這水，水能把我們這船漂浮起來，但是也能把我們這船打翻。這是告訴李治要愛惜民力，不能逼老百姓造反，如果百姓不安，你的皇帝之位就不穩了。此外，唐太宗臨終前安排長孫無忌和褚遂良等人輔佐他，希望把他扶上馬再送一程，也是針對他這種柔弱的性格所採取的措施。

第五點，他對年長的女性有很強的依賴心。他的母親長孫皇后死時，他就哀傷不已，表現出強烈的孺慕之情，後來，父親請薛婕妤給他當老師，薛婕妤在一定程度上扮演了母親的角色。他對薛婕妤也非常依戀。他當皇帝之後，薛婕妤覺得自己的使命完成了，請求出家為尼，李治特別捨不得讓她離開，說：師傅，您當尼姑可以，我在大內給您造一座寺，您就在宮裡頭出家，這樣我想您的時候隨時都能看到您。這反映出他對年長、有權威的女性有強烈的依戀心理，並沒有隨著年齡的增長而減弱。好多學者認為李治有戀母情結，這是有一定道理的。

三、病榻偷情：李治對武才人「一見鍾情」

李治性格如此，武則天又是一個什麼樣的人呢？上回說過，武則天堅強、獨立、有表現欲。這樣的兩種性格有明顯的互補性。所以李治一看到武則天英姿颯爽的形象，馬上被深深吸引住了。這就是史料中所說的「悅之」，一見鍾情。那麼，武則天怎麼處理和太子之間的感情呢？必須注意到，太子喜歡武則天的時候，唐太宗已步入晚年了。武則天明白，皇帝行將就木，要為自己的前途打算了。可以肯定，以武則天的性格，她必定會積極促成這段感情進一步向前發展，主動去迎合太子，追求太子，把淺淺的「悅之」變成深深的兩情相許。這樣，武則天在進入感業寺之前，已經走過了她和李治感情三部曲的第一步，我們可以稱之為「病榻偷情」。在唐太宗的病榻之前和太子偷情，這需要怎樣的勇氣啊，武則天做到了。

四、尼寺傳情：一首情詩，叩開李治心扉

但是，僅僅依靠感情，特別是君主的感情，是很不牢靠的。李治和武則天在唐太宗的病榻之前雖然就兩情相悅了，但是，李治即位後，並沒有對武則天做什麼特殊安排，他還要忙著處理軍國大事呢。因為是青年登位，面對整個大唐帝國，他很緊張，怕自己辦不好，所以他父親是三天一上朝，他是一天一上朝，每天都接見文武大臣，訪查民情，想要當一個好皇帝。可以說，在皇帝的心裡頭，江山總比美人更重要一些。所以，他沒有特殊照顧武則天，還是讓她和別的妃嬪一起到感業寺去了。但是，武則天的非凡之處在於，她即使身處逆境，也不放棄希望。而且，她也有足夠的能力讓希望變為現實。在感業寺中，武則天努力維持著不絕如縷的感情，讓它繼續牽動著李治的心。

有什麼材料可以證明她在感業寺中還不甘寂寞，繼續讓高宗李治為她魂牽夢縈呢？這可是大內祕

事，史料中確實不會留下記載，但是武則天創作的一首情詩，透露了一些重要資訊。這首詩名字叫做〈如意娘〉：

看朱成碧思紛紛，憔悴支離為憶君。
不信比來常下淚，開箱驗取石榴裙。

詩的大意是說：我心緒紛亂，精神恍惚，把紅的都看成綠的了，要闖紅燈了。為什麼我如此憔悴呢？就是因為整天想著你。如果你不相信我每天因為思念你而默默落淚的話，你就打開箱子看看我的石榴紅裙吧，那上面可是灑滿了我斑駁的淚跡呢。這首詩寫得情真意切，據說後來的大詩人李白看到之後，也不由得爽然若失，覺得自己不如武則天。

怎麼能夠證明，這首詩就是武則天在感業寺的時候寫給李治的呢？武則天一生分為有限的幾段。太宗才人，高宗皇后，大周皇帝。那麼，這詩有沒有可能是武則天當才人的時候寫給唐太宗的呢？不會。為什麼呢？作為才人，武則天天天圍繞在太宗身邊，掌管照料他的起居，她沒有理由思念太宗，因為思念的產生需要距離。再說，我們也看不出這對老男少女之間還有這麼強烈的愛情。有沒有可能是武則天當皇后時寫的呢？也不會。武則天和唐高宗形影不離，更沒有思念的機會，而武則天在高宗時代私生活很檢點，沒有思念別人的可能。還有沒有可能是在高宗死後，武則天寫給那些面首的呢？也沒有可能。因為無論是薛懷義還是張易之兄弟，武則天都可以招之即來，揮之即去，用不著思念，武則天對他們也不會有這麼深的感情。這首詩所體現出的痛苦、恍惚的感情只能存在於武則天當尼姑的時候。儘管前途渺茫，但還存在著一線希望，這希望就是她和李治那段舊情。她把賭注全都押在李治身上，所以相思成疾，以至於看朱成碧了。

這首詩寫了之後是怎麼處理的呢？是不是和石榴裙一起壓箱底了呢？不可能。這首詩是一封情書，是要拿出來表白的。對於武則天來說，這還不是一封普通的情書，而是叩開李治心扉，也是叩開她自己命運之門的敲門磚。她怎麼可能讓敲門磚躺在箱子裡呢？她必定得通過什麼管道把它交給李治，讓他知道，此地有一個尼姑，過去和你有著那樣一段感情，她現在還在每時每刻思念著你，真是「一寸相思一寸灰」啊。唐高宗面對這樣的真摯告白，想想當日的心心相印，他還能放得下武則天嗎？這就是武則天感情三部曲的第二步，我管它叫「尼寺傳情」。

五、執手激情：相逢感業寺，潸然淚下

我們為什麼說這首詩或者其他類似的詩文一定發出去了呢？因為李治終於被打動，決定來看她了。永徽元年（六五〇年）五月二十六日，唐太宗周年忌這天，李治到感業寺行香來了。忌日行香，是唐朝社會的風俗。自從北朝以來，佛教流行，深深地影響了人們的日常行為，某些儀式後來又上升為國家禮典。根據當時的禮儀制度，皇帝死後的週年，繼嗣的皇帝要到寺院上香，為先帝祈福，同時表達自己的思念之情。行香是固定儀式，但到哪個寺院行香就由皇帝決定了。李治放著長安城裡那麼多的名寺不去，偏偏選擇武則天所在的感業寺，顯然，他沒有忘記她。進入感業寺後，兩人幹了些什麼事情呢？根據《唐會要》記載：「上因忌日行香見之，武氏泣，上亦潸然。」兩個人面對面，潸然

淚下。見一面不容易，那真是望眼欲穿啊。下次相逢，又不知是何年何月，怎不叫人淚眼婆娑呢？現代許多學者不太相信《唐會要》的記載，他們的理由是，忌日行香是國家禮典，李治的隨員肯定不少，感業寺的尼姑當然也不只武則天一個。他們怎麼可能在這樣的場合激情對泣呢？但是我認為，這件事必定發生過，理由有三：

第一，文本的理由。《唐會要》是一本經得起推敲的史書，保存了唐朝大量的經濟、政治等方面的原始資料，它和現在街頭小報不一樣，不是專講緋聞的，沒有必要製造這麼一個謠言出來。

第二，人情的理由。武則天在感業寺待了一年，她盼什麼？她就盼李治來呀，盼星星盼月亮，盼得深山出太陽，這太陽就是李治。現在李治真的來了，她怎麼能不張開雙臂擁抱光明？再說了，君心難測，他今年想著你，明年可能就想著別人了，所以皇帝好不容易來這麼一次，怎麼能不抓住這個千載難逢的機會？

第三，性格的理由。武則天是一個敢於冒險的人。她的父親武士彠當年就肯冒身家性命之險，追隨李淵造反，武則天本人在唐太宗時代，也有過出位之舉。她不怕賭博，願意賭上一把。所以這個時候，她是縱使身邊有千軍萬馬，我的心中只有你。兩個人就這麼執手相看淚眼，竟無語凝噎了。

這件事是武則天和李治感情三部曲的第三步，我管它叫「執手激情」。李治是一個溫柔多情、有浪漫氣質的青年，經過這麼一番激情表演，李治的心被徹底俘虜了。

到此為止，武則天經過病榻偷情、尼寺傳情、執手激情，已經走完了她和李治的感情三部曲，可以說是「萬紫千紅安排就，只待春雷第一聲」了。那麼，這聲期待已久的春雷是誰為她打響，或者說，這個機會是誰為她創造的呢？

請看下回：後宮風雲。

【第四回】後宮風雲

貞觀二十三年（六四九年），唐太宗死後，武則天和部分沒有子女的嬪妃們一起落髮為尼，進入感業寺，但是她與新皇帝唐高宗李治一直藕斷絲連。可是，一個在宮內，一個在宮外，他們難道就要永遠這樣守望愛情嗎？如果不是，最終又是誰讓他們結束守望，讓武則天重返後宮的呢？

上回我們講到武則天在唐太宗死後進入感業寺為尼，但是以她的性格，必然不甘心伴著青燈古佛了此一生。事實上，早在唐太宗死前，她已經未雨綢繆，和李治建立了感情；在感業寺期間，她又和李治繼續暗度陳倉；直到永徽元年（六五〇年）忌日行香，二人相對潸然，不顧眾人的目光，把感情公之於眾了。但是，感情歸感情，她想借助這段感情使自己重返後宮，仍然面臨著巨大的問題。因為這裡涉及一個很大的倫理問題，無論如何，她很難抹殺自己作為太宗才人的身分。但天無絕人之路，就在這個時候，有一個人出手援助，非常順暢地把問題解決了。這個人是誰呢？她就是李治的皇后——王皇后。這就讓人奇怪了，王皇后腦子進水了？把皇帝的「情人」引到自己身邊來，這不是給自己身邊放一顆炸彈嗎？王皇后為什麼會這麼做，她讓武則天重返宮廷的目的是什麼呢？武則天重返後宮，又會引發什麼樣的後果呢？

一、后妃爭寵：王皇后與蕭淑妃的地位之爭

說來可笑，王皇后引武則天入宮是為了爭寵。她和誰爭寵呢？王皇后和別人爭寵又和武則天有什麼關係呢？我們看看王皇后的處境就明白了。王皇后出身於當時的高門大族——太原王氏。我們說過，隋唐時代是身分制社會，世家大族在社會上享有崇高的威望和地位。在所有世家大族中，有「五姓七望」最為尊貴。哪「五姓」呢？崔、盧、李、鄭、王。在五姓之中，崔姓和李姓都分別有兩支最顯貴，合起來就成為所謂「七望」，他們是博陵崔氏、清河崔氏、范陽盧氏、隴西李氏、趙郡李氏、滎陽鄭氏和太原王氏。這七望在當時是貴族中的貴族，社會地位顯赫，王皇后就出身在這樣的一個貴

族之家。

任何一個時代都有特定的評價成功的標準，比如明清時期，成功的典型是中狀元，招駙馬。所謂中狀元就是一個男子在事業上取得了成功，所謂招駙馬就是在婚姻上取得了成功，按咱們今天的說法，這叫做事業愛情雙豐收。但在唐朝，說到成功，最典型的情節是中進士，娶五姓女。

我們知道，科舉制在中國實行了一千多年，濫觴於隋代，結束於清末。唐朝是科舉制剛剛起步的階段，進士名額有限，很難考。當時有個說法叫做「三十老明經，五十少進士」。明經和進士都是科舉考試的科目。明經主要考人們對經典的記憶，比如「有朋自遠方來，不亦樂乎」，試卷上「樂」字空下，讓考試者填寫。我們知道青少年時期是一個人記憶力最好的時期，很多神童在很小的時候就能背下大量經典，這種死記硬背的科目，如果到三十歲才考中，人們覺得你已經很老了。那進士考什麼呢？進士考寫文章，還有作詩什麼的。寫文章需要天分，還需要社會閱歷，所以你五十歲考中進士，別人覺得你是少年得志。這就是「三十老明經，五十少進士」的道理。在當時社會上，人們對進士的評價相當高，管他們叫「白衣公卿」，就是說你別看現在他還是一介布衣，可是日後必然能夠平步青雲。所以京城裡考試時節，常有店家對進京趕考的書生格外照顧，好吃好喝，沒錢也可以賒著，說不定趕明兒就中進士、做高官了呢。

在唐朝，中了進士只是意味著在事業上成功，但是如果要真正得到上流社會的認可，還要在婚姻上取得成功。這婚姻成功的標準就是娶五姓女，相當於咱們後來說的招駙馬。唐朝你若是能娶到五姓人家的女兒，那比招駙馬還榮耀呢。

唐朝有個宰相叫薛元超，就是上一回說的薛婕妤的姪子。這薛元超官至中書令，就是宰相了，但是，晚年時他說，我這一輩子是富貴已極，沒什麼可追求的了，但是我有三件事特別遺憾，哪三件事呢？第一，沒能由進士出身；第二，沒能娶五姓女；第三，沒能修國史。薛元超娶的妻子是誰啊？他娶的可是唐高祖李淵的孫女，唐太宗李世民的姪女和靜縣主，娶了這麼一個皇親、金枝玉葉，他還覺得不滿意，覺得比不上娶五姓女。這下大家可以看出來了，這五姓人家在當時社會那是何等榮耀的身分啊。

因為門第高貴，所以全國上下誰都想和他們攀親，連皇室也不例外。唐高祖的妹妹同安長公主就嫁給了王皇后的從祖父（就是祖父的兄弟）。從母系方面講，王皇后的母親出身於河東柳氏，也是一個大族。她的舅舅柳奭當時還擔任中書令。王皇后除了出身高貴外，人也長得十分美貌。所以她的從祖母才把她介紹給唐太宗，選為晉王李治的妃子。李治做晉王是在十六歲之前，王皇后結婚時也應該不超過十六歲。唐太宗生前對她一直非常滿意，臨死的時候還說這是我的佳兒佳婦。

直到李治當皇帝，王皇后的生活都還算是一帆風順的。十四、五歲，當晉王妃；後來隨著晉王成為太子，又榮升為太子妃；太子即位，她再升格成皇后。可以說是平坦之極、幸運之極。然而上天賜予她一個高貴的出身和美麗的容顏，卻沒有給她一樣非常重要的東西——李治的愛。她始終沒有得到李治的心。結婚多年，沒有給李治生下一兒半女，這成為她一生悲劇命運的直接原因。皇帝為什麼不喜歡她呢？我想，感情是一個很複雜的東西，有時候和出身、相貌並沒有直接的、必然的聯繫，它和個人性格和魅力有關。按我們現在的話說，感情講究的是緣分，唐高宗李治和王皇后沒有緣分。另外，唐高宗李治的性格和王氏的性格不合。《舊唐書・王皇后傳》裡講，王皇后「性簡重，不曲事上下」。她總是非常矜持，端莊沉穩，不會去刻意討好任何人。這是大家閨秀的性格和風範。可是，李治是一個多情敏感的人，是一個有著浪漫情懷的文學青年。可以設想，他當了皇帝，處理了一天政事，回到後宮一看，皇后在那兒端著架子待著，拉著臉子，讓人看上去就挺鬱悶的，皇帝也需要溫柔可人的夢之鄉，人家工作壓力多大啊。上班一天了，回後宮看見妻子，連個笑臉都沒有，這讓人多壓抑啊。唐高宗不由自主地不喜歡這個皇后了。

那麼他喜歡誰呢？他這個時候特別寵愛蕭淑妃。蕭淑妃是李治當太子時娶進宮裡的，當時封為蕭良娣。良娣是太子妻妾的一個等級，相當於皇帝的妃子。蕭良娣當年寵冠後宮，接連給李治生下了一兒二女，在李治所有妻妾之中，她的生育數量是最多的。她的家族背景也很好，出身於南方貴族蘭陵蕭氏。這一家族在隋唐時期非常興盛，隋煬帝的蕭皇后就出身於蘭陵蕭氏。蕭淑妃出身很好，又長期得寵，因此和王皇后的矛盾由來已久。

李治當皇帝後，因為冊封王子的問題，王皇后和蕭淑妃之間的矛盾從一般版變成升級版了。李治當時有四個兒子，前三個都是後宮沒有名號的宮人所生的，只有老四李素節是蕭淑妃所生，當時已經五歲了。永徽初年，李素節被封為雍王。王皇后聽到這個封號，氣就不打一處來。這雍王有什麼特殊之處呢？原來啊，雍指長安，雍王的管轄範圍就在當時的首都長安及其周邊地區，地理位置非常重要。按照慣例，雍王一般不會輕易地封給妃嬪生的兒子，要封給皇后生的兒子。我們都知道，皇后生的大兒子，那是嫡長子，要做太子，將來是要當皇帝的；如果皇后還有二兒子、三兒子乃至第N個兒子，那在這些兒子之中，就可以找一個封為雍王。現在王皇后自己沒有兒子，而蕭淑妃的兒子被封為雍王，王皇后從中嗅出了不一般的氣息，她覺得皇帝抬高這個兒子的封爵，可能意味著也要進一步提升蕭淑妃的地位。因此她心裡非常不安，面對這種境況，她該怎麼辦呢？

二、重返後宮：王皇后引武則天進宮

就在此時，宮中開始流傳一個小道消息，說李治在外面和一個尼姑有染。皇帝去感業寺行香是國家行為，當時有很多人跟隨，這些人都看到李治和武則天激情對泣的場面，唐朝人跟現在人一樣，也熱中八卦，愛散布小道消息。再說了，好事不出門，壞事傳千里，這可不是什麼好事啊，所以回來之後馬上在宮裡就傳開了，而且越說越熱鬧。說咱們皇帝啊，跟先帝的才人看來是有私情，如此這般，這般如此，描繪得繪聲繪色。最後當然也傳到了王皇后的耳朵裡。王皇后開始的時候勃然大怒，心想，皇帝太不像話了，在宮裡頭，他不愛大老婆愛小老婆，現在還到宮外面偷雞摸狗，這是什麼皇帝啊？可是轉念之間，她看到了一絲希望的曙光。嗯，這是個機會。如果把這個尼姑引進宮來，讓她纏住李治，不就可以轉移皇帝對蕭淑妃的感情了嗎？於是，她悄悄派人讓武則天把頭髮留起來，告訴她興許以後還有進宮的可能。武則天冰雪聰明啊，一聽大喜過望，當然遵旨照辦。

也許大家會問，王皇后怎麼這麼傻呢？她不怕武則天進宮之後，變成第二個蕭淑妃嗎？我覺得王皇后這樣做有兩個理由。第一，病急亂投醫。不是有一條成語叫做飲鴆止渴嘛，人要是渴極了，毒藥都敢喝，因為那個時候渴是壓倒一切的，是第一位的了。至於喝了毒酒之後會不會導致更加嚴重的後果，那都顧不上了。對王皇后來說，蕭淑妃當時的威脅最大，她要先解決燃眉之急。第二，迷信倫理的約束力。王皇后出身世家大族，從小是被禮教薰陶著長大的，對道德倫理信條堅信不疑。她認為蕭淑妃和她們第相當，又是正常納入的妃子，存在取代她地位的可能。而武則天出身不高，又曾經侍奉先皇，那叫有歷史污點，因此李治雖然可能一時被她迷惑，但是礙於禮法，不可能給她任何名分。退一步說，她即使得寵，對自己的威脅也不會有蕭淑妃那麼大。第三，人情的考慮。她如果把武則天從感業寺接回來，是把她從水深火熱的境地之中拯救出來，那就是再造之恩。按照人之常情，武則天應該對她感激涕零。不像蕭淑妃，一開始就是她的死對頭。基於這樣三種理由，王皇后越想越覺得這步棋不錯。

時間過得飛快，一年過去，武則天烏黑的頭髮已經過頸。永徽二年七月，李治為唐太宗服喪之期已滿。一天，王皇后就非常從容地找到李治說，皇上，我已經知道了您的祕密。您和先帝的才人既然那麼情投意合，不如把她接回宮裡。否則你們兩個一個在裡頭，一個在外頭，飽嘗相思之苦，幹什麼事都得偷偷摸摸的，這既不方便也不好看啊。流言蜚語已經遍布宮中，皇帝的形象也會因之受損啊。李治本來早有此意，但是皇后畢竟是六宮之主，招納新歡肯定要經過她這道關。王皇后素來端莊嚴正，這樣違背倫常的事情怎麼好意思跟她提呢？李治一直在心裡思量，但說不出口。現在王皇后主動提出接納武則天，對於李治而言，真是喜出望外，說皇后妳真是賢慧啊。兩人本來各懷心事，結果卻陰差陽錯，一拍即合，武則天沒費什麼周折就重新回到後宮，這是她命運轉機的第一步。

這次進宮武則天是什麼名分呢？沒有名分。從最底層做起，當一個普通的宮人。此時的她，已經二十八歲了，是芳齡二十八，不是芳齡二八，已經是個大齡女青年了，距離初次進宮，已經過去了整整十四年。當年「見天子庸知非福」的豪言壯語言猶在耳，但是她得到什麼了？空空如也。甚至還不如當初了。當初好歹還是一個五品的才人，現在什麼品級都沒有了，得從最基層幹起，真是紅顏漸老，一事無成。面對命運的捉弄，便是武則天這樣的巾幗英雄，也不免在無人的暗夜裡發出一聲嘆息。那麼，武則天這十幾年是不是真的就白過了？從她一生發展的長遠角度看，不能這樣說。當初她進宮時，還是一個什麼都不懂的青澀少女，說話做事不知輕重，想要爭寵都不知道從哪個方向下手，現在經過十四年的生活歷練，她已經成熟了。她知道皇帝的所思所想所好，對於後宮的人情世故，也已了然於心。生活已經給了她足夠的經驗，這個時候她再出招，就不會像當初馴獅子驄那麼冒失了。

三、晉位昭儀：奠定地位，拜為昭儀

進宮只是第一步。武則天的地位還不穩固，她必須繼續向前。她要走的第二步就是奠定自己在後宮的地位。怎麼才能在後宮站穩腳跟呢？經過深思熟慮，武則天認為，有三種人決定著她今後的命運。哪三種人呢？第一，皇帝；第二，皇后；第三，宮女，特別是伺候皇后和蕭淑妃的宮女。這三個方向她覺得都很重要，她要去打感情牌，要把這三種人都拉到自己的麾下來。

對皇帝，她「痛柔屈不恥，以就大事」。就是不惜委曲求全，來成就自己心中的大事。當初那個鋒芒畢露的武才人，搖身一變，又多出了不少溫柔多情的成熟風韻。對於皇后，她「下辭降體事后」，卑躬屈膝、小心翼翼地侍奉皇后，念念不忘皇后的再造之恩，隨時準備為皇后效犬馬之勞。她再三表示：皇后，您對我的恩情有若皇天后土，您是我的再生父母，今後您的事情就是我的事情，您的敵人就是我的敵人，您指哪兒我就打哪兒。對宮女，武則天「伺后所薄，必款結之，得賜予，盡以分遺」。她先是小心觀察，看見皇后薄待那個人，就去跟她結交；皇帝賞賜給她的東西，她毫不吝惜，傾其所有，和大家分享，到處稱姊道妹，廣結善緣。那結交宮女有什麼用處啊？對皇帝和皇后我們能懂，那是總裁嘛，最高層，那需要巴結；宮女有什麼重要的，也要這麼小心翼翼的？咱們不是有一句俗話，說閻王好見，小鬼難纏，這小鬼有時候暗中踹你一腳，你半年都緩不過勁兒來。而且小人物可有著大作用，戰國時期孟嘗君招納雞鳴狗盜之徒不就是這個道理嘛！就這樣，武則天向三個方向同時出擊，打的都是感情牌。

結果如何呢？她贏了，三種人對她評價都很高。皇帝「謂能奉己」，說她能夠侍奉自己。這不得了啊，這是一個老總對一個最低級員工的評價啊，很好！皇后「喜，數譽於帝」。皇后很喜歡她，多次在皇帝面前稱讚她。這可是公司的副總裁在總裁面前說一個員工的好話啊，說咱們這人才引進得對，沒看走眼。宮女們呢？皇后和蕭淑妃身邊的宮女都和武則天交上了朋友，從此「后及妃所為必得」。就是說她們的一舉一動都盡在武則天的掌握之中。她把宮女都變成「克格勃」*，在宮內建立了一個廣泛靈敏的情報網。

武則天得到宮廷上下的一致認可，地位很快就提升了。《資治通鑑》說她「未幾大幸，拜為昭儀」。昭儀是九嬪之中的一個名號，是二品，地位僅次於妃。在不到一年的時間裡，她從一個沒有品級的宮女，一躍上升為二品的昭儀，可以說是火箭式地上升了。好運氣還要接著眷顧她，永徽三年十月，她又生下了自己的長子，取名李弘。武則天有了封號，又有了兒子，她的地位終於穩定下來了。入宮後的第二步也順利地走完了。

＊注釋：台灣慣稱KGB，即蘇聯時代的國家安全委員會。

四、淑妃失寵：後宮裡的武昭儀，一人之下、萬人之上

此時，王皇后讓武則天入宮的目的完全達到了，蕭淑妃被冷落到一旁。一個直接的證據是，武則天入宮以後，原本生育頻繁的蕭淑妃再也沒有新的生育記錄，可見皇帝不怎麼到她身邊去了。那麼大家可能會問，武則天打敗寵冠後宮的蕭淑妃，有什麼祕訣呢？除了我們剛才說過的找準方向、廣結善緣之外，還有什麼別的原因嗎？有，而且非常關鍵。原因就是，她們和唐高宗性格的契合程度是有差距的。

我們曾經在第一回分析過武則天不能得到太宗寵幸的原因：太宗本身雄才大略，因此他喜歡胸襟寬廣、外柔內剛的女人。武則天不符合這些特徵，因此不會得寵。那麼唐高宗喜歡什麼樣的女人呢？我們也總結過高宗的性格，他仁懦，就是比較窩囊，因此喜歡堅強潑辣的女性；他有點戀母情結，因此喜歡成熟、有權威感的女人。按現在的話說，就是有姊弟戀的傾向。明白了高宗的這些性格特徵，我們就清楚武則天和蕭淑妃的優勢和劣勢所在了。

蕭淑妃符合哪些條件呢？她潑辣爽利。有什麼證據呢？永徽六年，武則天當上皇后以後，為了確保勝利成果，用殘忍的手段殺死了蕭淑妃。蕭淑妃臨死之前，對武則天破口大罵說：「阿武妖猾，乃至於此！願他生我為貓，阿武為鼠，生生扼其喉。」她說阿武是個狐狸精，她魅惑皇帝，把我害得好慘啊，希望來世我變成一隻貓，她阿武變成一隻耗子，我掐住她脖子，活活把她掐死。這種說法所表現出的凌厲氣概，不由得讓我們想起當年馴獅子驄的武則天。此刻的蕭淑妃就像當年的武則天一樣豪爽潑辣，有著讓人難忘的鮮活生命力。也許，無論是武則天還是蕭淑妃，讓唐高宗怦然心動的都是那

樣一種感覺吧。

但是，武則天所擁有的遠不止是堅強潑辣，她還有著讓高宗由衷欽佩和依戀的成熟。我們剛才所說的「痛柔屈不恥，以就大事」就是成熟的表現。按照現在的說法，就是沉著冷靜，能屈能伸。這種成熟，是太宗朝十多年的冷落和感業寺千百次的等待、失望所賜給她的禮物，這種成熟來源於殘酷生活的錘鍊和打磨，這是長期生活在順境中的蕭淑妃所不具備的素質。因為同樣具有爽朗潑辣的性格，所以蕭淑妃和武則天都能吸引唐高宗；又因為一個成熟、一個生澀，蕭淑妃終於在爭寵過程中敗下陣來。她有的優點武則天都有，而武則天有的優點她卻沒有。在優秀與更優秀之間，唐高宗選擇了更優秀的武則天。現在，武則天已經有了傲視群芳的資本：在後宮之中，她已經是一人之下、萬人之上了。

五、武昭儀的野心：覬覦后位

不滿足是向上的車輪。武則天的野心沒有止境。以李弘的誕生為標誌，她的理想已經發生變化，她開始對皇后的位置想入非非了。這就是她要走的第三步。隨著她理想的升級，她和王皇后之間的關係也即將發生逆轉。

李弘的誕生有什麼意義呢？從李治的角度講，李弘沒有什麼特別之處，既不是長子，也不是嫡子。但是，給這個孩子起名「李弘」，卻顯得不同尋常。「李弘」是道教的一個讖語。魏晉南北朝以來，天下戰亂頻仍，瘟疫流行，百姓渴望幸福安定的生活。在這種情況下，道教在全國流行開來。為了收攬人心，它到處宣傳說早晚有一天，太平盛世會降臨的。說太上老君只要一降臨凡世，天下太平的景象就能出現。而老君的化身，就叫做李弘。什麼時候李弘出生了，就意味這老君出世了。好多次起義都打著李弘的旗號進行，因此李弘的政治意義在當時可以說是盡人皆知。武則天從小熟讀文史，是一個愛玩文字遊戲的人，她一直篤信文字有著一種特殊的魔力，給兒子取名李弘，顯然是她的主意。這個名字包含著她對孩子的無限期望。她希望這個孩子將來可以當上皇帝，而且開創太平盛世。如果兒子當上皇帝，母親又是什麼呢？所以說，武則天的野心就是「司馬昭之心，路人皆知」。欲望是無止境的，她已經不滿足於僅僅在後宮有一個穩定的位置了。

李弘一出生，王皇后終於意識到自己犯了一個多麼大的錯誤。引進武則天，確實打敗了蕭淑妃，但這個結果不僅沒有給她帶來好處，反倒讓她陷於更加危險的境地了。蕭淑妃的兒子僅僅封為雍王，已經讓她如臨大敵，而武則天直接暗示她，我的兒子要當皇帝。這樣，武則天和王皇后的蜜月期結束了，昨天的盟友變成了今天的頭號敵人。而蕭淑妃自從武則天進宮，地位就一落千丈，對武則天自然也是恨之入骨。在這種情況下，兩顆仇恨而寂寞的心貼近了。王皇后和蕭淑妃握手言歡，結成了反武統一戰線。所以說，後宮的關係和國與國之間的關係一樣，沒有永恆的敵人，也沒有永恆的朋友，只有永恆的利益。為了利益，王皇后和蕭淑妃盡棄前嫌，共同戰鬥，她們「遞相僭毀」武昭儀，一個接一個地向皇帝投訴武則天。

王皇后和蕭淑妃都已經出手了，那武則天是吃素的人嗎？她也就出手了。她一改剛剛入宮時謹小慎微的態度，整天在皇帝面前說這兩個人的壞話。但是，她們吹風歸吹風，李治這時候的態度可以說是首鼠兩端，哪邊他都不想得罪。比如說王皇后找到他了，說武則天這個人太壞了，她是個狐狸精。唐高宗就馬上滅火說，皇后，妳說得對，我會對她嚴加管教。武則天哪能吃虧啊，馬上也找他說，王皇后老欺負我，還嗚嗚咽咽做柔弱狀。唐高宗一看也表態說，寶貝，妳放心，我收拾她。那麼，高宗為什麼要這麼做，哪邊都不得罪呢？因為他是皇帝，皇帝的心思可比我們多，他要把握大局，不能因小失大。雖然他對王皇后和蕭淑妃的感情已經淡漠了，但她們的出身和家族勢力是他不得不考慮的。對於武則天，他的確有著很深的感情，但是他也知道武則天的歷史太不清白。對於皇帝來說，政治利益還是最重要的，他不能為感情放棄太多的東西。

他這樣首鼠兩端對誰有利呢？對王皇后有利，對武則天不利。因為王皇后有強大的背景，地位相對比較穩固，適合打持久戰；而武則天擁有什麼呢？她擁有的只是李治的感情。而感情，特別是皇帝的感情，又是最不可靠的。蕭淑妃就是現成的例子。一年前皇帝和她還如膠似漆，現在卻對她冷若冰霜了。如果拉鋸戰繼續下去的話，很可能又有新的人物取代武則天，那她可就一無所有了。所以武則天心急如焚，想要打破這種膠著狀態。為此，她必須加重對王皇后她們的打擊力度。那麼她到底會選擇什麼樣的方式出手呢？

請看下回：衝擊后位。

【第五回】

衝擊后位

武則天重返後宮之後，不但地位一路飆升，而且生下了她的第一個兒子李弘。隨著她地位的變化，武則天的欲望也隨之水漲船高，開始動起了當皇后的念頭。可是皇后只設一人，只有現任皇后被廢或死亡，才能確立新的皇后。而此時的王皇后既沒有生病也沒有犯錯誤，不過武則天不會因此坐以待斃，她深信，機會不僅可以等待，更可以創造。那麼，武則天將如何創造機會扳倒王皇后呢？

隨著在後宮地位的上升，武則天的欲望也開始膨脹，她心中樹起一桿新的大旗：衝擊后位。同樣是女人，為什麼人家是皇后，我是昭儀呢？武則天和王皇后打過一年的交道，她知道王皇后是一個沒有什麼手腕的女人。也許，「彼可取而代之」的想法已經不止一次出現在她的腦海裡了。但是，怎樣才能把這個想法逐步付諸實現呢？經過深思熟慮，她準備採取破立結合的方式，就是在扳倒王皇后的同時確立自己的地位。

一、小公主死亡之謎：親生女兒成為權力戰場上冷酷的籌碼

王皇后性格簡重，沉穩端莊，你說她乏味可以，但是別人很難抓住她的把柄。所以武則天雖然在她身邊布下了重重情報網，那些宮女也絡繹不絕地來向武則天彙報，王皇后今天吃了什麼，喝了什麼，穿了什麼，說了什麼，但是始終抓不到大錯。然而有志者事竟成，一個人只要一門心思琢磨一件事，日思夜想，總能想出一個辦法來。武則天經過苦思冥想，終於找到了一個突破口。這個突破口一旦打開，皇后的位置可就搖搖欲墜了。幫助武則天打開突破口的，就是讓武則天背上千秋罵名、成就了千秋帝業、同時也造成了千古之謎的「小公主死亡事件」。

大約在永徽四年（六五三年）底或者永徽五年初，武則天的長女降臨人間。這個小女孩生下來是粉團一般可愛，武則天視為掌上明珠。小女孩出生不久，王皇后前來探望，但是，在王皇后離去之後，小公主就離奇地死了。小公主之死使得唐高宗李治認為王皇后就是殺嬰兇手，從而產生了廢掉皇后的念頭。因為這樁歷史公案，發生在武則天向皇后之位發起衝擊的過程中，而武則天又因此得到了

好處，所以許多人認為這是武則天製造的一個陰謀。種種版本，眾說紛紜。一片歷史煙雲之中，我們彷彿只能看見孩子伸出的雙手。那麼小公主到底為何離奇夭折？歷史的謎團中究竟隱藏著怎樣的真相呢？

《唐會要》裡講：「昭儀所生女暴卒，又奏王皇后殺之，上遂有廢立之意。」就是說呢，武昭儀生了一個女兒，猝然死了，至於怎麼死的，史學家在記載的時候可沒講，只講了死亡這一客觀事實。那麼武則天呢？她就利用了小公主的死亡，上奏皇帝說王皇后殺死了這個孩子，然後就導致了唐高宗態度的變化。按照這種記載，武則天是利用了這個機會的。

但是在另外一些史書中，武則天就不是利用機會了，而是成了殺人兇手。比如《新唐書・后妃列傳》記載，武昭儀生了一個女兒，然後王皇后按照母儀天下的規矩，前去探望，她去的時候武則天找了一個藉口溜走了，不在現場。王皇后看望的畢竟是情敵所生的孩子，她怎麼可能有什麼實在的興趣呢？所以很快也就離開了。武則天又偷偷地溜回來，拿小被子蒙住這孩子，把她捂死。然後重新布置了現場，自己又悄悄離去，在外面等待著皇帝到來。她知道皇帝愛屋及烏，已經形成習慣，每次退朝就急急忙忙地先來看望孩子。這一天，他又如時而至了，武則天裝出一副高高興興的樣子迎上去，兩個人一起走進了嬰兒房裡。可是，揭開小被子一看，傻眼了，活潑可愛的孩子怎麼轉瞬間就沒了呼吸？武則天這時候轉喜為驚，大驚失色。可是諸位，她雖然大驚失色，卻沒有忘記過問幾個關鍵的問題，這孩子怎麼會死呢？這是誰幹的？這段時間有誰來過啊？宮女嚇得都暈菜了，這可是重大責任，出重大責任事故了，趕緊說誰也沒來過啊……哎，王皇后剛剛來看小孩來著。這個時候，武則天馬上又轉驚為悲，嚎啕大哭，肝腸寸斷。在這種場景之下，唐高宗的大腦也就短路了，失去辨析能力，馬上脫口而出說：「后殺吾女！」她過去就和蕭淑妃一起詆毀武昭儀，可我沒想到她這麼狠毒，居然報復在一個無辜的孩子身上。這一記載表達的資訊是，小公主不是自然死亡，換句話說，武則天不是利用了這件事，而是直接導演了這場悲劇。是她精心策劃了陰謀，親手殺死小公主，然後嫁禍於王皇后。

所以，到此為止，我們已經找到三個版本。第一個版本，也是唐高宗心目中那個版本，王皇后殺了小公主。第二個版本呢，就是《唐會要》的記載，小公主不知道怎麼死的，可能是自然死亡，然後武則天就不失時機地利用了這次死亡事件。第三個版本就是剛才《新唐書》所說的版本，武則天直接製造了這個事件，她親手殺死了小公主，然後嫁禍於王皇后。

這三種說法哪一種更可靠呢？我個人認為，武則天殺嬰的可能性非常大。為什麼呢？有三點理由：

第一，王皇后沒有殺死小公主的動機和性格。先看性格，我們知道，王皇后本性端莊嚴肅，不是一個心動就行動的人，這樣的人不適合做殺人犯。再看動機，就當時的形勢而言，她打持久戰更為有利，絕不應該輕舉妄動。這個時候是她最不能冒失的時候，殺死小公主對她有什麼好處啊？退一步說，即便王皇后對武則天恨之入骨，失去理智，也應該殺死李弘，殺死一個還沒有封號的小公主有什麼意義呢？所以我認為，王皇后不具備殺死這個孩子的性格和動機，在她離開時，小公主應該還活著。

第二，小公主非自然死亡的可能性大於自然死亡的可能性。根據常識我們知道，小公主不可能長時間沒有人照料。不像勞動婦女，生了一個孩子，因為還要工作，就把這個孩子綁床頭了，好半天也不能看一眼。人家那是公主，身邊奶媽、宮女是離不了的，因此，從王皇后離開到李治發現小公主死亡之間的空隙必定非常短暫。即便在古代嬰兒死亡率非常高的情況下，一個孩子在這麼短的時間內自然猝死的可能性也是非常小的。換句話說，被謀殺的可能性要遠遠大於自然死亡。

第三，武則天有殺嬰的動機、性格和條件。不是有一句話嗎？世界上沒有無緣無故的愛，也沒有無緣無故的恨，那更不可能有無緣無故的殺人了，是不是？凡是殺人都得有個動機，我們現在破解謀殺案也得先分析一下，誰通過這個人的死亡受益了，那這個人就是重大嫌疑犯。從誰受益這個角度考慮，這時候武則天就有重大的嫌疑了，為什麼呢？武則天當皇后的最大障礙就是王皇后。當時和王皇后爭寵的膠著狀態對武則天極為不利，她急於結束這種狀態，這樣，她就有了殺嬰並且嫁禍於王皇后的動機。我們講過，武則天是非凡之人，她善於創造條件。在感業寺，她不就奇蹟般地創造過嗎？而且，她不怕冒險，有孤注一擲的勇氣，為了達到目的可以不擇手段。這種性格使得武則天具有很強的行動力，能夠迅速地將自己的意圖付諸行動。那麼，武則天有沒有能力準確掌握時間，殺死小公主呢？也是有的。武則天通過結交宮女，在後宮建立了發達的情報系統，對王皇后乃至皇帝的一舉一動都瞭若指掌。掌握了二人探視小公主的時間，她就可以巧妙地打一個時間差，在中間短短的間隙裡殺死小公主，嫁禍於王皇后。

更重要的是，武則天有一個非常特殊的條件，她有一個母親的身分。常言道，虎毒不食子。一般宮女在照看小公主的時候，對外人的警惕心可能會高一些，但對孩子媽媽的警惕心可能就低一些，所以都是來看小公主的，如果王皇后來了，其他人就會特別注意，可是如果小孩的親媽來了，誰都覺得這是非常自然的。所以武則天在發現孩子死了之後，她問，誰來過啊？宮女馬上回答，王皇后來過。其實都有誰來過啊？王皇后、武則天都來過。但是在人們的頭腦之中，自然地忽略了那個經常親近自己孩子的媽媽，而只提到了王皇后這個人，就是這句話，使王皇后在唐高宗心目中的地位一落千丈，由尊重、忌憚轉為怨恨了。所以我認為，武則天具備殺死孩子的性格、動機和條件。

所以，儘管看起來過於殘忍血腥，我們還是不得不接受這樣一個現實，那就是，權力的誘惑是如此之大，它甚至可以吞噬人性和親情，讓一個母親動手扼殺自己的親生女兒。十二年後，武則天已經當上了皇后，回想起這個冤死的小女孩，真是悠悠歲月，欲說當年好困惑啊。她給這個小女孩加封為安定公主，諡號思，按照親王的禮儀隆重安葬。這樣隆重的葬禮可能恰恰反映了武則天對她深深的歉疚之情吧，不知道武則天的心靈是否真的能夠獲得安寧和平靜？

小公主死亡事件發生後，武則天和王皇后之間的膠著狀態終於被打破了。李治心中的天平完全失衡，徹底傾向了武昭儀。根據《新唐書》的記載，他對武則天是「越信愛」，而且為了安慰她的喪女之痛，還追贈她的父親武士彠為并州都督。對於王皇后，則是「有廢后意」了，第一次產生了廢黜王皇后、改立武則天的想法。

皇帝的感情變化很快影響到外廷，王皇后的舅舅柳奭開始不安，主動要求辭去宰相之位。這樣，王皇后在外廷的支持力量也大為削弱，可以說是內外交困。

小公主之死是武則天打響皇后爭奪戰的第一槍，這一槍擊中了要害，打得是穩、準、狠。這一槍過後，武則天的不利局面開始扭轉了。

如今，我們應該怎樣評價小公主死亡事件呢？古代人常常把這件事視為武則天陰毒狠戾的標誌，認為武則天是天生心如蛇蠍。而現代人受各種思想的影響，又往往樂於為武則天開脫，把她的種種行為歸結為不得已。那麼，殺死小公主是否是武則天不得已而為之呢？談不上。如果武則天安於自己的身分，依靠一子一女，即使高宗以後移情別戀，她也完全可以像一般的妃嬪那樣跟隨子女，安度平靜的下半生。但是武則天選擇了出手。原本應該最純潔深厚的母女之情，終於演變成了權力戰場上冷酷的籌碼。所以在小公主死亡問題上，推動武則天的是蓬勃的欲望和強烈的野心。這種欲望和野心對於一個母親而言是可怕的，但對於像她這樣的政治家而言卻是必要的。

從淒冷的感業寺一路坎坷走來，武則天先是突破了父子關係的人倫界限，接著又突破了基於血緣關係的天倫界限。她押上的賭注太重了，她一定要贏。

但是，在帝制時代，特別是在貴族對政治還有重大影響的隋唐時期，誰當皇后，體現皇帝和特定貴族或者貴族集團的盟友關係，可不是一個簡簡單單的婚姻問題，這跟今天年輕人的婚姻戀愛大相徑庭。今天我對你說我愛你，咱們結婚吧；吵了一架後，你怎麼這麼煩人，咱們離婚吧；又過了幾天，我覺得吵架是我的錯，咱們再復婚吧。可不是這麼簡單的事情。廢立皇后是國家政治生活中的一件大事，不能僅憑皇帝的意志，還要得到官僚集團的認可。那麼，武則天還能像前番那樣一路凱歌嗎？

二、收買長孫國舅：與高宗聯手爭取外廷支持以得后位

皇后的廢立事關重大，大臣們對此持什麼態度呢？李治和武則天心裡沒底，為了穩妥起見，他們決定先私下試探一番。可是試探誰呢？他們選中了長孫無忌。長孫無忌在當時的大臣中地位比較特殊。就君臣關係而言，他是親奉太宗遺命的顧命大臣，官居一品太尉，而且是凌煙閣二十四功臣之首，是當之無愧的百官之長；從親屬關係的角度看，他又是李治的親舅舅。貞觀十七年（六四三

年），當時的太子李承乾和魏王李泰因為爭奪儲君之位雙雙被廢，是他一手把年幼的李治扶上太子的寶座。此後李治無論是當太子還是當皇帝，他都在旁邊保駕護航，舅甥關係相當密切。因此，在廢立皇后的問題上，李治想先徵求他的意見，既是尊重顧命大臣，又是聽取舅舅的意見，於公、於私、於情於理都非常妥當。

經過這樣一番深思熟慮，這天，李治和武昭儀龍車鳳輦，一齊駕臨長孫府。長孫無忌對於最近一段時間的後宮風雲早有耳聞，因此對皇帝和武昭儀的來意也就明白了一大半。可是長孫無忌是一個老謀深算的政治家，老江湖了，雖然猜出來了，可他不明說，表現得平淡從容，不動聲色，熱情款待，靜候皇帝開口。酒酣耳熱之後，皇帝畢竟年輕，先坐不住了。他想開口還不好意思直接說，於是曲裡拐彎繞起圈子來，先問起長孫無忌兒子的情況。長孫無忌兒子一大堆，有一打之多。他就把這些個兒子的情況一一彙報，老大幹啥的，老二幹啥的，老三幹啥的，依次類推，說了一通以後，說到他還有三個姬妾生的庶子，還年輕，不懂事，也沒有任何官職，還沒有機會給國家效力呢。李治聽罷，說這怎麼行呢？將門無犬子，舅舅是國家的擎天大柱，舅舅的兒子肯定也個個都是芝蘭玉樹呀，怎麼到現在還沒有當官啊？這樣吧，我馬上封他們為朝散大夫。

唐朝的官僚制度非常複雜，分為職事官、散官、勳官和衛官四種。其中職事官表示一個官員的具體執掌，就是你具體負責什麼工作，比如中書令、尚書令、縣令，這都是職事官。散官則表明他享受什麼樣的政治待遇和經濟待遇。唐高宗所封的這個「朝散大夫」就是唐朝散官的一個品級。散官分為九品，朝散大夫屬於從五品。這個從五品可不一般，怎麼個不一般呢？

唐朝官員的等級從大的方面分為三個層次，三品以上叫做「親貴」，屬於高級官員；五品到三品叫做「通貴」，是中高級官員；五品以下是一般官員。整個官僚隊伍像一個金字塔，越往上頭人越少。其中，五品可是一個坎兒。為什麼呢？因為只要做到五品以上，就能享受很多別人享受不到的特權了。五品以上的散官有很多特權：第一是蔭子，就是父親當到了五品以上的官，兒子就可以接著當官。這個可太重要了，有句話說，一人得道，雞犬升天，就是這個道理。第二個好處是免除全家賦役；你要是當六品以下的官，只能免除本人的賦役，你的家屬還得吭哧吭哧給官府幹活去。如果你的官做到五品以上，那麼全家都不用給國家做貢獻了，這個也很重要。所以五品以上的官享有極高的特權，很多人都夢寐以求想進入這個序列，可是大多數官員終其一生也無緣進入。唐代的官員，三品以上穿紫，五品以上穿紅，七品以上穿綠，九品以上穿青。五品以上，就是高官，所以人們常說某某「大紅大紫」了，就從這裡引伸出來的。長孫無忌的庶子剛一踏進仕途就做到從五品，這是皇帝莫大的恩寵，常人根本無法企及。所以這次授官，對於長孫無忌來說當然是殊榮，皇帝籠絡長孫無忌的意思已是相當明顯。

授官之後，李治覺得自己腰桿子硬了，開始轉入正題說：「舅舅，你看你的兒子都這麼優秀，這麼有出息，我心裡也是說不出的高興啊，可惜，王皇后沒有兒子。不過啊，武昭儀她倒是生了一個兒子。」把來意挑明了。然後就笑眯眯地充滿期待地望著長孫無忌，等著他表態。誰知長孫無忌沒有接茬兒*，他說是啊，武昭儀生了個兒子，真是可喜可賀，來，皇帝、昭儀，咱們吃好喝好。就把這個話題給岔過去了。

---

*注釋：接茬兒，大陸用語，意指「搭腔」。

唐高宗那個窩火啊，但還是心存不甘，過了一會兒又說，來人啊，禮物呈上。拿出四車金銀寶器、十車綾羅綢緞賞賜給長孫無忌，表彰他對國家的貢獻。大家知道，唐朝一直被認為是中國帝制社會中最強盛的時代，但是，永徽時期還屬於初唐，剛剛經過隋末的動盪，國家經濟還沒有完全恢復。舉一個例子，唐朝初年還是挺窮的，李治當太子的時候，有一次割羊肉吃，刀子沾上了羊油，捨不得浪費，把羊油抹到餅上，一塊兒吃下去。可見，當時國家還不富裕，所以這十車的綾羅綢緞和四車的金銀珠寶那可是一個大數目啊。這樣大量的賞賜無疑也是不尋常的。賞賜之後，皇帝再次開口說：「我雖富有四海，可惜皇后無子。武昭儀倒是剛剛生了一個兒子。」又回到主題上來了。可是長孫無忌還是說，吃好喝好，又迴避了。這樣反覆幾次，長孫無忌始終顧左右而言他。有時候，不表態也是一種表態，長孫無忌這樣做，無非就是表明自己不支持武則天做皇后。有道是話不投機半句多，「上及昭儀皆不悅而罷」。此後，武則天又讓她的母親楊夫人充當特使，繼續遊說長孫無忌，結果還是碰了一鼻子灰。

通過收買長孫無忌來獲取外廷支持的努力失敗了。武則天得到了兩點深刻的教訓：第一，卑辭下體、拉攏賄賂等在後宮行之有效的方法，未必適用外廷像長孫無忌這樣的元老重臣。人家是見過大世面的，不是這種小恩小惠能夠收買的。第二，王皇后遠遠不像武則天想像的那樣只是一隻紙老虎，已經失去還手能力，她在朝廷中還保持著很高的威望和人氣，所以還得加大打擊力度。當然，此行也讓武則天有了一個重要收穫，是什麼呢？她收穫了李治的支持。看到元老重臣如此不合作，李治產生了深深的挫折感。真是太傷自尊了，自己貴為皇帝，卻受制於人，低三下四地給大臣送禮，還辦不成事。這太窩囊了，高宗心裡十分不爽，君臣之間第一次出現了明顯的裂痕，所以他越發堅決地站到了武則天一邊。誰都有逆反心理，越是做不成的越要做。也許，就是從這一刻開始，事情的性質發生了根本性的變化，從立武則天為后這一單純事件的對立，升級為唐高宗和元老大臣爭奪權力的鬥爭。因為鬥爭性質的變化，武則天和唐高宗的關係也發生了變化，在單純的恩愛夫妻的關係上，又多了一層戰友的關係。兩個人有了共同的對頭，要精誠團結，同仇敵愾。

三、後宮巫蠱案：污告王皇后與其母魏國夫人共行厭勝

在外廷的活動既然還沒有柳暗花明，武則天英明地決定還是先回到她所熟悉的後宮，徹底解決王皇后的問題。上一次她還只是打感情牌，這次她要炮製一個真正的刑事案件。

永徽六年六月，武則天再次發難，指使左右報告皇帝，說王皇后和她的母親魏國大人柳氏共行厭勝。所謂「厭勝」，是古代的一種巫術，大致就是用紙剪一個小人，或用木頭刻一個小人，諸如此類，這就是自己恨之入骨的那個人，描繪出他的形象來，然後在上面寫上他的姓名、生辰八字，再在上面釘釘子、扎針，詛咒此人飽受痛苦或不得好死。《紅樓夢》中趙姨娘和馬道婆，就共同實施過這種巫術。她們憎恨的人不是賈寶玉和鳳姐嗎？所以就偷偷地畫上這兩個人的形象，釘上釘子，由馬道婆在那兒念咒，後來寶玉和鳳姊兩個人是見雞殺雞，見狗殺狗，鬧得賈府上下一塌糊塗，最後還大病一場。當然，這種巫術有的時候也派作相反的用處，刻畫出自己所愛的人物，對它施以咒語，通過這種方式讓夢中情人眷顧自己。古代人迷信，相信這樣做確實可以通過冥冥之中的感應和信念加害於人，因此厭勝本身是一種罪行，而且是一種重罪，被列為十惡之一，屬於「不道」，就是違背正道。

法律上比照謀殺罪量刑，只比謀殺罪減輕二等，但是如果實施對象是尊長或皇帝，就不再減刑。

這一控告無疑是想要置王皇后於死地。如果按律治罪，對於王皇后就意味著滅頂之災。但是由於厭勝所用材料簡便，一塊布一張紙都行，並且一直是宮廷鬥爭中打擊對手最常使用的武器，皇帝也知道，這事有時候不靠譜，所以對於這類事情的處理，在很大程度上取決於皇帝的態度和決心。比方說漢武帝的時候，他不是有一個皇后叫陳阿嬌嗎？就是「金屋藏嬌」的那個阿嬌，她後來也被指控實施厭勝，漢武帝就把她廢掉了，但沒有處死。所以具體怎麼執行，還要看皇帝的意思。由於事情發生在武則天和王皇后鬥爭的白熱化階段，武則天誣告的跡象過於明顯，李治權衡利弊，沒有敢按照刑事案件處理，只是禁止魏國夫人柳氏入宮，又貶王皇后的舅父中書令柳奭為遂州刺史，遂州就是今天的四川遂寧。柳奭很倒楣，因為王皇后的牽連無辜降罪，在被貶的途中又被冠以「漏洩禁中語」的罪名，接著被貶到偏遠的榮州擔任刺史。榮州，就是今天的四川榮縣。路漫漫，水迢迢，王皇后和家族的聯絡就被中斷了。

如果說，拉攏長孫無忌這一招是徹底失敗的話，到了厭勝事件，武則天也只取得了局部勝利。她想要置王皇后於死地的目標並沒有實現，只是，王皇后和外朝的聯繫被徹底斬斷了，她現在的處境猶如一隻被囚禁的小鳥。在這種情況下，外廷的大臣們會報以何種態度，他們還會義無反顧地支持她嗎？

四、宸妃風波：武昭儀要求加封為宸妃，遭朝臣反對

武則天一刻都沒閒著，她決定再試一次。這次，她吸取教訓，不再直接追求后位，而是退而求其

次，要求皇帝加封她為宸妃。根據唐代後宮制度，妃的級別為視一品，高於二品的昭儀，僅次於皇后。唐朝的妃子有四個名號，分別是貴妃、淑妃、賢妃、德妃。這個時候，四妃都有人占著位子，高宗過去特別喜歡的蕭淑妃就是其中之一。武昭儀要想進入這個行列，暫時還沒有空缺。按照慣例，這個時候應該怎麼辦呢？武則天她應該等，假如等啊等，哪一個妃子忽然暴病身亡，她就可以去補那個缺了。但是，武則天豈能等得？她從來都不缺少創造力，更不缺乏勇氣。她使出渾身解數，要求皇帝在這四妃之外加封她為「宸妃」。宸妃這個名號可是武則天深思熟慮的結果，一方面，妃子的位置不像皇后那麼扎眼，容易被人們接受；另一方面，宸妃的名號又不同尋常，有著深刻的政治內涵。為什麼這樣說呢？宸，即北辰，是北極星，孔子在《論語・為政篇》裡說：「為政以德，譬如北辰，居其所，而眾星拱之。」就是說北辰在天空照耀，其他的星星都得羅列在周圍拱衛著它，所以北辰常常用來比附帝王。以宸為封號，就猶如給長子取名李弘一樣，明顯反映了武則天的勃勃野心。加封為妃子，顯然不會是她的終極目標。

可是不管怎麼說，這已經是退一步了，在她的心目當中，外廷的大臣們理應也退一步。咱們彼此都給個面子嘛！那麼，大臣會滿足她嗎？此議一出，中書令來濟、門下侍中韓瑗，馬上上表強烈反對。他們說：「妃嬪有數，今立別號，不可。」意思是皇帝的妃嬪有固定的數額，這是祖宗定下來的制度，你現在出妖蛾子*，想要再立一個別的封號，那是萬萬不行的。宰相是集體議政，因此來濟和韓瑗的意見也就基本代表了宰相集團的整體意見，昭儀已經是他們所能接受的武則天身分的頂點，再

*注釋：妖蛾子，大陸用語，意指「怪招數」、「鬼主意」。

往上走，難於上青天。

加封宸妃的努力又失敗了，武則天難免產生了深深的挫敗感。恐怕從這個時候起，她真正意識到了外廷在她生命中的重要性，後宮鬥爭的每一步都和外廷緊密相連，沒有外廷的支持，她永遠也無法實現正位中宮的夢想。從此以後，她要把眼光投出宮外，投向外廷。無論是朋友還是敵人，都只能從這裡尋找。現在，敵人已經揮拳出手，那麼，朋友究竟在哪裡呢？

庭院深深深幾許，如今，深深的宮廷已經無法容納武則天的野心。武則天犀利的眼光越出了宮牆，外面是一個她還沒有真正打過交道的世界。離強合弱，遠交近攻，這些她在深宮中用慣的手段還能放之四海而皆準嗎？從深宮走出來的武昭儀，又會向哪個方向揮動手裡的長鞭？

請看下回：殿廷對決。

【第六回】殿廷對決

武昭儀為了謀求皇后之位，步步為營，從宮內到宮外展開了一系列地下工作，但外廷很多大臣，都反對唐高宗廢王立武，武則天前進的道路也因此充滿艱辛。那麼，她在外廷中就真的找不到支持者嗎？身為皇帝的李治以及野心勃勃的武昭儀，和大權在握的宰相們，又會發生怎樣的衝突呢？

一、誰在支持武昭儀：李義府主動為武昭儀搖旗吶喊

就在武則天一籌莫展的時候，有一個官員主動請纓為她搖旗吶喊。這個人是誰呢？此人名叫李義府，瀛州饒陽人。他在中書令來濟的手下擔任中書舍人，是個五品官。有個成語叫「笑裡藏刀」，講的就是李義府。李義府生得一表人才，和人相處彬彬有禮。但是，你如果被他的笑容所打動，想要和他推心置腹地交朋友，就大錯特錯了。李義府最擅長的莫過於不露痕跡地算計人，可以說是「明裡一盆火，暗裡一把刀」。這樣的事兒他幹得多了，人們就送他一個詞「笑裡藏刀」。又因為他外表柔和，但是害起人來心黑手狠，又送他一個外號叫「李貓」。貓是一種柔順的小動物，平時很乖巧，但是撲耗子時卻毫不留情，非常兇狠，這李義府的性情行為就和貓似的。李義府人品不好，但是才華出眾。《全唐詩》裡留下他八首詩，詩風清麗，典型的初唐風範。並且李義府是李治的老部下，李治做太子時，他擔任太子舍人，和太子司議郎來濟都以文墨知名，當時號稱「來李」。但是隨著時間的推移，來濟已是中書令，李義府還只是區區一個中書舍人，才氣不在來濟之下，職位卻差著這麼多，因此內心鬱鬱難平。

那麼，李義府與武則天是什麼關係呢？他為什麼要支持武則天？其實，李義府和武則天沒有任何關係。他這樣做，完全是為了討好皇帝，保住官位。武則天只是他手裡的一張牌。無風不起浪，事情的起因是李義府的工作調動問題。

李義府本來是中書舍人，因為得罪了長孫無忌，長孫無忌想要把他發配到偏遠的壁州擔任司馬，等於調到今天的四川省工作了。壁州司馬也是五品官，本來是平級調動，談不上貶。但是唐前期的人

重視京官，輕視地方官。京官整天貓在朝廷裡混，容易和皇帝混個臉熟，有前途，機會多；地方官呢，山高皇帝遠，升遷的機會少。李義府他自負才高，也有野心，所以他很不願意去地方當官。這次工作調動對他可以說是一個巨大的打擊。按照當時的行政程式，李義府的任命詔書由中書省起草後，要轉送門下省審核。李義府擔任中書舍人，由於職務之便，提前知道了這個任命。他可不想眼看著這個任命生效，但是怎麼辦呢？又不能把委任狀截留了。俗話不是說秦檜還有三個相好的嘛，他想不出辦法來，就去求教於好朋友中書舍人王德儉了。

王德儉的脖子上長了一個很大的瘤，人又狡詐多智，所以別人就把這兩個特徵結合起來，叫他「智囊」。「智囊」把這個事情的前因後果聽了之後，就給李義府出主意說：

> 上欲立武昭儀為后，猶豫未決者，直恐宰臣異議耳。君能建策立之，則轉禍為福矣。（《資治通鑑》卷一九九）

他是說，皇帝現在想立武昭儀做皇后，為什麼不把這個提案拿出來呢？是因為擔心宰相不同意。現在你出面支持武昭儀當皇后，皇帝肯定龍顏大悅，他一高興，你不就轉禍為福了嗎？李義府覺得這個主意可行。但是第二天任命書就要送到門下省，而當時皇帝已經退朝了，怎樣能在任命生效之前見到皇帝呢？正好當天是王德儉值夜班，兩個朋友一商量，決定由李義府代替王德儉值班，深夜叩閤上書，懇請廢王皇后，立武昭儀。

正為立后之事煩惱的李治和武則天大喜過望，終於找到支持者了！立即召見李義府，讓他把想法都說出來。李義府說：陛下，現在天下的老百姓都擁戴武昭儀當皇后，您就順了天下百姓的心吧！唐高宗真是既高興又納悶，說天下百姓都這麼想，我怎麼不知道啊？但是，明擺著，老百姓如何想並不重要，重要的是，李治終於知道，官員並不是鐵板一塊了。以前他一直覺得所有的官員都傾向於長孫無忌，都反對他，李義府的發現打開了他的眼界。他不由得非常欣喜，勉勵李義府再接再厲，同時賜予他一斗珍珠。李義府乘機說：陛下，我非常想為您效勞，肝腦塗地也在所不惜。可是恐怕沒機會了，我就要到壁州當司馬，壁州離長安千里迢迢啊，就算我為皇帝的事情喊破了喉嚨，又有誰能聽得見呢？皇帝說，那還不容易，馬上讓你留任原職。第二天，武昭儀也親自派人慰問李義府。接著，李義府被提升為中書侍郎。皇帝和武則天的這番舉動等於向全體大臣發出了一個清晰的信號：皇帝的態度已經非常明顯，支持武昭儀就意味著升官發財！榜樣的力量是無窮的，很快，一批官僚就集結在武則天的周圍。這夥人包括衛尉卿許敬宗、中書舍人王德儉、御史大夫崔義玄、御史中丞袁公瑜等。武則天第一次在外廷有了自己的勢力。隨著李義府的人生之路出現重大轉機，武則天的皇后之旅也開始現出曙光。

在這些人中，許敬宗年齡最大，官階最高，很快就成為領軍人物。許敬宗是何許人呢？他是給李義府出主意的「智囊」王德儉的舅舅，和長孫無忌是一代人。說起來他的經歷非常坎坷。隋末大亂之際，他的父親許善心在江都政變中被叛軍首領宇文化及所殺，許敬宗為了活命，在殺父仇人面前「蹈舞求生」，手舞足蹈，苦苦哀求人家饒他一命。本來，人性就有軟弱的一面，許敬宗這樣做，我們也不是不能理解。可是，當時偏偏出了一個人物，經歷和他相似，但氣節可比他高多了。這個人就是大書法家虞世南。虞世南的哥哥虞世基也面臨著被處死的危險，虞世南一介書生，無法靠武力挽救哥哥的性命，只能跪倒在地，要求劊子手殺了他，放掉哥哥。同樣是跪地求饒，這虞世南可就光彩多了，因此當時人就編了一句話，「虞世南匍匐請代，許敬宗蹈舞求生」，貶損許敬宗。許敬宗雖然道德不怎麼樣，但是確實才華橫溢，很快被李世民延攬到人才庫裡，成為秦府十八學士之一，和後來著名的宰相房玄齡、杜如晦等人共事。太宗即位，許敬宗也當上了中書舍人。金光大道已經展現在面前，可是許敬宗一不留神，又滑下去了。出了什麼事呢？貞觀十年（六三六年），長孫皇后去世，輕佻的許敬宗竟然因為大書法家歐陽詢長得醜，在葬禮上哈哈大笑。這一笑也就笑掉了他頭上的烏紗帽，被貶到地方去了。後來好不容易在高宗初年又混到了禮部尚書，沒想到又因為把小女兒嫁給少數民族首領馮盎之子，就是後來的大太監高力士的曾祖，被人彈劾，說他貪財賣女，又被貶到了地方。因為這樣一些性格乃至人格缺陷，許敬宗的仕途起起落落，幾十年過去了，當年的同僚都已經手握大權，而他只是個衛尉卿，雖然也是三品官，但只是一個負責皇帝車馬的事務性官員，沒有什麼實際權力。因此他也是鬱鬱難平。

但是，古人說得好：「治平尚德行，有事賞功能。」現在皇帝打算立武昭儀為后，而元老大臣紛紛反對，這是個多事之秋，許敬宗隱隱覺得自己的機會來了。憑著自己半生從政的直覺，他決定站在皇帝的一方。但是，支持皇帝能夠獲取多大的好處呢？皇帝的決心有多大？許敬宗一時還看不清楚，不敢貿然表態。恰好此時出了李義府貶官之事，李義府求教於許敬宗的外甥王德儉，老謀深算的許敬宗就勢投石問路，結果非常令人滿意，許敬宗決定行動了。

這樣，以許敬宗和李義府為核心，一批以支援武則天為共同政治目標的官僚就集結在一起了。他們通過武則天的母親楊氏，和武則天暗通聲氣，在外廷和後宮之間迅速建立起了一個反應敏捷的情報網，這個情報網的末端散布在外廷的各個部門，頂端則是野心勃勃的武昭儀和在背後支持她的皇帝李治。

二、殿廷上的鬧劇：宰相集團氣勢洶洶，反對高宗廢王立武

支持武則天的勢力暗流湧動，反對她的大臣也開始逐步集結。這一派的首領是元老重臣長孫無忌。此外，還包括唐太宗任命的另一位顧命大臣，長孫無忌的忠實追隨者褚遂良，以及剛剛在立宸妃問題上投過反對票的來濟和韓瑗。兩派人馬都在暗中發展勢力，中央的政治風雲開始變得波詭雲譎，並且逐漸向下波及。

風乍起，吹皺一池春水。立武則天為后的事，一時間成為大家關注的中心話題。長安縣令裴行儉私下找到長孫無忌和褚遂良，議論說，武昭儀心術不正，她要是立為皇后，國家可就要遭殃了。這種私下議論馬上被武則天的情報網探聽到了，御史中丞袁公瑜迅速把這件事彙報給武則天的母親楊氏，楊氏再傳達給武則天，武則天再推動高宗做出反應。很快，裴行儉被貶為西州都督府長史，也就是今天新疆的吐魯番，遠遠地離開了政治中心。此後不久，武則天的首席支持者許敬宗升遷為禮部尚書。皇帝的巨手終於顯示出了威力：順我者昌，逆我者亡。

隨著兩派官員的或升或降，原本看起來鐵板一塊的外廷官僚隊伍逐漸分化。每個人都在觀察，考慮自己的立場以及可能引發的後果。就在這緊張的氣氛之中，永徽六年（六五五年）九月，唐高宗和武則天終於決定攤牌了。

據《唐會要》記載，這天，唐高宗在退朝之後單獨留下了四位宰相，說要跟他們到內殿商量一件事。這四位宰相是誰呢？第一位是太尉、同中書門下三品長孫無忌，第二位是司空、同中書門下三品李勣，第三位是左僕射、同中書門下三品于志寧，第四位是右僕射、同中書門下三品褚遂良。唐朝的宰相制度比較複雜。首先，有一些官職是法定宰相，比如尚書省的長官尚書令，中書省的長官中書令，門下省的長官門下侍中。在這之中，尚書令是正二品，中書令和侍中都是正三品。但是，因為尚書令權力過大，從太宗朝開始，尚書省不再設尚書令，所以，尚書省的副職左右僕射就成為宰相，都是從二品。此外，還有一些人不擔任三省長官，但是也可以經由皇帝的任命成為宰相。這些人要成為宰相，一般要加「同中書門下三品」，或是「同中書門下平章事」等名號，就是說他們也和中書、門下兩省的長官一樣擁有決策權力。長孫無忌和李勣就都屬於這種情況。

在唐高宗永徽六年，各種名號的宰相一共有七位。除了我們剛才提到的四位之外，還有中書令韓瑗、門下侍中來濟和另一位門下侍中崔敦禮。按照唐朝的傳統，皇帝退朝以後，所有的宰相要到政事堂共同議政。可是這次呢？皇帝沒有按常規，而是單獨召見部分宰相，這顯然意味著有特殊的事情。這四個人互相看了看，皇帝會有什麼事呢？回顧一段時間以來圍繞武昭儀引發的政治風波，他們覺得，今天的事情一定與武昭儀有關。

他們四個人就商量對策了，如果皇帝一會兒提起這件事，咱們應該怎麼回答呢？有一個人提議：「長孫太尉當先言之。」

但是褚遂良不同意。他說：「太尉，上之元舅，脫事有不如意，使上有怒舅之名，不可。」意思是長孫太尉是皇帝的舅舅，如果言語不和，那就是皇帝和自己的舅舅過不去。怎能讓皇帝背這個罪名呢？不行。把長孫無忌否決了。

這個時候，剛才提議的人又說：「英公勣，上之所重，當先言之。」英國公李勣是皇上非常器重的人，要不讓他先說？

褚遂良又不同意，他說：「司空，國之元勳，有不如意，使上有罪功臣之名。不可。」意思是司空李勣是國家的元勳，皇帝和他鬧意見，那不是跟功臣過不去嗎？那怎麼行呢？又否定了。

既然如此，那究竟應該由誰來出面向皇帝表達意見呢？褚遂良說了：「遂良躬奉遺詔，若不盡其愚誠，何以下見先帝！」他說，我是先朝任命的顧命大臣，如果我不竭盡全力的話，以後有什麼顏面到地下面對先帝呢！褚遂良毛遂自薦自己要做這出頭鳥。

這時候，咱們就可以分析一下了，前面兩次提到的提議者，這個人到底是誰呢？一共四個人：長孫無忌和李勣被提出做候選人，褚遂良是毛遂自薦，是誰一次次把皮球踢給別人呢？只剩下于志寧了。為什麼他要這麼做呢？因為他不願意捲入政治鬥爭中去。于志寧人品和學問都很好，在唐太宗的時候就被任命為太子太師，輔佐當時的太子李承乾。後來李承乾被廢，跟隨他的臣僚都受了牽連，只有于志寧因為道德文章都很高明，被留下來輔佐新的太子，就是後來的唐高宗。一朝被蛇咬，十年怕井繩，因為經歷過政治風波，所以于志寧格外小心謹慎，不願意捲入任何政治爭端之中。這次廢王立武，他覺得不同尋常，還是不出頭的好。

另外，這番商量除了推舉發言人外，還有一個意義，就是四個人在統一思想，統一口徑。宰相們議論由誰來回應皇帝的問話，等於默認了一個事實：大家都反對立武昭儀做皇后，只不過是由誰來表達的問題。它隱含的意思是宰相們已經達成了共識。在這種情況下，有一個人出來表態了，他不想參加到這個宰相同盟中來。誰呢？李勣。他不願意摻和，可是他不明說，只說自己今天是帶病上朝，現在實在支持不住了，一會兒見皇帝恐怕失了朝儀。因此，請求其他三個人幫他請個病假。說完之後，李勣就拍拍屁股走人了，留下其他三個人面面相覷。這和他們的預想不一樣啊，但是人去不中留，只好眼睜睜地看著李勣走了。

三個人中，長孫無忌是領銜人物，他不僅僅是皇帝的舅舅，還是太尉，官居一品，級別最高。所以，皇帝看著他說話了：不孝有三，無後為大。現在皇后沒有兒子，武昭儀有兒子，所以我打算把皇后廢掉，立武昭儀為皇后。你們幾個意下如何？按照事先約定，長孫無忌沒有說話，褚遂良先說了：

> 皇后出自名家，先朝所娶。服事先帝，無愆婦德。先帝疾甚，執陛下手以語臣曰：「我好兒好新婦，今將付卿。」陛下親承德音，言猶在耳。皇后未有愆過，恐不可廢。臣今不敢曲從，上違先帝之命。

什麼意思呢？皇后出身世族，是名門閨秀，她是先皇為陛下所娶，她很賢慧地侍奉過先皇，沒有失職行為。先皇病重的時候，還曾經拉著我的手囑咐：「我的好兒子、好媳婦如今就託付給你了。」陛下您當時在旁邊坐著，親耳聽到。現在這話言猶在耳，您怎麼說忘就忘了呢？對這段話，有兩點值得注意：第一，褚遂良反對廢王立武的理由是什麼？第二，褚遂良對王皇后持什麼態度？

先看褚遂良反對廢王立武的理由。他說了三個理由。第一個是觀念上的理由：皇后必須出身於世家大族。這是魏晉南北朝以來的一個傳統，皇帝總要和社會上最有實力的家族通婚，來加強自己的力量。他說皇后出自名家，這在他心目中是個重要優勢。相對來講，武則天家是暴發戶，因此她不符合條件。第二個是孝道的理由：按照他的話，王皇后是「先朝所娶」。中國講究孝道，孔子說過，「三年無改於父之道，可謂孝矣」。兒子為什麼娶媳婦呢？是為了侍奉父母，接續祖先。按照孝道，皇帝不能違反父親的心願，隨隨便便就把皇后廢掉。第三個理由：皇后沒犯什麼錯誤。大家會說，皇后不是犯錯誤了嗎？先是被指控殺死小公主，後來又被指控搞厭勝，怎麼會沒犯錯誤呢？其實，褚遂良所言透露了一個資訊：雖然此前皇后已經因為這些指控受到處理了，但是處理只局限於後宮，沒有經過法律程序。因此僅僅是後宮的行政處罰，甚至僅僅是感情懲罰，高宗並沒有把皇后的罪名公之於眾。為什麼呢？因為小公主死的這件事曖昧不清，皇后僅僅是嫌疑犯，後來因為雙方都沒有證據，所以就不了了之。而厭勝這件事雖然按律當死，但是在實際處理中並沒有執行，只是不允許王皇后的母親進出宮廷，並且把她的舅舅貶往地方了。所以，皇后這兩件過錯的處理只波及宮中。這樣一來，褚遂良不管是真糊塗還是假糊塗，至少他可以裝糊塗，說皇后未聞有過。她沒有過錯，您怎麼可以輕易把她廢掉呢？

褚遂良的理由都很充分。面對顧命大臣有理有據的反對，高宗一時也沒有對策，只好不悅而罷。這次內殿討論，可以算作唐高宗與武則天跟外廷宰相之間鬥法的第一回合，外廷贏了。

但是武則天可不是個知難而退的人。她想當皇后不是一朝一夕了，之前她做了那麼多的工作，以她的性格，她怎麼可能善罷甘休呢？她得鼓勵唐高宗再接再厲，雖然屢戰屢敗，但也得屢敗屢戰。

第二天，在武則天的推動下，唐高宗又把這幾個人召集到一起，還商量這件事。這次，李勣乾脆請病假沒上朝，繼續隱身。還是這三個宰相，又跑到內殿裡來了。皇帝重彈老調，褚遂良又說：

陛下必別立皇后，伏請妙擇天下令族，何必要在武氏！且昭儀經事先帝，眾所共知。陛下豈可蔽天下耳目！使萬代之後，何以稱傳此事！

意思是說，皇帝您要是真不喜歡王皇后，我們尊重您的感情，請您在天下名門閨秀之中另外選個皇后，何必要非選武氏啊？您何必在一棵樹上吊死呢？他首先退了一步，然後，扔出一個重磅炸彈，為什麼不能選武氏啊，因為武氏給先帝當過才人，那是先帝的小老婆，您以為天下的人都是聾子、瞎子啊！如果您現在立她當皇后，天下人怎麼說您啊？那叫父子聚麀啊！千秋萬代之後，您的臉往哪兒擱啊！到此為止，反對立武則天當皇后的理由，從三個變成四個了：第一，皇后出身名家；第二，武氏為先朝所娶；第三，皇后沒有過錯；第四，武氏歷史不清白。

抖出這些還不要緊，褚遂良接著發起飆來了，只見他朝笏往殿階上一摔，把帽子也摘了，拚命磕頭，把前額都磕出血來了，說，陛下您既然不聽我的話，您就讓我回家去吧，我願意回家種田。唐高宗當時氣得幾乎吐血，趕緊說，左右來人！把這個褚遂良給我拉下去！皇帝還沒怎麼著呢，你一個大臣先以死相脅，把皇帝置於何地啊？這簡直就是要脅。正當他們在朝堂上拉拉扯扯、亂成一團的時候，意想不到的事情發生了。什麼事情呢？朝堂的簾子後面忽然傳來一個清脆的女高音：「何不撲殺此獠！」（《資治通鑑》卷一九九）。意思是怎麼還不把這老蠻子給我打死！誰在說話呀？武昭儀。這句話石破天驚，把周圍的人都給嚇傻了。為什麼呀？這是皇帝和大臣議事，一個後宮的昭儀是不該來偷聽的；退一步說，就算是因為事情關係著她的前途，她忍不住要來聽，那也不應該發表意見啊；再退一步，即使情急之下發表了意見，這個意見也不應該如此強硬、如此蠻橫啊。妳一個昭儀，哭哭啼啼訴委屈大家還可以理解，怎麼能張口就說要打死前朝的顧命大臣呢？這太厲害了。這一聲怒喝讓我們不禁又想起當年武才人的獅子驄事件來了，真是江山易改，本性難移。武則天強悍的性格，又一次得到淋漓盡致的表現！她倒是挺痛快，可是皇帝和大臣們都不自在了。在這種情況下，還是長孫無忌比較老到，趕緊說：「遂良受先朝顧命，有罪不可加刑！」把褚遂良保下來了。當然，君臣雙方又是不歡而散。

可是這麼一鬧，昭儀和前朝顧命大臣在殿廷上差點打起來，這消息像插上了翅膀，馬上傳得沸沸揚揚的，紙包不住火，原來皇帝想在小範圍內解決問題也不可能了。第二天，高宗原本沒有通知的宰相韓瑗也上表，聲稱如果立武昭儀做皇后，可能傾覆大唐帝國。很快，另一位宰相來濟也上書反對。宰相集團看起來是氣勢洶洶，唐高宗和武則天覺得非常鬱悶。

事已至此，七位宰相的名字一個個從高宗腦海裡滑過。褚遂良、來濟、韓瑗都旗幟鮮明地表態反對廢王立武，長孫無忌和于志寧雖然沒有說話，但是很顯然，兩次都站在皇帝的對立面上。此外還有侍中崔敦禮，當時已經行將就木，可以忽略不計。忽然，如電光石火一般，唐高宗心裡滑過了李勣的名字。李勣還沒有表態呢。他可是唐高宗一開始召見的四位宰相之一，但他始終稱病沒有露面。

那麼，李勣又是什麼態度呢？李勣的表態，又會引發怎樣的後果呢？

請看下回：正位中宮。

【第七回】

正位中宮

唐高宗要廢掉王皇后，改立武則天，元老大臣紛紛反對，褚遂良甚至以命相脅。武則天想要正位中宮，看起來還是山重水複，困難重重。一時間，高宗和武則天一籌莫展。那麼，武則天會善罷甘休嗎？唐高宗又將到哪裡去尋找到解決問題的突破口呢？

上回我們講到，因為廢王立武，李治、武則天和宰相們產生了激烈的正面衝突，宰相們占據了上風。可是大家也發現了，在這群權高位重的宰相中，還有一個關鍵人物還沒表態，這個人就是李勣。那麼李勣是個什麼樣的人物？他的意見有那麼重要嗎？

一、此陛下家事：李勣一句話，扭轉高宗的不利局面

廢立皇后，群臣都議論紛紛，只有李勣推三阻四，不是生病，就是告假，遲遲沒有發表意見。究竟他怎麼想，會傾向於哪一邊？唐高宗心裡沒譜，於是這天，他把李勣召來了，試探他說：「朕欲立武昭儀為后，遂良固執以為不可。遂良既顧命大臣，事當且已乎？」意思是我想立武昭儀為皇后，可是褚遂良堅決反對。褚遂良是顧命大臣，這事兒是不是就得拉倒了？唐高宗充滿希望地看著李勣。李勣是個有大智慧的人，他沒有正面回答，只微微一笑說：「此陛下家事，何必更問外人！」陛下您娶誰當老婆那是您自己的事，您問別人幹嘛啊？這句話聽起來好像輕飄飄的，實際是舉重若輕，振聾發聵啊。這話一出，高宗和武則天在廢立皇后問題上的不利局面就一下子扭轉過來了，可以說是峰迴路轉，柳暗花明。為什麼呢？我們要弄清楚李勣這句話的分量和意義，就得先分析一下李勣當時的地位。

李勣是什麼人物呢？李勣就是民間傳說中大名鼎鼎的徐茂公，瓦崗寨的英雄，唐初的名將。民間傳說早有「呼風喚雨諸葛亮，神機妙算徐茂公」的說法。他原名徐世勣，字懋功，投降唐朝後因為功勞顯赫，唐朝就賜他姓李，就是跟著改成李唐皇室的姓氏，他就改叫李世勣了。李世勣、李世民，只差一個字，跟哥倆兒似的，這名字裡有個「世」字跟皇帝重了，那是忌諱的事情。還好唐朝避諱不太

嚴格，皇帝活著的時候還可以這麼叫，可是唐太宗李世民一死，李勣也覺得還是不大合適，於是他就把自己的名字改為「李勣」，去掉了「世」字。

李勣在隋末大亂的時候跟著翟讓造反，鼓動翟讓發展勢力，翟讓也很聽從他的意見，勢力擴張得很快。後來，翟讓被李密火併，李勣又跟著李密。李密其實不太信任他，覺得他是翟讓的人，於是就讓他去鎮守黎陽糧倉去了，位置就在現在河南省的濬縣。雖然李勣的大帳安置在那兒，可是實際上他控制的範圍遠不止於此，當時河北、河南、山東乃至江蘇的北部都在他的掌控中。後來，李密被王世充打敗，投降了唐朝。

李勣當時面臨著好多選擇。第一種選擇，他可以占山為王，就在當地割據一方，因為當時天下大亂，到處都是稱王稱霸的人，他也可以利用現有的地盤擁兵自重。第二種選擇，如果他覺得自己實力較弱，稱王稱霸暫時還不夠資格，他也可以用手中的地盤和軍隊、百姓去投降一個強主，比如說降唐，那他是立大功，會受到非常大的禮遇。

可是李勣偏偏做了一件出人意料的事。他說，這片土地雖然是我在鎮守，可那是人家李密開拓出來的，現在李密降唐了，我應該還把土地交還給他，由他處置，我不能背主貪功，那不是大丈夫所為。所以，李勣就拿著所統轄的這片地區的戶口本兒到長安去了，把它統統交給了前主人李密，再由李密獻給了唐朝。李勣這麼做，給自己贏得了一輩子的聲譽。當時唐高祖李淵對他這種行為大加讚賞說，你過去能不辜負李密，以後你也不會辜負我，我還是讓你鎮守那個地方，又派李勣回去了。不久之後，李密因造反而死，李勣雖然心底裡不認同，但仍念故主之情，為他好好安葬。這再一次為他贏得了忠義的美名。

我們知道，隋末那時候各處都在打仗，今天我兼併你，明天你兼併我，李勣在一次戰役中敗給了竇建德。竇建德是隋末農民起義的一個梟雄，有胸襟，很愛才，把李勣俘虜後，特別厚待他，有點像當年曹操對關羽那樣，上馬一提金，下馬一提銀，賞賜無數，還把他的老爹也給接來了，一塊兒奉養著。可是李勣說，我是大唐的人，我既然已經投降唐朝了，就不能再背叛。所以，他千里走單騎，歷經千辛萬苦回歸唐朝，又一次聲名鵲起。

李勣不光忠誠，他還非常講義氣。他有一個好哥們兒叫單雄信，這也是《隋唐演義》裡出現過的人物。李勣和他曾經情同手足，可是後來兩人各保其主，單雄信跟了王世充，被李淵俘獲，李勣就去為他求情，說陛下別殺他，他還可以為大唐服務。可是李淵說這不可能，我非殺了他不可。皇帝一言既出，駟馬難追。李勣怎麼辦呢？他在自己大腿上割下一塊肉來，餵到單雄信嘴裡說，兄弟，你就吃了吧，權當我追隨你到地下了。那他為什麼不自殺呢？過去結義時常說，不求同年同月同日生，但求同年同月同日死。李勣說了，我上有老下有小，你們單家也是一門老小，這些人都得靠我照顧，我任重而道遠，所以不能死，讓我這塊肉陪著你入土。真是說話擲地有聲，做事義薄雲天啊。

除了道德高尚，李勣還立下了赫赫戰功。在唐朝打江山的過程中，他參加過削平王世充、竇建德、徐圓朗、輔公祏等許多重大戰役；後來在國際戰場上，他打突厥，打薛延陀，打高麗，都是主將，每次都身先士卒，立下奇勳。所以唐太宗說李勣就是我的長城，有了他我就不用修長城了。

除了道德高尚、戰功卓著，李勣還有一個優勢無人能及。因為他出道早，十六歲就造反了，所以比同時代的將領都要年輕，經過唐高祖時代，又度過漫長的唐太宗時代，到唐高宗永徽年間，當年那些開國元勳，老的老，死的死，只有李勣還活躍在政治舞臺上，成為軍方的代表人物。這時候，他說出「此陛下家事，何必更問外人」，就等於說，我們軍方已經表態了，不想摻和到宮廷鬥爭之中，誰勝誰敗與我們無關，我們不插手。這等於給皇帝吃了一顆定心丸。因為假使軍方和長孫無忌等政治要員態度一致，那麼皇帝執意要違背他們的意思廢王立武，他們就可以搞一次政變，把皇帝換掉。這在當時是可能做到的。而如果軍方不介入的話，長孫無忌等人都是文官，有一句話叫做「秀才造反，三年不成」，他們沒有武力的支持很難成事。所以李勣這麼一說，皇帝的心就放下了一大半。而且因為李勣的表態，又一派形成了。什麼派別呢？中間派。我只做我的官，宮廷內部鬥爭與我無關。這就是我們說的沉默的大多數：這事我插不上話，我也不想插話。

李勣的態度一明朗，擁武派大受鼓舞，許敬宗馬上把這句話做了淋漓盡致的發揮，公開在朝堂上宣傳說：「田舍翁多收十斛麥，尚欲易婦；況天子欲立后，何豫諸人事而妄生異議乎！」一個老農民要是多收了幾斗麥子，都想換個老婆，皇帝富有四海，想換個皇后有什麼了不起的，關咱們什麼事啊？咱們在這兒瞎嚷嚷什麼啊？這話說得並不好聽，但是話粗理不粗啊，唐高宗和武則天就鼓勵許敬宗，讓他到更多的場合去說，讓所有的大臣都聽到。那許敬宗當然奉旨而行，他這麼一宣傳，大多數朝臣都選擇了沉默，中間派的力量又壯大了。這也符合古往今來政治運動的規律，積極擁護的和積極反對的都是少數，明哲保身，是大多數沒有政治野心的人的選擇。

二、三種力量的角逐：廢王立武三派別——反武派、中間派與挺武派

到此為止，針對皇后廢立事件，朝廷中已經形成三個明顯的派別：第一是以長孫無忌為首的反武

派，第二是以李勣為首的中間派，第三是以許敬宗為首的挺武派。

為什麼會形成這三派力量呢？他們各自代表著什麼利益呢？先看反武派。他們有幾個共同特徵。第一，他們總體上出身貴族，長孫無忌出身關隴貴族，和李唐皇室有著共同的淵源。他的姓就是鮮卑虜姓之一，長孫家族從北周經隋到唐都赫赫有名。我們熟知的成語「一箭雙雕」，就和長孫氏有關。「一箭雙雕」說的是誰呢？就是長孫無忌的父親長孫晟，他是隋朝的一位有名的外交家，善於射箭，據說一箭飛出，能同時射殺兩隻大雕。當時生態環境多好，雕群比較密集，現在箭法再好倆麻雀都射不著。褚遂良是南方人，但是在唐太宗朝已經和長孫無忌站在同一戰線上了。唐太宗臨終前安排了兩個顧命大臣，一個是長孫無忌，一個就是褚遂良，他交代給二人的任務不一樣。太宗說長孫無忌功勞大，又勇於承擔責任，因此容易遭人誹謗，所以囑託褚遂良保護長孫無忌。長孫無忌和褚遂良關係深厚，是一條繩上拴著的螞蚱。于志寧也是正宗的關隴貴族出身，他的祖先于謹和唐高祖李淵的祖父李虎都位列西魏時期的八大柱國。韓瑗和長孫無忌是兒女親家，韓瑗的女兒嫁給了長孫無忌的姪子。來濟是南方人，但是政治上和前幾個人立場很接近。所以說，反武派的是以關隴貴族為主體的一些人組成的。第二，他們大多數從太宗朝就開始活躍於政治舞臺，都是元老重臣，其中長孫無忌和褚遂良還是太宗託孤的顧命大臣。第三，他們當時都是宰相，掌握著巨大的政治權力，是既得利益者。

這些人為什麼反對廢王立武呢？有幾個原因：一是因為魏晉南北朝以來的傳統觀念，認為皇后應該出身於世家大族，他們本身都是世家大族出身，所以這種觀念在他們的頭腦中根深柢固。二是對太宗政治路線的忠誠。唐太宗選擇了這個媳婦，而且臨終之前託付給他們，他們希望遵循先帝的囑託。這和永徽年間總的政治路線是一致的，一切按既定方針辦。三是出於私心。他們都是既得利益者，對於他們而言，保持自己利益最好的方法就是維持現有的政治局面，不做改變，改變現狀對他們可能形成威脅。

不過，雖然都反對廢王立武，但他們態度並不全然相同。可以看出來，褚遂良、韓瑗、來濟比較激烈，于志寧和長孫無忌就比較持重，為什麼呢？因為無論是褚遂良，還是來濟和韓瑗，相對來講資歷要淺，資歷越淺的既得利益者越容易在政治變動中受到衝擊，長孫無忌和于志寧都是葉大根深，人家不怕，相對來講呢，心裡就比較坦然，所以雖然他們也反對，但表現得就不那麼露骨。

再看挺武派，他們有什麼共同特徵呢？第一，懷才不遇。他們都比較有才華，但是在現行體制下無從施展。拿許敬宗來說，他是秦府十八學士之一，和房玄齡等人的起跑線是一樣的，但是出於種種原因，他的仕途一直不那麼順利。李義府呢，本來和來濟號稱「來李」，同樣以文才名滿天下，可是來濟就能官場得意，步步高升，他李義府就很蹉跎。所以他想要改變現狀。第二，他們出身都比較低。無論許敬宗、李義府還是袁公瑜，都不是出身於當時的世家大族，都出身寒微。有人會說，李義府姓李，這不是一個很好的姓氏嗎？和皇室同姓啊。但是此李和彼李可不一樣。李義府是瀛州饒陽人，隴西李氏、趙郡李氏都是名門，但誰聽說過瀛州李氏？出身低有什麼問題呢？一方面，他們在朝中得不到援引，很難爬到比較高的位置上去，心裡難免悵恨；另一方面，他們沒有受到世家大族的禮教薰陶，因此追逐利益時會不擇手段，不會過多地考慮道德信條。換句話說，在當時的那些所謂士大夫的眼裡，他們是一些小人。第三個特點是，他們在官僚隊伍中的級別比較低。其中最高的就是許敬宗，當時官至三品，但也不是宰相。他們之中，沒有一個在中樞部門，大多數是中級甚至中下級官僚。

他們為什麼要支持武則天呢？他們和武則天非親非故呀。但是他們在當時的體制之下得不到發展，所以希望政治變動，好藉此出頭，並不見得他們有多喜歡武則天。這是第一個原因。第二，他們看到，皇帝對支持武則天的人大加獎賞，李義府就是一個榜樣。人為財死，鳥為食亡，重賞之下必有勇夫，這可真是顛撲不破的道理。這些人急功近利，既然支持武則天會得到好處，他們當然會不遺餘力。

再看中間派。中間派大多數都比較沉默，我們在歷史上找不到他們的身影，所以就重點分析一下李勣。

首先，李勣是瓦崗寨出身，和李唐集團不是一個陣營，瓦崗寨是個什麼樣的組織啊？那是隋末群雄之一，當年和李淵一樣，都是重要的反隋力量，但彼此還是有隔閡的。

第二，李勣出身比較低。他是山東豪傑出身，這個山東不是我們現在說「山東大漢」的「山東」，而是指崤山以東，包括現在河北、河南和山東的大片地區。按照著名史學家陳寅恪的分析，山東豪傑是北朝以來山東地區形成的一個雜有胡漢兩種血統、能征慣戰的武裝集團。當時中國共有兩大集團勇武善戰，一個是關隴集團，李淵、長孫無忌都出身於這個集團，另一個就是山東豪傑。這兩個集團都會用兵打仗，但是身分上卻有天壤之別。關隴集團是帝王將相，山東豪傑是江湖英雄。李勣就出身於這樣一個集團。他家裡有很多田地，喜歡仗義疏財，有點像《水滸傳》裡的宋江。後來通過隋末農民起義，逐漸躋身高位。但是，他與長孫無忌等關隴貴族顯然不是同一戰壕的人。

第三，李勣是手握重兵的軍方人物。軍方人物捲入內爭是要相當謹慎的。為什麼？成和敗都很難處。如果介入內爭成功了，很容易受到猜忌，功高震主，就會有殺身之禍。趙匡胤黃袍加身不就是這麼一回事嗎？他後來對那些功臣說，如今你們把黃袍披到我身上，我就是皇帝，但是如果有一天別人把黃袍披到你們身上，你們是不是也要做皇帝啊？所以就有了「杯酒釋兵權」的傳說。反之，如果介入了內爭，沒取得成功，當然更是首先被剿滅的對象。所以，李勣的行動必須慎之又慎。

第四，李勣天生就是個極端謹慎的人，謹慎到了圓滑的程度。玄武門事變中，太宗要他協助作戰，他婉言拒絕，說這事兒你別找我。唐太宗當了皇帝之後，他恨不恨李勣呢？不恨，他覺得李勣做得對，還特別器重他。特別是到唐太宗中年以後，他發現身邊的將領漸漸地凋零了，就剩李勣這個擎天大柱了，所以對李勣是極盡籠絡之能事。有一次，李勣得病了，眼睛疼，大夫給開了一個方子，大家傻眼了：方子上面說要用龍鬚做藥引。天上的龍，大家都無緣得見，鬍鬚也拿不下來，可是地上的龍呢？那是皇帝，皇帝的鬍子誰敢隨便去拔？李勣想，這事就拉倒吧。可是唐太宗聽說這事，馬上把自己的鬍子剪下來，燒成灰讓李勣做藥引。李勣喝藥了之後病好了沒有？那是好了也得說好，不好也得說好啊，而且感激涕零。還有一件事，也能看出唐太宗籠絡他。貞觀十七年（六四三年）廢立太子，李承乾被廢，李治成為太子，太宗讓李勣去輔佐李治。李勣原來是宰相，現在當太子的官，其實是降了一級。但是唐太宗找到李勣，說我不是降你的官，我是希望以後把太子託付給你。過去你不辜負李密，以後你也不會辜負我們父子兩個。所以，我讓你去保護李治。李勣一聽，說，沒問題，皇上這麼器重我，讓我死我也情願啊。然後，君臣二人就喝酒，交杯換盞之中，李勣喝醉了，倒在地上，不省人事。唐太宗看來酒量大，還比較清醒，當即脫下龍袍給李勣蓋到身上，怕他著涼，說這麼大一個功臣怎麼能讓他感冒呢。李勣醒來，又是感慨萬千，皇上對我多好啊。

唐太宗晚年確實有託孤之意，想多找些大臣輔助太子。在文官之中，他選中了長孫無忌和褚遂良；在武將之中，他選中了李勣。但是唐太宗對文臣武將的態度完全不同。對長孫無忌和褚遂良，他是傾心託付，對李勣呢，他就要心眼兒了，做了一件出人意料的事情：把李勣貶到疊州做刺史去了。疊州就是今天甘肅省甘南藏族自治州的疊部縣，那兒現在還很荒涼，當時肯定更荒涼。很多人都不解，李勣沒有罪過，怎麼會無緣無故地被貶官？李治當時還是太子，他也不明白，就去問唐太宗。唐太宗對太子李治解釋說：李勣能辦大事，我想讓他以後輔佐你。但是你對他沒有恩情，我不敢保證他以後能全心全意地支持你。我的病日益嚴重，現在我把他貶官，如果他遷延不去，說明他有反心，那我就先把他殺掉，不給你留下後患；如果他立刻去上任，那就說明他是忠臣。等我死後，你再把他召回來，委以重任，這樣他就會為你賣命了。可以看出，李世民對於武將防範甚嚴，使了好多損招。李勣在政治圈子裡摸爬滾打了這麼多年，非常精明，他一下就猜透了唐太宗的用心，因此一接到任命，連家都沒回，直接就騎馬上任去了。君臣彼此都在使詐，但是李勣技高一籌。這樣，唐太宗的心才一個石頭落了地。後來唐高宗即位之後，馬上把李勣調回，委以重任。李勣也明白，自己無論如何也沒有長孫無忌的勢力大，和長孫無忌不是一類人，因此在高宗一朝，李勣雖然官居一品司空，可是大多數情況下都不作聲，可以說是韜光養晦。這就是政治智慧。

所以，李勣在廢王立武的問題上持中立態度，我們也就可以理解了。他是軍方人物，不宜捲入內爭；他非常謹慎，不願介入皇家事務；他和長孫無忌不是一個陣營的人，沒必要跟著長孫反皇帝。

這樣，朝廷分成了支持、反對和中間三派。朝廷中有了派系，皇帝就可以上下其手了，李治和武則天利用手中的權柄，不斷利用支持派，團結中間派，打擊反對派。整個形勢對比在悄悄發生著變化，反對派雖然占據著宰相的大多數，但是已經不再具備整體優勢，而且，他們缺乏軍隊的支持。武則天和唐高宗已經勝券在握了，他們不需要再顧忌什麼。沒過多久，反武派中最激烈的成員褚遂良就被貶為潭州都督。潭州就是今天的湖南長沙，從首都長安貶到長沙去了，您一邊歇著去吧。褚遂良一被貶逐，反武派一下子沉默下來，他們意識到自己的弱勢，也意識到武昭儀的厲害。人性中懦弱的一面占了上風，他們為了保全自己的位置，統統選擇了沉默。

三、六宮新主：皇帝頒布詔書，立武昭儀為皇后

內宮外廷的障礙都已經消除，永徽六年（六五五年）十月十二日，唐高宗下詔：「王皇后、蕭淑妃謀行鴆毒，廢為庶人，母及兄弟，並除名，流嶺南。」這真是欲加之罪，何患無辭啊。到此為止，王皇后真是搬起石頭砸了自己的腳，她本想引進競爭機制，讓武則天和蕭淑妃兩敗俱傷，自己坐收漁翁之利，沒想到「機關算盡太聰明，反算了卿卿性命」，自己做套把自己裝進去了。而當年和她爭風吃醋的蕭淑妃，反倒成了同病相憐的難姊難妹。

皇后廢了，中宮不可一日無主。六天之後，十月十八日，許敬宗聯絡百官上表，請求重立中宮。當天，皇帝就頒布了立武昭儀為皇后的詔書：

> 武氏門著勳庸，地華纓黻，往以才行選入後庭，譽重椒闈，德光蘭掖。朕昔在儲貳，特荷先慈，常得侍從，弗離朝夕，宮壼之內，恆自飭躬，嬪嫱之間，未嘗迕目，聖情鑒悉，每垂賞歎，遂以武氏賜朕，事同政君，可立為皇后。

這個詔書的意思是說，武則天門第很好，是國家的勳臣之後，而且有才華有品德，所以才被選入後宮，在後宮之中，深得眾人喜歡。我當年做太子，整天侍奉父親於床前，父親看我如此周到用心，很想獎賞我，就把武則天賞賜給我了。這事兒就與漢朝的王政君如出一轍，所以現在我要立她為后。這簡直就是一篇戰鬥檄文，每一句話都直接針對反對派的反對理由。

本來，反對派反對武則天有三個理由：第一，武則天出身低；第二，武則天不是先帝為李治所娶；第三，武則天侍奉過先帝，有歷史污點。這篇詔書針對上述三點一一駁斥，且彈無虛發：反武派說武則天門第低微，這個詔書就強調她是功臣之後，本朝勳貴；反武派說武則天不是先帝所娶，詔書就說她是唐太宗因為唐高宗孝順懂禮而賜予他的，因此也符合先帝的意志；反武派說武則天侍奉過先帝，詔書就把武則天比附成王政君。王政君是誰啊？她本來是漢宣帝的宮女，因為太子剛剛死了心愛的良娣，宣帝就把她賞賜給太子，作為安慰。這個太子就是後來的漢元帝。王政君一經寵幸，很快生下了兒子，所以元帝繼位後，她也就順理成章地成為皇后。詔書引用王政君這個典故，首先，偷換身分，把武則天從先帝的才人演變成先帝的宮女，宮女只是宮廷中的服務員啊，她不是皇帝的妻妾，這個典故用得好，這樣就避免了亂倫的嫌疑。其次，王政君之所以能夠成為皇后，關鍵在於她給漢元帝生了兒子，這也就再次強調了武則天相對於王皇后的優勢，就是唐高宗在廢立問題上反覆強調的：王皇后無子，武則天有子。這麼一來，武則天的三個問題就都不存在了，立她為皇后可以說是合情、合理、合法。

所以我們說這篇詔書就是一篇駁論文章，把武則天從尷尬的境地解脫出來。這篇大作的作者就是武則天的心腹許敬宗。滿腹經綸的許敬宗，現在終於有了用武之地。

十一月一日，司空李勣送璽綬給武則天，正式冊立她為皇后。武則天從貞觀十一年進宮，一路坎坷，歷經十八年的掙扎，至此終於實現了自己的夢想。一個人能有幾個十八年？十八年，對有的女人來說，就是一生啊。此時的她，終於可以說「見天子庸知非福」了，只是這個天子，已經從唐太宗換成了唐高宗。

躊躇滿志的新皇后立即表現出了與眾不同的一面。冊立的當天，她就在肅義門接受文武百官和四夷酋長的朝拜，這在中國歷史上是第一次。以往的皇后只能接受內外命婦的朝拜，也就是那些有職銜的婦女的朝拜，武則天不僅要接受她們的朝拜，她還要接受百官的朝拜。顯然，新皇后不願意只做六宮之主。因為武則天和其他皇后可不一樣，她不是一頂轎子抬進宮裡輕鬆即位的，她是經歷了和外廷的艱難鬥爭，經歷了血雨腥風的洗禮，才登上皇后寶座的。在外廷，她有敵人，更有朋友。她嚐到了權力運作的滋味，那伸出宮牆翻雲覆雨的手，已經不願意再輕易收回。

那麼，正位中宮的武則天，又會有什麼新的舉措？後宮與外廷，在她的手下，又會經歷怎樣的風波呢？

請看下回：兩種命運。

【第八回】兩種命運

武則天剛入宮的時候，只是後宮眾多佳麗中的普通一員。入宮十八年後，她成為母儀天下的皇后。十八年的歲月見證了她登上后位的艱難。那麼，已經貴為皇后的武則天，會採取什麼手段鞏固自己的地位呢?後宮與外廷，在她的手下，又會經歷怎樣的風波?

永徽六年（六五五年），武則天經過艱苦的努力，終於挫敗敵人，實現了自己的夢想，坐上了皇后的寶座。這已經是中國傳統社會中一個女性所能達到的最高目標。武則天會不會就此停下奮鬥的腳步？不會。她有王皇后作為前車之鑑。曾幾何時，王皇后也和她一樣的風光無限，但是轉眼之間已經淪為階下囚。一位皇后，如果失去了皇帝的寵愛，失去了子嗣的保障，失去了外廷的支持，將是何等的淒涼！她目睹了王皇后的悲劇，怎麼會不明白其中的厲害！武則天是一個強者。生命不息，奮鬥不止。她不可能高枕無憂，她還要做三件事才能放下心來。哪三件事呢？第一，穩定後宮；第二，改立太子；第三，改組外廷，把反對自己的人趕出朝廷，讓支持自己的人上臺。這是一個由內到外、由易到難的方針和路線。

一、王蕭之死：武皇后剷除王、蕭，穩定後宮

武則天的利劍首先指向了後宮。在後宮裡，她要對付的主要敵人是已經被廢黜的王皇后和蕭淑妃。她要把她們置於死地，讓她們永遠失去翻身的機會。而她之所以下此狠手，在一定程度上也是唐高宗刺激的結果。這是怎麼回事呢？廢王立武是唐高宗的主意，是唐高宗下令，說王皇后和蕭淑妃謀行鴆毒，然後把她們廢為庶人的。被廢之後，她們二人就被安排到太極宮的一個清冷的院落裡軟禁起來，關押她們的小屋門窗緊鎖，是一個黑牢，只在牆上鑿了一個洞，每天把飯從小洞裡遞進去，再把空碗從洞口拿出來。就這樣過了大約一個月。如果沒有意外，這種暗無天日、生不如死的日子可能還要繼續下去。

可是意外發生了。唐高宗的感情世界又起了波瀾。他在冊立了武則天之後，又忽然覺得自己對不起王皇后和蕭淑妃了。當初說她倆謀行鴆毒完全是莫須有啊，再說，一日夫妻百日恩，王皇后和他結婚都十幾年了，蕭淑妃還和他生育了三個兒女，想來想去，他覺得良心上有點不安了，對她們又產生了一些憐憫之情。於是在十一月的一天，唐高宗也不知道是舊情復燃，還是鬼使神差，就溜達到了關押王皇后和蕭淑妃的院落裡。

據《資治通鑑》記載，唐高宗到了看守所，看到環境如此惡劣，天性裡溫柔多情的那一面又表現出來。他不由得心酸落淚，對著洞口喊道：「皇后、淑妃安在？」不一會兒，從洞裡傳來一個淒涼的聲音：「妾等得罪為宮婢，何得更有尊稱！」這是王皇后的聲音，語氣之中有點抱怨。馬上，王皇后的心頭湧起了一絲希望和光明，她又改了口氣，哀求道：「至尊若念疇昔，使妾等再見日月，乞名此院為回心院！」皇上如果您還念及昔日的恩情，把我們放出去重見天日，我們一定改過自新，重新做人，並請您把這個院子改名為「回心院」。

聽了這幾句話，大家是否有似曾相識的感覺？這番表白，此情此景，和感業寺中武則天與唐高宗相見的場面，是何等相似！當年武則天可能也淚眼婆娑地拉住唐高宗說：「如果您念及昔日恩情，讓我走出寺院，回到您身邊，我甘願一輩子伺候您。」一樣的情景，只不過換了主人公。面對這樣哀懇的表白，唐高宗怎麼回答的呢？他也像當年一樣動了惻隱之心說：「朕即有處置。」然後他就走了。唐高宗的回答我認為也是當年曾經給過武則天的回答。「我會有安排的。」後來他就真的把武則天安排回宮了。那麼對王皇后和蕭淑妃，他真的會有什麼安排嗎？不會，武則天是不會給他這個機會的。

武則天一生重視情報工作。她不是早已經在後宮建立了情報網嗎？宮女都是情報人員，在唐高宗身邊她沒少安插眼線，所以唐高宗私會王皇后和蕭淑妃的事情，很快就通過發達的情報網報告給武則天這個「智慧型終端」來了。武則天是什麼感受啊？我覺得，如果今天我們能夠由此聯想到感業寺，武則天當年更是會不寒而慄。這對她來講是昨日重現，是她玩兒剩下的把戲。如果給她們這次機會，讓她們捲土重來，安知她們日後不會是第二個、第三個武則天！武則天絕不能容忍事情發展下去。她的性格中果敢善斷的一面這時就體現出來，她立馬找到唐高宗，對他說：「皇上，聽說您去見了王皇后和蕭淑妃，您這麼做是極不妥當的。現在我剛剛當上皇后，她們也剛剛被廢，無論是朝廷還是後宮，都還處於狐疑狀態之中，一切都還不穩定，有可能再起波瀾。您這樣輕率表態，好像是舊情復燃的樣子，那宮廷裡的人會怎麼看我們，外廷的人又會怎麼看我們？我們的敵人會怎麼想？我們的朋友又會怎麼想？您還有沒有一個準主意！所以，您是把我們自己置於不利地位，我們的勝利成果很可能因為您的草率付之東流啊。您想一想，這樣做對，還是不對？」

唐高宗聽了之後，也意識到自己錯了。他從心裡可憐王、蕭二人。但是，作為皇帝，他不能兒女情長，他還要考慮政治大局啊。於是他對武則天說，我錯了，不如殺了這兩個人，一勞永逸，不留後患了。可是我不太方便出面，妳就親自處理吧。唐高宗把這個權力交給武則天了，武則天得到這個執行權後會怎麼做呢？根據《資治通鑑》的記載，她把這兩個人各打了一百大板，打得皮開肉綻。這還不算，還要截去她們的手足。這還不夠，她又把這兩人置於釀甕中，就是扔到酒缸裡去了。為什麼要扔到酒缸裡去呢？她說這叫「令二嫗骨醉」，妳們倆不是在做重獲自由的黃粱大夢嗎？我讓妳們醉到骨頭裡去。王皇后和蕭淑妃當時都只有二十多歲，兩個如花的生命，就這樣血腥地結束了。

面對如此殘酷的死亡結局，王皇后和蕭淑妃是怎麼反應的呢？這個時候，兩個人表現出不同的性格和素質來。先說王皇后，她拜了兩拜，然後說：「願大家萬歲，昭儀承恩，死自吾分。」說希望皇帝長命百歲，萬壽無疆，現在武昭儀正承恩澤，所以死是我分內的事情。這句話說得平靜之極，但也驕傲之極，貴族女子的驕傲在這兒表現得淋漓盡致。王皇后至死也不承認武則天是什麼皇后，認為她沒有資格當皇后，就是一個武昭儀而已，妳即使殺了我，我也還是管妳叫武昭儀。那麼蕭淑妃呢？我們前幾講說過，蕭淑妃性格比較剛烈，挺像武則天的，在這種情況下，她就沒有那麼平靜了，她破口大罵：「阿武妖猾，乃至於此，願他生我為貓，阿武為鼠，生生扼其喉。」說阿武這個狐狸精把我害到了這步田地，希望來世我變成一隻貓，阿武變成一隻老鼠，我要活活把牠給掐死。話說得很狠。但是我們考慮一下這兩個人的不同反應，哪一個對武則天更有殺傷力？是王皇后那句話。她對武則天表現出來的那種輕蔑和傲慢，是武則天更加無法容忍的。所以，把這兩人殺了之後，武則天覺得還是難解心頭之恨。怎麼辦？武則天不是愛好文史嗎？她又玩起文字遊戲來了，給這兩個人改姓。王皇后本來姓王，這時候給她改姓蟒，說她是蛇，心如蛇蠍。蕭淑妃呢？給她改姓梟，這是一種惡鳥，像鷹一樣，吃肉的。武則天說，妳們兩個，一個是毒蛇，一個是惡鳥，都不是什麼好東西。就這樣，武則天既消滅了這兩個人的肉體，又從精神上侮辱了她們。

那麼，我們今天應該怎麼看待這件事呢？我想，有兩個問題必須弄清楚。第一，武則天確實直接殺死了王皇后和蕭淑妃，但她是在徵得了唐高宗的同意之後辦理的。換句話說，這是唐高宗的授權，唐高宗意識到問題的嚴重性後，下詔處死王、蕭二人，如果沒有高宗的首肯，武則天她既不能也不敢殺死這兩人。所以，如果說我們追究終極責任的話，這兩個人的慘死，應該追究到唐高宗的身上。第二，武則天取得了對這件事的具體執行權之後，她對囚犯進行了虐殺，在執行過程中極盡打擊報復之能事。其實，武則天這個故事也是有藍本的，這個事情像極了漢高祖劉邦的皇后呂雉的故事。劉邦活著的時候比較寵愛戚夫人，劉邦死後，呂后掌權了，她是怎麼對待戚夫人的？她把戚夫人的眼睛給挖了，然後把耳朵給燻聾了，再把胳膊、腿給砍下來。她說，這叫人彘，也就是人豬。之後她把這怪物扔到廁所裡，兒子惠帝都被嚇瘋了。武則天的所作所為與呂后當年的故事異曲同工。

正因為這兩個故事太像了，現在有些學者認為，武則天殺死王、蕭二人未必那麼殘酷，懷疑是史學家在給武則天抹黑。他們認為是史學家把呂后的故事信手拈來，安到了武則天身上。但是我個人認為，武則天存在虐殺對手的可能性。為什麼呢？是不是俗話說的「最毒莫過婦人心」啊？我認為不是這麼簡單。關鍵問題是，無論武則天多麼強，她都處在一個男權至上的社會裡。男性家長，或者簡單地說她的丈夫，掌握著她的身家性命，這些和她爭奪丈夫的女人，不僅僅是情敵、政敵，甚至是她生命的敵人。正是因為有了這種恐懼，所以當她能夠有所作為的時候，才會如此的殘忍、瘋狂、不顧一切。其次，武則天從小喜歡閱讀文史書籍，大概對呂后的故事也並不陌生。從人性的角度來說，不自覺地借鑑前人經驗，模仿前人的舉動也算是一種本能吧。我們現在不主張讓小孩看暴力鏡頭，不就是怕他日後模仿嗎？何況，武則天不是一個看到老鼠都要尖叫的人，她從來不害怕殺人。為了扳倒這兩個人，她已經犧牲了自己的女兒，現在，就讓她們死得難看些吧。

武則天這麼做的後果是什麼呢？民間有這麼一個說法，說武則天從此對貓十分懼怕，宮中從來不養貓，因為貓是蕭淑妃變的，她害怕貓會去掐她的脖子。不但民間這樣傳說，《資治通鑑》也有類似的記載，說武則天在血腥殺人之後，患上了心理疾病，因為害怕蕭淑妃轉世報復，所以宮裡再也不養貓；又說她整天做噩夢，因為多次看見王皇后和蕭淑妃的鬼魂披頭散髮，鮮血淋漓，所以不敢繼續住在太極宮，後來搬到了大明宮，再後來嚇得連長安都不敢住了，就搬到東都洛陽去了。

這兩個說法，其實都是史書的作者一廂情願。武則天的心理遠比他們想像的堅強，她還是繼續養貓的。同樣是《資治通鑑》的記載，說武則天當皇帝之後，特別喜歡宣傳在自己的統治之下一切都可以改變，仇敵都可以變為朋友。有一次，她給大臣們做了一場馴獸表演。她把一隻貓和一隻鸚鵡關在一個籠子裡，給大臣傳看。貓和鳥不是天敵嗎？但是她宣稱，在她的調教之下，牠們可以改變天性，和平共處。大臣也都湊趣，認真觀看，一邊看一邊讚美：我們的皇帝，是多麼偉大啊，居然感化了這隻貓。可是傳來傳去，時間不就悄悄地溜走了嗎？最後，貓餓了，貓是畜生啊，牠有畜生的本能，一看旁邊有一隻鳥，一下子撲上去，咬斷了鸚鵡的脖子。武則天當時很沒面子。不管武則大作為馴獸師是否合格，這故事至少說明武則天還是養貓的。那她是不是怕王皇后和蕭淑妃的厲鬼才不敢住太極宮，要搬家啊？也不是。我們不是說過李唐皇室有風疾的遺傳病嗎？太極宮地勢低窪，所以皇帝們都不喜歡住，從唐太宗就開始營建大明宮。到唐高宗以後因為經常犯病，所以就主要住在地勢高敞的大明宮了。後來武則天遷都洛陽更是有其他重要的政治和經濟方面的原因，而不是因為害怕什麼鬼魂。

武則天殺死王皇后和蕭淑妃沒有這些負面的後果，相反，這對她倒有兩個很好的效果。第一個是把兩個潛在的威脅解決了，穩定了後宮。第二個是殺雞駭猴，震懾後宮，讓大家都知道武皇后是如此強悍，如此心狠，看你們這些後宮的女子，哪個還敢再勾引唐高宗，哪個還敢再反對她？所以，這一招是一箭雙雕啊。

二、改立太子：高宗改立李弘為太子，武皇后地位愈趨穩固

穩定後宮以後，武則天要做的第二件事就是重新立太子了。永徽三年，武則天專寵的態勢剛剛明顯的時候，王皇后在舅舅柳奭的幫助之下，敦促高宗立了一個普通宮女所生的李忠為太子。李忠生於貞觀十七年（六四三年），是高宗李治的長子。他的生母出身很低，所以王皇后收他做了養子，希望靠他來穩定自己的位置。到永徽六年，李忠已經十四歲了。十四歲的孩子已經明白好多事情，更何況生在帝王家，比一般孩子在政治方面更加早熟。看到養母王皇后被廢，隨後又慘死，李忠感到很惶恐。怎麼辦呢？他主動上疏，要求辭職，反正這個太子也當不下去了。辭職書交到唐高宗這兒來，唐高宗是怎麼處理的呢？他覺得這事兒不能那麼急，他還得等著更多的人表態呢。

唐高宗在等，武則天在幹什麼呢？此時武則天和她的支持者們也沒消停，他們上躥下跳，忙得不亦樂乎。永徽六年十一月三日，武則天剛剛被立為皇后的第三天，她就授意心腹禮部尚書許敬宗上疏，請求皇帝改立太子。許敬宗說，永徽初年的時候，國本還沒有生出來呢，咱們現在的皇后還沒有生兒子，怎麼辦呢？當時「權引彗星，越升明兩」，就是暫且拉過一個彗星來，把它放在太陽那個位置，讓它權且照照亮。可是現在，我們的皇后已經生下了自己的兒子，這個李忠，他怎麼還能以彗星的身分來代替太陽呢？這個事情不妥當，因此皇太子得換人，應該立皇后武則天的兒子做太子。許敬宗表白了這番理由之後，還煞有介事地說：我知道父子之際，人所難言，我這樣涉嫌挑撥你們父子的關係，話說得不好，皇上可能降罪於我，但是，為了國家的安定團結，我萬死不辭，所以就上了這麼一篇奏疏。

平心而論，許敬宗的這個上奏是符合中國傳統社會立皇太子的規範的，就是立嫡長子，皇后的第一個兒子當太子。當然，他犯不著假激動，說自己是冒死上奏，因為他明明知道唐高宗正等著有人說這個話呢，他很安全。唐高宗接到奏疏之後，馬上召見許敬宗商議此事。許敬宗見到皇帝後，又說出一個理由：「皇太子，國之本也，本猶未正，萬國無所繫心。且在東宮者，所出本微，今知國家已有正嫡，必不自安。竊位而懷自疑，恐非宗廟之福，願陛下熟計之。」意思是說，現在這個太子出身微賤，心裡必然非常不安，一個皇太子心裡不安，對國家可是一件禍事啊。這是什麼意思？暗示李忠可能會犯上作亂。這樣一來，改立太子既有理論依據，又有現實政治的考慮，顯然是一個正當要求。唐高宗聽了這番議論之後覺得很欣慰，他正等著有大臣來帶頭上疏呢。所以，他說，阿忠已經上表請求讓位了。許敬宗說，這說明皇太子人格很高尚，我們應該成全他這番雅志，您就順了他的意思吧。於是，就在當天，唐高宗廢掉太子李忠，改封他為梁王，讓他擔任梁州都督，即刻離開京城，前去赴任。

月兒彎彎照九州，幾家歡樂幾家愁。就在李忠淒淒慘慘地離開京城的時候，武則天應讖而生的長子——代王李弘被立為太子。為了慶祝這一盛事，唐高宗大赦天下，改元「顯慶」。為了給新太子祈福，唐高宗和武則天還在大慈恩寺舉辦無遮大會，宴請僧眾。慈恩就是母親的恩德。帝制社會，一方面子以母貴，只有皇后生的兒子才能當太子；但是同時也母以子貴，一個皇后如果沒有兒子當太子的話，位置很難穩定。所以，李弘和武則天是一個互相依存的關係。改立太子，讓武則天又鬆了一口氣。她知道，王皇后失敗的一個最重要的原因就是沒有兒子。現在李弘立為太子，武則天的皇后之位就更加穩固了。

三、重組外廷：皇帝、皇后分批打擊反對派、鼓勵支持派

改立太子之後，武則天要做的第三件事，也是難度最大的事，就是調整外廷。武則天當皇后當得艱難，外廷有人支持她，也有人反對她，而且反對的聲音一度還占了上風，反對者們都是元老重臣。現在，武則天已經當上皇后，而元老大臣還盤據在宰相的位子上，她怎麼能夠容忍呢？此外，支持者也需要獎勵。只有讓支持的人升官，他們才能看到希望，繼續支持她。因此，武則天還需要在外廷打擊反對派，獎勵支持派。具體怎麼做呢？武則天和唐高宗共同商議之後，覺得這事急不得，需要通盤考慮。二人決定，依據反對派在朝中勢力的大小和當年反對的激烈程度，分期分批進行處理。這樣，那些反對武則天比較激烈同時勢力又比較小的，就先期處理，於是，韓瑗、來濟、褚遂良上了第一批黑名單。

大家應該還記得，褚遂良就是當年把笏板扔到臺階上，拿命拿官來要脅唐高宗的那個人。韓瑗和來濟呢，是公開上疏表示反對的人。這都是激進派。褚遂良其實當時已經不在中央，就在永徽六年九月，廢王立武正在高潮期間，他就因為表現過激被貶官了，所以當時中央需要處理的，就只剩下了韓瑗和來濟兩個人了。對這兩個人，武則天怎麼處理呢？據《資治通鑑》記載，就在武則天當上皇后的第三天，她使出了一招棋：以退為進，上表要求唐高宗褒獎韓瑗和來濟。她說：「陛下前以妾為宸妃，韓瑗、來濟面折庭爭，此既事之極難，豈非深情為國！乞加褒賞。」意思是說韓瑗他們曾經阻止陛下立我為宸妃，這件事非常不易，希望陛下體察他們的忠心，獎賞他們。這一招很厲害。首先，武則天的正面形象樹立起來了，她不是一個睚眥必報的人，她既往不咎，大肚能容，是個合格的國母；

另外，她這樣做也是為了麻痺韓瑗和來濟，引蛇出洞，讓他們繼續有所為，以便最終一網打盡。為什麼她只說韓瑗、來濟反對她當宸妃，不提他們反對她當皇后啊？這是因為武則天當皇后，當中的名堂太多，經不起深究。現在她不想把人們的眼光再吸引到這件事上來了。因此，她避重就輕，只提宸妃，不提皇后。

武則天此招一出，韓瑗果然上當了。顯慶元年（六五六年）十二月，他覺得廢立皇后的風波已經過去了，武則天也沒有什麼進一步的舉動，看起來這個女人也沒什麼了不起的嘛，於是他膽子又大起來了。他想為老戰友褚遂良鳴不平，把他從地方上拯救回來，於是上奏說：「遂良社稷忠臣，為讒諛所毀。昔微子去而殷國以亡，張華存而綱紀不亂。陛下無故棄逐舊臣，恐非國家之福！」意思是說，褚遂良當年雖然言詞過激，但確實是深情為國，現在他被小人離間，所以貶到地方去了，希望陛下把他招回來，繼續任用，否則，國家就要面臨災難。此言一出，唐高宗勃然大怒，說當初他那麼頂撞我，你還來替他鳴冤叫屈！繼續貶，下令把褚遂良貶往更偏遠的地方。倒楣的褚遂良又被貶到桂州（今廣西桂林）當都督去了。

武則天正愁找不到把柄呢，現在韓瑗居然自投羅網，豈不是天意！馬上，武則天就把她的心腹許敬宗招來了，如此這般地指示了一番。第二天，許敬宗在武則天的授意之下上書唐高宗說，他覺得現在朝廷裡有陰謀。什麼陰謀呢？他說，您看，把褚遂良貶往桂州，看起來是懾於皇帝陛下的天威，其實這是中書令韓瑗的陰謀，這是明貶暗升。為什麼呢？桂州是用武之地，可以養兵練兵最後出兵。韓瑗利用宰相的職務之便，安排褚遂良做桂州都督，是想和他裡應外合。另外，來濟和褚遂良也是朋黨，實際上他們三個人勾結在一起謀逆。

這個說法有沒有道理呢?其實非常牽強。因為桂州和長安相去遙遠,即使今天從廣西桂林起兵去打西安也是難度太大,更何況當年了。褚遂良怎麼能和韓瑗策劃這麼一個愚蠢的謀反計畫呢?那絕對是腦子進水啊!但是,唐高宗不管這些。他馬上認可了許敬宗的上奏,下詔貶韓瑗做振州刺史,來濟為台州刺史。振州就是海南省的三亞市,韓瑗給貶到天涯海角去了。台州是現在浙江省的臨海市。浙江現在是個好地方,可是當年南方還沒有得到充分開發,特別是沿海地區,還是非常落後的。既然桂州是用武之地,那褚遂良也就不能在桂州待下去了,又被進一步貶到愛州擔任刺史。愛州是今天越南的清化市,這下子貶得更遠了,如果按照今天的疆域,都被驅逐出境了。

面對越來越沉重的打擊,有「唐楷第一人」之譽、有著文人氣質的褚遂良終於受不了了。據《新唐書》記載,顯慶二年,褚遂良上表說:「往者承乾廢,岑文本、劉洎奏東宮不可少曠,宜遣濮王居之,臣引義固爭。明日仗入,先帝留無忌、玄齡、勣及臣定冊立陛下。當受遺詔,獨臣與無忌二人在,陛下方草土號慟,臣即奏請即位大行柩前。當時陛下手抱臣頸,臣及無忌請即還京,發哀大告,內外寧謐。臣力小任重,動貽伊戚,螻蟻餘齒,乞陛下哀憐。」這裡他先提到了自己為高宗力爭皇位的冊立之功,回憶了太宗去世後,他幫助高宗穩定局勢的辛勞,懇請唐高宗念在往昔的功勞上,對他網開一面。這封信寫得好不好呢?不好,非但不好,而且是大錯特錯了。在唐高宗看來,正是因為他有擁立之功,又接受太宗遺命輔政,才會如此桀驁不馴,不把皇帝放在眼裡。換句話說,褚遂良自以為可以向唐高宗求情的資本,正是唐高宗要置他於死地的真正理由。這封不識時務的求饒信當然得不到什麼回覆,第二年,褚遂良病逝於愛州,享年六十三歲。

韓瑗和來濟這一被貶,他們原來所擔任的中央領導職位就空出來了。誰去接替呢?許敬宗。因為許敬宗負責調查這個案子，立了大功，所以升官做了侍中，取代了原來來濟的位置。武則天的另一個心腹李義府，在此之前已經當了中書令。這兩個人都進入了宰相集團。唐朝的中央政府實行程序分工，中書省負責起草詔書，門下省負責審核詔書，一個檔，只有經過中書、門下兩個程序，才能真正成為敕旨，形成一個「紅頭文件」。現在李義府擔任中書令，許敬宗擔任門下侍中，武則天的意圖貫徹起來就比較通暢了。

到此為止，擁武派已經進入最高層，反武派也出去了三個，只差一條大魚——長孫無忌還沒有離開中央。天羅地網已經張開，尊為國舅、貴為宰相的長孫無忌又會面臨怎樣的結局呢？

請看下回：國舅之死。

【第九回】國舅之死

廢王立武的過程中，武則天受到了元老大臣的重重阻撓。所以，一當上皇后，她就開始不動聲色地打擊反對派。而反對派的核心人物是長孫無忌，長孫無忌是皇帝的親舅舅，又當了三十年的宰相，位高權重。那麼，武則天究竟會採取什麼手段來打擊長孫無忌呢？而在這種山雨欲來風滿樓的局勢下，長孫無忌又在做什麼呢？

武則天當上皇后之後，立刻就拉了一張黑名單，對曾經阻擋她上升之路的人分期分批打擊報復。王皇后、蕭淑妃、李忠、褚遂良、韓瑗、來濟，凡是黑名單上的人物一個個都離開了朝廷，有的甚至離開了世界。現在，該輪到長孫無忌了。武則天究竟會在什麼時候，以什麼樣的方式，重拳出擊長孫無忌呢？

一、國舅謀反案：武皇后重拳出擊長孫無忌

我們先來看看在武則天和唐高宗對反對派進行大清洗的時候，長孫無忌在幹什麼呢？他在著書立說。中國古代政治家的傳統是「達則兼濟天下，窮則獨善其身」。被重用的時候就胸懷天下，幹一番轟轟烈烈的事業；不被任用的時候，就退回書齋之中，加強自我修養，著書立說。這叫進可攻，退可守。自從武昭儀被立為皇后以後，長孫無忌感覺自己在政治上難有作為了，因此心灰意懶，只想退到書卷中去，享受一點心靈的安寧。顯慶四年（六五九年）以前，他先後領銜完成了武德和貞觀兩朝的國史共八十卷，梁、陳、北周、北齊、隋等五代的志三十卷，也就是現在《隋書》中的志，還有《顯慶新禮》一百三十卷，可以說是著作等身。有一句話叫盛世修史，一個興盛的王朝，就會有條件、有餘力去總結前朝的經驗教訓。唐朝建立了史館，開創了宰相領銜修史的傳統。有唐一朝一共修了八部正史，占二十四史的三分之一，這其中就有長孫無忌的功勞。

長孫無忌想遠離政治，政治卻不會遠離他。武則天和唐高宗決心要建立一個屬於自己的朝廷，長孫無忌就是最大的障礙。但是，長孫無忌畢竟是皇帝的舅舅，又做了三十年的宰相，權傾朝野，威震

天下。要扳倒他，需要慎之又慎。武則天是一個果斷的人，但是她並不急躁。在需要耐心的時候，她非常有耐心。在重拳出擊長孫無忌之前，她還需要先剪除他的羽翼。出於這種考慮，長孫無忌的老戰友褚遂良、韓瑗、來濟先行被掃出朝廷；與此同時，長孫無忌的親戚也難逃厄運。他的表弟太常卿高履行首先被貶出京，出任益州刺史。高履行是長孫無忌的舅舅高士廉的兒子，當年，長孫無忌的父親去世，年幼的無忌兄妹被同父異母的哥哥趕出家門，是舅舅高士廉收留了他們。因此，高履行和長孫無忌名分上雖然是表兄弟，但實際比親兄弟還親。緊接著，長孫無忌的堂兄、工部尚書長孫祥也被貶為荊州刺史。長孫無忌在朝廷中可以援引的勢力逐漸被剪除，就剩下他孤家寡人了，該是對他開刀的時候了。

動手整治當朝宰相，這得需要一個充分的理由。以這個理由為突破口，武則天的行動才名正言順，動起手來才會又快又準又狠。那麼，突破口在哪裡呢？

顯慶四年四月，洛陽人李奉節向唐高宗告狀說，他發現一個朋黨案件，太子洗馬韋季方和監察御史李巢，他們結交權貴，共結朋黨。這本來是一個很小的案子，針對的是中下級官員。但是這個案子一出來，武則天的火眼金睛馬上看到它的利用價值。她覺得這個案子可以做大，為什麼呢？因為這個案子牽涉一個權貴。這個權貴是誰呢？武則天希望他是誰，他就會是誰。那麼派誰去審理呢？武則天的心腹愛將許敬宗剛剛晉位宰相，立刻就被派上了用場。派一個堂堂宰相來審這種小案子，明眼人都能覺出這件事異乎尋常。許敬宗是聰明人，他知道皇帝和皇后希望看到的結果，他不會讓他們失望的。

許敬宗怎麼審案子呢？他大搞逼供，嚴刑拷打韋季方和李巢，讓他們招供自己結交的權貴是誰。

當然，另一方面，許敬宗也巧妙地暗示這兩個人，只要你們供出長孫無忌，事情就好辦了。可是韋季方是個老實人，他哪裡敢隨便誣陷當朝國舅啊。再說了，在他淳樸的心中，長孫無忌簡直就像一座巍巍高山，他哪裡有機會結交這樣的權貴啊。這罪名堅決不能承認！但是許敬宗不停地逼他。最後，韋季方被逼無奈，就去撞牆，想要自殺。但是，小人物的悲劇在於，他連死的權利都沒有。他又被救活了，而且自殺成為他有罪的證據。沒有犯罪，幹嘛要尋死呢？許敬宗馬上向唐高宗彙報案情進展，他說，案子已經調查出眉目來了，韋季方的問題不是簡單的結黨營私，這裡面涉及一個陰謀，他是想和長孫無忌合謀，上下勾結，陷害忠臣和貴戚，試圖謀反。現在，韋季方看到陰謀敗露，只好畏罪自殺。

這可真是天下奇聞啊，一個堂堂宰相竟然和五品文官勾結在一起謀反！唐高宗聽了彙報之後，他怎麼反應的呢？據《資治通鑑》記載，他說了這麼一句話，非常有意思：「舅為小人所間，小生疑阻則有之，何至於反？」唐高宗並沒有質疑長孫無忌是否應該被牽扯進這個案子裡，甚至也沒有深究長孫無忌怎麼會腦子進水，和幾個小小的文官謀反。他只是說：舅舅被小人挑撥離間，心裡對我有猜疑是可能的，怎麼至於到謀反這一步呢？他用了一個疑問句。可是這個問句就把這個案子的性質給定下來了，這是謀反。唐高宗親口說出了這兩個字，但是呢，他用了一個疑問句，怎麼會謀反呢？許敬宗是一個聰明人，他當然知道怎麼樣處理皇帝這個疑問句，只要把它變成肯定句就可以了。據《資治通鑑》記載，許敬宗馬上就說：「臣始末推究，反狀已露，陛下猶以為疑，恐非社稷之福。」他說陛下您怎麼可以再懷疑呢？這就是謀反啊！唐高宗聽了以後長嘆一聲，眼淚隨之滾滾而下說：「我家不幸，親戚間屢有異志。往年高陽公主與房遺愛謀反，今元舅覆然，使朕慚見天下之人。茲事若實，如之何？」他說，我們家真是家門不幸，怎麼親戚老謀反呢？過去高陽公主就謀反，現在我舅舅又謀反。如果這件事是真實的，我們該怎麼處理呢？定了調子之後，他要論罪責了。在這裡，唐高宗還給出一個先例，往年高陽公主也曾經謀反來著，這就成了長孫無忌案件處理的依據了。

高陽公主的謀反究竟是怎麼一回事呢？

二、案中案：長孫無忌於「高陽公主謀反案」留下的裂痕

高陽公主謀反案是永徽三年（六五二年）發生的一個大案，這個案子的處理者正是當時權傾朝野的太尉長孫無忌。高陽公主是唐太宗的女兒，人長得漂亮，又聰明活潑，也非常任性。小時候，她深得唐太宗的寵愛。唐太宗為了籠絡大臣，把她嫁給了宰相房玄齡的小兒子房遺愛。在唐朝，娶公主可不是常人能夠消受得了的福氣。自從高陽公主嫁進房家，房家就一天也沒有消停過。受寵的高陽公主結婚之後，處處刁鑽好勝，調唆丈夫房遺愛和大哥房遺直分家。房遺直被逼無奈，告到唐太宗那裡。唐太宗主持公道，狠狠地責罵了高陽公主一番，才把這件事擺平。從此太宗就不大喜歡這個惹是生非的女兒了。可是沒過多久，高陽公主又出事了。她跟和尚辯機私通的事情敗露了。有一次，高陽公主打獵，巧遇和尚辯機，兩人一見鍾情。高陽公主從此就包養了這個清秀的和尚，給老公戴了綠帽子。為了安慰老公房遺愛，她還送給他兩個絕色的婢女。房遺愛只能忍氣吞聲，不敢有什麼意見。可是紙包不住火，這個事情終究還是敗露了。貞觀年間，因為追蹤一起盜竊案件，御史搜查了辯機所在的寺院，搜出了一個宮裡的金寶神枕。追問之下，辯機承認是公主所賜。唐太宗覺得很沒有面子，盛怒之

下，腰斬了辯機。驕縱的高陽公主也因此恨透了這個嚴厲的老爸。貞觀二十三年（六四九年）唐太宗去世，高陽公主一滴眼淚都沒有流。

沒有了父親的管束後，高陽公主更加肆無忌憚，無法無天，包養了更多的情人。也許因為她的初戀是個和尚，所以她對這一類人總是情有獨鍾。和尚、道士這些方外之人士在她情人中占了相當大的比重。但是，因為李唐王朝有鮮卑族的血統，對於傳統禮教不大在乎，所以公主的這些出位之舉還算不了什麼。她一生中犯的最大錯誤不是給丈夫戴綠帽子，而是和他在政治上攪到一起了。

高陽公主的丈夫房遺愛在貞觀朝屬於魏王李泰一黨。貞觀十七年，魏王李泰和太子李承乾因為爭位雙雙被廢，不久李治被立為太子。所以，到高宗時期，房遺愛在政治上屬於失勢派，被貶為房州刺史。房遺愛是公子哥兒出身，宰相的兒子，公主的丈夫，本來也是嬌生慣養的，到了地方之後，他不大受得了艱苦的生活，就滿腹牢騷，和一群跟他一樣失意的皇親攪在一起，整天講怪話。這一夥人除高陽公主夫婦外，還有輩分較高、野心勃勃的荊王李元景、當年同屬魏王陣營的巴陵公主駙馬柴令武，膽大腦小、因事貶官的丹陽公主駙馬薛萬徹等，整天在一塊兒發牢騷，其實倒也沒有什麼真正的舉動。儘管如此，他們還是被人告發了。告密者是什麼人呢？就是房遺愛的哥哥房遺直。高陽公主不是曾經張羅著和房遺直分家嗎？後來她又想要房玄齡的封爵了。可是爵位歸長子繼承，她的丈夫不是長子。於是，高陽公主一不做二不休，誣告房遺直非禮她，想藉此搞倒他，讓自己的丈夫繼承爵位。房遺直終於忍無可忍了，另外，他也很擔心這小倆口鬧過了頭累及房氏一門，只好向唐高宗告發了房遺愛等人的政治陰謀。房遺愛組織反政府小團體，高陽公主又去結交和尚、道士，經常搞點什麼望氣、算命之類的不軌行為，兩人的活動加起來，這不就是謀反嘛！

這可不得了，皇親國戚參與謀反，事關重大，唐高宗立刻委託宰相長孫無忌調查。長孫無忌一經核實，反狀確鑿。國有常刑，這些人本來也是難免一死，但是，長孫無忌並不滿意這樣的結果。他還要藉此機會把謀反案擴大，將所有的政治反對派都羅織進來，一網打盡。於是，在他的威逼利誘之下，房遺愛又牽扯出了吳王李恪。吳王李恪也是唐太宗的兒子，他母親是隋煬帝的女兒，血統非常高貴，李恪本人也英武果敢，有乃父之風，當年深得唐太宗的喜愛，唐太宗曾經一度動念頭要立他為太子，後來因為長孫無忌的反對才沒有實現。所以在長孫無忌的心中，一直把他視為李治的潛在威脅。現在，吳王雖然沒有參與房遺愛的行動，但是，因為這樣一段不愉快的往事，長孫無忌還是把他拉進來，以謀反罪將他處死。吳王一向人望很高，又小心謹慎，怎料會橫遭長孫陷害！據《資治通鑑》記載，李恪臨死前大罵：「長孫無忌竊弄威權，構害良善，宗社有靈，當族滅不久！」和他一起被殺的還有荊王元景，高陽、巴陵二公主以及房遺愛、柴令武、薛萬徹三位駙馬。接著，一大批對李治的統治形成威脅，或是跟長孫無忌不和的宰相、將領、宗室、駙馬，無論是否真的參與過陰謀，都被牽扯進高陽公主謀反案中，貶往地方。這就是永徽年間轟動一時的高陽公主謀反案。

長孫無忌當時把謀反案上綱上線地處理，本不乏為李治考慮，幫他穩定政局，殺李恪的用心正在於此。但是他的這番殺戮，隱隱露出了震主之威。看到長孫無忌收拾勳貴就像碾死一隻螞蟻那麼容易，李治能不心驚嗎？裂痕就在那時候出現了。風水輪流轉，當年的翻雲覆雨，如今全成了請君入甕。高陽公主謀反案，現在變成處理長孫無忌一案的先例。

唐高宗既然自己先提出了高陽公主謀反案，許敬宗接下來的事情就好辦了。怎麼處理長孫無忌呢？前事不忘，後事之師，按既定方針辦就可以啦。於是，許敬宗說：「遺愛乳臭兒，與一女子謀反，勢何所成！無忌與先帝謀取天下，天下服其智；為宰相三十年，天下畏其威。若一旦竊發，陛下遣誰當之？」他說，長孫無忌謀反的危險性遠遠大於當年的高陽公主謀反。高陽公主是一個女子，和乳臭未乾的房遺愛謀反，兩個人都沒什麼號召力，很難成事啊。但是長孫無忌和先帝一起謀取皇位，又當了三十年宰相，在朝廷裡威望很高。現在如果他狗急跳牆，振臂一呼，陛下怎麼辦呢？

到此為止，案子的結論和處理意見基本都已經出來了。按照許敬宗的意思，在參考高陽公主案的基礎上，還要加重處理。但是唐高宗並沒有同意許敬宗的處理意見，他說這事別急於定論，你再審審看。許敬宗就納悶了，這案子還有什麼油水呢？回家苦苦琢磨了一夜，終於恍然大悟了。

第二天，許敬宗又上奏了。他說，我昨天又審了審這個案子，發現比我想的還要嚴重。原來以為只涉及長孫無忌一個人，現在才發現，這是一個牽連若干大臣的大陰謀。我昨天回去提審韋季方，我問他，說長孫無忌是當朝國舅，皇帝與先皇都對他那麼信任，他為什麼要謀反呢？韋季方說，這事開始也不是長孫無忌的意思，是韓瑗在挑撥他。韓瑗曾經對長孫無忌說，當年您和王皇后的舅舅柳奭以及褚遂良三人合謀立李忠做太子，現在李忠已經被廢，皇上也不信任您了，您還不早做打算啊？長孫無忌一聽，有道理啊，於是就日夜和這些大臣策劃謀反。都和誰策劃呢？韓瑗、褚遂良、來濟、柳奭，還有于志寧。看來，這不是長孫無忌一個人的事情，幾乎所有的元老大臣都和這個案子有牽連。

到了這一步，唐高宗終於覺得這個案子的利用價值被挖掘得差不多了，他再也無話可說，於是，長嘆一聲，又一次潸然淚下。他說：「舅若果爾，朕決不忍殺之。若殺之，天下將謂朕何！後世將謂朕何！」我舅舅就算謀反，我也絕對不能殺他。我要是殺了他，天下人會怎麼議論我？子孫萬代將怎麼議論我啊？這等於皇帝完全認可了長孫無忌的謀反，但同時他還要做一番仁慈的表演，他要法外開恩，免去長孫無忌的死刑，以免被天下人恥笑。注意，這句話他可不是第一次說了。當年處理高陽公主謀反案的時候，他也曾經說過：「荊王，朕之叔父；吳王，朕兄，欲丐其死，可乎？」當時，長孫無忌不答應他的請求；現在，許敬宗同樣勸他大義滅親。許敬宗說了：「古人有言：『當斷不斷，反受其亂。』安危之機，間不容髮。無忌今之奸雄，王莽、司馬懿之流也；陛下少更遷延，臣恐變生肘腋，悔無及矣！」就是說皇帝應該天下為公，大義滅親，不能存婦人之仁。話說到這一步，唐高宗覺得該解決的問題都解決了，案情現在看起來脈絡清晰，處罰的理由充分，足可以讓天下人心服口服了。於是下令削去長孫無忌的太尉頭銜和封地，給他一個揚州都督的頭銜，把他押解到黔州安置。黔州是現在重慶的彭水縣，當時是挺偏僻的一個地方。不過，唐高宗說了，長孫無忌畢竟是他的親舅舅，不忍心看著他受苦，因此仍按一品大臣的待遇供給飲食。

三、血雨腥風：外廷，在武皇后的匕首前面戰慄

可是事情到此並未徹底結束。前面說過，武則天要鞏固皇后的位置，必須對外廷重新進行優化組合。把反對她的人清除出去，把擁護她的人請進來。而在打擊反對派這個問題上，她是分兩步走的。第一步，清除反對派中勢力相對小的褚遂良、韓瑗、來濟，把他們貶往地方。第二步，在周邊組織已經被清理之後，再清除反對派的核心力量長孫無忌。這樣做是為了慎重起見，避免一下子打擊面過大，造成政局不穩。換句話說，就是讓反對派心存幻想，逐步喪失鬥志，最後坐以待斃。現在，長孫無忌已經倒臺，唐高宗和武則天再沒什麼顧忌了。他們終於可以施展手腳，把反對派一網打盡。

於是，長孫無忌謀反案的基調剛剛確定，許敬宗又奏：

無忌謀逆，由褚遂良、柳奭、韓瑗構扇而成；奭仍潛通宮掖，謀行鴆毒，于志寧亦黨附無忌。

這樣一來，所有當年未曾追隨武則天的元老重臣無一漏網，連一言不發、唯恐惹禍上身的于志寧也未能幸免。至此，這些人全部被免去了所有官爵。

這還不夠。三個月之後，唐高宗下令讓李勣、許敬宗等宰相進一步追查長孫無忌謀反案。許敬宗接旨後，派中書舍人袁公瑜到黔州去錄長孫無忌的口供。袁公瑜可是當初第一批擁護武則天當皇后的人，裴行儉和長孫無忌議論武昭儀就是他告的密。當時他還僅僅是一個大理丞、八品官，現在他已經做到五品的中書舍人了。那麼，袁公瑜是怎樣錄口供的呢？其實他根本不需要錄，他直接對長孫無忌說，你還是自我了斷吧，省得我再費一把力氣。長孫無忌見大勢已去，長嘆一聲，就地自殺了。

隨後，唐高宗又下詔將王皇后的舅舅柳奭和韓瑗斬首。古人云：覆巢之下，焉有完卵！隨著這批老臣的死去，他們的家族也遭受了滅頂之災。成年的兒子都被處死，其他近親皆流嶺南為奴婢，遠親受株連貶官的就更多了。長孫無忌的兩個兒子長孫沖和長孫詮，都是駙馬；一個尚長樂公主，一個尚新城公主，兩個公主都是唐太宗與長孫皇后的女兒。他們此時即使貴為駙馬，也未能幸免於難，被一同杖殺。長孫無忌謀反既然是因為前太子李忠被廢引起的，梁王李忠也就順帶著被牽連進來。顯慶四年七月，李忠被廢為庶人，安置在黔州原來廢太子李承乾的故宅裡。

從永徽六年到顯慶四年，人們逐步認識了新皇后的厲害。現在，不僅僅後宮是她的天下，外廷也在她的匕首前面戰慄。長孫無忌、褚遂良、于志寧，一個個曾經氣焰熏天的大臣不過就是當年的獅子驄。這個時代真切地讓人們見識了什麼是順我者昌、逆我者亡。無論是處理後宮還是對付外廷，如果不是武皇后從中出謀劃策，推波助瀾，事情肯定不會解決得那麼完滿。先易後難，由內而外，武則天表現出了超一流的政治手腕和鬥爭能力，一陣雷霆過後，武皇后的威風樹立起來了。

但是事情並不是這麼簡單。顯慶年間全部事情的癥結並不在武則天。從廢王立武到清洗後宮，從改立太子到外廷換血，唐高宗始終關注著事件的進程，並發揮著主導作用。簡而言之，唐高宗是統帥，而武則天只是他的親密戰友，是積極的推動者。唐高宗早就想洗牌了。他的前半生一直是受人控制的。當太子時，他生活在父親的陰影之中，好不容易當上了皇帝，還要受制於父親任命的元老重臣。一個皇帝如果沒有權力會是何等鬱悶啊，他要重樹皇權。他的這種突破限制、伸張皇權的欲望，才是左右整個事情的關鍵。

就在血腥的清洗之中，一種全新的政治格局誕生了。什麼新格局呢？首先，貴族官僚逐步喪失了權力，甚至喪失了生命，受到了巨大的不可逆轉的打擊。關隴集團是一個地方武力集團，人員本來有限。長孫無忌等人以及他們的親屬，死的死，貶的貶，使得這個集團受到了重創。朝廷的很多位置空了出來，新興的勢力就可以補充進去了。原來的一般官僚實力和地位有所提高。許敬宗、李義府、袁公瑜這些新提拔起來的中下層官員在廢王立武事件中嶄露頭角，在清除長孫無忌集團的過程中大顯身手，此後，他們還會發揮更大的作用。

再從皇權的角度來考慮，經由這樣一番變化，皇權得到了空前的提高。自魏晉南北朝以來，皇帝一直和貴族官僚聯合治理天下，正因為如此，皇帝才需要在廢立皇后的問題上徵求大臣的意見，處處受制於大臣。但是隨著元老大臣的下臺和新生力量的補充，皇帝面對的將不再是貴族，而是一般官僚，皇帝和大臣之間的距離拉大了，皇權的伸張有了充分的餘地。所以說，由廢王立武引起的變化是一次深刻的社會變革。它不僅僅意味著支持武則天的人上臺，反對武則天的人下臺，它還意味著整個社會勢力的重新洗牌，而這次洗牌對於唐朝乃至整個中國社會的歷史進程都產生了深遠的影響。

經過四年的內外整肅，此時的武則天，上有唐高宗的專寵和信任，中有太子李弘作為依託，外有李義府、許敬宗作為心腹，皇后的地位，可以說是堅如磐石。那麼，武皇后心滿意足了嗎？她的下一個目標又是什麼呢？

請看下回：母儀天下。

【第十回】

母儀天下

武則天和唐高宗同仇敵愾，對外朝進行血腥清洗，一個個元老大臣都倒下了，外朝官員只能唯高宗和她馬首是瞻。那麼，穩固了皇后之位的武則天，還會有哪些非同一般的表現？這個鵲巢鳩占的新皇后，又將如何處理親子和庶子、娘家和婆家這兩對敏感的關係呢？

上回我們講到，為了肅清反對派，顯慶四年（六五九年），武則天和唐高宗一起，炮製了長孫無忌謀反案，終於將永徽年間左右政局、在廢王立武問題上不肯合作的元老重臣集團一網打盡，為寒門新貴打開了權力的大門。武則天這一系列舉動，讓滿朝文武逐步認識到新皇后的厲害。現在，「破」的工作已經基本完成，妨礙她的舊勢力已經從眼前消失，武則天該考慮「立」的工作了。她要樹立一個新的形象，名副其實地母儀天下。為此，她做了三件大事。

一、提高家族地位：重新確定世族等級，加快士庶合流

武則天出身小姓，在爭奪后位的過程中，她的出身曾經受到元老大臣的輕視，成為她謀取后位的嚴重障礙之一。這是她心中的隱痛。現在，她已貴為皇后，豈能容忍自己的姓氏再受人輕視！那麼，怎樣做才能改變武氏作為小姓的定位呢？武則天遵循魏晉南北朝以來的一個傳統做法，推動唐高宗頒行一本書，重新確定世族的等級。大家知道，魏晉南北朝隋唐時期是貴族社會，世族在社會上的影響非常大。一個人是否出身世族，或者是哪一級的世族，對於他的人生有著重要的影響。什麼影響呢？簡而言之，它決定了人生的兩件大事：一是婚，二是宦。就是決定了你和什麼樣的人結婚，當什麼級別的官。魏晉南北朝時期，選拔官僚的制度被稱為九品中正制，就是把人分成九個品級，根據人物的品級來決定授予他什麼樣的官爵。舉一個例子，比如你在人物的品評中被評為二品，你就可以從七品官做起；你被品評為第三品了，你當官可能就得從八品官做起。人物的品級和做官的品級之間有一個對應性。而評定人物品級的最重要條件就是家世背景。在這種制度下，世族子弟含著金湯匙出生，一

生享受榮華富貴；而平民子弟無論怎麼努力，也很難得到認可。正所謂「鬱鬱澗底松」，在地勢上永遠比不上「離離山上苗」。這是典型的血統論，很不公平。另外，現在談婚論嫁也還存在著門當戶對的說法，但這只是一種相對的原則，完全可以突破。而在當時，門當戶對是一種絕對的原則，世族只能和世族通婚，否則就是失身失節。也正是有了這種世族內通婚的原則，世族才能夠穩定下來，成為一個有固定成員的特殊群體，高高在上。因為世族制度決定了一個人在做官和婚姻兩方面的命運，所以全社會對世族的等級劃分都非常敏感，國家也會編訂這方面的書籍，給人們做參考。比如說，人們要想結婚，就可以先查查書，看哪一家和自己家的地位相等。這是魏晉南北朝以來的通行做法。

但是到了隋唐時期，社會已經發生了變化。首先，九品中正制已經被廢除，科舉制開始實行。科舉制是中國歷史上一個特別了不起的制度，它確定了選取人才的標準應該是評價一個人本身，而不是看他出身於什麼樣的家族。這是一個巨大的變革。從此，國家選拔人才從注重家世轉為注重個人才能。另外，世家大族本來受的是精英的教育，在家族起步階段確實曾經英雄輩出，但經歷了幾百年的發展後，本身也是氣數將盡，他們的子弟喪失了奮發有為的精神，變得大腦空虛，身體脆弱。舉個例子，當時有一個世家大族子弟，一天在屋裡待著，聽著外面有馬叫，不由得渾身抖得像篩糠一樣。別人告訴他這是馬，無須害怕，他說，能發出這麼大的叫聲的一定是傳說中的老虎，馬怎麼會是這樣叫的呢？還有的貴族隨著政治的變遷離開了自己的家園，跑到中央做官，因此漸漸失去了對地方的控制。總之，這個時代，世族制度正在衰落之中，皇權逐步得到伸張。但是，社會風氣的轉變是很漫長的事情，儘管舊貴族在現實政治中的地位下降，但還保持著舊日的社會威望。我們以前講的五姓七望就是最典型的代表。世家大族彼此互結姻親，小門戶若要與之攀親，需要付出大筆「陪門財」彌補門第之差，卻往往還要忍受他們輕蔑的白眼。甚至連當朝皇帝也不入他們的法眼，更不要說什麼文武大臣了。唐太宗李世民是個驕傲的人，見此情景，覺得十分不爽，想要打擊一下舊世族的氣焰。於是，在貞觀年間，他下令修訂《氏族志》，編訂一個唐朝版的社會等級索引。李世民給《氏族志》規定的原則是推崇當朝冠冕，也就是把唐朝的帝王將相放到高等級中去。沒想到大臣中毒太深，第一次呈上來的版本居然又把山東高門博陵崔氏放到了第一等。這讓唐太宗大為光火，在他的干預之下，《氏族志》做了修改，李唐皇族為第一等，外戚后族為第二等，原有的山東高門崔氏為第三等。這個分等方式，明眼人一下子就能看出來，在當時修書人的心目中，崔氏還是第一等，只不過為了照顧皇帝的面子，才把皇族和后族放在前面。這就相當於我們現在有些評獎中的特別獎，有恭維的成分。

貞觀時期修《氏族志》的是以長孫無忌的舅舅高士廉為首的關隴貴族，他們本身對世族制度極為認可。一方面，他們在修志的過程中充分照顧關隴貴族的利益，另一方面，現實生活中，他們也都按照當時的風俗和舊貴族聯姻。原有的舊貴族和唐朝的新門閥有效結合，互相扶持，由此形成了新的勢力。這種勢力不僅僅阻礙了寒門子弟的上升之路，還借勢壓制了皇權，永徽年間出身關隴貴族的元老重臣把持朝政，就是這種政治形式的體現。唐太宗打擊貴族政治的目的並沒有真正實現。可是現在到了顯慶年間，這種狀況發生了很大的變化。元老重臣已經被剷除，剛剛當了真天子的皇帝急於壓倒對自己構成威脅的舊勢力，小門戶的新皇后想要抬高本家聲威，而寒族出身的新官僚也渴望得到社會認可。三方一拍即合，重修《氏族志》馬上被提上了議事日程。

新修的《氏族志》改名為《姓氏錄》，完全貫徹了尊重當朝官僚等級的原則。以皇族和后族為第一等，其餘都按照當時的官階高下來排座次，一共分成九等。五等以上就是世族。這樣一來，即使你原來只是一名普通士兵，只要立了戰功，做到了五品以上的官，就可以名列《姓氏錄》，過一把世族癮。而任憑你是幾百年的舊貴族，只要當時家裡沒有人做到五品官，也就與世族無緣了。這對舊門閥是何等沉重的打擊呀！因此他們把新的《姓氏錄》叫「勳格」，也就是功勞簿。他們很不滿意，然而有很多人卻是衷心擁護的。誰呢？廣大寒門子弟。原來他們被世家大族擋住了晉升之路，現在，只要憑自己的努力，他們也可以躋身仕途。所以說，《姓氏錄》的編訂加快了士庶合流，擴大了統治基礎，具有很大的進步意義。從武則天本人的角度講，她也實現了從醜小鴨到白天鵝的實質性的轉化，文水武氏成了天下第一等高門，終於可以揚眉吐氣了。

提高了自身門第還不算完，武則天再接再厲，又追封亡父為周國公，母親楊氏為代國夫人，後來又改封為榮國夫人，品級第一，位在王公母妻之上。武則天父母的封號並不匹配，按照當時的規矩，誥命夫人的封號應該和丈夫保持一致，她父親封為周國公，母親應該封為周國夫人才對。那為什麼封為榮國夫人了呢？這就是武則天在提高自己家族地位的同時，也要抬高自身聲望，她是故意做給天下人看：我母親得到如此尊貴的封號，不是因為她嫁了一個多麼了不起的丈夫，而是因為她生了一個傑出的天才的女兒——武皇后。

二、打造公眾形象：樹立美麗大方、和藹親民的國母形象

可是，僅僅提高門第是不夠的，當年，王皇后的門第無論從哪個角度講都無懈可擊，可最終還是沒有逃脫被廢的命運。那麼，究竟怎樣才能永遠保住皇后的位置呢？武則天決定進一步提高自身聲

望，讓大唐的臣民知道，她最有能力、最有資格做他們的女主人。怎樣才能提高自身聲望呢？武則天決定先提高自己的出鏡率，讓普天之下的百姓都加強對她的認識。為此，她承擔了兩項大的禮儀活動。

第一個就是躬行親蠶之禮。中國古代以農業立國，整個國民經濟的基礎是男耕女織。皇帝就是天下農夫的表率，因此在國家典禮中有親耕之禮，就是皇帝親自種田，顯示對農業的重視。同樣，皇后也有親蠶之禮，就是親自養蠶，表示對家庭紡織業的重視，做天下婦女的表率。這個禮儀是國家大典，非常隆重。在舉行典禮之前要先行齋戒五天。真正行禮那天，皇后天不亮就要起床，在儀仗隊的護衛之下出宮，到提前安排好的先蠶壇，所有的內外命婦均須隨行。因為這個儀式太複雜、太累人了，所以沒有多少皇后親力親為。唐高宗的王皇后好歹也當了六年皇后，卻從來沒有履行過這個職責。但是，馴獅子驄出身的武皇后可不想放過任何一次出鏡的機會。要想出鋒頭，就不怕吃苦頭。從顯慶元年（六五六年）開始，武則天共五次行親蠶之禮，比唐朝任何一位皇后都更加盡職盡責。皇后出行自然要有內外命婦跟隨。武則天每次都要率領內命婦如天子妃嬪、太子妃嬪，外命婦如大長公主、長公主、公主、王妃、誥命夫人行禮，在她們面前混了個臉熟，彼此增進了感情。用今天的話講，就是提高了她在公眾前的知名度和好感度。可惜那時候沒有報紙，否則天天可以上頭版頭條了。

武則天要出的第二個鋒頭是衣錦還鄉。楚霸王項羽說得好，富貴而不還鄉，如衣錦夜行。當年楚霸王因為非要衣錦還鄉，還要把都城遷到故鄉，所以吃了大虧，還落下了楚人沐猴而冠的笑柄。可是世易時移，武則天此時還鄉卻大有收效。就在顯慶四年十月，在處置完長孫無忌案件之後，唐高宗李治和武則天前往東都洛陽散心，次年二月又從東都北上，巡遊并州。并州是李唐龍興之地，當年李淵就是從這裡起兵，一路打到長安，當了皇帝。現在李治到來，當然要緬懷一下先烈。但是對於武則天來講，并州的意義就不一樣了。這裡是她的祖籍，父親死後，她在這裡度過了人生中最暗淡的歲月。現在時來運轉，終於輪到她大顯威風了。俗話說，誰笑到最後，誰就笑得最好。武則天大擺酒宴，歡會親鄰。皇帝李治也給足了她的面子，特別下詔并州八十歲以上的婦女版授五品郡君，給老太太們一個榮譽頭銜。并州當年好風光，兩個人足足旅遊了兩個月才打道回府，武則天的親民形象一下子大放異彩。通過這一系列活動，武則天的人望空前提高，一位美麗大方而又和藹可親的國母形象樹立起來了。

三、理順家庭關係：處理紛繁的家庭關係，確立家族地位

從國家的角度講，皇后是天下之母，但是，這個位置來源於她在家庭中的角色。在家庭之中，她是李治的正妻、皇子的嫡母，此外，她還是李家的媳婦和武家的女兒。她要同時處理好多種複雜的關係。只有確立了在家族中的地位，有安定團結的大後方，才能順心如意地當好國母。武則天聰明過人，她在努力打造自己公眾形象的同時，也花了大量心思處理紛繁的家庭關係。從大的方面講，當時有兩對關係對她至關重要。哪兩對呢？第一對是親子和庶子的關係；第二對是婆家和娘家的關係。

顯慶年間，武則天已經有三個親生兒子，老大李弘、老二李賢和老三李顯（儀鳳二年，即西元六七七年，改名李哲）。對他們，武則天不遺餘力：

第一，給他們加官晉爵，讓他們都居高位、居重位。顯慶年間，除了李弘被立為太子以外，李賢被封為雍州牧，李顯被封為洛州牧。兄弟兩個，一個洛州、一個雍州，把大唐帝國的東西二都都占上了。

第二，舐犢情深，切切實實當好慈母。顯慶四年冬天，唐高宗和武則天巡幸東都洛陽，把八歲的

長子李弘留在長安監國。李弘雖然聰明伶俐，畢竟還是個孩子，晝夜啼哭思念父母。唐高宗和武則天知道後馬上停下來，把兒子接到身邊，一家人一同前往東都。老三李顯小的時候更是得寵，因為生他的時候難產，武則天乞求佛祖保佑，剛剛滿月就交給高僧玄奘當徒弟，法號「佛光王」。這是一個多氣派的法號啊！比《西遊記》中唐僧的三個徒弟威風多了。可以看出，母親當時對兒子有著何等殷切的希望。李顯小的時候多病多災，武則天還在洛陽的龍門給他開鑿石窟建造佛像，為他祈福消災。這個時候的武則天，和天下所有的母親並沒有兩樣，對自己的孩子充滿溫情。

第三，對他們進行嚴格管教。除了《禮記》、《尚書》等儒家經典之外，武則天還發揮自己長於文史的特點，組織文人自編教材，教育兒子。諸如《青宮紀要》、《少陽政範》、《孝子傳》、《孝女傳》等一系列道德教材紛紛出爐，希望把兒子們都教育成為德才兼備的楷模。顯然，對於親生兒子，武則天是極盡溫柔，又嚴加管教，同時，還給兒子們的將來都做好了長遠打算。

那麼，對庶子呢？武則天則是以防範為主，同時在關鍵時刻不忘作秀，維持嫡母風範。永徽六年後，唐高宗的其他兒子都被貶往地方擔任刺史。其中，曾經當過太子的李忠和蕭淑妃的兒子李素節尤其被嚴加防範。面對嚴厲的嫡母，李忠的神經首先承受不住了，每天都生活在恐懼之中，常常男扮女裝以防刺客，又經常噩夢連連，胡言亂語。顯慶四年的長孫無忌謀反案結案後，馬上就有一個在李忠旁邊擔任「服務員」的女人阿劉，告發了他的種種不正當行為。當然，考慮到武則天搞情報工作的能力，很多人都認為這個人可能是武則天安插在李忠身邊的「特務」。無論如何，李忠罪在不赦，按照法律規定應該判處死刑。但是，這個時候武則天出場了。她在唐高宗面前涕淚交流，再三懇求唐高宗饒李忠一命。唐高宗也是個明白人，馬上准許了皇后的請求，把李忠廢為庶人，同時在詔書中表彰了皇后的仁慈。這樣看來，武則天當時還是很在乎人們對她的評價，願意把自己打扮成一個仁慈的嫡母，而不是一個惡毒的後媽。這是她處理嫡子和庶子之間關係的所作所為。

那麼，她是怎樣處理婆家和娘家的關係呢？武則天在這方面的作為就更加可圈可點，堪稱表率了。在婆家這面，武則天很注意和太宗的妃嬪以及公主們搞好關係。當時活著的太宗妃子，像越國太妃燕氏、紀國太妃韋氏，和武后的關係都很好，其中紀國太妃韋氏的女兒臨川公主因為喜歡書法，崇尚佛學，更是成了武則天的「閨密」。高陽公主因謀反被處死，公主的封號也被剝奪了，此時，武則天重新給了她一個封號，叫「合浦公主」，以此來改善和大小姑子之間的關係。有了婆婆級別的太宗妃嬪和大小姑子的讚譽，武則天在李家的地位就顯得相當牢靠了。對娘家這邊，武則天則顯得頗為嚴格。武則天當皇后的第二年，就親自編寫了《外戚戒》，顯示自己裁抑娘家勢力，彰顯美德。以後，又對她的娘家兄弟施行了切切實實的打壓。這又是怎麼回事呢？

本來，武則天當皇后以後，兄弟都被加官晉爵。兩個同父異母哥哥中，武元慶由右衛郎將遷為司宗少卿，武元爽由安州司戶參軍事遷為內府少監，兩個堂兄弟武惟良由始州長史遷為司衛少卿，武懷運由瀛洲長史遷為淄州刺史，不是從小官到大官，就是從地方到中央，各個超遷。提拔皇后娘家的親戚也是當時慣例，新外戚的前景應該說還是比較光明的。可是，意外發生了。一天，已經是一品夫人的楊夫人設家宴招待子姪，撫今追昔，不免有一番感慨。她問武元慶等人：「頗憶疇昔之事乎？今日之榮貴復何如？」你們當年看走眼了吧，你們今天的榮華富貴是誰給的？還不是拜我們母女所賜！你們現在是什麼想法呀？楊夫人等著他們的奉承呢。面對楊夫人這樣直白露骨的問話，武元慶兄弟本該承認錯誤，順便表示感激涕零，歌頌一下皇后的恩德。沒想到他們又臭又硬，全不領情。哥兒幾個之中武惟良是老大。武惟良說：

惟良等幸以功臣子弟，早登宦籍，揣分量才，不求貴達。豈意以皇后之故，曲荷朝恩，夙夜憂懼，不為榮也！（《資治通鑑》卷二〇一）

說我們為什麼能當官，是因為我們是功臣子弟，不是靠皇后。我們也不希望當什麼大官，所以皇后提拔我們，我們心裡惴惴不安，並不以此為榮。居然一點也不領情。這話說得多讓人生氣啊，簡直是不識抬舉！

楊夫人聽了他們的話，勃然大怒，馬上進宮跟武則天如此這般地說了一通。說什麼呢？她讓武則天收拾收拾他們，把他們貶到地方去。但是，還要安一個好聽的名目，叫做「謙讓無私，裁抑外戚」。所以說，楊夫人也是有政治手腕的。武則天依計而行。武元慶兄弟的前程頃刻之間如肥皂泡一般破滅，幾個人都被發配到老少邊窮地區，兩個同父異母的哥哥武元慶和武元爽很快就死去了。武則天這樣做可謂一石二鳥啊。一方面，報了小時候的被虐之仇；另一方面，也樹立了自己公正無私的形象。當時一般皇后上臺都會提拔自己的本家，此前王皇后在位，也讓舅父當上了中書令，武則天反其道行之，這讓高宗覺得自己沒看錯人。長孫無忌的教訓已經夠他受的了，現在新皇后對娘家人不感興趣，唐高宗真是由衷地欣慰和感激。

經過這樣一番努力，武則天在李唐王室家族中樹立了良好的個人形象。什麼形象呢？按照我們今天的話來說，這是一個能幹媳婦的形象。不錯，她是比較厲害，但是她對李治有忠有助，對孩子有慈有威，對李唐王室的本家優禮有加，對娘家則從不姑息。這樣能幹的媳婦，放到歷史的任何時空都是模範。她的丈夫怎麼會不寵愛她，家族地位怎麼能不穩固呢？

顯慶年間，武則天就是這樣維持著一個模範媳婦和稱職國母的形象，李治對她也相當滿意。在生活上，她是李治的伴侶兼姊姊，在政治上，她是李治的參謀和戰友。兩個人心往一處想，勁兒往一處使，打擊著共同的敵人，也享受著共同的甜蜜生活。武則天這時候還安於做一個好皇后，唐高宗也一心要當一個有職有權的好皇帝，彼此之間恩恩愛愛，沒有任何的猜忌和防範。就是在這種氣氛中，顯慶六年（六六一年）初，他們特派道士郭行真赴泰山祭祀，為帝后二人祈福，並立起了一塊雙石並立的碑，這塊石碑看似鴛鴦並棲，俗名「鴛鴦碑」，見證著皇帝與皇后童話一般的愛情。這就是流傳至今的泰山鴛鴦碑。但是，再長的蜜月也有盡頭。這種內外有別而又琴瑟和諧的帝后關係，因為一件意想不到的事情發生了轉變。

四、一朝理政：高宗患病，武后協助朝政，初次走向政治舞台

顯慶五年（六六〇年）十月，唐高宗生病了，染上了風疾，按照現在的說法就是各種心腦血管疾病的合稱。這個病我們並不陌生，當年，唐太宗就是因為風疾，才搬到翠微宮養病，最後死於翠微宮。而唐高宗的母親長孫皇后，也是被這種疾病奪去了年輕的生命。這是李唐王室的一種家族遺傳病。得了風疾的李治經常頭痛難忍，目不能視，無法正常處理朝政。怎麼辦呢？太子還小，而自從清除了元老重臣之後，李治對於大臣也喪失了信任。在此情況下，高宗把國事交給行政能力出眾而又主

動裁抑娘家、表現得大公無私的武皇后處理，也是順理成章的事了。

（顯慶五年）冬，十月，上初苦風眩頭重，目不能視，百司奏事，上或使皇后決之。后性明敏，涉獵文史，處事皆稱旨。由是始委以政事，權與人主侔矣。（《資治通鑑》卷二〇〇）

也就是說，武則天聰明能幹，又有良好的文化素養，就因為這次偶然的人生際遇，她被推上了政治舞臺。通過在唐高宗患病期間協理朝政，她獲得了寶貴的參政機會，加上一位隨時在她身邊指點迷津的老師，她的羽翼日漸豐滿，政治智慧和執政能力就這樣一天天逐步積累起來，成為日後君臨天下的資本。

歷史有的時候就是這麼弔詭。試想，如果唐高宗不生病，如果唐高宗一病不起，如果唐高宗信任大臣，甚至，如果武則天不識字，歷史會不會有天翻地覆的變化？但是，歷史從不允許假設。永徽二年（六五一年），唐高宗為她打開了緊閉的宮門；四年以後，唐高宗將她扶上皇后的寶座；現在，顯慶五年，也就是她二度進宮九年以後，唐高宗又送給了她進入政治前臺的入場券。武則天是一個聰明果敢的女子。她不負信託，表現良好。但是，一旦主宰了殺伐決斷的權柄，她還能重新回到原來從屬的位置嗎？隨著武則天對外朝影響力的增強，她和唐高宗的關係，又會發生怎樣微妙的變化呢？

請看下回：帝后爭鋒。

【第十一回】

帝后爭鋒

意氣風發的武則天當上皇后之後，借助唐高宗生病的契機開始參政，走向了政治前台。但是，一場意想不到的危機爆發了：唐高宗和大臣在一起謀劃廢黜武則天！如果事成定局，武則天所有的努力都將化為烏有，連她的生命也將岌岌可危。這次危機囚何而起？武則天又將如何化解這場危機呢？

上一回我們講到，武則天在顯慶年間努力扮演著相夫教子、母儀天下的角色，樹立了良好的皇后形象。她和唐高宗相互扶助，恩愛有加，度過了夫妻生活中最甜蜜的一段日子。顯慶五年（六六〇年），體弱多病的唐高宗突發風疾，帝后間平靜的生活馬上發生了改變。

武則天的聰明才智和此前表現出來的行政能力，得到了唐高宗的欣賞和信任，因此，唐高宗在生病期間，對武則天不斷委以政事。權力就像鴉片一樣，一經嘗試，就再也難以戒掉。特別是對於像武則天這樣一個欲望強烈的人來說更是如此。而唐高宗所得的風疾，也就是心血管疾病，至今在醫學界都是十分棘手的富貴病，只能靠藥物和長期休息維持。隨著唐高宗病情的加重，武則天獨自處理朝政的機會越來越多。這樣一來，武則天在朝廷上就慢慢有了公開的勢力。可是我們知道，唐高宗大權獨攬的局面是經過艱苦努力換來的。為了這份權力，他甚至不惜對親舅舅開刀。他也正在品嚐權力帶來的快樂。而且，出於天時、地利、人和等因素，唐高宗此時處理朝政十分順手，特別是在隋末唐初屢屢受挫的高麗戰場，自顯慶五年後也頻頻告捷，唐朝即將迎來疆域最為廣大的時刻。作為一個如此龐大的帝國的當家人，唐高宗更是信心滿滿。

可是問題就出在這兒。有道是天無二日，國無二主，即使親密如夫妻，在涉及權力分割時，彼此也不免心存芥蒂。唐高宗雖然讓皇后代行君權，然而皇后一旦喧賓奪主，挑戰他的至尊皇權，他就無法接受了。這樣，在唐高宗和武則天之間，第一次出現了裂痕，原本是我們共同的事業，我們共同的臣子，現在漸漸分出了你的和我的兩個陣營。較量已經在暗中進行了。

一、李義府失勢：武后初涉政壇的沉重打擊

唐高宗和武則天矛盾公開化的第一個表現，就是李義府被貶官。前面說過，李義府是第一個站出來支持立武氏為皇后的大臣，打響了廢王立武的第一槍，所以武則天對他一直青眼相加。在唐高宗和武則天聯手處理元老重臣的過程中，他也是得力幹將。帝后二人因此都視他為自己人。可是李義府的行為，實在令人不齒。

顯慶元年，他有一次視察監獄，看上了一個姓淳于的女犯人。淳于氏長得很漂亮，所以李義府也不管她所犯何罪、是不是謀殺親夫，竟然指使大理寺丞把她給放出來，收到家裡做了小妾。沒想到這件事情沒做好，事先沒有跟大理寺的長官大理卿打招呼。大理卿一看監獄裡丟了一個犯人，馬上上報了。朝廷立即著手調查，李義府怕事情敗露，竟然逼那個幫他放人的大理寺丞自殺。大理寺丞一自殺，可就是人命案了，還是一名官員，朝廷更要調查。

唐高宗知道事情是李義府幹的，本來想要原諒他，不予追究。但是青天白日，朗朗乾坤，豈能人人都這麼沒有良知呢？有一位御史叫王義方，他坐不住了。他回家稟報母親，說現在朝廷裡出了這麼一件事，而我是一個監察官員，如果不管呢，良心不安；如果管了，又怕皇上怪罪，連累母親。他的母親深明大義，對他說：自古忠孝不兩全，你既然當了這個官，就要捨孝全忠，報效國家。另外，你這樣做，還可以成就一生的大名。如果你因此獲罪，我死而無恨！王義方受了母親一番鼓舞，馬上上書朝廷，要求嚴懲李義府，還死者一個公道。可是唐高宗當時正在對朝廷的幹部資源做重新優化組合呢，怎麼能自毀長城？他沒有懲辦李義府，反倒責怪王義方毀辱大臣，馬上貶他為萊州司戶。

這樣一來，大臣們一下子就知道了李義府在皇上心目中的分量，再也不敢輕易和他叫板了。可是偏偏有一個大臣不信邪，又和李義府鬧矛盾了。誰呢？杜正倫。這也是唐高宗提拔上來的一位宰相，他覺得自己資格比較老，很看不起李義府的那副輕狂樣子。李義府恃寵而驕，縱容兒子、女婿賣官鬻爵，搞得家裡門庭若市，影響很壞。這天，杜正倫就和李義府在朝堂上吵起來了。因為兩個人都是唐高宗提拔的，所以唐高宗以大臣之間不能和睦為名，各打五十大板，雙雙貶往地方反省去了。即便這樣，李義府還是技高一籌。轉過年來，他又在武則天的保護下回到了朝廷，官復原職，當了宰相。而杜正倫就倒楣了，死在了被貶的地方。李義府回到朝廷後，惡習不改，馬上又耀武揚威，把一個出身於趙郡李氏的五品官李崇德逼死了。

這是怎麼回事呢？李義府原本門第很低，當了官之後，他就和趙郡李氏攀親戚，說自己也是出身名門。當時他是宰相，出身趙郡李氏的李崇德也是個諂媚之徒，想要沾他點光，兩人一拍即合，這多好，都是一家人，以後有個照應。李崇德就把李義府寫到他家家譜上了。這種連宗本來就是出於利益的考慮，沒什麼親情可言。所以，李義府一被貶官，短視的李崇德也就不客氣地把李義府又從家譜中除名了。李義府那個氣呀！官復原職之後，立刻給李崇德安了一個罪名抓起來。李崇德關進監獄之後便自行了斷，撞牆死了。李義府又把這麼一個五品官逼死了，這可是他害的第二條人命。可皇帝還是沒有治罪。當時的風氣不是崇尚貴族嗎？李義府自己冒充不成，就想要給兒子找個貴族媳婦，沒想到所謂的「五姓七望」全不給他面子，瞧不起他，都婉言拒絕了。李義府又生了一肚子氣。正好當時唐高宗和武則天修了《姓氏錄》，也要壓制舊貴族，抬高當朝權貴的地位，李義府就趁勢要求皇帝下詔嚴禁「五姓七望」互相通婚。然而貴族內部聯姻的風俗世代相傳，根深柢固，這樣強行禁止一下子招致了他們的莫大反感。既然無法明裡反抗，就暗裡抵制。有的貴族就不舉行婚禮，偷偷把女兒送到夫家去；還有的貴族女子非常驕傲，不願意這樣不明不白地偷偷結婚，寧可終身不嫁。貴族中的破落戶甚至會以「禁婚家」自詡，向求親者索要更多的錢財。可見，社會風氣的扭轉不是一紙命令就能解決的。但是從李義府的角度講，皇帝對他言聽計從，也算是幫他暫時出了一口惡氣。

經過幾番試探，李義府認定自己是擁立功臣，皇帝和皇后對自己百般維護，無論捅了多大的婁子，都有皇帝和皇后罩著，於是越發胡作非為了。可是他沒有看明白，當年皇帝縱容他，是因為他有用，可以藉他打擊元老重臣，推行皇帝的意志。他也沒有看明白，當年皇帝縱容他，是因為皇帝和皇后站在同一條戰線上，兩個人不分彼此。而這樣的關係，從顯慶五年武則天協理朝政後就出現了變化，皇帝的人和皇后的人不再是同一班人馬了。在這種微妙變化中，李義府被劃入了皇后一黨。皇帝不想再罩著他了。

龍朔三年（六六三年），李義府改葬祖父，大肆張揚，讓附近七個縣都派人參加義務勞動。有一個縣令不知是想巴結李義府，還是抓不到勞工，反正是親自上陣了，沒想到勞累過度，死在工地上了。這縣令一死，又鬧出一條人命來，人們都指指點點說，你看，宰相把縣令給逼死了。這個事情搞得李義府名聲很壞，可是他還不知道收斂。同一年，他又主持銓選，就是選官，那可是個肥差。李義府可能真是出身低微，上輩子窮怕了，一有機會就賣官鬻爵，把個銓選搞得烏煙瘴氣。高宗見他鬧得太不像話，就找了他來談心，想給他敲敲邊鼓，說：「聞卿兒子、女婿皆不謹慎，多做罪過，我亦為卿掩覆，未即公言，卿可誡勖，勿令如此。」什麼意思呢？我聽說你兒子、女婿都鬧得太不像話了，現在我替你們掩蓋著，也沒宣布出來，不過你要回家整頓一下家庭內部風氣，不要讓他們鬧得滿城風雨。李義府猖狂慣了，聽了之後不但不認錯，反而勃然變色，惡狠狠地問：「誰向陛下道此？」言下之意，看我不修理死他！質問到皇帝頭上了，高宗聽了之後，不禁也動了怒說：「但我言如是，何須問我所從得耶！」一般人到這個時候就會趕緊謝罪，可是李義府被慣壞了，他一句話沒說，轉身揚長而去，把唐高宗給晾在那兒了。高宗也沒想到李義府竟然如此狂妄，一下子氣得是七竅生煙。此時，對於高宗來說，李義府的歷史使命已經完成，他再也沒有必要容忍下去了。如果皇帝想要除去大臣，找到理由是相當容易的，何況李義府又是這樣一個愛惹是生非的人。

很快，李義府就出事了。李義府是個迷信的人，他請了個陰陽術士為自己望氣，看看自己還有多少富貴可享。術士一看，就煞有介事地說李義府宅第之上有不祥之氣，屋主必有牢獄之災，必須積財二十萬緡才壓得住。到哪兒籌款呢？長孫無忌他們家雖說樹倒猢猻散，但拔根寒毛還是比一般人腰粗吧。於是，李義府把腦筋動到了長孫家。我們知道，長孫無忌已經在顯慶四年自殺了，他的兒子也死了，孫子都流放嶺南。現在有一個孫子長孫延好不容易九死一生又回到長安來了，就是一個普通百姓，沒有任何官職。李義府把長孫延找了來，跟他索要七百緡的賄賂，幫他謀得一個從六品的司津監之職。這個事情立刻被人彈劾了，說李義府和犯罪人家的子弟勾結。本來，這事情也沒什麼大不了的，但是，皇帝的心已經變了。此刻高宗正等機會發洩心頭之恨，馬上派人審理。審訊結果下來，數罪並罰，李義府被除名，流放巂州（今四川省西昌市），幾個兒子和女婿也被搞了個天南海北，一家人再想相見，只能等來世了。

李義府是武則天的人，雖然惹是生非，但是對武則天一直忠心耿耿，所以武則天未必不想保他。但是，武則天是個聰明人，她能夠看清形勢。她明白，高宗的利益和她的利益已經不完全一致了，現在是唐高宗下定決心要除掉李義府，而且，李義府劣跡斑斑，官怒民怨，如果自己再去保他，可能就會引火焚身。權衡利弊，武則天決定放棄李義府這只棋子。不過，李義府的倒臺對初涉政壇的武則天來說是一個沉重打擊。本來，李義府和許敬宗是武則天安插在朝廷的兩只棋子，他們一個在中書管出旨，一個在門下管封駁，共同為武則天效力，這樣，武皇后的人事安排和各項旨意都可以得到有效推行。現在，李義府一倒臺，這個雙簧戲就很難演下去了。

如果說，李義府事件是唐高宗和武則天為爭奪權力第一次鬥法的話，那麼在這一回合，武則天輸了。可是，更大的打擊還在後面呢。

二、上官儀伏誅：高宗令上官儀草擬廢后詔書

麟德元年（六六四年），有一個宦官王伏勝向唐高宗告發武則天，說她和一個叫郭行真的道士在宮裡作法，行厭勝之術！厭勝這個罪名我們並不陌生，當年武則天在扳倒王皇后的過程中，就曾經給王皇后安過這個罪名。沒想到，風水輪流轉，現在，輪到她自己品嚐被人告發厭勝的滋味了。

那麼我們就要好奇了，武則天厭勝的對象是誰呢？這個問題在史料中沒有記載，人們對它大體有三種推測：第一，厭勝的對象是唐高宗。說武則天此時已經產生了更大的野心，因此想用這種方法來詛咒高宗，提前接班。第二，厭勝的對象是武則天自己的外甥女。前面說過，武則天親生的姊妹還有兩個。老三早死，剩下的就是一個姊姊。武則天長得很漂亮，史書記載她「龍睛鳳頸」，「方額廣頤」。她的姊姊想來也不錯，可惜命比較「硬」，丈夫賀蘭越石早早就死了，日子過得挺拮据。武則天

在得志之後，就把這個寡婦姊姊留在宮裡，姊姊還帶來了自己的一雙兒女。沒想到這個姊姊也不是個安分的角色，又遇到了花心的唐高宗，兩人很快就打得火熱。再到後來，買一送一，連女兒賀蘭氏也都一併饒給了唐高宗。幸好姊姊很快就死了。可是，唐高宗對這個傾國傾城的小外甥女寵愛有加，甚至還想把她納進宮來，做一個妃子。可以想像，武則天的心裡挺添堵。以她的性格，怎麼可能跟別人分享丈夫呢？所以，她要詛咒小外甥女賀蘭氏。第三，武則天厭勝的對象是王皇后和蕭淑妃的鬼魂，因為她們陰魂不散，一直讓她的心靈不得安寧，所以只好乞靈於超自然力量。

哪一種解釋更合理呢？我個人認為，這三種說法都不合理。為什麼呢？首先，武則天不可能詛咒她的丈夫。拿現在的話來說，丈夫是什麼？那是長期飯票啊，只有唐高宗活著，她才有享受榮華的機會。換言之，此刻她離皇位還很遙遠，唐高宗還是她的參天大樹，她不可能傻到先咒死丈夫。其次，武則天心理素質超好，喜歡現實的政治鬥爭，不迷信虛無縹緲的東西。她殺死王皇后、蕭淑妃已經過去很多年了，往事隨風，她沒有必要現在才感到不安。即使不安，以她堅強的性格，恐怕也不會相信靠道士念咒就能驅走什麼鬼魂。這個理由也同樣適用於對她的外甥女。事實上，這個不知天高地厚、妄圖和武則天鬥法的小姑娘還要再活幾年，然後才被武則天親手毒死。所以說，這三個說法都不能成立。

那麼武則天和道士郭行真到底幹了什麼呢？我個人認為，他們什麼都沒幹。為什麼呀？首先，這個道士的名字我們並不陌生。顯慶六年初，就是他奉唐高宗和武皇后之命，到泰山立鴛鴦碑，為帝后祈福。所以，這個人出入宮廷不是一天兩天的了。武則天和他有交往很正常，唐高宗本人和他也有交往！其次，一個宦官膽敢告當朝皇后，這個事情本身太不尋常了。我們知道武則天在後宮早就建立了發達的情報網，沒想到還有人在監督她！這個人是誰派出的呢？換句話說，誰才敢派人監督皇后，甚至告發皇后啊？只有皇帝！所以說武則天和道士厭勝是假的，是有人在炮製冤假錯案，這個策劃人，就是當朝皇帝唐高宗！這個結論真是讓人不寒而慄，可是，誰叫他們是帝王夫妻呢？和平民家共同籌劃柴米油鹽的貧賤夫妻相比，他們之間本來就少了幾分真心，多了許多防範和欺詐！

那麼，唐高宗為什麼要派人誣陷武則天厭勝呢？按照《資治通鑑》的記載，武則天「及得志，專作威福，上欲有所為，動為后所制，上不勝其忿」。武則天此時攬權過多，皇帝處處受掣肘，必然有所反應。於是高宗借助宦官，給她安了這樣一個罪名。但是這個罪過應該如何處理呢？唐高宗心裡還拿不定主意。拿不定主意怎麼辦呢？要在以前，他肯定第一時間會想到去諮詢皇后，可這次要對付的就是皇后，總不能再諮詢她了吧。他只好找到信任的宰相上官儀，請他來商量此事。乍一看來，這簡直就是永徽六年（六五五年）廢王立武事件的翻版啊。只不過，那次針對的是軟弱的王皇后，徵求的是元老大臣的意見；而此刻，他面對的是心思縝密、行動力超強的武皇后，諮詢的對象也不再是位高權重、老成持重的元老大臣，而是進士出身、剛當上宰相不久的上官儀。更重要的是，唐高宗當年是決心已定，一定要廢掉王皇后，而此刻還僅僅是心頭火起，意氣用事，並沒有想清楚下一步該怎麼辦。

那麼，面對皇帝的詢問，上官儀是怎麼回答的呢？上官儀出語驚人。他說：「皇后專恣，海內所不與，請廢之。」這句話實在太出人意料了。廢后可是國家大事啊，況且，人們常說，寧拆十座廟，不毀一門婚。人家夫妻吵架，你怎麼一上來就勸分。皇帝還沒有明確表態，上官儀怎麼就先說出廢后的話來呢？我想，要清楚上官儀為什麼這樣做，還是得先分析上官儀的出身和為人。

上官儀就是武則天賞識的著名才女上官婉兒的爺爺。他是唐朝培養出來的第一代科舉出身的宰相，出身非常具有典型性。上官儀人物風雅，文采斐然，五言詩寫得綺麗嫵媚，號稱「上官體」。有一首他的詩流傳很廣，叫做〈入朝洛堤步月〉：

脈脈廣川流，驅馬歷長洲。
鵲飛山月曙，蟬噪野風秋。

這首詩寫得仙風道骨，配上高頭大馬和馬上長衫飄飄的上官儀，真是太帥了。李治是一位風流皇帝，文學藝術的造詣很深，這樣的一個人物對他太有吸引力了，所以上官儀的仕途非常順利。但是，既然是個文人，那就有文人性格，也就是我們通常所說的書呆子氣。上官儀是什麼性格呢？簡單說，就是心地單純，又恃才傲物，而且，對某些原則還有點死心眼。這種性格對於一個政治家來講實在是太不利了。因為是讀書人出身，又死心眼，所以對儒家經典學說很是認可，對女人參政議政很抵觸；又因為心地單純，所以對怎樣處理和皇帝家庭的關係這樣複雜的政治問題了解不深，不知道在帝后發生矛盾的時候該如何表態；更因為恃才傲物，所以覺得自己什麼都懂，非常輕率地發表意見，不計後果。這樣的性格使得上官儀就像一個炮筒子一樣，直統統地把廢掉皇后之事提到桌面上來了。而唐高宗心裡正憋著對武則天的怨氣，現在缺少了武則天的周密籌劃，換上這麼一位不知輕重的高參，這火就給激發起來了。所以，上官儀這麼一說，唐高宗本來還沒有明確目標的心，一下子堅定起來了，立刻命令上官儀草擬廢后詔書。

這件事情太嚴重了，天子無戲言啊，武則天這一次真是遇到了空前的災難。如果廢后詔書起草完成，經過宰相機構審議通過，那麼，武則天以後的功業也就無從談起了，而且，她能否順利地活下去都很難說，王皇后不就是活生生的例子嗎？

大難臨頭了，命懸一線的武則天有辦法化解這場危機嗎？

在這樣的關鍵時刻，武則天的後宮情報網救了她的命。武則天最初建立的情報網範圍不大，僅僅是王皇后和蕭淑妃身邊的人；後來隨著武則天爭奪皇后大戰的升級，情報網的範圍逐步擴大，在高宗身邊也沒少安排人手。因此，當唐高宗讓上官儀起草廢后詔書的時候，情報網馬上啟動了。按照《資治通鑑》的記載，「左右奔告於后」，皇帝身邊的宮人以百米衝刺的速度跑到後宮，向武則天報警。面對突如其來的滅頂之災，武則天是怎麼表現的啊？這真是滄海橫流，方顯英雄本色。她沒有猶豫一分一秒，風風火火趕來面見唐高宗。面對氣勢洶洶、猶如從天而降的武皇后，本來就心虛的唐高宗嚇傻了。那上官儀可是著名的筆桿子，也算是下筆千言、倚馬可待。現在廢后的詔書墨跡未乾，武則天已經領著人從天而降，真是神速啊。

武則天和唐高宗是十幾年的夫妻了，對唐高宗的性格武則天拿捏得非常準確。她知道，唐高宗是一個多情而又懦弱的人。於是軟硬兼施，她先是一把鼻涕一把淚地哭訴自己和唐高宗多年的感情，歷數自己為家庭做出的貢獻，然後再聲色俱厲地質問唐高宗：我到底犯了什麼罪？經過她這麼一攪和，唐高宗連自己為什麼要廢掉她都不知道了，畢竟有深厚的夫妻之情，有諸多不忍。面對多年來依賴慣了的妻子，唐高宗害怕了，他為了推卸責任，吐出了一句話：「我初無此心，皆上官儀教我。」

俗話說，好漢做事好漢當，拿別人當替罪羊實在太卑鄙了。不過，客觀說來，唐高宗和武則天的性格真是絕配。沒有他的懦弱，就無法成就武則天的剛強。既然皇帝把罪過推給了上官儀，上官儀馬上就大禍臨頭了。不久，許敬宗奉武則天之命上奏，聲稱上官儀、王伏勝曾侍奉廢太子忠，三人暗中勾結謀逆作亂，按律處斬。這又是一個一箭雙雕之舉：上官儀除掉了，而廢太子李忠的威脅也徹底解除了。最可笑的是，當年正是上官儀起草了廢李忠為庶人的詔書，現在，兩個人倒莫名其妙地成了同黨。上官儀死後，他家的女眷被沒入後宮成為奴婢，其中那個還在呱呱而泣的小女嬰，就是日後名滿天下的才女上官婉兒。這就是武則天，她居然能把仇人的孫女培養為自己的心腹。這是後話。

一場危機有驚無險地解決了。如果說，這是唐高宗和武則天鬥法的第二回合的話，那麼武則天算是險勝。雖然涉險過關，可是事後回想起來，武則天反倒更加困惑了。她原以為，當皇后已經是一個女人榮耀的頂點。現在看來，這個尊貴的身分仍然不能夠給她足夠的保障。身家性命原來只在皇帝的一念之間。這個頓悟讓她不寒而慄。

上官儀事件是武則天和唐高宗關係的一個轉捩點。皇帝皇后的勢力此消彼長，這促使武則天進一步思考：怎樣才能夠有效地運用手中的權力來保護自己，從此不再受任何人的擺布呢？

請看下回：垂簾聽政。

【第十二回】垂簾聽政

人人都知道清代的慈禧太后垂簾聽政的事，鮮為人知的是，唐代的武則天也曾經垂簾聽政過。麟德元年（六六四年），武則天在誅殺上官儀之後，開始垂簾聽政，從幕後走向前臺。與歷史上大多數垂簾聽政不同的是，在武則天垂簾聽政的時候，前頭坐的不是小皇帝，而是她的丈夫，年富力強的唐高宗。那麼，武則天是如何做到垂簾聽政的呢？

武則天的一生是一個大奇蹟。一個女人，最後當上了皇帝，可謂前無古人，後無來者。但是，這個大奇蹟是由若干個小奇蹟構成的，沒有這些小奇蹟，也成就不了最後的大奇蹟。什麼是小奇蹟呢？廢王立武就是一個小奇蹟。父親的小妾，居然成為兒子的皇后，這是誰都料想不到的，可是武則天做到了。下面要講的二聖臨朝也是一個小奇蹟。武則天在唐高宗年富力強的情況下，居然垂簾聽政，跟高宗並稱二聖！這個奇蹟是怎麼發生的呢？

我們先要回顧一下上回講到的上官儀事件。武則天在顯慶五年（六六〇年）以後權力增長，引起了唐高宗的不滿。唐高宗因此和宰相上官儀商議對策，最後君臣決定廢掉武則天。這件陰謀雖然因為武則天反應敏捷、處理得法而流產了，但武則天的內心卻受到了強烈的震撼：即使貴為皇后，榮辱廢立還是繫於皇帝的一念之間！那麼，怎樣才能讓自己的生命和地位更有保障呢？按照一般人的想法，既然皇帝掌握著生殺予奪之權，那就討好皇帝吧。皇帝不喜歡皇后參政，那我就退回後宮去。可是，武則天不是一般人。她不會放棄已經掌握的權力，退縮不是她的性格。武則天仔細分析了這次皇帝和宰相的圖謀廢后事件，她認為，皇帝雖然跟她有些磕磕碰碰，但那是生活中的正常現象，從大局來講，皇帝還是愛她，信任她的。那不怪皇帝，是不是宰相有問題啊？她也知道，宰相受儒家教育，對一個女人干政確實是不大滿意，可是宰相對她再不滿意，要是沒有皇帝的支持，宰相能把一個皇后推翻嗎？那不可能。這事兒既不是皇帝的問題，又不是宰相的問題，那是誰的問題呢？武則天思前想後，覺得這是宰相和皇帝互相交往產生的問題。宰相的不滿再加上皇帝的權威，最後釀成大禍，差點把她從皇后這個位置上趕下去。找到了病源，再對症治療就容易了。她必須制止皇帝和大臣之間的單獨聯繫，更加嚴密地控制高宗！那麼，怎麼才能做到這一點呢？

一、二聖臨朝：武后垂簾聽政，帝后共同臨朝掌政

唐高宗廢后的念頭剛剛打消，武則天就找他談話了，而且談得推心置腹。她說，您是個好皇帝，國家治理得井井有條，但是您有一個弱點，就是耳軟心活，容易拿不定主意，聽別人攛掇。您哪裡是真的想廢掉我呀，但是上官儀在您耳邊一調唆，您就把握不住了，差一點就把我廢掉。這事情如果真的發生了，您會造成多大的失誤啊。為了不再出現這樣的問題，以後我陪著您一塊上朝，大臣無論是對你進忠言還是進讒言，我都幫您分析分析，這樣您就不會魯莽行事了。明確提出了和唐高宗一起臨朝聽政的要求。唐高宗如何反應的呢？他此刻心裡充滿了悔恨和不安，正不知怎麼向老婆大人賠罪呢。再說，唐高宗性格軟弱，武則天這些年在他心裡已經牢牢地樹立起了妻子、參謀加姊姊的地位，唐高宗覺得很難再拒絕她的任何要求，就同意了武后的建議。

據《資治通鑑》記載：

> 自是上每視事，則后垂簾於後，政無大小，皆與聞之。天下大權，悉歸中宮，黜陟殺生，決於其口，天子拱手而已，中外謂之二聖。

「天下大權，悉歸中宮，黜陟殺生，決於其口」，雖然有點誇張，但是從此以後，朝廷的一舉一動、一言一行都在武則天的掌握之中卻是事實。唐代人管皇帝叫「聖人」，現在帝后共同臨朝掌政，人們就把他們合稱「二聖」。這真是武則天一生中光彩奪目的一筆。垂簾聽政在中國古代並不罕見，

但是一位年富力強的皇帝竟然允許皇后垂簾聽政，這可是非同一般。不過唐高宗這樣做倒是有例可循的。首先，早在永徽六年（六五五年）廢后之戰白熱化的階段，武后就曾在高宗的默許下，偷聽他和元老大臣的交談。當時褚遂良以辭官要脅唐高宗，君臣之間鬧得不可開交的時候，武則天不就在簾子後面發出一聲斷喝：「何不撲殺此獠」嗎？如今只是把這種臨時性的行為常規化和制度化了。另外，從北朝以來，受鮮卑等北方少數民族的影響，家庭主婦的地位空前高漲，常常是內外兼顧。隋文帝時期，每次上朝，獨孤皇后必定同輦相隨，令宦官侍立於文帝身旁，大事小情，隨時傳報。文帝退朝，皇后再車駕同返，當時就有二聖之稱。所以高宗能夠答應武則天臨朝，也是受這樣的時代背景和社會風氣影響。

武后公然走上前臺垂簾聽政，表明高宗向天下臣民認可了武后參政、議政的合法性。對武則天而言，這樣做的第一個好處，就是使大臣無法再和皇帝謀劃對她不利的行為。試想，面對簾子後面虎視眈眈的武皇后，誰還敢再對皇帝說「皇后專權，不如廢之」呢？第二個好處是讓武后對朝政的參與不再局限於皇帝生病的時候，她的政治經驗和影響力都進一步增長。從此，政局無論是好還是壞，都不能再忽視武皇后的作用了。官僚們開始習慣於對一個女人俯首稱臣，最後，心情複雜地注視著這個女人逐步走向權力的巔峰。

二、封禪泰山：突破封禪舊制，由皇后主持亞獻

二聖臨朝，武則天在大臣面前確立了和唐高宗並尊的地位，但是她還不滿足，她還要在天下人面

前樹立威信。怎麼辦呢？她已經從親蠶、接見家鄉父老等禮儀活動中嚐到了甜頭，她還要繼續表演。如果說，以前武則天參加的各種典禮還主要是針對內外命婦和父老鄉親的話，這一次她的野心擴大了，她要在官僚乃至全天下的人面前展示自己。她瞄上了中國古代最隆重的祭祀大典——封禪。封禪是一種古代帝王祭祀天神、地祇的儀式，封為祭天，禪為祭地。這個禮儀是先秦時代齊魯地區的方士和儒生發明的，只有在天下一統、國泰民安的盛世才有資格舉行，告功於天地，同時祈求天地進一步的保佑。秦始皇統一天下後，積極學習齊魯大地的禮樂文明，把這個禮儀納入國家大典，而且提升為第一級的典禮，秦始皇也就成了第一位到泰山封禪的皇帝。可是我們要知道，封禪得是在統治者文治武功都相當厲害的時候才能進行，要求特別高，所以雖然是第一級的典禮，但是歷史上真正封禪的皇帝寥寥無幾。唐太宗在取得貞觀之治的成就後曾經想要封禪，但是最終還是因為國力不足而作罷。現在，大唐帝國在唐高宗和武皇后的治理之下穩步向前，疆域達到極盛，而且經濟也快速發展，物阜民豐，一派豐衣足食的太平景象。據史書記載：「是時頻歲豐稔，米斗至五錢，豆麥不列於市。議者以為古來帝王封禪，未有若斯之盛者也。」一斗米才賣幾文錢，而且社會治安良好。政治足可媲美貞觀，經濟又比貞觀時期富庶許多。在這種情況下，舉行封禪大典並不為過。高宗繼位時，就有大臣不斷上表提封禪的事情，現在武則天又積極攛掇他：本朝各方面都超過貞觀時代了，為什麼不繼承父皇的遺願，去泰山封禪啊？唐高宗本來就是一個好表現的人，因為小時候不入唐太宗的法眼，留下了心理陰影，即位後一心想超越老爸，因此覺得武則天的提議太及時了，當下應允。

可是封禪作為國家最高級典禮，本來並沒有皇后的事。皇后頂多是隨行人員，不能真正參與典禮。要是這個活動沒有皇后的事，武則天這不白折騰了嗎？武則天可不想只當觀眾，她要改造這個典禮，讓自己也參與到這個典禮中來。怎麼改造呢？本來，封禪分為兩部分內容，一是祭祀昊天上帝的封禮，一是祭祀皇地祇的禪禮。其中祭祀昊天上帝的時候先皇配享，祭祀皇地祇的時候太后配享。都是由皇帝首先獻上祭品，稱為初獻，然後再由公卿接著獻祭，叫做亞獻，這是歷朝歷代的傳統。可是武則天不認可這個傳統。她出來找茬子*了。她說，禪禮為祭地之儀，由太后配享，彰顯后土之德，也就是后妃的坤德，這樣的典禮讓公卿亞獻非常不妥。因為男女有別、內外有別啊！皇太后是女人，是先皇的賢內助，怎麼能夠讓外朝的大臣來祭祀呢？那麼大臣祭祀不合禮儀，應該由誰祭祀呢？武則天說，我現在備位後宮，是六宮之主，伺候婆婆是我的本職工作，但是婆婆長孫皇后去世得早，沒有給我履行職責的機會，現在正好可以利用祭祀的機會表達我心中的遺憾啊。道理說得冠冕堂皇。唐高宗一聽，這說得是有理有據啊，於是下詔表示同意。向來不允許女人參與的封禪大典，一改舊制，在祭祀皇地祇的時候，由高宗初獻，皇后主持亞獻！

麟德二年十月，儀式安排妥當後，唐高宗和武則天率領大隊人馬出發了。隊伍中有六宮妃嬪、文武百官、護衛士兵，還有突厥、于闐、波斯、天竺、罽賓、烏萇等諸蕃酋長和他們的隨從，幾萬人的隊伍，加上無數的穹廬帳篷和馬牛羊駝，綿延幾百里路，一直走了兩個月，才到達泰山腳下。大唐帝國的赫赫聲威得到充分體現。麟德三年正月初一，唐高宗祭祀昊天上帝，初三，祭祀皇地祇就熱鬧了。唐高宗初獻完畢之後，捧著各項執事的隨員立即退下，宦官在泰山的路邊設立了錦幃，因為皇后就要登場了，這可不是誰隨便想看就能看的。武則天率領後宮登山亞獻。儀式所有的歌舞人員都由後宮組成，一片輕歌曼舞，整個泰山花團錦簇。據說群臣看了都忍不住偷偷地笑，說這麼隆重的一個禮儀活動給皇后搞成這個樣子，真是亙古未有的事。可是對於武皇后來說，這就叫「走自己的路，讓別人說去吧」。我現在是有史以來唯一主持亞獻的皇后，有誰像我這麼威風過？我這不就在全天下樹立了和皇帝並尊的地位嗎？

武則天不在乎大臣笑她，但她絕不會真的不關心大臣的感受。封禪大典舉行完畢，武則天又上了一個提案，推動唐高宗做了一件收買人心的大事：我們現在告成功於天地，但是天下治理得好，那可不是我們兩個人的功勞，所有的文武百官都發揮了作用，也得讓他們享受一點恩惠。怎麼享受呢？武則天建議給所有的三品以上官員賜爵，四品以下的官員加階！階在唐朝代表一個人的品級，直接決定著一個人的政治經濟待遇，比如，享受什麼級別的待遇，拿多少俸祿，穿什麼顏色的衣服等。整個官僚系統分為二十九階，也就是二十九個級別。根據制度，官員要加一階，一般要四年的資歷。三品和五品更是兩個關口，三品叫親貴，五品叫通貴，都享受不少特權，所以五品以上的官不能太多，許多人一輩子也混不上去。現在武則天一聲令下，給每個人都加階，不僅僅是讓官員們白占了至少四年的便宜，而且讓一些人也順利地進入了三品親貴或者五品通貴的行列。這是一招妙棋啊，成百上千的官僚因此受惠，他們自然對武后感恩戴德。如果說，武則天主持亞獻還讓官員們竊笑的話，這次加官晉爵讓他們真的笑起來了，那是開懷大笑，面對著從天上掉下來的餡餅，誰能不感激武皇后呢？

*注釋：找茬子，大陸用語，意指「找碴」。

三、魏國夫人之死：武后剷除小情敵——外甥女魏國夫人

封禪讓武則天在全天下面前出盡了鋒頭，封禪之後的加階晉爵，更是讓她籠絡了不少官員的人心。可是封禪的好處還不止如此呢，這次封禪還給她帶來了另外一個收穫——藉機剷除了外甥女魏國夫人賀蘭氏，一個想和她分享丈夫的小情敵。

我們上回說過，武則天有一個姊姊，嫁給了賀蘭氏，很早就守寡了。武則天得幸於高宗之後，就把姊姊接到了身邊，姊姊還帶來了一兒一女。後來，風流的姊姊不守規矩，和高宗勾搭成姦，還買一送一，饒上了外甥女賀蘭氏。武則天當皇后以後，姊姊韓國夫人很快就死去了，但小外甥女魏國夫人仍然不知天高地厚，她覺得自己好歹年輕，十幾歲的花季少女不比武則天那張老臉耐看？覺得有本事把唐高宗俘虜到自己的石榴裙下。唐高宗對這個小美人也很動心，打算正式納她做妃子，但是礙於武則天的威嚴，一直沒好意思開口。而武則天看不慣賀蘭氏也不是一天兩天了，只是由於沒有找到好機會而一再容忍。

廢后事件後，武則天加強了對唐高宗的控制。在外朝，她用二聖臨朝的方式，使得唐高宗不再有和大臣私下謀議的可能；在後宮，那可是她的天下啊，臥榻之側，豈容他人酣睡！武則天也不想對這小外甥女客氣了。怎樣剷除這個小情敵呢？總得找個機會啊。封禪泰山這個活動一搞起來，武則天的機會就來了，曾經得罪過武則天母女的兩個堂哥被她派上了用場。

皇帝東封泰山，各地刺史都要隨行。因為過去得罪了楊氏夫人，武后的兩個堂哥武惟良和武懷運分別被貶為始州刺史和淄州刺史，這次也都奉詔到泰山來了，封禪完畢，又和高宗一起回到京師。俗

話說吃一塹長一智，這哥兒倆經過這幾年的折騰，終於明白這個皇后惹不起，再也不敢又臭又硬了，想要討好一下武皇后，緩和關係。當時官員有獻食的風俗，就是打點一些土特產、山珍海味，送進宮裡，請皇帝皇后品嚐。武惟良兄弟也獻了食。武則天是多麼善於利用機會的人啊，接到獻食之後，她靈機一動，正好用這兩個人當替死鬼！心動就要行動，武則天馬上邀請魏國夫人賀蘭氏。她派人把那食品下了藥，然後對外甥女說，這是咱們娘家送來的東西，一塊兒吃吧。這小丫頭哪有武則天那份心計，一看見是自家人送的，就吃吧，沒吃幾口，七竅流血，倒地而亡。這後宮一下就亂套了。可憐的唐高宗，早晨上朝之前還是溫香暖玉抱滿懷，像現在好多成功男士一樣，「家裡有個煮飯的，辦公室有個好看的」，可是退朝回來，鮮活的小情人已經成了一具冰冷的屍體。唐高宗忍不住失聲痛哭。

宮裡發生食品中毒案，性質當然很嚴重。馬上追查罪犯，惟良和懷運兩兄弟就是跳進黃河也洗不清了，畢竟食品是他們兩個送來的啊，最有犯罪可能。至於犯罪動機，武則天更是信手拈來。這兩個人因為貶官一直嫉恨皇后，沒準還想謀害皇帝，現在想要乘家宴的機會毒死皇后，卻失手誤殺了魏國夫人。

這樣一來，這個案子就大了，這是試圖毒死皇后啊，得從嚴、從重、從快處理了。怎麼處理？武惟良和武懷運未經審判便被處死，妻女沒入宮中為奴。其中，武惟良的大嫂善氏最慘。這個女人雖然姓善，可是並不善良，當年對楊夫人母女最壞。這一次，她也被沒入掖庭，落入楊夫人母女手中了。楊夫人想到當年在她手裡討生活的艱難，不禁怒從心頭起，慫恿武則天命人把她打得肉盡骨現而死，總算一洩心頭之恨！在消滅這幾個親屬的肉體之後，武則天覺得還不解氣，說武惟良、武懷運兄弟哪配姓武啊？你們這樣的蛇蠍心腸，改姓蝮吧，蝮蛇的蝮，說你們就是毒蛇猛獸，從精神上再予以侮辱，猶如對付當年的王皇后和蕭淑妃。這樣，武則天又是一箭雙雕，既除掉了情敵，也徹底報了當年的被虐之仇。

經過宮裡宮外的一番努力，武則天進一步站穩了腳跟。現在，宮裡面已經沒有了情敵，唐高宗從此只能積極貫徹一夫一妻制了；外廷的大臣們對武則天參政也不再敢公開表示異議；二聖政治經過封禪大典，已經在全國人民心目中留下了深刻的印象。此時的大唐帝國社會穩定，疆域遼闊，經濟繁榮，真可以說是盛極一時。這樣驕人的成績是在武則天的協助下取得的，武則天怎麼能夠不志得意滿呢？

四、武后避位：親信許敬宗退位、母親楊夫人去世的雙重打擊

常言道：月圓則虧，水滿則溢。咸亨元年（六七〇年），唐朝和武則天的個人危機差不多同時悄悄地出現了。這一年，唐朝派常勝將軍薛仁貴討伐吐蕃，結果全軍覆沒。這可是唐朝建國以來從未有過的軍事慘敗，吐蕃因此信心大增，領土擴張到今天的青海，讓唐朝西線的軍事壓力驟增。東北朝鮮半島的形勢也發生變化。夙敵高麗和百濟本來已經被唐朝打下，但是，由於管理不善，百姓屢屢叛亂，原本依附唐朝的新羅政權乘機發展勢力，統一朝鮮半島的態勢已經非常明顯。隋唐兩朝的皇帝辛辛苦苦忙了幾十年，最後給他人做了嫁衣裳。這是在外交方面。在內政方面，同年，天下大旱，關中饑饉，朝廷不得不下詔任由百姓往各州逐食，政府班子也準備東遷洛陽，解決吃飯問題。俗話說民以食為天，解決不了老百姓的米袋子和菜籃子問題，二聖都不免有焦頭爛額之感。

與此同時，武則天個人也遇到了困難。首先，在朝廷裡，她的死黨許敬宗退休了。許敬宗從廢王

立武開始，沒少給武則天賣力，那是武則天楔進宰相集團中的一個釘子，可是現在許敬宗七十多歲了，幹不動了。他這一退休，武則天對宰相集團的控制能力就下降了很多，這是繼李義府貶死之後對武則天的另一個重大打擊。武則天一下子面臨著朝中無人的困境。隨著許敬宗的退休，朝廷中的氣氛發生了微妙的變化，長孫無忌的父親長孫晟的廟被整修一新，顯示出原來在廢王立武問題上的反武派勢力重新抬頭的態勢。屋漏偏逢連夜雨，在內廷，武則天也遭遇了人生的痛楚，她的母親楊夫人去世了。老太太活了九十二歲，瓜熟蒂落，應該說並不出人意料。但是，這讓武則天又失去了一個重要的依靠。楊夫人可以說是武則天一生重要的支持者和領路人了。當年，就是她動用關係，把武則天送進了大內深宮。武則天愛好文史的取向、睚眥必報的性格、剛毅果斷的素質，都不難看出楊夫人的影響。在廢王立武的關鍵時刻，在二聖臨朝的複雜局面下，楊氏夫人都用自己的老謀深算和政治直覺為武則天出謀劃策，溝通內外。她的能量和手腕，讓高宗都嘆為觀止，武則天更是受惠良多，感激莫名。

現在，左膀右臂都走了，國家又面臨著困境，武則天陷入了迷茫。下一步該怎麼走呢？中國古代不是有天人感應的傳統思想嗎？國家發生水旱、地震等自然災害，就意味著統治者失德，皇帝往往會通過減膳、撤樂來表示自責。現在天下大旱，執政者的形象當然會受到影響，原本對武后參政心存不滿的政治勢力開始蠢蠢欲動。不少人就攻擊武則天，說災難是因為皇后專權造成的，外廷議論紛紛。面對各種壓力，武則天怎麼處理呢？她做出了一個驚人之舉——要求避位，以答天譴！

這是個不得了的新鮮事。武則天這一輩子一直都在進取，從一個勝利走向另一個勝利，何曾見她退縮過？避位是什麼意思呢？就是不當皇后了。是不是她終於暴露出軟弱的一面了，實在幹不下去了？我覺得不是那麼回事，這是武則天的一招棋，叫以退為進。

一方面，這是對高宗擺出姿態，我雖然和您合稱二聖，但是依然在您的領導下，我的命運由您決定。如果您覺得我不好，您就懲罰我吧，擺出一副小鳥依人的樣子。試想，哪個男人在這種情況下不會英雄氣短，兒女情長呢？另一方面，以一個皇后的身分要求對國事負責，這等於直接昭告天下，這個國家是在我的領導之下！我有這樣的領導權，才會負有相應的責任！要知道，權力和責任是聯繫在一起的，沒有權力就不會有責任。這等於一下子把唐高宗逼到了非常尷尬的境地：如果接受武則天辭皇后位的申請，就等於肯定了武則天的政治地位，肯定了國家是在她的主要領導之下！雖然早有二聖的稱號，但是讓老婆承擔主要政治責任，也不是當皇帝的所能容忍的啊。所以，無論從感情上還是從理智上，唐高宗絕不能接受皇后的這個請求！何況，此時，二聖政治已經持續了六年，若是從顯慶五年唐高宗生病，武則天開始協理朝政算起，武則天的參政已經有十年之久，唐高宗已經習慣她在身邊出謀劃策，他現在不想再廢掉皇后了。已經老夫老妻了，一個戰壕裡戰鬥了這麼多年，現在遇到問題，更應該風雨同舟啊。

於是，唐高宗拒絕了武后的避位請求，不僅如此，他還要安慰武則天，把楊夫人的葬禮辦得風風光光，讓天下人看看，我們有信心、有決心戰勝困難！唐高宗輟朝三日，以顯示內心的悲痛。他還親手給楊夫人書寫墓碑，並讓文武百官和內外命婦都到楊夫人的宅子裡去弔喪，而且把楊夫人的靈柩一直送到墓地。接著，又封楊夫人為魯國太夫人，謚號忠烈。這可是不得了啊，忠烈這個謚號哪像給女人的？人們對女性的要求是貞潔、柔婉就足夠了，忠烈是對大臣的要求。把這樣的謚號給楊夫人，那就等於把楊夫人比成股肱大臣了。

就這樣，武則天再一次以退為進，化解了危機。而且，通過楊夫人的高規格葬禮，她又進一步提高了自己的威望。現在，武則天成功地穩住了陣腳，二聖政治已經不容置疑。武則天又站到一個新的起點上了，她的下一個目標又是什麼呢？

請看下回：晉升天后。

【第十三回】

晉升天后

在中國古代，按照常規，一個男人能得到的最尊貴名號是皇帝，一個女人能得到的最尊貴名號是皇后。可是，敢為天下先的武則天還能夠想出來一個更尊貴的名號來標榜自己：讓皇帝改稱天皇，皇后改稱天后。天后這個稱號是如何提出來的？武則天利用這個名號，究竟想達到什麼目的呢？

上一回講到，麟德元年（六六四年），武則天與唐高宗並稱二聖，垂簾聽政，對朝中的大事小情都獲得過問權。此後唐高宗的身體每況愈下，繁重的國事必須要仰仗武則天的聰敏果斷。武則天利用唐高宗的信任，終於放開手腳，開始積聚自己的政治力量。

武則天從一個進宮時十四歲的小女孩，成長為一代女皇，一生走了五大步。第一步是廢王立武當皇后，第二步是二聖臨朝，第三步就是晉升天后，第四步是廢黜兒皇，第五步是登基稱帝。這裡講的是晉升天后的事情。

一、自封天后：藉追尊祖宗之名，無限拔高自己

二聖臨朝十年以後，武則天的威望已經相當高，但是，從不循規蹈矩的武則天又有新想法了。上元元年（六七四年），武則天攛掇高宗以孝順的名義，把祖宗封了個遍。她對唐高宗說：我們現在是以孝治天下，可是我們對祖宗的孝順還遠不夠呢。祖宗們立下那麼多豐功偉績，卻沒有在他們的名號之中體現出來，這樣不利於後代緬懷他們。那怎麼辦呢？武則天提出來，要給列祖列宗加上足以評價他們業績的尊號。比如，追尊唐高祖為神堯皇帝，他的皇后竇氏為太穆神皇后；追尊唐太宗為文武聖皇帝，長孫皇后為文德聖皇后。這樣做的目的是什麼呢？武則天接著說，既然列祖列宗都稱皇帝和皇后，我們怎麼敢和祖宗使用一樣的稱呼呢？我們得避諱！那怎麼避諱呢？

唐高宗自稱天皇，武皇后改稱天后！

這哪裡是在尊奉祖宗啊，明明是藉著祖宗之名，把自己無限拔高啊。天后的「天」字對武則天可

是意味深長。我們不是總說她喜歡玩弄文字遊戲嗎?這個「天」字現在意味著天命!另外,天后還意味著武則天是天的配偶,是比德於天的!什麼人才能夠比德於天啊?只有皇帝!可見,在這個時候,武則天的欲望又膨脹了,皇權已經明確成為她追逐的目標!這一年,距離武則天與唐高宗合稱二聖整整十年,距離武則天當皇后將近二十年。二十年的時間,武則天上了三個臺階,現在,臺階的頂端已經隱約可見,那就是皇帝的至尊寶座了。

那可能有人會問,唐高宗怎麼會允許武則天這樣想、這樣做呢?其實,武則天正是利用了唐高宗妄自尊大的心理,先把他推到天皇的位置,讓他陶醉在自己的稱號之中,哪裡還來得及細察武則天潛在的野心呢!也許有人會覺得,一個名號的改變就能說明這麼大的問題嗎?我們是不是想得太多了?不是。因為在改稱天后的前後,武則天還採取了相應的配套措施,這些措施加在一起,我們不得不懷疑她的真實目的了。

什麼配套措施呢?首先,武則天開始培植外戚了。

二、培植外戚:武家人開始掌控皇族

前面講過,武則天當上皇后以後,對外戚一直非常嚴厲,在她的打擊之下,兩個同父異母的哥哥和堂哥們都相繼死去。她一來報了小時候受到的虐待之仇,二來呢,是她當時還安於皇后身分,皇后抑制外戚才會顯得大公無私,才會更得皇帝的信任。武則天之所以逐步取得權力,很大程度上得益於她在這方面的表現。僅僅滿足於當皇后可能不需要外戚的支援,但是如果想要進一步掌權呢?或者說，如果想要改變天命當皇帝呢？打仗親兄弟，上陣父子兵，最能幫助自己的恐怕還是外戚了。

我們說過，武則天出身小姓，家裡的人口並不太多。現在，哥哥、堂哥和姊妹都死了，武則天已經沒有平輩的外戚了，要培植外戚，只能從晚輩中尋找。晚輩之中，武則天有姪子、有外甥。哪個更親呢？按照中國傳統，姪子比外甥更親。但是武則天小的時候不是受過異母哥哥們的虐待嗎？她始終無法原諒他們。而姊姊雖然後來也做過對不起武則天的事情，但是畢竟是一母同胞，從小共患難的，武則天還是更愛姊姊。這樣一來，武則天培養的第一個外戚就不是哥哥的兒子，而是姊姊的兒子了。

姊姊的兒子叫賀蘭敏之。賀蘭敏之秉承了母親的美貌，也秉承了母親的輕佻，是長安城裡有名的花花公子。本來他和武則天的關係還好，但是自從武則天毒死了賀蘭敏之的親妹妹魏國夫人之後，兩個人的關係就比較微妙了。《資治通鑑》記載，賀蘭氏死後，高宗哭著問賀蘭敏之：「朕上朝時魏國夫人還好好的，下朝就聽說她去了，怎麼會這麼快！」賀蘭敏之只是痛哭，一句話也不說。我們要知道，這事武則天可是給定過調子的：魏國夫人賀蘭氏是被武惟良和武懷運他們送來的食品給毒死的。賀蘭敏之如果相信這個說法，他就應該告訴唐高宗，都是武惟良和武懷運這兩個壞人，他們本來想要毒死皇后，沒想到被我妹妹誤食了，皇上您可要嚴懲他們啊。可是賀蘭敏之一言不發，就在那兒恨恨地哭。不說話也是一種表態。心思縝密的武后聽說後，只說了一句：這個孩子對我起了疑心了。但是，儘管如此，武則天並沒有虧待賀蘭敏之。因為武則天的哥哥們都已經死了，武士彠的爵位就沒人繼承了，她讓賀蘭敏之改姓武，繼承了外祖父武士彠國公的爵位，還把他提拔為三品官，希望他日後能夠成為自己的幫手。

賀蘭敏之雖然聰明英俊，但在政治上卻實在是扶不起的阿斗。他非但不能努力替武則天排憂解難，反倒一次次給她難堪。武則天的長子李弘當時已經長大成人，準備納妃了，本來已經選定了楊家的女兒做太子妃，馬上就要舉行婚禮了，賀蘭敏之卻施展手段誘姦了楊小姐。武則天又氣又急，只好臨時取消了婚禮。

這已經很嚴重了，不過畢竟還只是針對準太子妃，太子以後還可以另行選妃。更不像話的是，賀蘭敏之居然把魔爪伸到了武則天的女兒身上。大家都知道，武則天的女兒太平公主是武則天最小的孩子，也是唯一活下來的女兒，武則天對她非常寵愛，視為掌上明珠。可是，有一次小公主去姥姥楊夫人家，賀蘭敏之居然強姦了她的隨從宮女。俗話說打狗看主人，賀蘭敏之這樣做，不是對小公主大為不敬嗎？武則天知道後肺都氣炸了。按照她以往的性格，這個賀蘭敏之就是有十個腦袋也早都掉光了。但是，武則天還是忍了。為什麼呢？因為有楊夫人護著。要說這楊夫人對外孫子真是疼愛無比，其間原委也是一樁疑案，我們一會兒再說。反正有她罩著，賀蘭敏之還可以無法無天。可是咸亨元年楊夫人去世了，賀蘭敏之作為繼承人主持喪禮，也不知道是為什麼，他對自己的庇護傘楊夫人表現得相當冷酷。在居喪期間，他沒有表現出一絲一毫的悲傷，反而脫去喪服，穿得花紅柳綠的，在家裡跟歌伎調笑奏樂。

這一回可沒有人再保護他了。武則天上表給唐高宗，開列賀蘭敏之的五大罪狀，要求法辦。哪五條呢？第一，私自挪用為榮國夫人造佛像追福的瑞錦。楊夫人死後，國家撥了一些錦緞為她做佛事，賀蘭敏之給挪做他用了。第二，居喪期間穿吉服奏伎樂，不遵禮制。第三，誘姦準太子妃。第四，強姦太平公主的隨行宮人。第五，和外祖母榮國夫人楊氏通姦。這可真是爆料啊。特別是和外祖母通姦這一條，放在古今中外任何時期都會讓人大跌眼鏡。八、九十歲的老外婆和二十多歲的外孫子通姦，真是讓人匪夷所思。真有這事？這麼高齡的楊夫人還能和外孫子私通？我覺得不無可能，後人常說髒唐臭漢，李唐家族本來在血統上就胡漢混雜，而整個唐代社會對風教問題也都持開放的態度。當然，還得佩服楊老夫人充沛的精力和體力，聯想到武則天能在六十多歲的高齡當上皇帝，七、八十歲還包養面首若干，我們不得不承認她非凡的基因啊。

更讓人佩服的是武則天不怕家醜外揚的勇氣。我想，武則天之所以這樣做，可能是當時有關賀蘭敏之和楊夫人的醜聞已經傳得沸沸揚揚，與其讓人亂猜亂講，還不如自己把它抖出來。即使在現代社會，平息傳言的最好辦法不也是公布事實嗎？當然，武則天敢這麼做，也和唐朝人對這類風化問題的寬容態度有關。這樣的事情要是放在宋朝以後，無論如何都會讓人覺得難以啟齒。禁區相對較少，恐怕也是武則天能夠異軍突起的一個重要原因吧。武后既然不惜爆料，賀蘭敏之的下場也就可想而知了。他被流放到南方的雷州，中途被武后派來的殺手用馬韁繩勒死了。

賀蘭敏之是武則天真正重用的第一個外戚，也是她培養的第一個子姪輩的外戚。可是，賀蘭敏之實在不堪調教，他不僅不能幫助武則天，反而處處跟她作對。最後，武則天只好放棄他了。但是，處決賀蘭敏之，僅僅意味著武則天清除自己無法控制的人物，就像當年用匕首對付難馴的獅子驄，並不意味著她要抑制整個外戚勢力。武則天要想改換天命，她們武家的人是一定要培養的，她還要尋找新人來取代賀蘭敏之的位置。可是，她娘家的資源就這麼有限。親姊姊只有兩個孩子，現在都死在她的手下了。親妹妹死得早，沒有留下子嗣。在這種情況下，武則天反覆權衡，最後終於決定，不計前嫌，召回被她流放嶺南的幾個姪子。這幾個姪子是她同父異母哥哥的兒子，他們的父親曾經深深地傷害過武則天，讓武則天銘心刻骨。但是，孩子並沒有做過什麼。也許武則天心裡並不喜歡他們，但是，畢竟和他們並沒有直接的恩怨。給他們一個機會，讓他們試試吧。

於是，就在武則天號稱天后的前幾個月，武則天的幾個姪子都被召回長安了。其中異母哥哥武元爽的兒子武承嗣因為在幾個姪子之中年紀最大，襲爵周國公，從五品官起家，很快就被任命為三品的宗正卿。這個職務本身權力並不大，但是主要掌管皇族事務，一般都由李唐宗室擔任。現在，武則天把這個掌控皇族的重任交給了自己的姪子武承嗣，就顯得格外意味深長了。也許就是在這時，武則天產生了讓武家凌駕於李家之上的想法，皇后，哪怕是有權力的皇后之位，已經漸漸容不下她的野心了！

三、建言十二事：天后上書高宗，提出十二條改革措施

武則天如果只是重用外戚，那就和歷史上許多垂簾聽政的太后沒有區別了。但是，武則天的目標不是有權力的皇后，而是權力無限的皇帝。要做皇帝，就要讓天下的人信服，自己有能力領導這個國家！怎樣才能做到這一點呢？就在晉升天后不久，武則天上書唐高宗，提出十二條改革措施，向全天下公布了她的施政綱領。這是武則天第一次在天下人面前提出自己的政治綱領。這可是一件大事，歷史書中一般把它叫「建言十二事」。

這十二件事，我把它大致分為四個主要方面：

第一方面內容是施惠百姓，切實減輕農民負擔。這裡面包括四條建議：第一條是勸課農桑，輕徭薄賦。這是一個中國古代統治者經常提出來的問題，武則天說這句話可不是裝門面的，她還有三個建

議來具體落實。其一是息兵，就是停止對外作戰，減輕農民的兵役負擔，保證農時。其二是減少公共工程，減少農民的勞役負擔。其三是考慮到京城周邊地區的特殊地位和特殊情況，特別免除長安及其周邊地區農民的徭役。因為京城有政府，還有駐軍，所以老百姓的負擔本來就很沉重，京城又是首善之區，是給全國做表率的地方，所以武則天就先把這些地區老百姓的徭役給免了。

第二方面內容是籠絡百官。首先從提高官員待遇入手，特別是要提高中下級官員的待遇，因為大官人少，而且他們本來待遇就高。武則天提了三條建議。第一，停止審查立功將士在前線所取得的勳官頭銜，切實落實退伍勳官的待遇。勳官是怎麼回事呢?它是將士通過軍功獲取的功名，分為十二個等級。勳官沒有實際的權力，但是享受一定的政府優待，比如說在均田的時候可以多分土地，還可以讓兒子到皇帝身邊擔任衛官等。當時對外戰爭比較頻繁，許多士兵在前線都被授予勳官，回到地方後，地方覺得執行相應的優惠政策壓力很大，所以就加強了審核制度，因此，有些前線授予的勳官在地方得不到承認，這當然打擊了士兵作戰的積極性。現在武則天停止審核，承認戰士浴血奮戰的成果，有點類似我們今天做好轉業軍人的安置問題。第二是給八品以上的官員漲工資，相當於現在提高公務員待遇。第三是給才高位卑、長期得不到升遷的中下級官僚升官。過去好多低級官員甚至中級官員因為沒有背景，很難有升遷的機會，現在武則天體察他們的難處，給他們普遍升官，這和她在封禪之後給官員普遍加階是一脈相承的。這可是中下級官員們的福音啊，他們怎麼能夠不由衷地支持武則天呢!

武則天為什麼要籠絡百官呢?因為她要利用他們。我們知道，武則天的起家過程一直利用了朝廷中官僚的矛盾，讓急功近利的中下級官員去衝擊保守的高級官員。當年當皇后如此，如今當天后還是如此。給中下級官員足夠多的好處之後，武則天又提出了一條建議，叫做「廣言路」。要求不僅僅高級官僚對朝政有發言權，中下級官員也應該有發言權！她已經通過泛階授官和提高官員待遇取得大家的好感了，現在，一定要保證這些官員在朝廷裡有發言權，為自己吶喊助威！可是，要讓每個人發言，就會有不同意見，如果出現反對武則天的意見怎麼辦呢？武則天還有補充建議呢，那就是「杜讒口」。如果誰覺得天后圖謀不軌，誰敢在皇帝面前再挑撥離間，對不起，那就是向皇帝進讒言，要堅決杜絕！這一條其實是對於天后權力的一種保障，也是對於天后所提出的其他政治綱領得以實現的保障！

天地之間有桿秤，秤砣就是那老百姓。在任何時代，誰要是把老百姓的利益放在心頭，誰就能得到老百姓的衷心擁護。武則天肯於為普通百姓和中下級官員爭權益，不僅使她贏得了最廣泛的人心，而且奠定了她日後執政的堅實基礎。所以我們說，武則天能當上中國歷史上唯一的女皇帝，並不僅僅靠什麼權謀術、厚黑學，真正靠的是這種政治家的廣闊胸襟。此後，無論上層怎樣風雲變幻，民間始終寸草不驚，這就叫得民心者得天下！

武則天先行把民心給安頓下來，接下來的建言就是針對自己的家事了。第三個方面內容是提高母權，要求即使父親在世，如果母親去世，子女也應該服喪三年。中國古代不是尊重父權嗎？父親和母親在家裡的地位是不一樣的。從喪禮這個角度講，如果父親去世了，子女必須披麻帶孝，守喪三年。母親去世時，如果父親已經不在人世，同樣要服喪三年；但如果母親去世時父親仍然活著，為了表示對父親的尊重，子女只須服喪一年。武后認為這個規矩不合情理，要求修改。她說，母親對子女的養育之恩天高地厚，為人子女如果認識不到這一點，簡直是禽獸不如。為了報答母親的恩情，即使父親還在世，也要為母親服喪三年。這一條歷來被人們視作武則天提高女權的標誌，其實仔細分析一下就會發現，她提高的不是女權，而是母權。她想要借助這一條建議來提高母親在家族中的地位，讓母親和父親在兒女面前取得大體平等的權力，強調兒女應尊重母親。這一條顯然主要是為武則天自己日後的政治權力服務的。她考慮的是，即使日後高宗死去，她也要在兒子面前保持自己的權威！

第四個方面的內容是取悅皇帝。武則天知道，她的權力來自唐高宗，她推行自己的主張也要依靠唐高宗，如果失去了唐高宗的寵愛和信任，一切都將徹底改變。所以，取悅高宗是非常必要的。怎麼取悅呢？武則天提了兩條建議：第一，「王公以降皆習《老子》」。要求文武百官都得上理論課，學習《老子》這本書，而且，還要把《老子》作為教材，納入科舉考試的體系中去。為什麼要學習《老子》呢？這是為了擺平和唐高宗之間的關係。因為李唐皇室尊奉老子為自己的祖先，武則天的這條建議就是向唐高宗獻忠心，表示天后還是以李唐皇族為中心的，是願意團結在唐高宗周圍的。從這個意義上講，這是一種政治作秀，希望唐高宗放心，不使他產生疑慮。

第二，提倡節儉，要求服務於宮廷的手工業作坊停止生產奢侈品。唐高宗本人喜歡節儉，他死之後，武則天曾經盛讚他有儉德。既然如此，武則天就投其所好，也跟著提倡儉樸。中國歷朝歷代都講節約，但是如果統治者只是口頭提倡，再動聽的話也不能讓人信服。武則天可不是天橋上的把勢——光說不練，她是說到做到，帶頭節約。怎麼節約呢？從著裝做起。我們現在說百褶裙，裙子的褶子越多越好，但是也越多越費布。按照當時的禮儀規定，皇后的裙子一般是十三個褶。武則天不是提倡節儉嗎？她只穿七個褶子的裙子，讓大家看看，天后的裙子可能不美，但是天后心靈美！大家都來學習天后吧。

這份政治綱領，既高屋建瓴，又符合武則天的個人需要，反映出武則天經過二十來年的錘鍊，無論是政治素質還是鬥爭技巧，都已經爐火純青了。此時的唐高宗對這位政治家夫人簡直佩服得五體投地。他立刻下詔讚美天后的遠見卓識，並且準備實施天后提出的施政綱領！武則天的威望更加提高了。

天后在政治上一天比一天成熟，唐高宗的身體也一天比一天衰弱。雖然他比武則天小四歲，但是恐怕要走在武則天前面了。他開始考慮後事。武則天也在考慮。武則天和丈夫已經爭了十幾年的權力，以後，恐怕要面對的不再是丈夫，而是丈夫的繼承人，自己的親生兒子。那麼，面對著誘人的最高權力和割不斷的骨肉親情，武則天又會做出怎樣的選擇呢？

請看下回：李弘之死。

【第十四回】

李弘之死

上元二年（六七五年），太子李弘陪父母巡幸洛陽，不久死於洛陽行宮。李弘深得高宗喜愛，又是武則天的長子，在高宗明確表示要禪位於他的時候，為何蹊蹺死去？武則天的一生是為權力鬥爭的一生，為了爭權奪利，她曾經不惜向自己的親生女兒開刀。那麼，皇太子李弘有可能是被武則天毒死的嗎？歷史的真相究竟是怎樣的呢？

毛主席說得好：與天奮鬥，其樂無窮；與地奮鬥，其樂無窮；與人奮鬥，其樂無窮。這句話用在武則天身上最恰當了。她的一生，和後宮鬥，和大臣鬥，和皇帝，也就是自己的丈夫鬥，越戰越勇，權力也越來越大。上一回講到，武則天晉升天后以後，威望持續走高。隨著勢力的增強，武則天心中的目標也越來越明確，皇冠已經在她眼前閃耀。而此時唐高宗的病情越來越重。他們的兒子太子李弘已經長大成人，並且在咸亨四年（六七三年）完婚，一旦高宗身體有變，太子就要繼承大統。那麼，武則天的權力還能延續下去嗎？她是否還要和兒子鬥呢？母子鬥法，是怎樣一番情境？李弘會面臨著怎樣的命運呢？要想說清楚這幾個問題，我們得先了解李弘是個什麼樣的人。

一、有其父必有其子：李弘遺傳自高宗的柔弱性格與多病的身體

我們曾經講過，李弘的名字是道教的一個讖語，是太上老君的化身。他的出生刺激了母親的野心，也成為母親爭奪皇后之位的重要籌碼。隨著母親成為皇后，李弘也子以母貴，當上了太子，母子二人，互相依存，李弘從小就備受高宗和武則天的寵愛和重視，八歲就開始監國聽政，積累行政經驗。

李弘天資聰穎，高宗為了培養他，在早期教育上抓得很緊，首先當然要他學習儒家經典，希望他將來能成為一代聖君賢王。但李弘在儒家經典之外，對文學也很感興趣。這一點並不奇怪，唐高宗年輕的時候就熱愛文藝，此後終身保持著對文學的興趣和對文人的好感。而武則天從小愛好文史書籍，自己也能夠寫詩寫文章，所以李弘無論遺傳父母哪一方的基因，都應該表現出文學方面的天分。

李弘在文學方面相當早慧。龍朔元年（六六一年），李弘剛剛十歲的時候，就命令自己太子府的下屬許敬宗、上官儀等文人博採古今文集，分門別類地摘抄其中的清辭麗句，編成了一本五百卷的大部頭文集，起名叫《瑤山玉彩》，獻給了唐高宗。這書雖然不是原創，但是唐高宗看到兒子小小年紀就有這樣的志向和領導才能，太難得了。心裡著實高興，馬上賜了三萬段絲綢給他。許敬宗等一干捉刀代筆的也跟著沒少沾光。

太子既然聰明能幹，高宗和武則天就一直對他寄予厚望。特別是從顯慶五年（六六〇年），唐高宗得病以後，他對於培養接班人的願望就更加急迫了。正因為如此，李弘一生雖然只活了短短的二十四年，卻有七次監國的經歷。據《資治通鑑》記載：「太子弘仁孝謙謹，上甚愛之；禮接士大夫，中外屬心。」除了監國以外，高宗還特地賜予他一本《政典》，這本書記載了古往今來的一些政治傳統，希望他好好讀書，盡快熟悉政治運作的規則。但是，把兒子當皇帝培養，未必兒子以後就真能成為皇帝。無論身體還是性格，李弘都像極了父親唐高宗，不大具備當皇帝的素質。

先說性格。李弘的性格敏感纖弱，和少年時代的高宗有得一比。當年，長孫皇后去世時，九歲的李治哀哀無告，一副小可憐的樣兒，把舅舅長孫無忌的心都哭碎了。李弘八歲時，父親唐高宗李治和母親武則天一塊巡遊東都洛陽，把他留在長安，讓他跟著一幫大臣臨朝聽政，藉此鍛鍊他治國的能力。可是李弘對父母思念不已，終日哭哭啼啼，把朝臣們搞得手足無措，最後唐高宗和武則天只好把他接到身邊。

李弘不僅對現實生活中這種離別和苦難承受不了，對書本裡描寫的醜惡事情也都無法接受。他跟著老師學習《春秋》的時候，讀到楚國的世子芈商臣殺國君的事情。世子就是春秋時期諸侯國國君的王位繼承人，相當於後來的皇太子，商臣是楚王的兒子，但他為了早日奪權，就殺了自己的父王。春秋戰國時期，這種臣弒君、子弒父的事情簡直太多了。李弘讀到這段歷史，大驚失色，問老師說：「聖人怎麼會把這樣的事情寫進書裡啊？」老師對他說：「孔子作《春秋》，當然是好事和壞事都要寫呀，只有這樣才能懲惡揚善呀。」可是李弘仍然接受不了，不願意再看這本書了，非要老師換教材。結果把老師感動了，認為這個孩子天生仁孝，以後必定會是個聖君賢主，於是把他的教材換成了只講正面規範的《禮記》。

要說「仁孝」這個詞，本來是個褒義詞，但是用在李弘身上，就和唐太宗當年評價李治「仁懦」一樣，讓人覺得暗含著窩囊的意思。事實上，李弘的仁孝確實和父親唐高宗當年很相似。麟德元年（六六四年），因為上官儀的案子，曾經當過太子的李忠以謀反的罪名被殺，屍體暴露荒野，無人敢管。李弘聽說之後，心裡老大不忍，上表請求收葬這個異母哥哥。這和當年李治要求父親善待兩個被廢的哥哥簡直是異曲同工。

再看身體。李弘的身體比高宗還差。高宗好歹是成年之後才得了風疾的，而李弘從小就體弱多病。他的病，根據《舊唐書・孝敬皇帝傳》的說法是「瘵瘵」，就是今天我們說的肺結核，這是一種消耗性疾病，在古代無藥可治。李弘曾經有一次對大臣講，這病是因為他小時候學習過於用功，不知道愛惜身體造成的。拋開用功過度是否容易引起肺結核這個醫學問題不談，李弘很小就體弱多病是毫無疑問的。因為多病，李弘成年以後，接見自己太子府屬下的機會越來越少，他的屬下因此非常有意見。負責他飲食起居的典膳丞，甚至上書說要制裁他，減少他的飲食供給。正因為身體欠佳，李弘雖然聰明儒雅，又頻頻受命監國，但卻無法真正親理朝政，甚至有時他監國都不能到朝廷裡來，經常要委政宰相，這當然是個很嚴重的問題。

李弘這種柔弱的性格和多病的身體狀況，本來容易養成依賴性的人格，和武則天的強毅正好互補，如果相處得宜的話，母子間本不至於引發太大的衝突。但是，衝突還是發生了。

二、母子衝突：李弘為蕭淑妃的遺孤求情，天后權威受到挑戰

太子李弘和武則天之間衝突的表面化是在咸亨二年，衝突的引子就是蕭淑妃留下的兩個女兒的婚姻問題。這也是被史學家大書特書的一件事。當時，武則天和唐高宗一起巡遊東都洛陽，留太子監國。李弘有病，不能上朝，只在宮裡靜養。有一天，李弘靜極思動，到處遊逛，不料卻見到了長期幽禁在掖庭的兩個同父異母的姊姊，也就是蕭淑妃的兩個女兒。一個是義陽公主，一個是宣城公主，這兩個老姊姊已經給關了十幾年了，見人都不會說話了，在那兒看著李弘，傻乎乎的，瑟瑟發抖。李弘可是一個很慈悲的人啊，他哪受得了這場面？關於這件事，在《資治通鑑》裡有一段精彩的描寫：

> 義陽、宣城二公主，蕭淑妃之女也，坐母得罪，幽於掖庭，年逾三十不嫁。太子見之驚惻，遽奏請出降，上許之。天后怒，即日以公主配當上翊衛權毅、王遂古。

李弘不是一個仁慈而敏感的孩子嗎？看到姊姊年紀這麼大了還沒有出嫁，孤苦伶仃，獨守空房，他受不了了，立即奏請讓兩位姊姊出嫁，讓她們過上正常人的生活。

這多像當年唐高宗去看望王皇后和蕭淑妃啊，這不是明顯在拆母親的台嗎？武則天看到太子的這個上疏，勃然大怒：這小子居然敢跟老娘叫板，當年老娘要不是把蕭淑妃整倒，現在沒準兒你早被別人害死了，現在你以為自己羽翼豐滿了，居然替別人來求情了。這不是要我的好看嗎？確實是啊，李弘同情心氾濫，這豈不是在揭露母親的殘酷無情！大怒之下的武則天說，這樣吧，既然太子說她們兩個該嫁人了，那就嫁吧，這兒不就有兩個值班的衛士嗎？就你們倆兒吧，一個娶義陽公主，一個娶宣城公主。於是，兩位公主草草完婚。這件事經由史書的渲染，歷來被當成武則天殘酷而太子仁孝的標誌性事件，據說，李弘就是因為這件事「失愛於天后」，直到後來神祕死亡的。事實真的如此嗎？

其實，這件事和許許多多對武則天的記載一樣，有部分真實性，但是也有相當大的誇張成分。誇張了什麼呢？首先是公主的年齡。按照《資治通鑑》的記載，兩位公主是年逾三十不嫁，而按照《新唐書》的記載就更誇張了，是近四十不嫁。當時一般貴族女子結婚都在十五歲左右，因此無論是三十多歲，還是四十歲，確實顯得怵目驚心。可是這個年齡實在是太離譜了。為什麼這麼說呢？有兩個理由：第一，因為咸亨二年高宗只有四十三歲，他是十六歲當上的太子，蕭淑妃也是在高宗當太子期間納入後宮的，就算當年得子，孩子的年齡也不可能超過二十七歲。第二，兩個公主之中，宣城公主的墓碑保留下來了。根據碑文的記載，宣城公主死於唐玄宗開元二年（七一四年），享年六十六歲，倒推到咸亨二年，當時的宣城公主二十三歲。所以說，兩位公主當時的年齡應該在二十三歲到二十七歲之間，這在當時也不算年輕了，可是無論如何不可能年逾三十，更不可能到四十歲。

除了公主年齡之外，兩位駙馬的出身也沒有那麼卑微。按照《資治通鑑》的記載，這兩位駙馬是隨便指派的，其實不是這麼回事。這兩位駙馬並不是普通的衛士，而是翊衛，翊衛是皇帝身邊的親近侍衛，他的祖上是需要有出身的，至少是父親或者爺爺當了大官，孩子才能有當翊衛的資格。其中，義陽公主駙馬權毅的祖父是唐太宗秦王府嫡系，封盧國公。宣城公主駙馬王勖的祖父也官至監門將軍，封平舒公。論出身，雖然比照其他駙馬有些距離，但是匹配兩位公主還並不顯得太過離譜。

這樣看來，在兩位公主的婚姻問題上，武則天的處理雖然確實存在問題，但是也並不像史書描述的那麼誇張。事實上，作為一個有頭腦的政治家，武則天做事不可能那麼不計後果。她知道無論做什麼事都不能做得太絕，因此，在李弘提出讓姊姊出嫁的上奏之後，武則天立刻行動起來，馬上給公主選定了駙馬，而且婚後兩位駙馬都升了官，一個是袁州刺史，一個是潁州刺史，刺史怎麼也是四品官。整個事情辦得雷厲風行，尚可做到掩人耳目。

李弘公開替蕭淑妃的女兒求情，自然讓武則天覺得很不痛快，她覺得母親的權威受到了挑戰，她也當然想到了太子不喜歡她的恐怕不只是這一件事，她和太子遲早得分出個高下。但這還不是問題的關鍵。關鍵是，太子並不是一個人，而是代表著一個權力集團。為什麼呢？隨著太子年齡的增長和監國次數的增多，太子身邊已經積累起一批自己的勢力。這批追隨太子的勢力既是太子的屬下，又是唐朝的宰相！這又是怎麼回事呢？

唐朝的太子府其實就是一個小政府，官僚設置完全模仿朝廷。依據制度，如果皇帝親政，當然由宰相輔佐，而如果太子監國，就應該由太子府的官員輔政。唐高宗時期，因為太子李弘頻頻監國，為了協調朝廷和太子府的關係，太子府的重要官員往往就由朝廷的宰相兼職。這樣，宰相和太子慢慢地就形成一種勢力了，宰相既是皇帝的下屬，又是太子的下屬，宰相就成了太子利益的維護者。太子是唐高宗的法定繼承人，如果唐高宗去世，武則天還能夠控制政權嗎？聯想到在公主婚姻等問題上的母子矛盾，武則天覺得沒有把握。就是在這種心態下，武則天才在上元元年（六七四年）的建言十二事中，特別提出在家庭中母親的權威問題，要求兒女對於父母抱同樣的尊重。但是，僅僅是這樣的禮儀改革真的就能讓兒子臣服嗎？恐怕連武則天自己也不相信。怎麼辦呢？

三、李弘死亡疑團：李弘是怎麼死的？與天后有沒有關係？

就在武則天焦慮不安的時候，問題忽然解決了。解決的方法很不尋常，上元二年，太子李弘和高宗夫婦一起巡幸洛陽，四月死於洛陽行宮。而且在他死之前，唐高宗剛剛向他口頭承諾過，要禪位給他。李弘的死顯得相當蹊蹺。母子之間正在要開始鬥法，母親還沒想好怎麼辦，這時候兒子突然死了，人們一下子就把目光都集中在了武則天身上。那麼，李弘究竟是怎麼死的？他的死跟武則天有沒有關係呢？

史書中有兩種記載。第一種是說，李弘是因病去世，屬於自然死亡。第二種則認為，李弘是被武則天毒死的。

認為李弘是自然死亡的最早記錄，是李弘死後唐高宗發布的制書〈賜謚皇太子弘孝敬皇帝制〉：

皇太子弘，生知誕質，惟幾毓性。肅敬著於三朝，仁孝聞於四海。若使負荷宗廟，寧濟邦家，必能永保昌圖，克延景曆。豈謂遽嬰霧露，遂至彌留。顧惟輝掌之珍，特切鍾心之念，庶其痊複，以禪鴻名，及腠理微和，將遜於位。而弘天資仁厚，孝心純確。既承朕命，掩欷不言，因茲感結，舊疾增甚。億兆攸繫，方崇下武之基；五福無徵，俄遽上賓之駕。

這是以唐高宗的名義發布的一道制書，這份制書賜皇太子李弘一個謚號，什麼謚號呢？叫孝敬皇帝。在這篇制書裡，唐高宗說，我這個兒子仁孝英果，孝順父母，禮敬大臣，將來一定會是個好皇帝，可惜天不假年，得了重病。我告訴他，只要他的病稍微好一點，就禪位給他，讓他當皇帝。誰知他太孝順了，一聽到這個消息，又傷心又感動，病情加重，不幸去世了。我很悲痛，現在我想實現自己的夙願，讓他當皇帝，所以賜予他一個謚號，叫孝敬皇帝。後來的《唐實錄》、《舊唐書》的記載大體也是如此。按照這樣的記載，李弘應當是長期生病，醫治無效，最後自然死亡。

而認為李弘是被毒死的最早記載出現在唐中期。成書在肅宗時期的《唐曆》寫道：

弘仁孝英果，深為上所鍾愛，自升為太子，敬禮大臣鴻儒之士，未嘗居有過之地。以請嫁二公主，失愛於天后，不以壽終。

說這太子是一個好人，深得皇帝和大臣的喜愛。但是因為請求讓兩個公主出嫁，天后就不高興了，最後他沒得好死，是他的母親讓他不得壽終。同樣是唐肅宗時期的大臣李泌還明確說，是「天后方圖臨朝，乃鴆殺孝敬」，直接說是武則天把李弘毒死的。此後，《唐會要》、《新唐書》都持這種看法。

那麼這兩種記載中，哪一個是真的呢？我想，雖然武則天此刻和李弘存在著深刻的矛盾，雖然武則天絕不缺少狠心，但是她還不至於殺李弘，李弘應該是病死的。為什麼呢？三個理由：

第一，文獻出現的先後順序。記載李弘因病醫治無效自然死亡的制書，是在李弘剛死就發布的，從時間上講遠遠早於肅宗時期的《唐曆》。越是原始的材料可信度越高，這是處理史料的一個基本原則。

第二，李弘此前有長期生病的記錄。我們說過，李弘從小就得了肺結核。咸亨元年以後，他的病加重，甚至在監國的情況下，連接見屬下都辦不到，以至於他的典膳丞都對他下了最後通牒說，您要是再不見我們，我就要減少您的飲食。李弘答覆說，我最近病情加重，皇帝要我加強休養，所以我一直待在內宮養病。不是我不願意見你們，是我不能見你們。從咸亨元年到上元二年又過去了五年時間，肺結核作為一種消耗性疾病，會越來越重，這是不難想像的。

第三，武則天當時並沒有殺死兒子的十足必要。我們說過，李弘是一個心靈敏感、身體脆弱的人，很像他的父親唐高宗，既然武則天能夠以一個妻子的身分駕馭唐高宗，未必不能夠以一個母親的身分駕馭李弘。況且，李弘纏綿病榻，是否能活得比唐高宗長還是問題，武則天何必要冒這樣大的風險殺死他呢？試想，李弘可不像當年毫無行動能力的小公主，他是一個成年人，周圍有一班人馬保護他，如果武則天殺人不成，或者是殺人的事實敗露，她將失去丈夫的信任，失去天下的人心，想要謀取更多的權力就無從談起了。作為一名清醒的政治家，她怎麼能夠這樣莽撞行事呢？

可是有人要問了，雖然如此，可是李弘怎麼會死得那麼巧呢？他的父親剛剛放出話來，說你病一好，我就把皇帝的位置傳給你，他一聽，立馬就死了，這不太蹊蹺了嗎？我想，這就看怎麼理解唐高宗的禪位了。我們知道，唐高宗是在李弘病重的時候對他說要傳位的，這種做法，恐怕有點類似於民間的沖喜。李弘是唐高宗和武則天的長子，從小深受寵愛，高宗夫婦也對他寄予厚望。現在，孩子眼看就要不行了，唐高宗萬般無奈，向他提起傳位的事情，希望他一高興，病情能夠好轉，或者，哪怕不能好轉，能多活幾天，這對父母來講心裡也有一絲安慰。結果事與願違，沖喜並沒有帶來想像中的效果，李弘一激動，反倒死得更快了。如果從這個角度理解，這個所謂的疑點也就不存在了。所以我們說，李弘應該是肺結核晚期後的自然死亡。

李弘死了，武則天是什麼感覺呢？我想，她應該是在悲痛之中又鬆了一口氣。先說悲痛。平心而論，李弘沒有給她帶來過太多的麻煩，相反，倒幫了她不少忙。當年，如果沒有李弘的誕生，她也就沒有爭奪后位的資本；即便在當了皇后之後，太子李弘的存在，對她坐穩位置也是大有益處的。試想，當年上官儀事件中，唐高宗最終沒有廢黜武則天，除了武則天反應迅速，處理得當之外，未嘗沒有顧及李弘的因素。如果廢黜了武則天，李弘的太子之位必然不保，那樣就會引起政治上的連鎖反應。考慮到方方面面，唐高宗最終還是妥協了，而且武則天的地位因此又上了一個臺階。這樣看來，李弘雖然因為請求讓姊姊出嫁而令武則天感到難堪，但是總的說來，他對武則天還是功大於過。他死後，武則天悲痛不已，親自撰寫了〈一切道經序〉，說自己每次回想起養育之情，就難以自持。這份母親對兒子的感情是真實的。正因為如此，她和唐高宗才追認李弘為孝敬皇帝，追認太子為皇帝，這在中國歷史上還是第一次。

但是為什麼我又說武則天在悲痛之中鬆了一口氣？我們也要看到，李弘的死對於武則天真是太及時了。李弘從八歲開始監國，是唐高宗培養了十幾年的繼承人，擁有來自宰相集團的鼎力支持，這是李唐王室抗衡武則天力量的重心所在，和武則天之間的矛盾也在發展之中。如果他不死，日後他和母親之間必定會有一場惡仗要打。但是，現在不需要武則天再費心了。太子的死解決了一切矛盾，為武則天勢力的發展又贏得了寶貴的時間。

縱觀李弘短暫的一生，因為母親的強大，他成為了太子；也因為母親的強大，他注定要成為一個悲劇角色。李弘沒有子嗣，兩個月之後，他的弟弟李賢被立為太子。李賢只比哥哥小兩歲，他容貌俊朗，身體健康，從小熟讀經史，還擅長騎馬打獵，是一個德智體全面發展的好孩子。面對野心勃勃的母后，李賢這個陽光男孩又會面臨怎樣的命運呢？

請看下回：李賢之廢。

【第十五回】

李賢之廢

太子李弘死後，弟弟李賢接替了太子的位置。李賢體魄強健，文武雙全，堪承大業。但是，野心勃勃的武則天已經開始覬覦皇位。她和太子都在悄悄培養自己的勢力，二人必將一決高下。病弱的唐高宗在妻兒的爭鬥中會扮演怎樣的角色？新太子李賢，又將面臨什麼樣的命運呢？

有一首詩，據說是武則天的二兒子李賢寫的，叫〈黃台瓜辭〉，在民間流傳很廣。詩是這麼寫的：

種瓜黃台下，瓜熟子離離。
一摘使瓜好，再摘使瓜稀。
三摘猶自可，摘絕抱蔓歸！

在詩裡，李賢把自己和幾個兄弟比喻成瓜，把母親比喻成瓜農。希望母親不要一再摘瓜，不要再迫害自己的兒子了。詩的真偽雖有爭議，但詩句所反映出的憂慮卻打動人心。那麼，李賢的擔心是否有道理呢？武則天還要對他動手嗎？

一、天后攝政事件：高宗病危，提議天后攝政，遭大臣群起反對

李弘的死，是對李唐皇室最沉重的打擊。但是新太子很快就冊立了，二十二歲的李賢文武雙全，當時也是萬眾矚目，大家對他都抱有很大的希望。可是誰也沒有想到，三個月後，上元二年（六七五年）九月，唐高宗忽然召集宰相商議，要讓天后攝政！這是怎麼回事呢？

本來，唐高宗的風疾已經很嚴重，現在經過太子李弘去世的打擊，他更覺病體難支，整天頭暈目眩，根本就沒有辦法處理朝政。九月，唐高宗的風疾再次發作，他被病魔折磨得心灰意懶，已經喪失了當年非要大權獨攬的豪氣，他召來宰相，和他們商量，要讓天后攝政。什麼是攝政呢？攝政就是臨

朝稱制，這可是一項非凡的權力，後世的多爾袞在清初順治年間不就是攝政王嗎？如果這個動議通過，武則天將獨自面對群臣，處理國政，而唐高宗則會退居二線，專心養病。這可比二聖臨朝進了一大步，因為在二聖臨朝的狀態下，即使武則天已經號稱天后，她仍然沒有發號施令的權力，如果對政治有什麼見解，只能和皇帝私下交流，或者上表奏事。建言十二事不就是這樣嗎？她的建議能否施行，還要由高宗決定。但是，如果是攝政，武則天的地位將等同於皇帝，只不過沒有皇帝的頭銜。

那麼大家可能就覺得奇怪了，唐高宗為什麼要這樣做呢？如果他真的病體難支，為什麼不直接傳位給太子呢？他難道不怕武則天會取代自己的位置嗎？首先，我想，如果今天覺得很難理解的話，那是因為我們離帝制時代太遙遠了，甚至已經無從體察皇帝這個名號的魅力。對於唐高宗而言，如果他傳位太子，那就只能當太上皇，而當太上皇的滋味是否好受呢？只要看看玄武門之變以後被囚禁的李淵就明白了。太上皇跟皇帝的關係太微妙了，如果你過問政治，皇帝就會有壓力，他就會想辦法控制你。再說，如果讓武則天攝政，一旦唐高宗身體好轉，他還可以收回權力；如果傳位給太子，太子當了皇帝，這個權力就再也收不回來了。所以說，唐高宗讓武則天攝政，不是因為他不愛江山愛美人，恰恰是因為他太愛江山了，即便身患重病，爬都爬不起來了，這江山還是不肯放手，不能給兒子，要給也只能給夫人，讓夫人在那兒監管著，以後有機會他還要掌握權力，這是唐高宗的真實心情。那麼，唐高宗為什麼不怕武則天取代自己的位置呢？我認為，我們覺得武則天可怕，是因為我們站在今天的位置回望歷史，知道了武則天最後當皇帝的結局，這樣，我們才會認為給她任何一點權力都是危險的。但是，唐高宗不可能有我們這種事後諸葛的聰明，在武則天以前，無論皇后多麼有權力，最後都沒有一個能夠取代皇帝。我們怎麼能夠要求唐高宗有這樣的先見之明呢？

那麼，面對皇帝的這個提議，宰相們怎麼表態呢？宰相們當時就急了，有一個宰相叫郝處俊的馬上表示反對。他說：

天子理外，后理內，天之道也。昔魏文著令，雖有幼主，不許皇后臨朝，所以杜禍亂之萌也。陛下奈何以高祖、太宗之天下，不傳之子孫，而委之天后乎！（《資治通鑑》卷二〇二）

這個表態包含三層意思：第一，按照傳統，皇后只能負責內政。如果臨朝，就是亂政，絕對不能允許。第二，天下是祖宗的天下，不是唐高宗個人的天下，唐高宗沒有權力把它傳給天后。第三，如果皇帝病體難支，也應該傳給子孫，也就是傳給太子。這三個理由代表了當時受儒家教育的大臣的共識，唐高宗無可辯駁，只好取消了這個動議。

這個事情對武則天意味著什麼呢？我們現在很難判斷，這次讓天后攝政的動議是否是武則天提出來的，但是，毫無疑問，武則天絕不會拒絕任何權力。現在，大臣們的反對讓她意識到兩個重要的問題：第一，儘管她在朝廷之中影響力不小，但是，高層官員顯然對她並不感興趣。如果她想要改變現狀，現在的宰相就成為重要障礙。第二，高宗病體難支，已經是人所共知，在這種情況下，宰相們寧願擁護太子成為他們的下一任主人！

這樣一來，宰相和太子就成了武則天最大的敵人！上一回說過，在李弘當太子的時候，太子僚屬大部分是由宰相兼任的，李弘死後，他的原班人馬都轉給了李賢。因此，宰相和太子，簡直是二位一體。怎麼對付他們呢？

對付宰相，武則天倒是早有準備。事實上，武則天早就開始做挖宰相牆腳的工作了。乾封年間（六六六—六六八年），就在老臣許敬宗退休之後，武則天已經意識到自己在外廷缺乏幫手的問題。怎麼辦呢？既然身為皇后，不便公開插手宰相任免，武則天就效法她的第一任丈夫唐太宗，模仿他當年招納秦府十八學士的做法，自己也開始組建私人內閣。她親自選拔了一幫資歷較淺的文人，召入禁中，來幫她編寫書籍。這些學士前後為武后編纂了一千多卷書籍，其中最著名的是《臣軌》，教導臣子應該絕對忠誠於君主，和唐太宗的《帝範》珠聯璧合，一個是皇帝教材，一個是官員教材。不過編書只是一個幌子，武后以入內編纂為名，密令這些本來沒有參政資格的文臣們參決朝政，暗暗分割著宰相的權力。當時朝臣上朝都是走南門，而這些學士因為在禁中辦公，所以走北門，也就是玄武門，後來就被稱為「北門學士」。北門學士的設立對唐代政治體制的影響是巨大的，剛開始還只是武則天的祕書班子，無力挑戰宰相的權力，但是，要用兵，先得養兵，武則天有足夠的耐心培養人才，等待時機，讓他們慢慢地走上宰相的崗位。就這樣，武則天開始給宰相換血，哪一個人退休了，她就塞進一個自己能控制的官員，一般她是拿低級官員去換那些高級官員。資歷淺的人當了宰相，自然會對武則天感激涕零，就會更忠誠於她。

這是對付宰相，宰相對付完了，武則天怎麼對付太子呢？

二、母子鬥法：新太子李賢的身世之謎

李賢和哥哥李弘不一樣。他像母親一樣聰明，也像母親一樣精力充沛。小時候，他讀《論語》，

讀到「賢賢易色」這句話，大為感慨，反覆吟誦。所謂「賢賢易色」，就是要重視賢德，輕視美色。太子小小年紀就懂得這麼高深的道理，讓高宗大為讚賞。立為太子以後，李賢更有上佳的表現。

首先，他召集了一批學者，為《後漢書》做注。著書既可以彰顯才華和志趣，又可以在政治上培養羽翼。這一點，從遠說，是效法爺爺唐太宗的秦府學士，從近說，是效法母親武則天的北門學士，都是為自己培養私家班底。不過，李賢雖然有政治目的，注書卻並不馬虎。清代學者王先謙曾經說：「章懷之注范，不減於顏監之注班。」是說李賢注范曄的《後漢書》，不亞於唐代祕書少監顏師古所注班固的《漢書》。章懷太子是李賢的諡號。這是對《後漢書注》相當高的評價。儀鳳元年（六七六年）十二月，李賢將此書獻給高宗，高宗大喜，賞賜給他三萬段絲綢。

太子畢竟只是一個政治身分，不能只會讀書。唐高宗想要讓武則天攝政遭到宰相否決後，也就打消了這個念頭，留心培養太子了。於是，李賢也馬上得到了監國的機會。李賢處理起國家大事來有板有眼，唐高宗也很高興，專門手敕褒獎，又賞賜了他五百段錦繡。

太子像一顆冉冉升起的政治新星，而武則天的權力也在進一步增長之中。儀鳳三年正月，因為高宗病重，武后單獨登上了光順門，接受百官及四夷酋長的朝拜。面對著俯伏跪拜的官員，對皇權的渴望在武則天的心中一再升騰。在這種情況下，李賢的崛起不由得讓她著急了：這個孩子遠比李弘更不好對付！李弘有病，還可以讓時間去對付他，可是李賢呢？他身體好，又得人心，已經成為武則天上升之路的一塊絆腳石！武則天決定好好調理調理他。

怎麼辦呢？武則天先君子後小人，從思想教育入手。她讓北門學士送了兩本《少陽正範》和《孝子傳》給李賢，《少陽正範》是教人怎麼做太子，《孝子傳》是教人怎麼做兒子，顯然，這是指責李賢既不會當兒子，又不會當太子。太子沒理會，啪的一聲就把書扔一邊去了。接著武則天又親自寫了若干封信，指責李賢的種種失德行為。對於這樣的教導，李賢當然也沒什麼興趣聽。在他心目中，需要檢點一下自己行為的，可能恰恰是權力欲旺盛的天后吧。一來二去，皇后和太子的矛盾已經成了公開的祕密。

宮廷一向是流言蜚語的集散地。就在這時候，宮裡頭開始散布這麼一個小道消息，說李賢不是武則天的親生兒子，他的母親，應該是武則天的姊姊韓國夫人！這個傳聞是空穴來風，還是實有其事呢？平心而論，我個人覺得是有可能的。

第一，李賢的出生時間蹊蹺。他是永徽五年（六五四年）十二月生在前往昭陵的路上的，而他的哥哥李弘生在永徽三年底。兄弟兩個相差兩歲，本來很正常，可是別忘了，他們之間還有一個被悶死的小公主。兩年之間生下三個孩子，從常識上講，很難說得通。再說，永徽五年十二月，那是大冬天，一位臨產的皇后怎麼會往昭陵那兒跑，她應該老老實實在宮裡待著啊。所以李賢出生的時間和地點都顯得有點奇怪。

第二，李賢的童年時代沒有留下一點受武則天寵愛的記錄。大哥李弘八歲監國，因為思念母親哭鬧不休，武則天就把他接到身邊；三弟李顯出生的時候難產，武則天為他求佛保佑，讓他拜高僧玄奘為師，還在龍門給他開窟造像，希望佛祖保佑他；四弟李旦被任命到北方去當都督，他抱著武則天的腿撒嬌，說「不能去阿母」，結果被留了下來；小妹妹太平公主就更不用說了。只有李賢沒有留下任何受母親寵愛的記錄。

第三，武則天後來對李賢的處理也確實比對其他兒子更殘酷，手段更毒辣。這一點我們在後邊會講到。

第四，也是更重要的，李賢出生的時候，當時武則天的姊姊韓國夫人正深受高宗寵愛，只不過沒有任何名分。因此，非常有可能是韓國夫人生了孩子，因為沒有名分，只好讓武則天認下，而武則天當時還僅僅是個昭儀，正在為皇后的位置努力奮鬥，對唐高宗和姊姊的行為只能睜一隻眼閉一隻眼。再說，多一個兒子就多一分爭寵的資本，所以就認下了這個孩子。現在，這個祕密被宮女們說出來了，是真是假，作為當事人的李賢很難考察。他既不能夠問武則天您是不是我親媽，更不能問唐高宗您當年和韓國夫人都幹了些什麼，但是有一點可以確定，他會覺得自己的地位更加岌岌可危了，跟母親的關係也越繃越緊，一觸即發。

就在這時，一件謀殺案的發生，把武則天和李賢的緊張關係，推到了新的高潮。一個方士神祕地出現在武則天和唐高宗身邊。誰呢？明崇儼。明崇儼是一個術士，從小就學成了神仙之術，據說能夠役使鬼神。他當縣丞的時候，刺史的女兒得了重病，醫生束手無策。明崇儼獻了一丸藥，號稱是從遠方攝來的奇藥。刺史死馬當成活馬醫，讓女兒把藥吃了，沒想到真是藥到病除，從此明崇儼名聲大噪。唐高宗不是多年來病魔纏身嗎？病篤亂投醫呀，也是到處求神拜佛，打聽偏方，希望能出現奇蹟。就是在這種情況下，明崇儼被唐高宗召進宮來，成了唐高宗的私人醫生，武則天也經常請他來驅魔降鬼。不過明崇儼雖然是神道中人，卻特別「憂國憂民」，他經常藉神仙之口來議論政治，高宗也很信任他。就在李賢和武則天母子矛盾越來越激烈的時候，明崇儼發話了。他說：「我昨天和神仙聊天，說到太子，大家都搖頭嘆息，說太子無能，不堪造就啊。倒是英王李哲頗似已故的太宗皇帝，有人君之相。」沒過多久，他又說：「論起相貌來，諸位皇子之中還是最年幼的相王最為尊貴啊。」就這樣，每天都在唐高宗耳朵邊嘮叨。

這些話傳到李賢耳朵裡，他那叫一個氣啊。一個術士居然敢這樣肆無忌憚地議論當朝太子，他背後一定有人指使！那誰敢指使他誹謗太子啊？這個時候，恐怕是非武則天莫屬了。面對母親的挑釁，李賢畢竟政治經驗不足，他越來越亂了方寸了。有時候情緒消沉，有時候又非常暴躁。他譜了一個曲子，叫〈寶慶樂〉，本來應該是歡樂的曲調，可是讓人聽了十分難受。當時一位大音樂家聽了，也不由得連連嘆息，說這個曲子含有殺聲，音調又悲哀，恐怕太子會有難吧。

三、太子謀反案：廢太子，肅清李賢勢力，建立天后權威

可是，最先有難的倒不是太子，而是明崇儼！調露元年（六七九年），洛陽爆出了一個人命大案，深受唐高宗和武則天寵信的術士明崇儼遇刺身亡！洛陽城一下子轟動了。一些迷信的人說，明崇儼為奉迎帝后，役使鬼神過於苛刻，因此被鬼殺了。但是也有政治敏感度高的人認為，明崇儼的死可能和太子有關。武則天怎麼處理這件事呢？她馬上立案調查，到處搜捕嫌疑犯，洛陽城幾乎被翻了過來，但是，兇手始終不見蹤影。其實，武則天心裡明白，兇手不可能在外邊，要找，也只能在太子宮裡找。可是，調查太子，需要有藉口。武則天也不是第一次辦這樣的事情了，她最擅長的就是跟蹤調查，隱忍不發，捕捉戰機。一個是處心積慮找機會，另一個卻是渾然不覺無防範，時間一長，李賢的把柄終於出現了。

當時有位東宮官員，上書勸諫太子不要縱情聲色。李賢有什麼不規矩的表現呢？具體說來，就是

他當時搞起了同性戀，寵幸一個叫做趙道生的奴隸，和他同床共枕，儼然一對情侶。為了討好小情人，李賢賞給他大量金銀財寶，就跟當年高陽公主對和尚辯機一樣。這種風化問題在李唐皇族子弟中本來是平常事，就像《紅樓夢》裡賈母說的：「小孩子饞嘴貓似的，誰打小都從這麼過來著。」可是武則天看到了這份上書的價值，她決心利用好這條線索。因此，雖然看起來頂多是一個風化問題，武則天還是立刻上報給唐高宗，說這涉及太子的道德形象，要求立案調查，她要從這裡打開缺口！

事情關涉太子，誰來調查呢？級別太低當然不行，所以只好由宰相披掛上陣了。當時的宰相一共有八個，有四個是武則天剛剛提拔上來的，和太子的關係都不牢固。其中有一個叫裴炎的，拜相前僅僅是一個四品官。這些人能夠拜相全是託武則天的福，對於武則天自然也是感恩戴德，他們在站穩腳跟之前，都是武則天的同盟軍。提拔低品級官員，利用他們來打擊當權高官，一向是武則天的拿手好戲，現在還是故技重施。於是，兩位新提拔上來的宰相裴炎、薛元超和一位御史大夫高智周，一起組成了最高法庭。

既然是從風化案開的頭，當然就從風化案審起。李賢的同性情人趙道生首先被提審。一頓大刑伺候之後，趙道生扛不住了，不僅招供了和太子之間的非法關係，還供出一個天大的祕密：他就是刺殺明崇儼的刺客！這麼一來，案子的性質就變了，從一般的風化案上升到了謀殺案！既然是謀殺案，那就不能只看人犯證詞，還要找到作案工具才行。那就趕緊找凶器吧。武則天立刻派人搜查太子府。結果就有了更驚人的發現——在東宮的馬坊之中居然搜出了幾百領甲冑！這可是一件天大的事情。因為按照唐朝制度規定，為了保障安全，任何人不得收藏像甲冑這一類的軍用物資，必須交給專門的機構武庫署保管。需要用的時候領出，用完再送還。私藏武器是犯法的。可是我們都知道，制度和實際運作往往有距離，常常有些軍事單位用完了武器並不及時歸還。太子的東宮擁有軍隊，因此存著一定數量的武器甲冑也並不算太離譜，可以做多種解釋。但是，我們剛剛說過，審案的宰相是武則天提拔上來的，他們唯武則天馬首是瞻。現在，是武則天決定把謀殺案再升一格，定性為謀反案！太子私藏武器，是陰謀奪權！

這個結果把唐高宗打懵了，李賢已經當了太子了，天下遲早都是他的，他為什麼要謀反呢？唐高宗一向喜歡這個兒子，他向武則天求情了。注意，這已經是唐高宗第三次為謀反的親屬求情了：第一次是在高陽公主案中為他的哥哥和叔叔，第二次是為舅舅長孫無忌，這一次是為自己的親生兒子。如果說，前兩次他還有作秀的成分，那麼這次可是真的了。但是，就像前兩次求情被拒絕一樣，這一次，武則天斷然拒絕了他。武則天說：「為人子懷逆謀，天地所不容，大義滅親，何可赦也！」

「大義滅親」就是高宗這三次求情的共同結果。李賢被廢為庶人，押送到長安囚禁起來。從東宮搜出來的甲冑被運往天津橋當眾焚毀，昭告天下。審案的宰相裴炎和薛元超都受到了嘉獎，分別升任侍中和中書令，武則天在宰相之中的影響力又提升了一步。

小案做成大案，波及面就大了。既然是謀反，必定有黨羽，一系列對武則天進一步提升勢力不利的人都被牽連進來了。幾位支持太子的宰相都很快被調離了崗位，一批和李賢有聯繫的宗室也被牽連，流放各地，甚至被逼死。

在所有的悲劇之中，最可憐的是李賢的下屬高政。高政的祖父是長孫無忌的舅舅高士廉，因為長孫無忌的事情，高家已經受了不少牽連，有如驚弓之鳥。現在，高政又捲入太子謀反案了。怎麼處理呢？武后輕描淡寫地說了一句，得了，這也是國家的舊勳，祖先都是功臣，讓他父親教育教育他吧。

早就嚇破了膽的高家為了表現對朝廷的忠臣，決定用最殘酷的方式和高政劃清界限。高政剛一進門，他父親就抽出佩刀刺進他的喉嚨，緊接著，伯父又一刀捅進他的小腹，高政鮮血淋漓倒在地上，他的堂兄隨即又揮刀砍下他的頭顱，然後把這具無頭屍體扔到了大街上。人性的懦弱與卑微在高家表現得淋漓盡致，面對這樣的臣子，連唐高宗都難以認同，而武則天心裡卻笑了：這樣懦弱、卑鄙、沒有血性的臣子，還不好對付嗎！

經過這次清洗，太子李賢的勢力基本被肅清，武后的權威也牢不可破地樹立了起來。東宮不可一日無主，廢李賢的第二天，武則天的第三個兒子英王李哲被立為皇太子，改元永隆，大赦天下。

面對武則天咄咄逼人的態勢，風雨飄搖的李唐皇室還會面臨怎樣的變故呢？身為母親的武則天已經「再摘使瓜稀」，對於政治上極不成熟的李哲，她還會繼續下狠手嗎？

請看下回：高宗賓天。

【第十六回】

高宗賓天

永淳二年（六八三年），五十六歲的唐高宗終於走到了生命的盡頭。這一年的十二月四日，他病死在洛陽的貞觀殿。纏綿病榻的唐高宗為什麼會東巡洛陽，最後客死他鄉？皇權交接的關鍵時刻，覬覦皇位已久的武則天會怎樣應對這一非常局勢？臨終前的唐高宗，對身後之事又有怎樣的交代和安排呢？

唐代女詩人李季蘭寫過一首詩〈八至〉，很有意思：

至近至遠東西，至深至淺清溪。
至高至明日月，至親至疏夫妻。

用這首詩來形容唐高宗和武則天的關係，真是再恰當不過了。兩個人做了三十年夫妻，一邊共同奮鬥，一邊相互爭權。就在這糾纏不清的恩恩怨怨中，唐高宗的生命就要走到盡頭了，這對武則天來講意味著什麼呢？意味著兩件事：一方面，武則天離她的終極目標又近了一步；另外一方面，武則天又走入了她人生中的一個關鍵時期。在這個時候，她必須小心翼翼，一步都不能走錯，因為走錯一步，就可能是前功盡棄啊。

一、病篤離鄉：天后說服病重的高宗離開長安，前往洛陽

唐高宗生命的最後階段是在洛陽度過的。人們都說葉落歸根，唐高宗為什麼會選擇在洛陽而不是自己的老家長安來走完生命的歷程呢？其實，這並不是唐高宗的選擇，而是武則天的選擇。為什麼呢？我們前面說過，李唐王朝出身於關隴貴族集團，而長安正是關隴集團的老巢，是舊勢力集中的地區。而洛陽，是廢王立武之後唐高宗和武則天努力經營的東都，武則天曾經多次陪伴唐高宗巡幸洛陽，那裡才是她的勢力範圍。武則天要想在唐高宗死後取而代之，在洛陽更便於施展手腳。但是，怎

樣才能說服病重的唐高宗離開長安，前往洛陽呢？這事兒辦起來相當有難度。但是，正可謂天時、地利、人和，有的時候，連老天都會眷顧強者。正在武則天想要尋找理由巡幸洛陽的時候，上天來幫忙了。永淳二年，關中大旱，鬧糧荒，一斗米漲到三百文錢，是平時價格的十倍以上。照理說，沒有一個統治者喜歡天災，不過這一次武則天卻露出了笑容。現在她有理由勸李治東巡洛陽了。洛陽水陸交通便利，庫存了大批糧食，可以解決政府班子的吃飯問題。當然，我們也知道，僅憑吃飯這條理由還不足以打動唐高宗，畢竟再鬧糧荒也不會餓著皇帝呀。武則天也明白這個道理，她還有第二個理由呢。她對唐高宗說，我們到洛陽去，可以就近去封嵩山。您已經封過泰山了，咱們再去封嵩山，把五嶽封個一遍。這樣做有兩個好處：第一，向所有的神靈都宣告一下，看我們的統治多成功；第二，祈求神靈保佑我們。唐高宗本來就不大自信，越不自信的人，越希望有點成績就去顯擺顯擺，向老天稟報一下；再加上唐高宗久病纏身，他真希望有神靈保佑他。所以武則天說出這兩個理由來，他的心思就活動了。皇帝和皇后決定到洛陽去，連同後宮加上大臣、隨從，總有一萬多人。二聖一聲令下，一萬多人馬就浩浩蕩蕩地離開長安，前往洛陽了。

皇帝東巡，總得有軍隊護駕吧，可是此時軍隊的統帥裴行儉，當年在廢王立武問題上反對過武則天，被貶西州（也就是今天的新疆吐魯番）。結果裴行儉因禍得福，他屢敗外敵，立下赫赫戰功，在西部戰場上鍛鍊成一員大將，高宗又召他回朝，掌握重兵。武則天到洛陽去可是要辦大事的，如果到時候軍隊橫生枝節，豈不是要功虧一簣！所以她不願意帶太多的軍隊去。可是皇帝出行，沒有軍隊護駕，怎麼保證路上的安全呢？武則天敢想敢幹，她找來了新提拔上來的監察御史魏元忠，要他負責沿途的保安工作。監察御史是個八品文官，手裡沒有一兵一卒，你讓他怎麼維持治安啊！不過唐朝是個出英雄的時代，有英雄的女皇，就有英雄的大臣。魏元忠受命之後，回家絞盡腦汁想了一晚上，真想出一個主意來。他馬上趕到長安、萬年兩縣的監獄，把犯人一一過堂，給犯人相起面來了。在一群衣衫襤褸、目光呆滯的犯人之中，魏元忠發現有一個人格外與眾不同：目光炯炯，不怒而威，舉手投足有黑幫老大的氣度。魏元忠忙給這個囚犯打開枷鎖，把他請出去好吃好喝地招待一番，然後說明來意：天皇和天后東巡洛陽，希望他能幫忙管束沿途盜賊。魏元忠這次相面真是沒有相錯，這個犯人聽了之後，哈哈大笑，慨然允諾。魏元忠於是發給他官服袍帶，又給他配了一匹高頭大馬，讓他騎馬跟隨聖駕赴洛陽。這一手還真有效，沿途盜賊看見保駕護送的竟然是自己的頭目，當然不敢前來騷擾，一萬多人馬平安到達東都，就連私人財物都一文不少。天子出巡，盜賊護駕，真是千古奇聞，但這有什麼關係呢？武則天把可能對她不利的軍隊留在了長安，照樣平平安安地抵達了洛陽，她的目的達到了。

到了洛陽之後，武則天以宰相都留在長安輔佐太子為名，敦促唐高宗一口氣任命了四位宰相，這四位宰相原來都是四品官，資歷非常淺。按照唐朝的慣例，只有三品官才能當宰相，所以當時宰相的頭銜就是「同中書門下三品」。現在直接讓這幾個四品官加「同中書門下三品」的頭銜，似乎太招搖了，怎麼辦呢？只能從頭銜上下工夫了。為了讓這四個人能夠順利地走上領導崗位，武則天想出了一個新頭銜：「同中書門下平章事」，不提品級，只是讓他們平章政事而已！有了這個頭銜，四個年輕資淺的四品官頓時平步青雲，躋身宰輔行列。這可是唐朝政治史上具有劃時代意義的一件事。它打破了原有任相資格的限制。此後，許多科舉出身的年輕官員可以迅速提拔為宰相，進入最高統治階層。這樣一來，社會流動就更加頻繁了。當然，這幾位宰相年紀輕，資歷淺，對武則天只有聽命而已。

二、客死東都：永淳二年，唐高宗李治病於洛陽

武則天到洛陽的第二理由是封禪嵩山，到洛陽沒多久，她又把高宗鞍馬勞頓地折騰到嵩山腳下。就在嵩山腳下，引出了武則天和唐高宗關係史上的又一樁公案。《資治通鑑》記載：

> 上苦頭重，不能視，召侍醫秦鳴鶴診之。鳴鶴請刺頭出血，可愈。天后在簾中，不欲上疾愈，怒曰：「此可斬也，乃欲於天子頭刺血！」

這是怎麼回事呢？原來，經過路上這麼一番折騰，唐高宗的風疾更重了，頭疼難忍，眼睛也看不見東西。傳統的丸散針膏已經無濟於事，有一個外道的御醫臨危受命了。誰呢？此人叫秦鳴鶴，據學者考證他是一個來自大秦，也就是東羅馬帝國的景教徒。景教是早期基督教的一個分支，唐初開始在中國傳播。隨著大批景教徒的到來，西方的醫術也在中國廣泛流傳。特別是他們用開顱術治療失明的病人，在唐朝被傳得神乎其神。現在皇帝失明了，就讓大秦的醫生試一試吧。秦鳴鶴診治後稱：「皇上的失明是由於風熱之毒上侵頭部造成的，若用針刺頭部出血，可能有望恢復。」按照現在的說法，就是血管堵塞，壓迫視神經。只要拿兩根針，刺進頭頂上的腦戶和百會兩個穴位，讓血流出來，失明就能好。他的話音剛落，坐在簾子後頭的武則天就是一聲斷喝：「此可斬也！乃欲於天子頭刺血？」秦鳴鶴嚇得渾身發抖，腿一軟就跪下來了，請求天后饒命。正在這時候，唐高宗發話了：「但刺之，未必不佳。」意思是算了算了，醫生也是好心嘛，反正現在別的藥也不見效，讓他試試吧。武則天一

看唐高宗都這麼說了，那也不好再說別的了。可憐的秦鳴鶴現在是只許成功，不許失敗，他戰戰兢兢地把針刺進了高宗的百會和腦戶二穴，暗紅色的血液流出之後，唐高宗的頭也抬起來了，眨巴眨巴眼睛說：「皇后啊，我看見妳了，我真的看見妳了！」激動得不得了。話還沒說完，武則天已經是連拍腦門，如釋重負說：「老天保佑！」她咚咚咚地跑了出去，親自背了一百匹絲帛賞給秦鳴鶴。司馬光在《資治通鑑》裡記載這件事的時候，提到有人認為武后阻止秦鳴鶴給高宗扎針是不希望皇帝病癒，盼望皇帝早點死。不過我覺得武則天大可不必那麼心急，從十四歲進宮算起，她已經忍耐了四十多年，現在，皇帝已經在她的掌握之中，她怎麼會在這最後的關頭失去耐心呢！

秦鳴鶴這次治病，其實對於唐高宗來說不過是回光返照。此時，皇太子李哲和宰相裴炎已經被武則天召回洛陽，準備接班。沒過多久，也就是永淳二年的十二月四日，唐高宗知道自己不行了，為了求福，他大赦天下，改元「弘道」。本來，他還想登上則天門樓親自宣布大赦令，但是無奈心慌氣短，怎麼努力都難離床榻。皇帝無法宣赦，只好把百姓召集到殿前，由侍臣代為宣讀。聽見外面一片歡呼聲，唐高宗深深地嘆了一口氣，他說：「蒼生雖喜，我命危篤。天地神祇若延吾一兩月之命，得還長安，死亦無恨！」彌留之際的高宗多想再看一下長安那塊哺育了他的桑梓熱土，但是，上天沒有給他這個機會，他已經不可能再回去了。

當夜，高宗李治病逝於洛陽貞觀殿，享年五十六歲。這一年，武則天六十歲，皇太子李哲二十八歲。

三、費解的遺詔：軍國大事有不決者，兼取天后進止

唐高宗死了，武則天從天后改稱為皇太后。唐朝會向何處去呢？此時，武則天已經聽政二十多年了，天下盡在掌控之中。誰都感覺到，武則天不會輕易把權力交給太子。但是，太子畢竟已經成年了，完全可以立即親政。武則天怎麼才能保住自己的權力呢？所有人都拭目以待。就在這時候，有一份檔出現了，這份檔一頒布，武則天一下子又有了合法的參政權。怎麼回事呢？唐高宗臨死之前，遺命裴炎輔政，同時留下了一份政治遺囑，叫做〈大帝遺詔〉。〈遺詔〉是這麼說的：

> 天下至大，宗社至重，執契承祧，不可暫曠。皇太子可於柩前即皇帝位，其服紀輕重，宜依漢制。以日易月，於事為宜。園陵制度，務從節儉。軍國大事有不決者，兼取天后進止。（《唐大詔令集》卷一一）

這裡頭最值得我們注意的，就是「軍國大事有不決者，兼取天后進止」一句。這個遺囑實在是太不同尋常了。它至少有三層意思：第一層意思，皇太子可於靈柩前繼位，就是皇太子李哲就在皇帝的靈柩前面即位當皇帝就可以了。這是確立太子作為繼任皇帝的身分。第二層意思，新皇帝怎麼給老皇帝服喪呢？唐高宗提出來，依照漢朝的制度就可以了。漢朝是什麼制度呢？就是用一天來代替一個月。按照當時中國的規矩，對於一般人而言，父親死了，兒子要服喪三年，但這三年並不是整三年，是二十七個月。皇帝政務繁忙，不能二十七個月都在那兒服喪，所以就用一天來代替老百姓的一個

月。這樣，新皇帝給老皇帝服喪的時間就變成了二十七天。第三層意思，「軍國大事有不決者，兼取天后進止」。這可是非常重要的一句話，什麼意思呢？軍國大事要是有皇帝決定不了的，去聽聽天后的意見。這可太不同尋常了，為什麼呢？因為無論是高祖還是太宗遺詔，都說「軍國大事，不得停闕，尋常閒務，任之有司」。表示大喪期間平常事務可由百官處理，然而軍國大事的處分事關君權，仍由嗣皇帝親自處理。而唐高宗居然說「軍國大事有不決者，兼取天后進止」！

那麼唐高宗為什麼要這樣做呢？我想，應該有兩種可能：第一種可能，這個遺囑反映出唐高宗對李哲相當不信任。李哲因太子監國期間表現不佳，高宗擔心他控制不住局面，而武則天執政的能力是毋庸置疑的，所以，在最後的時刻，唐高宗寧願信任妻子。第二種可能，就是這個遺囑是在武則天的控制下制定的。那麼究竟是哪種可能更接近事實呢？

我個人認為，雖然武則天控制一個彌留之際的皇帝並不困難，但是這個遺囑仍然應該反映了唐高宗的個人意志，是他自己做的決定。為什麼這麼說呢？三個理由：

第一，唐高宗確實不信任太子。太子李哲的性格可以歸結為兩點：荒唐、任性。李哲是武則天的第三個兒子，他從來沒有想過要當太子，所以皇室對他的教育也比較馬虎。李哲小的時候基本上是任著自己的性子發展的，而他的性格又偏重於鬥雞走馬這一路。在武則天的四個兒子之中，只有這個老三不是才子，不過，他小時候留下的一個事蹟倒跟著名的才子王勃有關。當時，李哲和二哥李賢都是王子，一個封周王，一個封沛王。鬥雞是唐朝非常流行的娛樂活動，兩個小王子也都喜好鬥雞。大才子王勃當時也只有二十歲，在李賢的手下做官。看到兩位王子鬥雞，他一時技癢，寫了一篇《檄周王雞》，就是討伐周王李顯的雞的檄文。沒想到這篇遊戲文章被唐高宗看到了，唐高宗認為這是挑撥兩個王子之間的關係，非常生氣，就把王勃趕回老家了。當太子以後，李哲明顯表現得非常不適應，整天只知道騎馬打獵。這是荒唐。所謂任性，是說李哲從來不聽別人勸。永淳元年，唐高宗和武則天巡幸洛陽，留下李哲監國，給這個新太子找了三位大臣輔佐。可是，儘管大臣苦口婆心地上書，勸說太子有時間多讀書，盡量按時完成老師布置的學習任務，太子也只當耳邊風。奏章像雪片一樣飛向他的宮裡，可是他照樣我行我素，該鬥雞還是鬥雞，該走馬還是走馬。在這種情況下，唐高宗對李哲非常失望。開耀二年（六八二年）正月，皇太子李哲為高宗生下一個皇孫，高宗大喜過望，親自為這個嬰兒起名「重照」，並在皇孫滿月的那天，改元永淳，大赦天下。不久，唐高宗又下令把皇孫重照立為皇太孫。這是一個極不尋常的舉動，歷史上從來沒有皇太子健在就立皇太孫的先例，何況還只是個剛滿月的嬰兒。高宗這一舉動說明，他對太子已經失望透了，只能寄希望於太子的兒子，哪怕他只是一個嬰兒呢。現在，唐朝水旱災害頻繁，邊疆也有突厥和吐蕃的逼迫，皇帝又要死在長安之外，內憂外患之下，唐高宗怎麼能夠放心讓一個不懂事的太子直接掌權呢！

第二，唐高宗不信任宰相。有人可能會問了，既然皇帝不信任兒子，為什麼不讓大臣輔佐他呢？這裡頭有兩個原因。一是當時大部分宰相都是武則天到洛陽之後新提拔起來的，當宰相的時間剛夠半年，經驗不足，不足以託付大事。二是唐高宗吃過顧命大臣的虧，因此不願意讓兒子再吃同樣的虧。當初唐太宗去世，不就給唐高宗安排了長孫無忌和褚遂良做輔政大臣嗎？後來，高宗深感受大臣控制，因此努力提高皇權，最後，才在廢王立武事件中一舉剷除元老重臣。因為有這樣的經歷，所以唐高宗終生不信任大臣，不允許大臣權力過重。他雖然任命裴炎當顧命大臣，但是不想給他太大權力。

第三，唐高宗還是信任武則天的。武則天的行政能力經過了這麼多年的檢驗，唐高宗非常佩服。

他曾說：「比來天后事條，深有益於政。」（《冊府元龜》卷八四）另外，唐高宗還是篤信一個女人是不可能獨立成事的。按照當時的說法，女人只能是在家從父，出嫁從夫，夫死從子，因此，武則天的權力再大，最後還得回歸到兒子手裡。

就這樣，〈大帝遺詔〉保留了武則天的一部分權力。不過真要行使這份權力，武則天還面臨一個難題：這個遺囑賦予了武則天權力，但是並沒有明確武則天應該如何行使權力。也許在唐高宗的心目中，什麼樣的事需要諮詢武則天應該由新皇帝自己判斷，把武則天置於最高級顧問的地位。這實際也是唐高宗對武則天攬權的一種限制。真是至親至疏夫妻啊。

武則天看了這個遺囑會有什麼感覺啊？我想武則天會一則以喜，一則以懼。她喜的是唐高宗在最後時刻還給她一部分權力，讓她名正言順地還可以繼續參政；懼的是怕用不好這個權力。武則天心目中的權力顯然不會僅僅是顧問權。怎樣利用好這份遺囑呢？有一個人出來幫忙了，誰呢？裴炎。裴炎是唐高宗任命的顧命大臣。而高宗死後，唐朝的最高權力實際上出現了三足鼎立的態勢：新皇帝李哲、武則天、裴炎。各人都有一定的權力。其中，李哲和武則天的權力處於主導地位，而裴炎，只能選擇一方去投靠。裴炎選擇了武則天。他幫武則天解決了遺囑留下來的難題。

弘道元年（六八三年）十二月七日，也就是高宗死後第三天，裴炎上奏，說現在嗣皇帝尚未正式受冊為帝，還沒有權力發號施令，所以宰相有什麼事應該稟報天后，由天后下令執行！這個上奏突破了遺詔中「軍國大事有不決者，兼取天后進止」的限制，要求天后全面主持工作，把皇帝給晾到一邊去了！

裴炎為什麼要這麼做啊？我想，首先，裴炎雖然不是武則天的心腹，但是他處理李賢謀反案後就受到武后賞識，雙方關係頗為密切，而對新皇帝李哲的無能，裴炎也知道得清清楚楚。兩者之間相互權衡，裴炎寧可擁護武則天。其次，裴炎有自己心目中的皇帝人選，他也想利用武則天實現自己的願望！那麼裴炎想讓誰當皇帝呢？我們以後再說。反正現在裴炎是高宗指定的唯一顧命大臣，他的話自然是一言九鼎，沒人反對。

就這樣，武則天通過和裴炎的交易，終於得到了單獨處分政務的權力，當然，這個權力是有時間限制的。最初裴炎說新皇帝尚未受冊封，所以應該由天后發布命令；可是幾日後，李哲正式受冊為帝，武則天和裴炎又說，新皇帝守喪還需要一段時間，在這段時間裡，應該由武則天以太后的身分發布命令。那麼皇帝要守喪多長時間呢？前面說過，皇帝守喪是「以日代月」，只需短短的二十七天。

二十七天後可就是歷史新的一頁了，大唐帝國再次進入高層權力鬥爭的前夜。老謀深算的武則天會乖乖交出手中的權力嗎？毫無政治鬥爭經驗的新皇帝又會面臨怎樣的命運呢？

請看下回：廢黜兒皇。

【第十七回】

廢黜兒皇

在中國歷史紀年表上，西元六八四年擁有三個年號：嗣聖、文明、光宅，昭示了這一年的風雲變幻。唐高宗死後，新皇帝李哲登基稱帝。但他只在皇帝的寶座上坐了短短三十六天，就被武則天廢黜為廬陵王。豫王李旦稀裡糊塗地就直接由親王繼位為皇帝。這期間究竟發生了什麼？新皇帝李哲為什麼會被武則天廢掉呢？

當皇帝是一件大好事，三宮六院的嬪妃，至高無上的權力，對每個人都是誘惑。但是當兩次皇帝是不是好事呢？這就難說了，因為歷史上也很少出現這樣的情況。但是在唐朝的歷史上，就有兩個人先後做了兩次皇帝，這兩個人都是武則天的兒子，其中一個就是我們今天要說的李哲。這是怎麼回事呢？

一、太后圖謀奪權：新皇帝守喪期間，太后的政治布局

上回說過，唐高宗死後，武則天在裴炎的幫助下以皇太后的名義發布詔令，把皇帝晾到一邊去了。但是，武則天發號施令的時間只能是在皇帝守喪期間，因此只有二十七天。二十七天之後，她只能退回後宮，頂多享有高宗遺詔所認可的高級顧問權。但是，武則天會心甘情願地把權力交給皇帝嗎？從號稱天后開始，武則天的夢想就是當皇帝，為此，她付出了那麼大的代價，已經不可能回頭了。那麼，她怎麼才能做到在兒子親政後繼續保持權力呢？武則天一刻也沒閒著，在短短的二十七天裡做了四件大事：

第一，安撫李唐宗室。十二月十七日，武后下令給李唐宗室中輩分高、威望高的高祖、太宗諸子統統加封。大體上說，高祖的兒子加封為太尉、司徒、司空，這是所謂的三公；太宗的兒子加封為太師、太傅、太保，這是所謂的三師。這些都是朝廷的一品大員。這在中國古代可是非常顯赫的官職，但是了不起的榮銜。武則天這樣做是為了安撫李唐宗室，讓他們放心，雖然高宗去世，太后臨朝，但是，太后還是願意照顧他們的利益，尊重他們的皇室身分。武則天這樣做，一來可以穩住宗室，以免

生變；二來堵住了李唐宗室的嘴，也就等於堵住了反對派的嘴。有人不是懷疑我要篡奪李家天下嗎？現在李唐宗室都不說話了，你們還有什麼可說的？這是武則天做的第一件大事。

第二，進一步調整宰相班子。武則天從當皇后以來，可沒少在宰相班子的調整上下工夫。當時的宰相分為三部分。第一部分就一個人：德高望重的老臣劉仁軌，當時他一直留守長安。武則天把他升為品級最高的正二品左僕射，但是仍然讓他留守長安，實際上是把他閒置了，意思是洛陽這邊的事，您老就別插手了。第二部分是幾位剛剛提拔的宰相。武則天把這幾位新宰相從「同中書門下平章事」升為「同中書門下三品」，改變頭銜，希望他們升遷後能感恩，進一步為她效力。第三部分可是一個重要人物。誰呢？裴炎。上回說過，高宗死後，武則天能夠得到繼續發號施令的權力，多虧了裴炎的幫助。現在調整宰相班子，怎麼安置裴炎呢？武則天根據裴炎的要求，把他從門下侍中改為中書令，同時做了一個制度上的大調整，把宰相集體議政的機構政事堂由門下省搬到了中書省。有人可能就不明白了：門下侍中和中書令都是三品官，地位平等，裴炎為什麼要這樣調整呢？

這可是唐朝宰相制度的一個大變革。本來唐朝實行三省制，中書省出令，門下省審核，尚書省執行。因為在執行之前門下省把最後一道關，所以宰相集體議政的地點政事堂就設在門下省。可是，隨著社會事務越來越複雜，中書省的謀議、出令權顯得越來越重要。所以，裴炎才會要求擔任中書令。而武則天把宰相集體議政的政事堂從門下省改到中書省，意味著從制度上進一步加強中書省的權力。裴炎是顧命大臣，每次宰相開會都由他主持，無形之中就成了首席宰相，這樣一來，原本宰相集體議政的政事堂也慢慢變成了一言堂。武則天為什麼要這樣做呀？一方面，這是和裴炎之間做的一個交易，裴炎幫助武則天繼續掌握權力，武則天也要滿足裴炎的權力野心；另一方面，武則天也在為自己打算。過去門下省不是主管審核封駁嗎？這個權力不光針對大臣，也針對皇帝，現在武則天削弱了門下省的權力，以後再做什麼不合制度的事情就更方便了。

第三，控制中央禁軍。俗話說，槍桿子裡面出政權。一個政權要想穩定，必須有軍隊的支持。唐朝從玄武門之變開始，就著力打造一支由皇帝親自控制的親兵隊伍，這支隊伍叫羽林軍，他們的向背對於統治者至關重要。武則天要想奪權，必須取得軍隊的支持。現在，武則天詔令大將程務挺和張虔勖分掌左右羽林軍，奔赴洛陽，穩定東都政局，以備不測。武則天這一步棋可走得太重要了，這兩個人不久就發揮了關鍵作用，具體是怎麼回事，我們下文再表。

第四，加強對地方的控制。武則天把軍中心腹將領分別派到并州、益州、荊州、揚州四大都督府，加強當地防衛。這四個地方對於唐朝非常重要。并州是李唐的龍興之地，也是武則天的老家，同時它還是北方軍事重鎮。益州物產豐富，又易守難攻，是李唐王朝的大後方，安史之亂中的唐玄宗就是逃往四川避難的。揚州富甲天下，是唐朝財政的重要來源地，當時的人談起自己的理想，就是「腰纏十萬貫，騎鶴下揚州」，意思是說，就算做了神仙，也要到揚州去消費，可見揚州的富貴繁華。荊州是中南地區的都會，自古為兵家必爭之地。三國時，劉備、曹操、孫權你死我活地爭奪哪塊地盤啊？不就是荊州嗎？後來關雲長大意失荊州，蜀漢政權馬上就一蹶不振了。所以荊州也相當重要。武后讓她的心腹將領出鎮地方軍事、經濟重鎮，顯然是為了避免地方騷動，而這個詔令的發布已經是弘道元年十二月二十九日，也就是嗣皇帝李哲守喪的最後一天。

在短短的二十多天裡，武后馬不停蹄，接連辦了這麼多大事，她終於鬆了一口氣。現在，無論是中央還是地方，她都已經安排得滴水不漏，新皇帝再想有所作為，怕是不容易了。

二、李哲一朝被廢：臨朝聽政第三十六天，太后廢中宗為廬陵王

正月初一，已經憋了快一個月的李哲終於親政了。他改元「嗣聖」，也想要大張旗鼓地幹一番。可是環顧四周，李哲很快就傻眼了。從中央到地方，從文官到武將，已經都被母親安排得妥妥帖帖，每個大臣看起來都是母親的同黨。李哲雖然已經貴為皇帝，但是沒有人買他的帳。我們曾經分析過李哲，他從小缺乏帝王的培養教育和實際鍛鍊，喜歡鬥雞走狗，騎馬打獵，這樣的紈袴子弟顯然是智慧不足而勇氣有餘。要講鬥爭水平，他比老爸唐高宗可差遠了。當年唐高宗受制於宰相，還懂得先忍耐順從，慢慢尋找突破口，李哲可沒有這個耐心和見識，馬上就發作了。他是怎麼做的呢？

正月初一，李哲剛剛親政，馬上立太子妃韋氏為皇后，隨即把皇后之父韋玄貞提拔為豫州刺史。他老丈人原來是個芝麻大點的小官，這回一下給提拔成刺史了。沒過幾天，他又把韋后的一個遠親提拔為同中書門下三品，讓他直接當宰相。皇帝的用意很明確，既然大臣都是皇太后的人，我也得提拔一些自己的人啊。可誰是自己人呢？李哲可不像他的兩個哥哥那樣還有宰相支持，他所能依靠的只有皇后的娘家人了。韋皇后的娘家倒是貴族，可是已經沒落了，沒有幾個現任官員，而且當官的級別都比較低。所以李哲只能拚命提拔。李哲的婚事可是武則天安排好的，這韋皇后是什麼時候娶的？是李哲當太子的時候武則天給他娶的，娶的時候就有深意：論門第，沒得挑，但是能給李哲現實上幫什麼忙呢？幫不了。這一點，武則天是深謀遠慮的。所以韋皇后的娘家人現在看哪個也提拔不起來，只好先提拔岳父，再提拔一個，就已經是遠親了。

初出茅廬的李哲第一招就錯了，為什麼呢？武則天執政，還知道安撫李唐宗室，而李哲只知道討

好老婆的娘家人，這種事情連他的叔叔大爺看了都不會舒服，怎麼能指望他收服天下人心呢？不過，雖然如此，人們還是拭目以待，想看看皇帝下一步怎麼走。怎麼走呢？李哲沿著錯誤的道路越走越遠了，他居然要把韋皇后的父親從刺史再提拔到侍中，又準備讓乳母的兒子當一個五品官！這個事情做得太離譜了。倒不是說刺史不能當宰相，可是韋皇后的父親連刺史的位子還沒坐暖啊，這個提拔過於迅猛，這樣明顯的任人唯親，怎麼能服眾呢？

既然要任命官員，按照唐朝的制度，應該由中書省來起草詔書。我剛剛說過，中書省的長官不是顧命大臣裴炎嗎？裴炎現在大權在握，幾位年輕宰相都已經被他搞定，他正在品嚐一人之下、萬人之上的滋味呢，如果皇帝的岳父當了門下侍中，掌握了審議封駁權，他的權力肯定會大打折扣！再說，裴炎老早就看不上這個皇帝了，於是，他非常不客氣地提出反對，堅決不肯起草詔書！李哲本來就是一個涵養不夠的人，這時候不由得心頭火起，大發雷霆：「就算我把天下交給韋玄貞有何不可！他怎麼就做不得侍中啊？」這話是什麼意思呢，他難道是真的想把天下交給韋玄貞嗎？不可能啊。誰都知道，李哲這只是氣話罷了。可是，俗話說得好，天子無戲言啊！就這麼一句話，李哲立馬就把自己的皇帝位子給斷送了。

裴炎聽到皇帝的答覆，二話不說，馬上面見太后，向武則天彙報說，皇帝要把天下交給韋玄貞。裴炎這樣做是有點兒不地道，可是深究起來，倒也沒有錯，高宗的遺詔裡說得很清楚，「軍國大事有不決者，兼取天后進止」。現在皇帝聲稱要把天下交給岳父，這當然是軍國大事了，所以裴炎當然要來請示太后了。武則天聽了這個彙報怎麼想啊？她可太高興了，她正愁找不到機會把兒子拿下呢，他自己居然乖乖地送上門來了！武則天馬上就把這件事當大事來辦了。她和裴炎煞有介事地商量：皇帝這麼昏庸，我們怎麼辦呢？商量來商量去，兩個人一致同意，沒辦法，只能廢了他吧。可是廢了他讓誰來當皇帝呢？是不是就是武則天啊？那也是不可能的。

按照當時的情況，繼承人的人選有兩個，第一個，李哲的兒子，就是被唐高宗立為皇太孫的那個李重照。還有一個人選，就是李哲的弟弟李旦。武則天和裴炎商量後，決定選擇李旦繼位。為什麼呢？這裡可有大名堂。如果挑了那小孩當皇帝，那誰是太后呢？李重照的媽媽韋氏就成了太后，武則天就成了太皇太后了。選擇李旦，武則天就是太后，太后參政總比太皇太后要名正言順一些。

武則天和裴炎商量好了目標，接下來就要具體實施了。可是實施起來，光靠武則天和裴炎兩個人可不行。他們還要取得文官武將中關鍵人物的支持。在文官之中，武則天選擇了中書侍郎劉禕之。劉禕之是何許人呢？劉禕之從小就以文章知名，是武則天的私人內閣——「北門學士」之首，是武后的心腹，對於幫武則天搞陰謀非常內行。與此同時，他又與豫王李旦有著親密的關係，他曾經兩次擔任李旦王府的司馬，高宗也對他寄予厚望，曾經說，相王是朕之愛子，因為卿出自忠孝之門，請您做相王的輔佐，希望起到「蓬生麻中，不扶自直」的作用。李旦對他極為尊敬，他對李旦自然也極其忠誠。兩個人情同父子，因為有這樣的雙重身分，劉禕之當然贊成廢黜李哲，改立李旦了。有了劉禕之的配合，武則天和裴炎更是如虎添翼。劉禕之堪稱政治智囊級的人物，他制訂起計畫來非常縝密，可保萬無一失。文臣搞定了，還有武將。前面說過武則天在李哲親政之前，不是把兩位羽林軍將領調到洛陽了嗎？她對這兩個將領極盡籠絡之能事，經過一個月的努力，這兩個人已經歸心於她了。

準備工作做完，接下來就要執行了。嗣聖元年（六八四年）二月六日，這是一個雙日子，武則天忽然打破高宗以來單日上朝，雙日不上朝的慣例，召集文武百官到洛陽宮的正殿乾元殿上朝！這個通知一出來，大臣都有些丈二和尚摸不著頭腦，連皇帝李哲也是一頭霧水。母親不是已經讓他親政了嗎？怎麼自己又發號施令了呢？每個人都有點惴惴不安。不安歸不安，大家還都按時到乾元殿，等待皇帝發號施令。到殿後，人們就發現問題了，今天朝堂上怎麼少了幾個人呢？特別是顧命大臣裴炎怎麼沒來呢？正在這時候，殿外忽然傳來一陣急促的腳步聲，緊接著，四個人就衝進來了。誰呢？中書令裴炎、中書侍郎劉禕之和兩位羽林將軍程務挺、張虔勖。他們身後是殺氣騰騰的羽林軍士兵。進殿之後，裴炎搶前一步，大聲宣布：「皇帝無道，奉太后令，廢皇帝為廬陵王！」話音剛落，兩名羽林軍立即撲上前去，一左一右將皇帝架下了寶座。可憐的皇帝邊掙扎邊喊叫：「我何罪？」薄薄的簾子後面傳來武則天威嚴的聲音：「汝欲以天下與韋玄貞，何得無罪！」

大家注意，武則天的理由合不合理呢？非常合理！當年唐高宗想要讓武則天攝政，宰相郝處俊不是也提出過反對意見嗎？他說：天下是高祖、太宗的天下，不是陛下您一個人的天下，您有什麼權力想給誰就給誰呢？這個意見一出來，高宗不就心服口服了嗎？現在武則天援引的是同一條原則：天下是列祖列宗的天下，你李哲想要給一個外姓，這還不是罪過嗎？話說到這個分上，皇帝已經沒有還口的餘地了，因為他輸的不是別的，而是理。

皇帝被拉下殿了，大臣們是什麼反應啊？大臣已經沒反應了，都嚇傻了，目瞪口呆。再說，面對著虎視眈眈的羽林士兵，誰還敢再說什麼呢！一場宮廷政變就這樣兵不血刃地結束了。可憐的李哲，剛做了三十六天皇帝就被趕了下來。

武則天為什麼能取得這場政變的勝利呢？關鍵有三條：第一，準備充分，未雨綢繆。武則天在皇帝守喪，自己執政的時候，就把羽林軍調到洛陽，以備萬一，這就是未雨綢繆。在關鍵時刻，這支軍隊果然派上了用場。第二，利用矛盾，爭取支持。利用誰和誰的矛盾呢？太子和宰相、大臣的矛盾。無論是裴炎還是劉禕之，都不喜歡李哲，都想換一個皇帝。李哲從當太子起，就沒有給人臣們留下什麼好印象，當皇帝之後繼續表現不佳，而且油鹽不進，相信當時沒有幾位大臣真正替他惋惜。另外，裴炎和劉禕之也都是各懷心事。劉禕之是李旦的老師，當然希望自己的學生上臺；裴炎雖然跟李旦沒什麼關係，但是，如果廢黜李哲，改立李旦的話，他就有擁立之功，輔政大臣的地位會更加穩固。而且，李哲這個新皇帝為了樹立自己的權威，已經把裴炎視為眼中釘、肉中刺，所以裴炎雖然是顧命大臣，但是在李哲手下很難有好日子過。裴炎和劉禕之兩個人都有提升自己權力的野心，而武則天恰恰利用了他們的野心，先把李哲拉下來再說。第三，嚴格保密，迅速出手。這麼一件大事，武則天只讓裴炎、劉禕之、程務挺和張虔勖知道，其他文臣武將一無所知。這樣高度保密的計畫，執行起來迅雷不及掩耳，皇帝和其他有意見的大臣完全喪失了還手能力。紫宸易主，卻又兵不血刃，堪稱宮廷政變的典範。

三、李旦糊塗接班：睿宗繼位，改元文明

李哲被廢了，江山不可一日無主，第二天，連太子也沒做過的豫王李旦，稀裡糊塗地就被扶上大殿，直接由親王繼位為皇帝，改元文明。李旦是武則天和唐高宗最小的兒子，原名旭輪，當時二十二歲。無論叫李旭輪還是李旦，都是太陽的意思，可以看出當初武則天對他也是寄予厚望。李旦剛剛出生就被封為殷王，三歲即拜單于大都護，父母偏疼小兒子，在李旦這裡表現得相當明顯。因為是最小

的兒子，李旦一直沒有離開父母身邊。這樣的環境養成了他文靜柔順的性格。李旦為人謙遜和藹，好學工書，在武則天的孩子裡最有學者氣質。

李旦已經是武則天所能夠選擇的最後一個繼承人了，老大李弘病死，老二李賢被廢，老三李哲也被趕下皇位，成了盧陵王了。武則天就剩下這麼一個老四了，她會真心實意地幫助他當一個好皇帝，還是打算「摘絕抱蔓歸」？天下人對武則天這一連串的行動，又會做出怎樣的反應呢？

請看下回：揚州叛亂。

【第十八回】

揚州叛亂

公元六八四年九月，就在武則天緊鑼密鼓地張羅改朝換代的時候，在遠離東都洛陽的揚州，幾個文人竟然會聚了十萬人馬，發動了一場針對武則天的叛亂。這是唐朝在安史之亂前最嚴重的一次內亂。這次突如其來的叛亂究竟是怎麼引起的？武則天又將如何度過她一生中最大的軍事危機呢？

永淳二年（六八三年）唐高宗去世和第二年唐中宗李哲的被廢，是武則天政治生涯的分水嶺，從此武則天開始了真正獨斷朝綱的時代。令人意想不到的是，正當武則天在東都洛陽品嚐著登上政治高峰的勝利果實的時候，遠在揚州一個小酒館裡的一次聚會，竟然引發了一場唐前期最嚴重的內亂。這次內亂聲勢浩大，令武則天措手不及，也對武則天的政治生涯產生了深遠的影響。

一、酒館裡的密謀：失意文人、政客匯集揚州，決定造反！

為什麼會發生叛亂呢？第一個原因就是武則天改朝換代的步伐加快了，引起了部分官員的警覺和反感，朝野上下彌漫著一種緊張微妙的氣氛。我們上回說過，嗣聖元年（六八四年）二月六日，武則天的第三個兒子李哲，剛剛當了三十六天的皇帝，就被趕下臺了。他被廢黜之後，武則天又改立了自己的幼子、二十二歲的李旦當皇帝，改元「文明」。看到幾個哥哥的悲慘下場，李旦嚇壞了。他是一個溫順馴良的好孩子，他非常明白，自己完全沒有從政經驗和政治資本，根本沒辦法和母親鬥。事實上，他也沒有機會和母親鬥。他從被選定為皇帝的那一天起就不怎麼露面了，只在一些重大的場合才出現。什麼算是重大場合呢？比如說，文明元年二月十二日，武則天親臨武成殿，嗣皇帝李旦率文武百官給她上尊號。再比如，二月十五日，太后臨軒，正式冊立李旦為皇帝。舉行完冊立儀式，皇帝該親政了吧？沒有，他直接被送進一個偏殿軟禁起來了，紫宸殿的龍床上空無一人，龍床後面倒是垂下了一幅淺紫色的紗簾，武則天坐在後面，正式臨朝稱制了！那理由呢？還是很搞笑，說皇帝死了父親，心情很悲痛，暫時無法理政，需要太后來代勞。

武則天臨朝稱制，改朝換代的工作已經進入倒計時。這一年武則天六十一歲，要想當皇帝，這個年齡已經不小了。但是，心急吃不了熱豆腐，該辦的事情還得一件一件地辦完。這一年，武則天辦了幾件大事。

第一件是逼殺廢太子李賢。李賢是武則天的二兒子，後來因為謀反罪被廢，囚禁在巴州。我們分析過，李賢可能不是武則天的親生兒子，他很可能是唐高宗和武則天的姊姊韓國夫人所生。唐高宗活著的時候還可以罩著他，唐高宗一死，武則天就沒有什麼顧忌了。另外，李賢是唐高宗的幾個兒子之中最能幹的一個，比較有號召力，武則天害怕自己日後稱帝，會有人打著李賢的旗號造反。與其給以後留下隱患，還不如防患於未然。所以，武則天臨朝稱制的第五天，就派人到巴州去，逼著李賢自殺了。逼死李賢之後，武則天追封他為雍王，並率領文武百官，大張旗鼓地為他舉哀發喪。雄姿英發的李賢可是李唐皇室的希望所在，現在武則天此舉等於昭告天下，有誰還指望李賢東山再起嗎？做夢！這一招確實厲害，後來揚州叛亂曾經打著李賢的旗號進行，但天下皆知李賢已死，所以並不相信。

第二件是改革各種重要名號。什麼名號呢？首先是年號。九月，武則天改元「光宅」，這已經是這一年裡第三次改年號了，文明元年又成了光宅元年。其次是改旗幟，把所有的旗幟從紅色改為「金色」——這個「金」不是我們現在說的黃金的金，它是白銀，「金色」其實是銀白色——再裝飾上紫色的花紋。第三是改都號，把東都洛陽改稱「神都」，洛陽宮也改叫「太初宮」。另外就是改官號。朝廷衙門及官職名稱，全都煥然一新。比如說尚書省改叫「文昌臺」，中書省改叫「鳳閣」，門下省改叫「鸞台」，吏、戶、禮、兵、刑、工六部也改成了天、地、春、夏、秋、冬六官。改年號、改旗幟、改都號，這在古代可都是改朝換代的標誌，武則天走到這一步，她下面想幹什麼，那是司馬昭之心，路人皆知了。

第三件是追尊武氏先人，提拔武家子弟。改革各種名號之後，武則天追封自己五代以內的祖先為王，夫人為王妃，同時建武氏七廟！這可又是一件大大違背常規的事。因為中國古代講究禮法，根據禮法的規定，天子七廟，諸侯五廟，不容僭越。武則天給自己的祖先建七廟，等於公然向傳統發出挑戰，把自己當皇帝了！當然了，死祖宗管不了活人的事，武則天要想鞏固自己的勢力，還得提拔活著的武家子弟。武則天稱天后之前不是已經把幾個姪子召回身邊了嗎？這時候，她異母哥哥武元爽的兒子武承嗣正式拜相，武元慶的兒子武三思也提升為夏官（兵部）尚書，真是「一人得道，雞犬升天」。有這兩個親人不離左右，武則天想幹什麼也就順利多了。做完這麼幾件大事，武則天要改朝換代的意圖已是呼之欲出了。這當然引起了一些人的疑慮和不滿。

叛亂的第二個原因是當時的揚州城匯集了一批失意的文人政客。在這裡介紹其中三個重要人物。第一個是李敬業。李敬業是何許人呢？說起來他和武則天的淵源還很深，他的爺爺就是在廢王立武問題上幫了武則天大忙的名將李勣。當年，李勣一句「此陛下家事，何必更問外人」真是四兩撥千斤，一下子扭轉了武則天的不利局面，李勣也因此成為唐高宗和武則天最敬重的大臣，享盡了榮華富貴。李勣的兒子早死，他死後，爵位英國公就傳給了孫子李敬業。李敬業本來擔任眉州刺史，因為失職被貶為柳州司馬。他的弟弟李敬猷官也做得不怎麼樣，從縣令的崗位上被罷免了。兩個人一肚子怨氣，既然被貶官，就去散散心吧，就跟現在好多人一樣，公司裡做不下去了，辭職了，辭職了先幹什麼？先去旅遊，換換心情，然後再投入新的戰鬥，李敬業兄弟也是這樣。當時揚州是水陸交通樞紐，李敬業兄弟先到了揚州。本來唐朝的官員能上能下，流動比較頻繁，貶官也是經常發生的事情，但是這次揚州之行卻引出了一件大事。什麼大事呢？有點像宋江發配江州，引起梁山好漢聚義一樣，這次李敬業的揚州之行也引得一群鬱鬱不得志的野心家聚首了。

第二個重要人物是駱賓王。我們知道駱賓王是唐朝的大才子，初唐四傑之一。我們小時候都學過一首詩——〈詠鵝〉：「鵝鵝鵝，曲項向天歌。白毛浮綠水，紅掌撥清波。」這就是駱賓王七歲時候寫的，也是駱賓王留下來的最早作品。駱賓王在文學上才華橫溢，可是做人、做官就不怎麼地道了，他當時擔任的官職是長安主簿，因為貪污被貶為臨海丞，也到了揚州。

第三個重要人物叫魏思溫。他本來是監察御史，後來犯事被貶成了縣尉，在縣尉任上又沒幹好，直接被革職為民，這時候也滯留在揚州。

同是天涯淪落人，相逢何必曾相識。這些失意落魄的文人相遇在揚州，就坐在一起喝起酒來了。幾杯酒喝下去之後，彼此話就多了，滿腹的牢騷有如滔滔江水一般。說起命運，都抱怨上頭不公道，不該把自己這樣的人才貶官。議論起朝政，又都說太后野心勃勃，皇帝前途莫測。最後，也不知是誰，天才地把這兩件事結合在一起，說現在太后臨朝，人神共憤，我們打出匡扶唐室的旗號，肯定有人響應，得勝之後，天下可就是我們的了！這個主意一下子讓幾個喝得酒酣耳熱的失意者熱血沸騰。本來嘛，李敬業兄弟是高幹子弟、紈袴膏粱，其他幾個人是失意文人，這樣的人最有特點了。什麼特點呢？首先，對政治有一定的敏感度，容易找到問題的切入點；其次，對自己估計過高，志大才疏。這樣的人紙上談兵還像那麼回事，實際操作就不行了。但是這幾個人馬上決定了：造反！

二、請看今日之域中，竟是誰家之天下：高舉「匡扶大唐」口號，推翻太后

既然要造反，就要考慮幾件大事了。哪幾件事呢?第一，怎麼建立一個造反指揮部。第二，在哪裡造反。第三，怎麼反。

先看第一件事。造反得有個頭兒啊，這裡頭李敬業背景最好，名門之後，襲爵英國公，幾個人就聯合推舉李敬業做了首領。魏思溫因為足智多謀，也被推舉出來當了軍師。駱賓王是大才子，當了祕書，當時叫記室，主要發揮筆桿子的作用。這幾個人就是造反指揮部的核心成員。

在哪裡反呢?幾個人一商量，就選在了揚州。揚州處於運河與長江的交會處，距離出海口很近，是重要的交通樞紐，且財源豐厚，當時號稱富甲天下；揚州又遠離政治中心，朝廷駐軍有限。在這裡揭竿而起，正可謂天時地利人和。

怎麼反呢?魏思溫不愧是軍師，馬上想出來一個主意。他聯絡了自己過去的一個同僚，也是一個野心家，監察御史薛仲璋。這薛仲璋可是我們要說的揚州叛亂的又一個重要人物。魏思溫跟薛仲璋如此這般地說了一番，薛仲璋就心領神會了，上書請求出使揚州。我們說，他一個監察御史想到哪兒就到哪兒嗎?在唐朝還真有可能辦到。因為監察御史本來就是到地方去檢查工作的，他可以提出自己想要視察的地點，這是第一個理由。還有，薛仲璋身分特別，他是宰相裴炎的外甥。外甥跟舅舅說，我想到揚州檢查一下工作，順便溜達溜達，玩兒一玩兒，這舅舅能不答應嗎?所以他輕而易舉地就空降揚州了。到了揚州之後，薛仲璋就把揚州地方長官給抓起來，說有人告他謀反，得審一審，這樣揚州就暫時沒有行政領導了。然後李敬業大搖大擺地騎著馬來了，說是揚州的新任長官到任。有了薛仲璋

確認他的身分，其他官員自然也不會有太多懷疑。上任之後，李敬業謊稱自己奉密詔討伐南方的反叛勢力，於是從監獄裡放出囚犯，又打開倉庫，給囚犯和官衙裡幹活的工匠們分發武器，就這樣組織起幾百個人來，一下子就把揚州城給占領了。占領揚州之後，李敬業這才打出匡扶皇室的旗號，說武后專權，天地不容，我們要擁立被廢的皇帝李哲。剛才說過，武則天臨朝稱制後，邁的步子確實大了一點兒，所以這個口號還真有號召力，十幾天內就集聚了十多萬人。周圍幾個縣也都投降了。

叛亂已經開始，再下一步就是繼續擴張勢力了。怎麼擴張呢？第一步，製造輿論，發動群眾。李敬業讓記室駱賓王寫一篇戰鬥檄文，讓天下人都知道他們為什麼起兵，號召天下人響應。駱賓王不是個失意文人嗎？這次可找到用武之地了，他大筆一揮，馬上就出來一篇千古絕唱。

這篇檄文名叫〈代李敬業傳檄天下文〉，後來收到《古文觀止》裡，改叫〈討武曌檄〉。文章分三部分。第一部分主要揭露武則天的罪惡。按照駱賓王的說法，武則天一共有三大罪狀。第一大罪狀是「踐元后於翬翟，陷吾君於聚麀」，就是通過狐媚的手段，讓高宗父子亂倫，而且迫害高宗的王皇后。這個我們前面講過，基本算是確有其事。第二大罪狀是「殺姊屠兄，弒君鴆母」。這裡頭呢，殺哥哥是真的，殺姊姊就很難說了；至於說殺死唐高宗，毒死母親，這都是不實之詞，是誹謗。第三大罪狀是「包藏禍心，窺竊神器」，說武則天把皇帝李旦給囚禁起來了，又拚命提拔自己的娘家人，想要自己當皇帝，這一條也基本成立。既然有這三大罪狀，那當然是人人得而誅之了。

第二部分是介紹自己的領袖李敬業，說李敬業是「皇唐舊臣，公侯冢子」，不僅出身好，而且會打仗。他的軍隊也是威武之師、仁義之師，「喑嗚則山岳崩頹，叱吒則風雲變色」，一定會打贏這場正義戰爭。

第三部分是對天下人，當然主要是對官員的期望。說你們諸位或者是接受過國家的官爵，或者是皇室的親戚，或者是帶兵的武將，或者是掌政的文臣，你們怎麼能夠忘記皇帝的恩德呢？如果你們迷途知返，棄暗投明，加入到起義的隊伍中來，以後還可以加官晉爵，擁有美好前程；如若執迷不悟死不改悔的話，日後必定是死路一條。最後一句話更是說得豪情萬丈：「請看今日之域中，竟是誰家之天下！」

這是篇戰鬥檄文，寫得汪洋恣肆，發布之後天下爭相傳頌。李敬業製造輿論、爭取主動的目的算是實現了。

第二步就是繼續擴展勢力了。李敬業集團面對的首要問題是，下一步怎麼打。可是就在這個問題上，李敬業集團內部出現了分歧。打下揚州後，李敬業就面臨著作戰方向選擇的問題。他當時有兩個選擇。第一個選擇是北上攻取神都洛陽，這是打天下的路子，是軍師魏思溫提出來的。他說，我們既然打出了匡扶大唐的口號，就應該直接北上，攻打洛陽，這樣天下人才會相信我們確實是要勤王，還政於皇帝，才會擁護我們。而且，我們現在直撲洛陽，打武則天一個措手不及，勝算的把握也要大一些。第二個選擇是進軍江南，這是割據的路子，是在起兵開始時發揮了關鍵作用的薛仲璋提出來的。他說金陵（今南京）有王氣，而且有長江天險，易守難攻，就算是形勢不妙的話，還可以和武則天劃江而治。很顯然，兩種思路一種是積極進取，一種是苟且偷安。

李敬業是統帥，他會如何選擇呢？他聽了薛仲璋的意見，揮師南下了！

三、平定反叛：揚州叛亂，唐朝開國以來，規模最大的內戰

李敬業起兵畢竟是唐朝建國後，在腹心地區爆發的第一次真正的叛亂，也是開國以來規模最大的內戰。武則天緊張不緊張呢？她當然緊張。第一，揚州是唐朝的經濟中心之一，地位重要。第二，武則天本人從來沒有打過仗，處理叛亂經驗不足。第三，此刻正是敏感時期，天下人都在拭目以待。

緊張歸緊張，武則天怎麼辦呢？武則天做了兩件事。第一，處亂不驚，展現氣度。第二，調兵遣將，施展能力。駱賓王的檄文傳到洛陽後，馬上有大臣上報給武則天。面對這篇揭瘡疤、兜老底的檄文，武則天邊看邊笑，看到「請看今日之域中，竟是誰家之天下」一句後，她把檄文放下了，抬起頭來說：這是宰相的過錯啊，這樣的人才，怎麼早沒發現呢！舉重若輕的一句話，馬上穩住了局面，原來忠誠的大臣自然更加忠誠，原來想要趁太后驚慌，裡應外合的大臣也不敢輕舉妄動。這就叫做「每臨大事有靜氣」，有帝王氣概。穩住陣腳後，接著就要調兵遣將了。武則天在七天之內迅速調集了三十萬大軍投入戰場，而這三十萬大軍的統帥更是安排得出神入化。誰呢？唐高宗的堂叔李孝逸，李旦得管他叫叔爺爺，是在宗室之中輩分和威望都很高的一個人。其實，李孝逸並不是一個很擅長打仗的人，但是你李敬業不是說要匡扶李唐嗎？派李孝逸去打仗就等於扇了李敬業一個耳光：我們李唐王室不買你這個帳！我們和武則天是一個陣營的，你要打武則天就是打我們李唐！所以這一下子就有了政治上的正義性了。而且，武則天這麼做也是給李唐皇室吃了一顆定心丸：你們看，我還是信任你們的，我們才是一家人！可是李孝逸畢竟不太會打仗啊，怎麼辦呢？武則天又派了一個監軍幫助他。這個監軍也是一個牛人。誰呢？魏元忠。當年武則天和唐高宗一塊兒到洛陽去，找他護駕，他找了一個

綠林大盜來一塊兒保駕護航，最後真把武則天和唐高宗平平安安送到洛陽了。武則天老早就發現魏元忠是一個奇才，現在正好讓他施展一下。

一個統治者最重要的素質不就是知人善任嗎？武則天安排好這兩個人之後，就靜等著聽捷報了。魏元忠果然不負信託，在戰場上給李孝逸出了三個好主意。第一，激勵他勇往直前。這算不上什麼主意，只是一種態度，可是態度有時候太重要了。李孝逸不大會打仗，他跟李敬業的第一仗就失利了，想往後退。這時候魏元忠就找他談話了，說李將軍請想想您的身分，您是宗室，太后才派您來打仗，如果您臨陣退縮，太后肯定會懷疑您和叛軍有勾結，那您就是跳進黃河也洗不清啊！李孝逸本來沒膽子，可這一嚇，沒膽子也得有膽子，下令三軍：只能前進，不能後退。李敬業的部隊本來就是一幫蝦兵蟹將，李孝逸的正規軍一旦統一了思路，堅定了決心，兩軍對壘，優勢就顯示出來了。這是魏元忠發揮的第一個作用。

第二，建議他先易後難，先打李敬猷。李敬業的部隊分成好幾支，那先打哪支，後打哪支呢？大部分人都覺得我們是王者之師，皇帝派來的，所以應該先打李敬業的主力部隊，或者直搗揚州老巢。但是魏元忠說，不然，我們應該先打李敬業的弟弟李敬猷的那支軍隊，為什麼呢？因為李敬猷是賭徒出身，這個人不會打仗，容易對付，這是一。第二個理由，他說李敬業的軍隊雖然看起來浩浩蕩蕩，其實都是烏合之眾。這種軍隊心理不穩，他打贏一仗，就以為自己是天兵天將，真的戰無不勝、攻無不克，以後可能越戰越勇；但是他若是打輸了一仗，馬上就士氣低落，不戰自潰了。所以咱們先打李敬猷的部隊，把他打敗，對敵人有一個心理震懾的作用。李孝逸雖然不會打仗，可是善於接受意見，他接受了魏元忠的意見，先打李敬猷，果然初戰告捷。

第三，建議他用火攻之計。十一月雙方主力決戰於高郵，主戰場就在下阿溪（今安徽白塔河）。河岸上長滿了蘆葦，這時候已經是冬天，西北風正緊，蘆葦也枯萎了，魏元忠對李孝逸說，這是火攻的好時候啊！李孝逸從善如流，順風放火，很快，李敬業部隊潰不成軍，七千人被斬首，渡河逃竄被水淹死的更是不計其數。李敬業率領殘部退回揚州，準備下海投奔高麗，結果中途就被部將殺死了，同時被殺的還有大才子駱賓王。李敬業姓氏本是李唐皇帝所賜，現在一併收回，仍稱徐敬業。

駱賓王不是問過「請看今日之域中，竟是誰家之天下」嗎？現在，是誰的天下已經見分曉了。揚州叛亂從頭到尾一共只用了一個多月就被平定，武則天順利度過了一生之中最嚴重的一次軍事危機！

那麼武則天為什麼能取得勝利呢？我覺得有以下五個方面的原因。

第一，政治優勢。武則天任用李孝逸就等於向天下人宣告，李唐宗室和她是站在一起的，反對她就是反對李唐王朝。這就占據了政治優勢，師出有名。相反，李敬業在政治方面犯了兩個大錯誤。第一，李敬業始終沒有明確他們要擁護的對象是誰。開始他們說要匡復廬陵王，也就是被廢的皇帝李哲，可是接著又找了一個長得像廢太子李賢的人做這支軍隊的名義首腦，而在檄文中又提到被囚禁的皇帝，這顯然指的是傀儡皇帝李旦。那麼你勤王的目的究竟是讓誰當皇帝呢？再說了，跟這支軍隊有直接關係的是所謂的廢太子李賢，可是武則天已經明明白白昭告天下，李賢已經死了，你再打李賢的旗號，又怎麼能夠取信於民呢？這就是沒有明確的政治目標。第二，李敬業向南發展，也就意味著自己拋棄了勤王的口號，想要割據，這就是真的反叛，失信於天下人，原來一度擁有的政治正義性也因此喪失殆盡。

第二，軍事優勢。唐前期實行府兵制，主要兵力集中於首都附近，揚州兵力少，李敬業雖有十幾萬人，但都是臨時拼湊起來的烏合之眾，而武則天則迅速派出三十萬大軍，以多數的正規軍去打少數的非正規軍，勝負沒有任何懸念。

第三，用人方略優勢。武則天善於用人。用李孝逸是打政治牌，借助他宗室的身分；用魏元忠是打智慧牌，借助他發達的大腦。這兩個人都用對了，是所謂的慧眼識英雄。反觀李敬業呢？他的手下並非沒有人才，他不是有一個明白的軍師魏思溫嗎？但是他不會使用人才，把人才都浪費了。一個慧眼識珠，一個明珠暗投，武則天和李敬業的水平馬上高下立判。

第四，民心優勢。武則天已經和唐高宗一起統治天下二十多年，在她統治時期，對老百姓有很多優惠政策，老百姓是擁護她的。所以當時大文豪陳子昂評價說，雖然有李敬業的叛亂，但是「海內晏然，纖塵不動」，老百姓並沒有群起響應，和打一場沒有頭緒的戰爭相比，他們更願意過「老婆孩子熱炕頭」的踏實日子。官員對武則天也滿懷信心。武則天從當皇后起，就致力於提高中下級官員的地位和待遇，他們自然擁護武則天。甚至連李敬業的叔叔潤州刺史李思文都不支持他，先是祕密向武則天彙報李敬業叛亂的消息，後來又在潤州據守，潤州城被李敬業攻破後，李敬業對叔叔冷嘲熱諷，說叔叔你既然心向武氏，你就改姓武好了。後來李敬業兵敗，親屬都受到株連，但是武則天因為李思文忠心，特意免除他處罰，而且還真的賜他姓武了。

最後，還得談一點運河的功勞。大運河是隋煬帝修的，當年可是勞民傷財，隋朝滅亡跟修這條大運河很有關係。可是運河在這時候發揮大作用了，武則天運兵馬、運糧草，從洛陽到揚州，靠的主要就是運河。沒有運河的幫助，怎麼能這麼快就結束戰鬥呢？

揚州叛亂是對武則天的一個考驗。經過這次考驗，武則天無論在個人能力還是在民意方面都得了滿分，她的底氣更足了。那麼，她下一步又向何處去呢？

請看下回：誅殺裴炎。

【第十九回】

誅殺裴炎

正在揚州擾攘朝廷用人之際，唐高宗臨終前指定的顧命大臣裴炎，卻被武則天送上了斷頭臺。歷來人們對裴炎之死爭論不一，有人認為裴炎暗中支持叛亂，也有人認為裴炎完全是無辜受戮。這場突變的政治風波究竟是怎麼一回事呢？

英國有一句諺語叫做「過河途中不換馬」，中國兵法也很忌諱臨陣換將。可是就在揚州叛亂千鈞一髮的時刻，武則天卻把顧命大臣裴炎送上了斷頭臺，而裴炎此前還是她的得力助手，剛剛協助她廢黜了中宗李哲，深得她的信任。武則天與裴炎之間的關係前後變化為何如此之大？裴炎為什麼落得這樣的結局？

一、意外的逼宮：揚州叛亂關鍵時刻，裴炎竟上奏要求太后還政

武則天之所以殺裴炎，關鍵是裴炎在對待李敬業叛亂的態度上出了差錯。我們上一回不是講過李敬業在揚州發動叛亂嗎？他打出匡扶李唐的旗號，沒幾天就發展到十萬多人。這可是唐朝建立以來最大規模的內亂啊，怎麼處理呢？當時朝廷的核心人物其實一共就三個人，武則天、李旦和裴炎。武則天當時最有權力，不過畢竟是太后臨朝，女流之輩，沒有戰爭經驗。皇帝李旦只是個傀儡，一直沒有親政，因此也無從插手。而裴炎作為顧命大臣，德高望重，有幾十年的行政經驗，在這件事上理應發揮重要作用。武則天本來也是這麼想的，對裴炎寄予厚望。可是沒想到，開戰以後，裴炎的工作節奏反而放慢了，每天悠哉游哉，跟沒這回事一樣。武則天只好主動來向他虛席就教了。這天在朝堂上，武則天問裴炎，現在揚州鬧得很兇，我們該怎麼討伐呀？裴炎半天沒說話，最後冒出這麼一句話來：「臣以為用不著討伐。」為什麼用不著討伐呢？裴炎說：「臣以為，李敬業作亂之所以有人響應，無非是因為皇帝年長，而太后卻遲遲不肯讓皇帝親政。只要太后還政皇帝，叛軍必然不戰自潰。」

話一出口，簡直是石破天驚，整個朝堂頓時鴉雀無聲。武則天此時是什麼反應啊？她太震驚了，

一下子啞口無言。她萬萬沒有想到，裴炎會在這個時候逼宮。裴炎不是一向是她的得力幫手嗎？他幫她扳倒了太子李賢，又幫她廢黜了皇帝李哲。而武則天也沒有虧待他，讓他當中書令，成了百官之首。可是現在裴炎居然在揚州叛亂的關鍵時刻背叛她，而且還拿戰爭來要脅她，逼她歸政。

武則天鷹一般的眼睛掃視著滿朝文武，大臣們也都呆若木雞。忽然，一個聲音打破了朝堂的沉默：「炎受顧託，大權在己，若無異圖，何故請太后歸政？」這話是誰說的呀？監察御史崔詧，一個小人物。一句話替武則天解了圍。武則天長舒了一口氣，馬上接口說道：「裴炎謀反，把他給我抓起來！」一代權臣鋃鐺入獄。那麼，裴炎是否真的謀反呢？

二、莫須有的謀反：顧命大臣裴炎到底有沒有謀反？

有一種觀點認為，裴炎確實謀反了。比如說，郭沫若先生就持這種觀點。至於是什麼形式的謀反，有兩種說法。第一種是說他和叛亂分子李敬業私下往來，想要跟他裡應外合。這個事情記載在唐朝的筆記小說《朝野僉載》裡。據載，李敬業打算謀反，想拉裴炎入夥，讓駱賓王想辦法。駱賓王冥思片刻，寫成了一首歌謠：「一片火，兩片火，緋衣小兒當殿坐。」然後找了一些小孩子，教給他們唱。很快，一傳十，十傳百，京城裡的小孩都會唱了。

這首歌也傳到了裴炎的耳朵裡，他覺得這歌唱得古怪，就想找人來破解一下，找來找去就找到了駱賓王。有人可能產生疑問了，上回不是說駱賓王和裴炎是到揚州後才認識的嗎？怎麼在洛陽就彼此有來往呢？這就是不同版本的歷史記載問題了。總之，依據《朝野僉載》，裴炎為解讖語，找來了駱賓王。可是駱大師來了以後一言不發。裴炎為了讓他張開金口，先贈錦緞，後贈駿馬，但是駱賓王始終不說話。最後沒辦法，裴炎只好領著駱賓王觀看自家收藏的名畫，畫的都是古代的大臣。看到司馬懿的時候，駱賓王終於說話了：「此英雄丈夫也。」接著說起自古大臣執政，常會改換社稷。司馬懿是什麼人呢？司馬懿是三國時候曹魏的權臣，最後父子聯合篡奪曹魏，建立西晉。駱賓王說他是英雄大丈夫，裴炎聽了頓時產生了知己之感，就跟駱賓王講，我也想做這樣的人啊。駱賓王看見火候到了，故意嘆了一口氣說：「可是改朝換代需要天命啊。」裴炎趕緊說：「有歌謠啊，只是不知道這個歌謠跟我有沒有關係。」隨即就把歌謠給駱賓王背了一遍。駱賓王聽完歌謠，納頭便拜說：「您就是未來的天下之主啊。」為什麼呢？他解釋說：「『緋衣』即裴，『一片火，兩片火』即炎，『小兒當殿坐』即子隆（裴炎的字）。這首歌說的就是您裴炎裴子隆。另外，誰能坐到大殿裡頭對著天下發號施令呢？皇帝啊。」所以說這首歌完整的理解就是裴炎裴子隆要當皇帝。

聽他這麼一解釋，裴炎的反心就堅定了。等到李敬業揚州起兵後，裴炎就成了朝廷裡的內應。他還寫了一封信給李敬業，這封信被朝廷的情報人員截獲了。可是拆開一看，裡面只有兩個字：「青鵝。」大臣們看來看去，誰也不明白啊，就交給武則天了。武則天看了之後說：「這個青字，拆開來就是十二月；鵝字，就是我自與也。」所以這「青鵝」是一個暗號啊，就是說我要在十二月動手。

按照這種說法，裴炎早有當皇帝的野心，所以很早就開始和李敬業以及駱賓王勾結，想要等到十二月，和李敬業裡應外合一起動手，沒想到陰謀敗露，被武則天提前發覺了。這種說法還有一個佐證，在李敬業起兵早期發揮了重要作用的監察御史薛仲璋，就是裴炎的親外甥。薛仲璋為什麼會在錯誤的時間、錯誤的地點犯下反叛朝廷這麼一個重大錯誤呢？人們很容易就會聯想到，薛仲璋就是裴炎派過去的。

而第二種說法則認為裴炎並沒有跟李敬業勾結，他是想自己發動一場兵變，逼武則天下臺。據《新唐書・裴炎傳》記載：「豫王雖為帝，未嘗省天下事。炎謀乘太后遊龍門，以兵執之，還政天子。會久雨，太后不出而止。」豫王就是李旦，李旦雖然當了皇帝，但是一直沒有親政，裴炎為他打抱不平，就想趁武則天巡遊龍門的時候，派兵把她給抓起來，讓皇帝當一回真天子。可惜自從他有了這個打算之後，天公就不作美起來，終日陰雨連綿，武則天一直沒去龍門。於是這事就不了了之。按照這種說法，裴炎自己早有兵諫的想法，雖然和李敬業的叛亂沒有關聯，但是以一個大臣的身分扣留太后，也是謀反。如果裴炎有這兩種說法中的任何一種行為，那都是十惡不赦，判謀反罪一點都不冤枉。

但是，也有人認為，裴炎絕對沒有謀反。裴炎下獄之後，朝廷裡可就炸開了鍋，許多大臣支持裴炎，說裴炎絕對不可能謀反，都為他鳴冤抱不平。都有誰為裴炎鳴冤呢？首先就是裴炎的副手，鳳閣侍郎胡元範，還有就是裴炎的搭檔、侍中劉景先。他們給武則天上奏，堅持說裴炎不可能通賊謀叛。緊接著，滿朝文武紛紛表態，為裴炎說話。面對群臣來勢洶洶的質疑，武則天給出的答覆是：「炎反有端，顧卿不知耳。」裴炎謀反是有證據的，只是你們不知道罷了。可是既然武則天手裡攥著裴炎謀反的證據，就應該拿出來給大家看啊，武則天卻又拿不出來。這樣一來，大臣便不依不饒了：「若裴炎為反，則臣等亦反也。」等於是拿自己的身家性命為裴炎做擔保了。

武則天又是怎麼回答大臣們的呢？她的回答也挺有意思的，她說：「朕知裴炎反，知卿等不反。」（《資治通鑑》卷二〇三）我知道裴炎他謀反了，我也知道你們沒有謀反。裴炎是裴炎，你們是你們，你們跟裴炎瞎攪和什麼？君臣雙方，一律用自由心證。說他謀反的拿不出過硬的證據，說他沒謀反的也只是憑義氣經驗。

那麼，裴炎到底有沒有謀反呢？我個人覺得，裴炎的謀反罪不能成立。為什麼呢？

第一，這兩個講裴炎謀反的故事具有明顯的不合理性。先看第一個故事，它有兩處不合理。首先，是裴炎的聰明程度前後矛盾。駱賓王先寫了一個歌謠，玩的是拆字法，用「一片火，兩片火，緋衣小兒當殿坐」代表裴炎當皇帝，這個歌謠裴炎看不懂，還得找駱賓王來解釋。可是後來，裴炎和李敬業勾結，給李敬業寫信，「青鵝」兩個字，其實就是「十二月，我自與」，用的還是拆字法，裴炎又成了玩字謎遊戲的高手了，甚至自己都能編出高難度字謎來。裴炎的智商短時間內進展神速，不大可信。另外一個不合理的地方是駱賓王的身分。駱賓王作為大才子，固然名滿天下，可是沒聽說過他還是算卦先生，就算是裴炎聽到了歌謠，懷疑跟自己有關係，他怎麼不去找一個赫赫有名的算命先生，而去找駱賓王給他解釋呢？這是又一個不合理的地方。

這兩個漏洞加起來，讓我們覺得這個故事整體不太能成立，用不能成立的故事去證明裴炎謀反，有問題。而且這裡還有一個更關鍵的因素，《朝野僉載》是一個筆記小說，筆記小說可是有非常多的虛構成分的，它不能當作一個非常可靠的史料來看待。《朝野僉載》裡所記載的裴炎謀反案，應該視作唐代猜字謎遊戲非常流行的珍貴史料，但是若用它來證明裴炎謀反，可就大錯特錯了。

第二個故事倒是記載在非常嚴肅的歷史著作《新唐書》裡頭，但它的問題就更多了，它至少有三個漏洞。首先，故事說裴炎想要趁武則天去巡遊龍門的時候把她抓起來，這就意味著裴炎要兵諫太后了。兵諫是非常嚴肅的事情，一定要建立在確鑿無疑的基礎上。可是巡遊龍門並不是武則天的既定計畫，僅僅是一種可能性。哪一場兵諫會建立在這麼不牢靠的基礎上呢？其次，這個故事中的人物太簡單了，只有裴炎一個人。裴炎是中書令，本身並不帶兵，他如果實行兵諫，必然要和武將溝通。但是，這個故事中的裴炎連同謀都沒有，這樣的兵諫怎麼可能成功呢？最後一點，按照這個故事的說法，裴炎是想扣押武則天，然後還政於皇帝李旦，但是，故事裡他也沒有和皇帝溝通。試想，如果兵諫成功，而李旦毫不知情，那他還有可能順利當皇帝嗎？所以說兩個故事情節都不合理，不足以讓我們得出裴炎謀反的結論。

第二，指控裴炎謀反的人沒有提出任何有價值的證據。武則天收審裴炎，有兩個人出力最多。一個是我們剛才提到的監察御史崔詧，另一個是鳳閣舍人李景諶。這兩個人中，崔詧的說辭是：裴炎如果沒有圖謀不軌，怎麼會逼太后歸政呢？這用的是心理推論法，但是並沒有提出任何直接證據。李景諶據史書的記載是堅稱裴炎必定謀反，但是這僅僅表明他的態度和立場，也不是證據。這樣看來，上面提到的兩個有關裴炎謀反的故事在當時並不存在，否則，裴炎的對手怎麼會不利用呢？另外，不僅大臣，武則天也沒有拿出什麼像樣的謀反證據。當時大臣們不是說如果裴炎謀反，他們也就都謀反了嗎？武則天回答說：「朕知裴炎反，知卿等不反。」這句話說得雲山霧罩，底氣不足，證據更不足。現在的法律規定，舉證的責任在控方而不在辯方。裴炎不需要拿出證據證明自己沒有謀反，而武則天則必須拿出證據證明裴炎確實謀反了，這樣案件才能定性。但是武則天說來說去，始終沒有提出任何有力的證據，這只能意味著她沒有抓住什麼證據。

第三，人情的理由。如果裴炎真的勾結李敬業，他一定不敢派自己的外甥去揚州投奔叛軍隊伍，因為這太容易暴露自己了，簡直就是引火焚身。退一步說，就算是派了自己的外甥去，他也應該佯裝積極主動地幫武則天出主意，想辦法平叛，因為只有這樣才能取得武則天的信任，最後達到和李敬業裡應外合的目的。可是裴炎的所作所為恰恰相反。這正說明他心無雜念，只想利用李敬業叛亂逼武則天還政皇帝，說他勾結叛軍謀反，那可就大大地冤枉他了。

三、朝堂立威：李敬業叛亂、裴炎逼宮之後，太后憤怒反擊朝臣

裴炎謀反證據不足，武則天心裡肯定也清楚，那她會怎麼處理這個人呢？最終，她還是以謀反罪把裴炎殺了。光宅元年（六八四年）九月，就在揚州還是烽火連天的時候，裴炎被押赴都亭驛問斬，家財籍沒，親戚流放嶺外。抄家的結果很是出人意料，堂堂首席宰相裴炎家裡竟然一貧如洗，儲存的糧食還不足一石。臨終之前，裴炎對兄弟們嘆息道：「各位兄弟做官都是靠自己奮鬥，我沒有盡一分力，如今卻要因我而被流放邊荒，實在是對不起你們呀！」我想，不管裴炎一生功過如何，就清正廉潔這一點來說，也應該算是一個不錯的宰相了。有那麼多人願意力保裴炎，道理想必也就在這兒了。

既然裴炎是一個合格的宰相，又沒有真的謀反，我們就不免產生兩個疑問了。第一，武則天為什麼一定要殺裴炎呢？第二，武則天為什麼一定要在揚州叛亂正緊張的時候就殺掉裴炎呢？

先看第一個問題，武則天為什麼一定要殺死裴炎呢？分析一下裴炎的地位以及裴炎和武則天的關係就明白了。裴炎是什麼地位呢？他是唐高宗任命的顧命大臣，在朝廷裡德高望重，如果說，當時還有誰能夠跟武則天抗衡一下的話，那就非他莫屬。所以日後武則天無論向哪個方向發展，裴炎的態度都相當重要。那麼裴炎跟武則天的關係如何呢？一言以蔽之，正在從合作轉向決裂之中。

前面說過，裴炎跟武則天通力合作過好幾次了，先是幫她廢黜了太子李賢，後來又幫她廢掉了皇

帝李哲，改立李旦為帝。這一階段可算是二人關係的蜜月期。可是在新皇帝李旦又被武則天軟禁起來後，裴炎和武則天的關係就發生了改變，變得矛盾重重了。什麼矛盾呢？

武則天當上太后之後，想要追尊自己的祖先，建武氏七廟，大臣們都不敢表態，但是裴炎說話了。裴炎說太后給娘家建七廟不合古禮。他還問武則天，說妳知道呂后嗎？妳看呂后最後下場何其悲慘啊，如果妳再這樣搞下去的話，恐怕結局也跟她一樣。這番話讓武則天非常不悅。另外，揚州叛亂爆發以後，有人就給武則天出主意：揚州叛亂打的是匡扶李唐的旗號，那李家宗室肯定求之不得啊，他們萬一勾結反賊怎麼辦？是不是把他們先殺了？武則天覺得主意不錯，可是裴炎又出面反對了。裴炎說人家沒有任何謀反的證據，妳怎麼可以無罪殺人？武則天又是很不高興。兩個人的矛盾就這樣逐步深化，到最後量變積累，引起質變，終於走向了決裂。決裂的表現就是裴炎趁著戰爭的非常時期，要求武則天還政於皇帝李旦。

那麼裴炎和武則天為什麼會從合作走到決裂呢？簡而言之，裴炎的理想和武則天的終極目標發生了衝突。裴炎的理想是當一個權臣，他幫助武則天把不聽話的李顯廢掉，擁立李旦，是希望借助擁立之功做到大權獨攬。他的意圖是由軟弱的李旦當皇帝，而由他自己掌握實權。在這個理想之中，並沒有武則天的位置。換句話說，他從沒想過改朝換代，更沒有想過要對一個女皇帝俯首帖耳。那麼武則天的終極目標是什麼呢？她的目標就是當皇帝，而且不容許任何人和自己分享權力。這樣一來，在權力的歸屬問題上，兩個人就出現了根本分歧，這種分歧是不可調和的。對於這一點，武則天看得很清楚，裴炎也看得很清楚。所以裴炎剛剛入獄的時候，有人勸他給武則天賠個不是，大事化小，裴炎只是說：宰相下獄，安有全理！堅決不肯妥協。因為他知道，雙方沒有妥協的餘地。裴炎地位顯赫，卻又不跟武則天合作，武則天還怎麼會把他留在朝廷裡呢？所以誅殺裴炎就成為必然的選擇了，謀反只不過是藉口而已。

第二個問題，武則天為什麼要在揚州叛亂還沒有平定的時候就殺掉裴炎呢？首先，揚州叛亂對於武則天來說是肢體之患，而裴炎逼宮是心腹之患。如果中央出現了反對派，它的危害遠遠大於一場地方的叛亂。其次，只有中央統一了思想，才能投入全部精力去平定反叛。裴炎沒有入獄之前，為了逼武則天還政，故意消極怠工，不肯積極組織討伐。只有把裴炎治罪處決，整個朝廷才能上下一心，全力組織平叛。所以，武則天在叛亂還沒有平定時就殺掉裴炎，臨陣換將，看起來是觸犯了兵家大忌，其實恰恰是最大程度上保證了政局的穩定和戰爭的勝利。

裴炎被殺了，可是，事情還沒有就此結束。俗話說，拔出蘿蔔帶出泥。裴炎逼宮，有那麼多人為他鳴冤，這些人都是武則天權力進一步發展的隱患，她絕不能讓他們繼續留在朝廷裡。很快，上表給裴炎鳴冤的胡元範、劉景先和另一名宰相郭待舉都被貶出朝廷。朝堂上一下子少了三個宰相，文官馬上都噤若寒蟬了。

文官搞定了，還有武將。當時揚州叛亂還沒有見分曉，為謹慎起見，武則天對軍方的清洗要稍遲一點兒。光宅元年十二月，揚州叛亂剛剛平定，武則天就對武將動手了。其時，裴炎的好友大將程務挺，正統領軍隊在前線與突厥交戰，武則天一道敕旨，立刻就地處斬。程務挺大家並不陌生。就在這一年年初，他率領羽林軍入宮，為武則天順利廢黜李哲立下了汗馬功勞。另外，他抗擊突厥戰功卓著，已經成為唐朝鎮守北方的擎天大柱。在程務挺的成長過程中，裴炎幫了大忙，所以裴炎下獄之後，程務挺寫了封密信給武則天，為裴炎求情。這封信馬上就讓武則天在心裡給程務挺判了死刑。任何統治者都會對手握軍權的武將懷有戒心，何況是處境微妙的武則天。兵強馬壯的程務挺如果心存異志，陣前倒戈，後果將不堪設想！所以揚州叛亂剛剛平定，武則天就以勾結裴炎謀反的罪名，把程務挺給結果了。

裴炎和程務挺兩個人一政一軍，本來是朝廷中最有勢力的人，這兩條大魚都已落網，其餘的人就更不在話下了。凡是對武則天構成威脅的人都一個個過篩子過籮，經過一番清洗，整個朝堂幾乎為之半空。武則天大筆一揮，馬上任命了幾個五品小官當宰相，這可是又創造了歷史新低。但武則天早就知道了，只有小人物才會順從自己，由這些蝦兵蟹將組成的朝廷，再也不會對武則天構成挑戰了。

在這些被殺的所謂裴炎同黨中，有一個人的經歷最富有戲劇性了。誰呢？此人名叫姜嗣宗，是武則天派往長安的使臣。派他去長安的目的，是為了聽聽老臣劉仁軌對裴炎一案的意見。劉仁軌當時已經八十三歲了，是經歷過唐太宗和唐高宗兩朝的老臣，高宗末年政府班子東遷洛陽之後，劉仁軌留守長安，掛起來了。雖然如此，劉仁軌畢竟德高望重，現在裴炎謀反這麼一個大案出來，武則天還是要向他通報。姜嗣宗是一個小人，見到劉仁軌，馬上添油加醋地把事情經過說了一遍，說完了仍覺意猶未盡，又補充了一句：「嗣宗早就看出此人心存異志，果不其然！」這句話讓劉仁軌聽得直反胃。劉仁軌也不支持武則天當皇帝，但是他知道，自己已經無力阻止武則天前進的腳步了，那麼就給朝廷除去一個小人吧。他決定逗一逗姜嗣宗，就問：「原來你早就知道裴炎有意謀反？」姜嗣宗哪裡猜得透劉仁軌的意思，馬上回答道：「那當然，我早就看出他圖謀不軌了！」劉仁軌笑著誇他：「真是後生可畏呀！裴炎的事情我已經知道了，我還有一封信想交給太后，你替我帶過去吧。」姜嗣宗興匆匆地回洛陽覆命去了。武則天展開信一看，只有一句話：「嗣宗知裴炎反，不言。」這句話把武則天逗笑了，她馬上把姜嗣宗叫到跟前說：「劉僕射還專門提到你了呢。」姜嗣宗那叫一個興奮啊，都不知道說什麼好了，可是武則天一下子沉下臉來說：「他說你早知道裴炎謀反，卻知情不報！」可憐的姜嗣宗還沒回過神來，已經被拉下朝堂，推出去斬首了。這就是武則天對小人的態度，用他們，但是並不欣賞他們，一旦用完，毫不留情。

處理完裴炎一案，光宅元年也隨之結束了。這一年給武則天的印象太深了，李敬業叛亂，裴炎逼宮，一個個考驗接踵而至。回想起自己參政以來走過的歷程，再想想剛剛經歷的驚濤駭浪，武則天真的憤怒了，難道天下人就這麼容不得自己上升嗎？她登上紫宸殿，向群臣訓話：「我跟著高宗二十多年，殫精竭慮，為天下操心，你們這些人的富貴，不都是我給的嗎？老百姓能夠安居樂業，不都是拜我所賜嗎？可是現在握兵造反的這些人，恰恰就出在你們這些公卿之中，你們對我怎麼會如此負心呢？」

她質問群臣：「你們拍拍腦袋想一想，你們這裡有誰也是顧命大臣，比裴炎還牛？或者說你們有誰是將門貴種，比李敬業還牛？還有你們有誰特別能打仗，比程務挺還牛？這三個人那也算是人中龍鳳，一旦對我不利，我碾死他們就像碾死一隻螞蟻一般。所以你們都捫心自問，如果覺得自己比他們還厲害，好，接著跟我鬥，如果自己掂量掂量覺得還不如他們的話，那就洗心革面好好伺候我，不要最後落得被天下人恥笑！」

面對著武則天這樣一番凜凜的教訓，大臣是什麼表現？大臣烏鴉鴉全跪下了，給武則天磕頭，說：「唯太后所使。」太后，我們堅定地跟妳走。確實，面對著武則天的超強能力與高壓手段，群臣已經沒有還手之力了。那麼，武則天稱帝是否就一帆風順了呢？她下一個阻力又將來自何方？

請看下回：燕啄皇孫。

【第二十回】

燕啄皇孫

唐高宗死後，武則天的權力欲急遽膨脹。她不僅廢掉了唐高宗指定的繼承人李哲，軟禁了接替皇位的李旦，還把顧命大臣裴炎給送上了斷頭臺。在她的上升之路上，對手已經越來越少。但是，要想改朝換代，不僅要對付皇帝本人，還要剷除整個皇族的勢力。那麼，武則天究竟會怎樣對付李唐宗室呢？

在電影《瘋狂的石頭》*中，一塊無意之中發現的寶石引起了各路人馬的激烈爭奪，彼此打得頭破血流。其實，古往今來人們的欲望都是相似的，武則天時代也出現了這麼一塊石頭，因為這塊石頭，一大批李唐皇族身首異處。只不過當時人們爭奪的，不是這塊石頭，而是石頭背後隱藏的皇權。

一、瘋狂的石頭：唐同泰獻寶石，天降祥瑞，太后自稱「聖母神皇」

這塊寶石是什麼樣子的，又是怎麼出現的呢？說起來這塊石頭的價值不在於它的材質，而在於它的形象。這是一塊很普通的白色石頭，不普通的是它上面有八個紫紅色的字：「聖母臨人，永昌帝業。」垂拱四年（六八八年）四月，一個叫唐同泰的雍州人獻給武則天這樣一塊石頭。唐同泰聲稱，這塊石頭是他從洛水裡打撈上來的。這塊石頭一出來，馬上就引起了朝野上下的轟動，因為中國古代講天人感應，「河出圖，洛出書」是聖人出現的標誌，所以這是一個大祥瑞啊。大臣們趕緊拍馬屁，紛紛上表祝賀，說上天降下這樣一個祥瑞，是因為太后「皇業高於補天，母德隆於配地」，就是說武則天的功業是乾坤合德，把皇帝和聖母這兩個角色合二為一了。而且，他們說，獻上這塊石頭的唐同泰本身也是祥瑞，為什麼呢？因為這個人姓唐，名字叫同泰，表明李唐王朝和武則天是一榮俱榮的關係。另外呢，這個人的籍貫是雍州永安縣，「永安」和那石頭上寫的「永昌帝業」是一回事啊。所以說，雖然是一塊石頭，裡頭包含著好幾層祥瑞呢。

現在科學昌明，人們都不信祥瑞之說了，所以對古代的所謂祥瑞也就不免產生懷疑，這塊石頭是不是真的啊？它怎麼就出現得那麼巧呢？根據《舊唐書·武承嗣傳》的記載，這塊石頭確實是假的，它是武承嗣偽造的。武承嗣不是武則天的姪子嗎?他一心盼著武則天趕快建立武家王朝，他好當接班人。所以就找了這麼一塊石頭，在上面刻上了字，又把紫石一類的紅色礦石磨成粉末，填到刻好的筆畫當中，這麼一來，這塊瑞石就新鮮出爐了。然後再找一個人，讓他獻給武則天。我懷疑甚至連唐同泰這個名字都是假的，是為了配合這個祥瑞起的名字。

那武承嗣造假是原創呢，還是武則天授意的呢?這就很難說了，但是可以肯定的是，武則天決定好好利用這塊石頭。怎麼利用呢?既然大臣都已經表態了，武則天也就順水推舟，把這塊石頭命名為「寶圖」，後來又改叫「天授聖圖」。大臣不是說天降瑞石意味著武則天把皇帝和聖母這兩個角色都合二為一了嗎?武則天就給自己加了一個尊號叫做「聖母神皇」。給自己上尊號，本來就是一件可笑的事，更加荒唐的是，皇帝在位的情況下，皇太后居然自稱「神皇」，這更是亙古未有的奇事，這個名號太富有刺激性了。但這還不算完呢，武則天隨即頒布詔令，說她要在十二月的時候親臨洛水舉行受圖大典，然後祭祀上天，答謝上天賜下寶圖的恩典，祭祀之後，還要在她的和尚情夫薛懷義主持修建的明堂裡接受百官朝賀。這可是一系列大典，因此武則天特別要求各州的都督、刺史及李唐宗室、外戚等，要在典禮舉行之前的十天到洛陽集合!

---

*注釋:大陸著名的黑色幽默喜劇，二〇〇六年六月上映。

二、宗室聯反：李唐宗室鋌而走險，暗中運作推翻太后

這道詔令一出來，誰反應最強烈呢？李唐宗室。他們首先坐不住了，他們覺得，太后用意不善啊。唐高宗死了以後，武則天廢了一個皇帝，軟禁了一個皇帝，殺了一個顧命大臣，現在又搞自我造神運動，這一系列活動含義太明顯了，傻瓜都明白她的真實目的是想要改朝換代，何況是在政治漩渦中摸爬滾打的李唐皇室呢。現在，武則天又讓他們到洛陽集合，李唐宗室認為這恐怕是想要乘機把他們一網打盡。與其坐以待斃，不如鋌而走險。他們之中，有人就開始暗中運作，想要造武則天的反了。

那在當時的李唐宗室中，誰最有能力造反呢？總的說來，誰跟皇帝的血緣關係近，誰的地位就高，實力相對也就更強。跟皇帝血緣關係最近的當然就是皇帝的兒子了，這個時候，唐朝前三代皇帝活著的兒子一共有十個。其中，唐高祖的兒子活著的有四個，唐太宗的兒子活著的有兩個，唐高宗活著的兒子有四個，但是武則天生的兩個兒子李哲和李旦都處於囚禁狀態，另外兩個庶子也早被監視起來了，基本可以忽略不計。這樣一來，十個人當中還有活動能量的只剩下了六個，李唐王室如果還想有所作為，希望就寄託在這六個人身上了。

這六個人之中，唐高祖的兒子韓王李元嘉聲望最高。這個人早年就號稱神童，相傳可以同時左手畫圓，右手畫方，目數群羊，口誦經史，兼成四十字詩，而且足書五言絕句，六件事一起完成。唐高宗死後，武則天為了安撫宗室，讓李元嘉晉封太尉，這是全國最高的官職。李元嘉之外，第二號人物就是唐太宗的兒子越王李貞了。他以才幹見長，當時官封太傅。這兩個人最先動起來了。

怎麼行動呢？他們分三步走。第一步是恐嚇宗室諸王，使他們深信自己除了造反別無選擇。韓王

李元嘉讓自己的兒子李譔給越王李貞寫了一封信說：「內人病漸重，恐須早療，若至今冬，恐成痼疾，宜早下手，仍速相報。」這看起來是普普通通的一封家書，內人就是指妻子，說我妻子病了，而且病得挺重的，得早點治，如果拖到今年冬天，恐怕就治不好了，所以咱們得早點動手，你接到信之後，給我一個回話。實際上這封信可不同尋常，這個內人不是指他的妻子，而是指身居大內的武則天，說武則天腦子有病，她想把我們幹掉，而且她這個想法越來越迫切了，所以我們恐怕得早點下手控制她，如果到了今年冬天，也就是武則天召集我們到洛陽集合的時候，恐怕就來不及了。所以你接到我的信之後，同不同意，幹不幹，給我一個回話。這兩個人達成一致意見之後，再由李元嘉給宗室們傳話說：「大享之際，神皇必遣人告諸王密，因大行誅戮，皇家子弟無遺種矣。」武則天這一系列活動早就引起宗室的疑慮了，現在德高望重的韓王李元嘉又傳出話來，宗室就更像驚弓之鳥了。好多人都相信，自己伸頭也是一死，縮頭也是一死，哪能坐以待斃呢！這樣一來，恐嚇實際上也就是動員了。在韓王李元嘉牽頭之下，宗室之間的反武則天同盟就結成了。

第二步是偽造璽書，以皇帝的名義要求宗室起兵。李譔先偽造了一封皇帝璽書給李貞的兒子李沖說：「朕被幽縶，王等宜各救拔我也。」李沖接到這封假信之後，覺得還不夠明確，這裡只提到皇帝，沒有宗室的事兒啊，他怕宗室還下不了決心，因此自己又偽造了一封皇帝璽書說：「神皇欲傾李家之社稷，移國祚於武氏。」武則天要改朝換代了，江山要成武家的了，這樣一來，李家的人就誰也跑不掉了。把這封璽書轉發給各個宗室成員，讓他們依照皇帝的旨意，一同出兵。接到璽書之後，宗室之中也確實群情激奮，比如說唐高祖第七女常樂公主就對使者說：「你回去告訴越王，如今他只許向前，不許後退。你們宗室諸王如果還是男人的話，早該起兵了，還能等到今天嗎？我常聽老人說，隋文帝楊堅篡奪北周的天下時，尉遲迥作為周皇室的外甥，仍然起兵相州，維護周皇。你們都是宗室皇親，難道就不能學學尉遲迥嗎？」這番話說得慷慨激昂。唐代女子的果敢和堅毅由此可見一斑。中國能在唐朝出現歷史上唯一的女皇帝，也是這種時代風氣使然吧。

到這兩步為止，韓王和越王做得都不錯，如果宗室成員真的能夠像他們想像的那樣群起響應的話，也確實能對武則天形成很強的威懾力。因為他們聯絡的這些宗室都擔任州刺史，他們所在的州就分布在洛陽的東南西北四面，可以形成對洛陽的包圍。

但是，就在他們即將邁向關鍵的第三步——起兵的時候，出事了。出了什麼事呢？有人告密了。告密的人正是韓王李元嘉的姪子李藹。李藹也是這次宗室謀劃政變的一個核心人物，什麼事都沒瞞過他，他曾經跟李貞說過，只要四方一起響應，肯定能夠成功。可是真到了關鍵時刻，李藹害怕了，他一想到起兵失敗的後果，就不寒而慄。一旦失敗，武則天會怎麼對待他們呢？是剝皮還是抽筋？結果是越想越害怕，為了保全自己的性命，李藹做了一件背信棄義的事情，把宗室起兵的計畫全盤報告給了武則天。

堡壘最容易從內部攻破，李藹這麼一告密，宗室可就麻煩了。他們約定的起事時間還沒有到，準備工作也沒有做好，怎麼辦呢？越王李貞的兒子博州刺史李沖覺得事情已經是箭在弦上，不得不發，自己就先行動起來了。垂拱四年八月十七日，李沖就在準備不充分，跟其他宗室也沒溝通好的情況下，率領五千人馬在博州起兵了。博州就是現在山東的聊城，他想打過黃河，可還沒到黃河邊，就在博州下屬的武水縣遇到了頑強的抵抗。武水縣令本來是李沖的下屬，可他覺得李沖造反，這是跟國家作對，不能與之同流合污，於是就把城門給關起來了，閉門拒守。李沖沒有辦法，只有打了。當時正颳南風，李沖想順風點火，火攻南門，等南門被燒壞之後，五千人馬蜂擁而入，這城不就拿下來了嗎？可也不知道是天意還是巧合，剛剛還颳南風呢，火一點著，突然又變成北風了，沒燒到城門，反而把自己人給點著了。整個隊伍跟著全亂了，更重要的是人心也散了。給李沖帶兵負責攻城的將領董玄寂說：「琅邪王與國家交戰，這是造反呀。」李沖一聽他這麼動搖軍心，氣壞了，馬上把董玄寂給殺了。這一殺不要緊，招募來的五千人馬呼啦一下子跑得差不多了，李沖幾乎成了光桿司令，就剩下幾個家僮、奴僕跟著他。

李沖一看大勢已去，只好返回博州。博州城的守門人一看這位落魄王爺，帶著殘兵敗將垂頭喪氣地回來，覺得這真是天降富貴，正好拿著他的人頭向朝廷邀功請賞，一刀下去就結束了李沖的性命。此時距起兵只有七日，武則天派來的鎮壓部隊還沒有到，李沖已經命喪黃泉了。

李沖失敗了，其他諸王怎麼樣了呢？李沖起兵之前，曾經派人分報諸王，告訴他們自己已經起兵了，希望他們接到信後也立刻起兵接應，共取東都。但是我們知道，古代通訊系統不發達，諸王得到消息的時間相差很大，而且都還沒準備好，一接到消息都慌了神，誰都不敢動。只有李沖的父親越王李貞，因為是父子之親嘛，不得不硬著頭皮幫忙，他就在當刺史的豫州，也就是現在河南的汝縣起兵了。可是李貞起兵的時候已經是八月二十五日了，他們剛剛打下一個小城上蔡，李沖敗亡的消息就傳過來了，而且，武則天也派出了十萬大軍前來鎮壓，李貞只有五千兵馬，兩軍相差如此懸殊，這不是以卵擊石嗎？所以他第一個反應就是把自己綁了，去洛陽宮向武則天請罪。正在這時，他手下的一個縣令帶了兩千兵馬趕來幫忙，李貞一看這支人馬又來了精神，又不想投降了。要說他這人也真不大聰明，五千人的時候，他嫌人少，現在增加兩千人，他就覺得人挺夠用了，接著跟朝廷打吧。他封鎖了李沖失敗的消息，聲稱李沖已經攻破數州，擁兵二十萬，正趕來會合。

怎麼打呢？李貞的策略就是關起豫州城來，在這兒守城。他的人馬不是加起來有七千嗎？為了鼓舞士氣，他一下子任命了五百多個官兒，其餘的戰士也都戴上了避兵符，相當於護身符，說只要戴著這符，就刀槍不入，他還找了一幫道士和尚念經做法，祈求神靈庇佑，說只要他們一念，敵人就打不進來了。可是避兵符也好，道士念咒也好，一遇到真刀真槍，馬上就失靈了，戰士一看，還是該死的死，該傷的傷啊。所以沒有人再信李貞的話了，豫州城的老百姓，還有他的七千士兵，紛紛棄城逃跑。眼看回天無力，李貞的左右對他說：「王豈能坐待戮辱！」李貞長嘆一聲，和妻子、兒女、女婿一同自殺，從起兵到失敗，前後不過十七天。

三、燕飛來，啄皇孫：剷除李唐宗室，離皇帝之位更進一步

原來是熱熱鬧鬧、轟轟烈烈的宗室聯合造反，到最後只剩下了李貞父子起兵，而且兩個人起兵加起來的時間還沒超過一個月，造成的社會影響遠不如四年以前的李敬業叛亂。這說明經過幾年的統治，武則天對全國的控制能力更強了。那麼，武則天會怎麼處置其他的宗室呢？她要想當皇帝，這些李唐宗室肯定得消滅，血統就是原罪啊。但她是不是真像宗室所猜測的那樣，想要趁他們到洛陽來參加典禮的時候一網打盡呢？那倒不盡然。因為那樣殺害宗室沒有理由，一下子打擊面太大也容易引起動盪。那她召集李唐宗室到洛陽來究竟是幹什麼？武則天很可能是使了兵法三十六計中的一計：打草驚蛇，引蛇出洞。我嚇唬嚇唬你，讓你感覺我就要殺你了，你不甘心，就要造反。好，你一造反，我

可就有殺你的理由了。實際上，形勢也是完全按照武則天的預期發展的。

武則天決定好好利用好李貞父子這個謀反案，把宗室都網羅到這個案子裡。武則天找了個監察御史蘇珦來審理此案。按照她的想法，經過這麼多年的教誨，大臣們應該對她的用意心領神會，而且盡力執行才是。沒想到蘇珦是個書呆子，他居然說找不到其他宗室諸王和李貞父子有牽連的證據！這讓武則天太鬱悶了。但是在內心深處，武則天還是敬重這種認死理的耿介之士的，她還有別的人可用，也就不想為難蘇珦了，於是給蘇珦扣了一頂大帽子說：「卿大雅之士，朕當別有任使，此獄不必卿也」，把他打發去河西做監軍了。

那不用蘇珦用誰呢？武則天換上了一個大名鼎鼎的人物。此人姓周名興，綽號「牛頭阿婆」，慈眉善目，卻又心如蛇蠍，是所謂「酷吏」的代表人物。經過周興一番審訊，李唐宗室謀反案很快就有了結果，越王父子八、九月間敗亡，隨後，宗室的核心人物韓王李元嘉父子、告密者李藹的父親魯王李靈夔以及慷慨激昂的常樂公主等人，全部被逼自殺。為了表現自己賞罰分明，武則天給告密者李藹升了官，不過，即便出賣父親，李藹還是換不來武則天的真正信任和原諒，幾個月之後，他也被打發到地下，跟被他出賣的父親、叔叔見面去了。

可是事情並沒有結束。武則天真正的目的是給她自己登基稱帝掃清障礙，她要張開大網，把對她構成威脅的宗室一網打盡。垂拱四年十月、十一月、十二月，唐高祖的兒子霍王李元軌等一批近支宗室紛紛被處死，其中還包括唐太宗的女兒城陽公主的兒子，也是武則天愛女太平公主的丈夫薛紹。太平公主縱然集萬般寵愛在一身，但是在武則天心中，兒女情長怎能敵得過英雄大業！不過，為了愛女，武則天還是慈悲了一下，沒有將薛紹斬首，而是杖打一百，讓他餓死在獄中，保留了全屍。

接下來的兩年裡，高祖的兒子舒王李元名和太宗的兒子紀王李慎也被牽扯進來。他們兩個是老實人，當年李貞父子和他們聯絡起兵的時候，他們就堅決拒絕了，但是，知情不報也是罪過，他們終究在劫難逃。至此，高祖二十二子，太宗十四子，已經無一存活。

前面我們說的十位親王中，現在只剩下唐高宗的四個兒子了。其中，李哲和李旦是武則天親生的，繼續囚禁，兩位庶子李上金和李素節就沒有這種待遇了。天授元年（六九〇年），武則天派周興誣陷他們謀反，兩個人被押解到洛陽受審。李素節本來是舒州刺史，離開舒州的時候，他正好趕上一家人出殯，死者家屬哭聲震天，李素節聽了長嘆一聲說：「能夠病死多幸福啊，還有什麼可哭的呢！」李素節的想法不是沒有道理，還沒走到洛陽，他就被縊死了，病死對他來說真的成了一種奢望。緊接著，李上金也被逼自殺。《舊唐書》所記載的一百多個非正常死亡李唐皇族中，在武則天掌權時期被殺的就占到六成。所以，《資治通鑑》在記載這一段歷史的時候說了一句：「唐之宗室，於是殆盡矣。」被控謀逆的李唐皇族中人均被開除出宗籍，改姓為虺，以庶人之禮下葬。虺是指毒蛇或者蜥蜴一類的爬蟲。看到子孫如此受辱，李唐王朝已入土的三位帝王如果地下有靈，不知會作何感想？

當然，李唐宗室中也有人僥倖活下來了，誰呢？千金公主，一位七十多歲的老太太。這老太太跟武則天關係一直不錯，就是她向武則天推薦了薛懷義——武則天的第一個面首。這千金公主七十多歲了，顫巍巍地跪在武則天面前說：「我當您的女兒怎麼樣？」千金公主跟武則天是什麼關係？千金公主是唐高祖的女兒，那是姑婆婆和姪媳婦的關係，一個七十多歲的姑婆婆，屈尊跑到六十多歲的姪媳婦面前，要求認人家做乾媽，這姿態夠低了吧。武則天笑納了說：「得了，妳既然是我的女兒，我給妳改個封號，原來不叫千金公主嗎？這回妳就叫延安公主算了，就能一直平平安安活下去了。」就是這樣一些對武則天無法構成任何威脅、又對她極盡諂媚之能事的宗室，才能度過如此嚴酷的武周革命時期。

鎮壓宗室以後，武則天原計畫的拜洛水、受寶圖的大典如期舉行。第二年正月初一，武則天第一次穿上了天子專用的袞冕祭祀上天，她手執鎮圭，行初獻之禮，皇帝亞獻，太子終獻。武家王朝已經呼之欲出。

漫漫人生路，步步有玄機。改朝換代哪有那麼容易！回首自己在唐高宗去世後這幾年的歷程，武則天還是比較滿意的。廢黜李哲，囚禁李旦後，她在李家當家主婦的地位已經不容置疑；而平定揚州叛亂和誅殺裴炎則使她確立了在大臣面前的無上威嚴。剷除李唐宗室又讓她離帝位更近了一步。現在，經過她這隻大燕子的一陣猛啄，李氏一族就只剩下老弱病殘了。她已經不用再顧慮來自這些人的反抗。

李唐宗枝被飛燕啄盡之日，也就到了武太后展翅高飛之時！那麼，武則天究竟是怎麼登上帝位的呢？

請看下回：女皇登基。

【第二十一回】

女皇登基

這是一千多年前的一個神聖時刻，這一天，武則天經過半個多世紀的努力，終於走到了她人生和權力的頂點，君臨天下。中國幾千年歷史上獨一無二的女皇帝誕生了。那麼武則天究竟是怎樣突破最後的障礙登上帝位的呢？她盛大的登基大典背後又隱藏著怎樣的心曲和矛盾呢？

我們都知道，在清東陵裡，慈禧的定陵石刻與眾不同。別的石刻中，龍鳳呈祥的圖案都是龍在鳳上，只有慈禧陵反其道而行之，是鳳在龍上。這個事情一直被人們津津樂道。其實，這個圖案的原創者不是慈禧，而是比慈禧早生了一千多年的武則天。而且，慈禧雖然控制中國五十年，畢竟只是一個掌權的太后，沒有名分，說她是鳳在龍上，其實有點牽強；而武則天則是實至名歸，真正做到了強鳳壓龍，當了皇帝！下面我們就來看看武則天是如何一步步實現她稱帝登基的最高目標的。

一、標新立異的改革：修明堂、改革文字

武則天不是用暴力手段先壓平了李敬業造反，然後清洗了朝廷中的反對派，又基本上把李唐宗室一網打盡了嗎？但是，她知道，暴力只能使人畏懼，絕不能使人信服。怎樣才能讓人真心實意地信服自己的權威呢？武則天決定好好粉飾一下自己，把自己打扮成一個聖天子。武則天的這個粉飾工作是通過兩件大事實現的，一個是建明堂，另一個是造新字。

明堂是什麼東西呢？它是中國儒家經典裡記載的一種非常神聖的建築。傳說最早的明堂是由軒轅黃帝親手建造的，它上可通天，下可達人。按照《周禮・考工記》的說法，天子受命於天，代天治人，因此像朝會、祭祀、慶賞、選士等一切大典都應當在明堂舉行，以便溝通天人。隨著儒家學說的強勢推廣，關於明堂的說法也廣為流傳。大家都知道的北朝民歌〈木蘭辭〉裡就講：「歸來見天子，天子坐明堂。」可見，受這種文化傳統的影響，歷朝歷代的人們都把明堂和天子的身分聯繫在一起。

不過雖然有這麼一個儒家傳統，可是從漢朝結束之後，就沒有哪位天子真正在明堂裡待過，為什

麼呢？明堂的建築式樣失傳了，後人已經不知道怎麼建明堂了。這可太遺憾了，所以好多皇帝在任時都想把明堂修起來，自己也享受享受「天子坐明堂」的快感。武則天的丈夫唐高宗也是其中之一，他也想當儒家聖王，打算修明堂，還找了一幫儒生來給他論證設計方案。沒想到人多嘴雜，每個人依據的經典也不一樣，討論來討論去，討論了幾十年，唐高宗都死了，明堂的樣子還沒出來。現在武則天想當亙古第一個女皇帝，她下定決心要把明堂建起來，讓它成為一個標誌性建築，用人人可見的形式來昭告天下，自己就是傳說中的儒家聖王！這個明堂究竟怎麼修呢？為了避免再出現唐高宗那樣的結局，武則天根本不和那些泥古不化的儒生商量，她直接找以貫徹領導意圖堅決、辦事乾淨俐落著稱的北門學士，讓他們馬上拿出一個方案。武則天告訴他們，這個明堂不需要面面俱到地符合經典記載，只要富麗堂皇就可以了。有了這樣的指示就好辦了，學士們馬上設計好了明堂的結構。設計方案出臺後，武則天再讓自己的和尚情夫薛懷義督辦，率領幾萬勞力，大幹快上，垂拱四年（六八八年）二月動工，到當年的十二月，用了不到一年的時間，就把明堂建成了！

這新修的明堂什麼樣子呢？按照新舊《唐書》、《資治通鑑》、《唐會要》等書的一致記載，它坐落在原來洛陽的正殿乾元殿的位置上，共分三層，下層代表春夏秋冬四季，中層代表十二個時辰，上層代表二十四個節氣。三層共「高二百九十四尺」，折合現在九十多米，相當於北宋故宮太和殿的兩倍高。李白有一句詩說「危樓高百尺，手可摘星辰」，才一百尺的高樓就讓他感覺可以摘到星星了，那麼近三百尺的明堂豈不是要把天都捅一個窟窿。別忘了這可是在一千多年前的唐朝啊。更吸引眼球的是明堂外的裝飾，明堂中層外面裝飾著九條金龍，眾星捧月似的捧著一個圓盤，圓盤上頭就是明堂的最上層。上層的寶頂之上，立著一個高達一丈多的鐵鳳凰，鐵鳳凰遍身塗滿黃金，昂首振翼，讓下面的九條巨龍全都黯然失色！

明堂修好後，轉過年來，也就是垂拱五年的正月，武則天率領皇帝李旦和皇太子在明堂祭天、祭祖，宣布改元「永昌」，接受百官的朝賀。「天子坐明堂」的景象終於呈現在人們面前了，只不過，坐在明堂裡發號施令的不是皇帝，而是皇帝的母親聖母神皇。可是，面對如此富麗堂皇的明堂、如此古老的儒學傳統和如此強悍的武則天，還會有誰懷疑她不應該成為天子呢？

就是在明堂裡，武則天又發布了一道詔令：改革文字！我們知道，文字的改革從古到今一直在進行，像我們現在使用的簡化字就是文字改革的產物。但是，武則天改革文字可不是出於簡化漢字、規範漢字的目的，我們不是講過她特別迷信文字的力量嗎？給每個孩子起名字都有特別的含義。現在，她要改革一些關鍵字，讓這些字都具有某種特別的含義，人們一看這些字，就會樹立起正確的人生觀和世界觀！載初元年（六九〇年）的正月，武則天頒布了第一批新文字，一共有十二個，都是常用字：天、地、日、月、星、君、臣、載、初、年、正和照。後來，又增加了「證」、「授」、「聖」、「國」、「人」等字，到底一共造了多少，現在眾說紛紜（詳見書末附錄）。這些字都太有意義了。比如「君」字就是「天下大吉」四字合成的，意思是當君主的人就是最吉慶的，所有吉祥的事都圍著他轉，相當於清朝說聖天子百靈相助。跟君相對的是臣，「臣」怎麼寫呢？用「一」加「忠」，要求臣子一心一意忠實於君主。這些字從載初元年到神龍元年（七〇五年）在全國推行，現在成了我們給這一時期古書斷代的重要依據。

武則天的這些新字，究竟改得好不好呢？有一派人說好，民國女權主義運動家張默君曾經寫詩高度評價：「天馬行空天運開，天教淵度倚驚才。大周文字分明在，獨創千秋史乘來。」她認為武則天這些新字就像武周王朝一樣，必將彪炳史冊，輝耀千秋。可是也有人說這字不好，因為這些字太不符合文字發展的客觀規律。隨著武則天統治的結束，人們漸漸就不認識這些字了，到宋朝已經基本失傳。可是只有一個字，絕對不會消失，這個字就是「曌」。只要中國歷史還存在，我們就得面對這個字，因為中國歷史永遠都繞不過這個人物：武曌，武則天。

二、祥瑞滿天飛：天降祥瑞、佛出寶典，太后必當取代大唐皇帝

修建明堂、改革文字，武則天在一步步樹立自己的權威，但是，按照古代中國的政治傳統，統治者要想取得合法的統治權，不能光靠這些自我炒作，還需要天意和民心的支持。合法的統治者必然是天命所歸，民心所向。武則天如何在這兩方面作文章呢？

有一句詩叫做「天意從來高難問」，意思是說天意高深莫測，很難揣摩。但是中國古代發展出一套天人感應理論，說天和人是息息相通的，天的意志必然會通過一些具體的、能夠看得見摸得著的事情表達出來。這些事情在中國古代就叫祥瑞。有了這套具有可操作性的理論，接下來的就是技術活了，只要多出幾個祥瑞就可以啦。所以從武則天開始想要當皇帝，祥瑞就連續不斷地湧現出來。比如說垂拱二年，雍州的新豐縣發生地震，地塊往一處一擠壓，湧出一個土堆來。這就是祥瑞啊，這個土堆不能叫土堆了，應該叫慶山，吉慶之山。所以，馬上就把新豐縣改名叫慶山縣。我們前面講過的唐同泰從洛水裡找出的石頭，上面寫著「聖母臨人，永昌帝業」，這也是祥瑞。武則天接受了這塊寶貝石頭，給它改名叫「天授聖圖」之後，自稱「聖母神皇」，馬上又出現了彩雲繞太陽的天象，這也是

祥瑞，這叫做「慶雲抱戴太陽」，萬物生長靠太陽，一切都圍著太陽轉，這太陽就是武則天。

為了證明自己是天命所歸，武則天不斷地拋出祥瑞，甚至主管教育的國子祭酒上任第一天，按照慣例應該開講儒家五經，到武則天這時候改了，不再講儒家經典，而是改判祥瑞案三道了，拿三個祥瑞來，解釋解釋這些祥瑞都是什麼含義。這做法就太厲害了，用官方的手段對祥瑞加以理論化的闡釋，一下子就使得祥瑞的意義深刻起來了。所以在這段時間祥瑞層出不窮，對祥瑞的解釋也是五花八門，但是官方總會有一個大的指導方針，引導大家對祥瑞進行解釋。當然，這種解釋必然是有利於武則天稱帝的。

武則天雖然利用儒家的天人感應理論，但是，她也覺得這裡頭有問題。傳統儒家教義特別反對女人執政，說「牝雞之晨，惟家之索」。武則天派人翻遍了儒家典籍，也沒有找到哪一句說女人可以當皇帝。而且當時還有人打著儒家學說的旗號，肆無忌憚地反對武則天當政。比如說，前面提到的垂拱二年新豐縣有山踴出，群臣紛紛恭賀說這是天降祥瑞，沒想到有個叫俞文俊的儒生卻上書說無故踴出土山，就像人身體不適才會長瘤子一樣，哪裡是什麼祥瑞，明明就是災變！如今太后大權獨攬，反易陰陽，故此天降災變警告，望太后退回後宮，否則必遭天譴。這可讓武則天太難堪了，所以她覺得，要想靠儒家學說來表達讓一個女人當皇帝的天意，確實有難度。

那怎麼辦呢？我們知道唐朝的主流信仰是儒釋道三家並存，各占一席之地，既然儒家學說有問題，就再看看佛教和道教吧。顯而易見，在這兩家中，道教也不行。道教的始祖是太上老君，姓李名耳，號稱是李唐皇室的祖先，用人家的祖宗來革人家子孫的命，這怎麼都覺得彆扭。所以，剩下的只有佛教了。不過說起來，武則天和佛教的淵源也是最深的，她母親楊夫人就是虔誠的佛教徒，她自己年輕的時候又在感業寺當過尼姑，對佛教的感情本來也更加深厚。後來她收了薛懷義做面首，不是也把他放到寺裡頭當和尚嗎？現在想利用佛教了，怎麼辦呢？她就找薛懷義，交給他一個任務，說你去搞一個佛教界的理論研討班吧，研討什麼呢？就專門研討佛教經典裡面有沒有哪一條記載女人可以執政。接到任務後，薛懷義馬上本著有條件要上、沒有條件創造條件也要上的精神投入到工作中去了。最後，在他和東魏國寺的和尚法明的不懈努力下，終於找出了一部經典，這部佛經名叫《大雲經》，全稱為《大方等無想大雲經》。

《大雲經》一出來，武則天的眼睛都亮了。為什麼呢？因為裡面講了一個天女「淨光」的故事，說：「佛告淨光天女言，天女將化為菩薩，即以女身當王國土。」據說這位天女前生是國王的夫人，後又轉生為菩薩，菩薩又轉生為一個女人統治一方國土，然後這個女人再轉化為佛。這故事的前半段簡直就是武則天經歷的翻版嘛，後半段又正符合武則天的理想，武則天大喜過望，終於找到一個經典支持女人當皇帝了。可是高興過後，武則天覺得還有問題，有什麼問題呢？第一，她覺得普通老百姓文化水平比較低，而《大雲經》寫得過於高雅晦澀，要是老百姓看不懂怎麼辦？第二，這個淨光天女的事情雖然寫得天花亂墜，可是她知名度太低，沒多少人聽說過。知名度太低就不利於發動群眾了，怎麼辦呢？

武則天那麼多大風大浪都經歷過了，這兩件小事對她來說那還不是小菜一碟嗎？她馬上就想出主意來了，又把薛懷義叫來，說你組織一幫和尚，給《大雲經》做個注釋，要把它寫得淺顯易懂，讓老百姓都能明白。很快這注釋就出來了，叫《大雲經疏》，相當於我們現在的經典普及本。這本書的非凡之處在於把民間流行的彌勒崇拜和宣揚女主天下的經文結合到了一起。按照佛教教義，「彌勒」義為「慈悲」，普救眾生，是在將來繼承釋迦牟尼佛位的「未來佛」。從南北朝以來，彌勒佛在民間就受到廣泛崇拜，人氣很高。所以現在彌勒佛就被借用了，和淨光天女的故事揉合在一起，說太后就是彌勒降生，必當取代大唐皇帝，成為人世之主。彌勒佛化身為太后來當皇帝，最後還回去成佛。佛意如此，萬不能違。

《大雲經疏》一出來，武則天十分滿意，立即頒行天下，並要求各州都建一座大雲寺，寺內各藏一部《大雲經》，由高僧開壇講解。一時間，東起渤海，西止流沙，南抵五嶺，北至大漠，《大雲經》和《大雲經疏》一起傳遍全國各地。經過佛教徒這麼一炒作，一下子就把女主正位的輿論推向了新高。天降祥瑞，佛出寶典。武太后天上人間忙得不亦樂乎。經過上上下下幾番艱苦努力，她終於得到了儒、釋這兩大思想體系的認可。現在天意昭昭，就差民心了。

三、聲勢浩大的請願：民心所向，六萬多人發動請願，女皇帝就此誕生！

民心是怎麼表達的呢？民心是通過大規模的請願活動表達出來的。載初元年九月三日，一個七品芝麻官、侍御史傅遊藝率關中父老數百人伏闕上表，請求武則天順應天意民心，自己當皇帝，改唐為周，同時讓現任皇帝李旦改姓武。武則天當然是早就盼著這一天啦，但是也不能顯得太心急呀，中國古代不是講三讓而後受之嗎？所以這次她沒有答應。雖然拒絕了群眾，但也不能傷了群眾的心，怎麼辦呢？武則天提拔傅遊藝當了正五品的門下省給事中，一下子升了十階。

在這樣的誘惑之下，第二輪大規模的請願馬上出現了。上一次是以李唐王室的老家關中人為主，這次的主要人物就變成洛陽百姓了，再加上番人胡客、和尚道士，一共一萬二千人，上表請求武則天登基為帝。這一次請願不僅人數多，而且包含僧俗胡漢各種力量，代表性比第一次廣泛多了。可是武則天覺得還沒到火候呢，又一次謙虛地否決了。

第二天，請願的人又來了，而且，大批文武官員也加入了請願的行列，一共六萬多人發動了第三波勸進的浪潮，他們「守闕固請」，擺出一副不達目的誓不罷休的架勢，聚在宮外不肯走。這些人推舉出自己的代表來，與武則天對話。他們說：「今天命陛下以主，人以陛下為母……陛下不應天，不順人，獨高謙讓之道，無所憲法，臣等何所仰則！」如今上天命令您當天下之主，我們都把陛下您視作我們的母親，可是陛下您既不應天也不順人，只是一味地自己謙虛，您把我們置於何地？代表發言之後，好多老百姓也在下面嚷：接受我們的請求吧！就在這個時候，有人大聲喊：看呀！有隻鳳凰朝宮裡飛去了！接著又有人喊：紅鳥！紅鳥！這麼多紅鳥都落到朝堂上了！一時間下面是萬民歡呼，上頭是百鳥朝鳳，天人合一的景象表現得淋漓盡致。在這種情況下，一個關鍵人物出場了。因為這場改天換地的活劇，沒有他配合表演就無法完成。誰呢？皇帝李旦。李旦也加入了請願隊伍，堅決請求母親當皇帝，自請降為皇嗣，同時還要求改姓武。現在，三讓而後受之的傳統禪讓儀式已經一步不落地完成了，武則天終於站了起來說：「俞哉！此亦天授也！」中國歷史上獨一無二的女皇帝就此誕生了。

四、一代女皇：武則天以六十七歲高齡，改唐為周，自稱「聖神皇帝」

這時的武則天已經六十七歲了。她十四歲進宮，三十二歲當皇后，四十歲與唐高宗並稱二聖，五十歲晉升天后，六十歲成為皇太后，如今，經過了半個多世紀的奮鬥，在六十七歲的年紀，她終於君臨天下。武則天自稱是周王朝的後裔，因此改國號為周，實行周曆，以十一月為歲首正月。武則天為什麼自稱是周王朝的後裔，這裡面又隱藏著她怎樣的心路歷程呢？

眾所周知，周的統治者姓姬，大名鼎鼎的周公就叫姬旦，而武則天姓武，怎麼會是姬姓的後代呢？按照武則天的說法，遷都到洛陽的周平王生了一個小兒子，掌紋自然形成一個武字，所以就叫他姬武，他的後人就改姓武了，所以說武家是從姬家來的。從這裡我們可以看出武則天出身小姓寒門的悲哀，她的祖先沒有什麼特別的光榮能讓她誇耀，她只好跟周王朝攀親戚。當然，武則天跟周朝攀親也不是只有這一個理由。我們都知道夏商周三代，周朝享國最久，一共統治了約八百年，武則天希望自己建立的武周王朝也像周朝一樣，能夠長長久久地傳承下去。

此外，周朝是儒家學說最認可的朝代，在儒家的傳統認識裡，周朝實行的是王道政治，是儒家的理想型政治。而武則天最缺的就是儒家的認可。你們既然說周朝最好，周朝實行王道政治，那好，我就是周朝的繼承人！出於多種考慮，武則天改國號為周，定都洛陽，自稱「聖神皇帝」。原來的皇帝李旦降為皇嗣，不光身分降了，名字也變了，而且是姓和名一塊變，改名武輪。

女皇的登基大典選在九月九日。這一天是重陽佳節，挑選這個日子來舉辦登基大典，也是大有深意。根據《周易》的說法，單數為陽，雙數為陰。九是最大的陽數，九月九日是重陽節，也是一個最為陽剛的日子。武則天選擇在這一天登基，可能正是對她陰柔的女性身分的一種補充吧。她要盡量淡化自己的女性身分，給自己賦予更多的陽剛之氣。武則天為什麼要這樣做呢？我們承認，武則天在一定程度上是男尊女卑觀念的挑戰者，但是不可否認的是，她自己也是在這樣的傳統思想中長大的，男為陽，女為陰，男主外，女主內，這些思想不可能對她沒有影響。她一直在和這樣一些觀念鬥爭，但是，鬥爭之中又有妥協，有些妥協是她有意為之，有些則是本能地進行著。沒有人能真的和傳統決裂，甚至像武則天這樣偉大的女皇也是如此。

九月十三日，武則天下令按天子之禮在洛陽立武氏七廟，以父親武士彠為太祖孝明高皇帝，又尊西周的周文王為始祖文皇帝。武氏子弟如武承嗣、武三思等都封為王，姑姊都封為公主，天下所有武姓人氏也一概免除賦役，武家王朝嘛，武家人肯定得沾點光。既然改唐為周，長安的李唐太廟自然是不能保留了，武則天把它改為享德廟，繼續供奉唐高祖、太宗、高宗的牌位，因為武則天宣稱她的皇位正是繼承李唐三聖的。繼續承認自己作為李家媳婦的身分，以母親的身分取代兒子成為皇帝，可能是武則天為了取得最廣泛的支持所做出的最好選擇。可是，這種身分同樣隱含著矛盾，武則天的政權既然來源於李家，來源於母親的身分，那麼，政權又會歸向哪裡呢？這些矛盾在武則天改唐為周的那一天起就存在了，此後還要一直發展下去，但是，武則天當時並沒有想清楚。

當然，沒有想清楚也並不要緊，跟著感覺走，摸著石頭過河，本來就是武則天的一貫作風，她最善於在行動中隨時抓住時機，調整戰略，有的時候，解決問題的思路不正蘊涵在問題之中嗎？那麼，當了皇帝的武則天還會遇到什麼問題呢？

請看下回：風聲鶴唳。

【第二十二回】

風聲鶴唳

武則天任用酷吏是中國歷史上的一個著名話題，周興、來俊臣也早都成了刑訊逼供的代名詞。因為酷吏政治，武則天背上了刑罰枉濫的惡名。那麼，武則天為什麼要任用酷吏呢？是她生性殘忍還是形勢使然？酷吏政治又給武則天的統治帶來了怎樣的後果呢？

上一回講到，武則天以六十七歲的高齡，終於改唐為周，君臨天下。但是一個女人稱帝，仍有很多人非常不滿。特別是一些懷念李唐王朝的大臣，更是陽奉陰違，伺機而動，對武則天的統治構成了潛在威脅。武則天自然不會放過這些人，但是，怎樣才能發現這些隱藏的敵人呢？

垂拱二年（六八六年）三月的一天，在洛陽城的朝堂裡，忽然立起一個四四方方銅鑄的大傢伙，有點像今天郵局前面立著的郵筒，只是它的四個側面分別塗著青、紅、白、黑四種顏色，顯得過於花哨了。這是個什麼東西呢？來往的官員都不免多看上幾眼。正在這時候，一匹高頭大馬在朝堂前停了下來，馬上又把人們的眼光吸引過去。為什麼呢？因為從馬上下來的，不是整日在這裡進出的文官武將，而是一個衣衫不整的農夫。別看這個農夫不修邊幅，眼睛裡卻閃現出一種急切貪婪的光芒。官員們不由得在心裡打起了鼓，這是個什麼人呢？

這是一個告密者，而那個四四方方花裡胡哨的銅傢伙，名字叫做匭，是一種告密用的工具。這兩個都是武則天的新發明。朝堂裡竊竊私語的官員無論如何也不會想到，告密和隨之而來的刑訊逼供，即將成為武則天手裡一把鋒利的匕首，讓他們在此後的十多年裡，每天都活得戰戰兢兢，如履薄冰。

告密和刑訊逼供可都不是什麼好事，武則天為什麼要鼓勵呢？關鍵是反對武則天的力量太強了。武則天一個女人當皇帝，太顛覆傳統了。當時的大多數官員都是受儒家教育成長起來的，而儒家學說的兩大觀點都對武則天當皇帝不利，一個是強調忠君，一個是反對女人干政。從忠君這個角度說，武則天手下的官僚都是在李唐王朝成長起來的，自然有忠實於李唐王朝的義務。從反對女人干政這個角度講，以一個男人的身分侍奉女主，也讓不少的官僚羞憤交加，畢竟那時候還沒有女強人這一說，女上司更是聞所未聞。這樣一些傳統觀念太根深柢固了，所以武則天雖然沒少籠絡大臣，但是大臣中間始終有一部分人無法接受她的武周政權。更重要的是，許多她親手提拔上來、視為心腹的大臣也不買她的帳，像李敬業叛亂、裴炎逼宮，一個個最為嚴重的打擊竟然都來自自己人，這讓武則天非常緊張。有道是明槍易躲，暗箭難防，怎樣才能讓躲在暗處的敵人現身呢？

武則天想來想去，覺得只有發動群眾了。我們現在不是經常說，群眾的眼睛是雪亮的嗎？就讓群眾去揪出混雜在人群中的異己分子吧。可是，統治者高高在上，哪能聽到普通老百姓的心聲呢？不要說老百姓了，中下級官員都沒有什麼機會見到皇帝，整天圍在皇帝身邊的就是那些高級官員。而武則天憑經驗知道，這些人正是最不可靠的。怎麼辦呢？武則天當年建言十二事不是有一條叫做「廣言路」嗎？她現在要真正建立一套有效的機制，把「廣言路」落到實處！

一、告密吃香：女皇建立匭檢制度、鼓勵告密，打擊潛在敵人

怎樣才能把「廣言路」落到實處呢？武則天採取了兩個措施。第一個措施是建立匭檢制度，第二個措施是鼓勵當面告密。作為打擊潛在敵人的重要手段，這些措施其實在武則天稱帝之前已經開始實行了。

先說匭檢制度。這個匭就是我們前面提到的那個銅傢伙，它是一個銅做的超大型意見箱。這個意見箱分成四個格子，四面正對著東南西北四方，分四個方面接受天下人提的意見。面朝東的格子是青色的，求功名的人可以毛遂自薦；面朝南的格子是紅色的，主要接受人們對朝政的意見；面朝西的格子是白色的，受理人們的申冤請求；面朝北的格子是黑色的，接受人們的告密。意見投進去之後就拿

不出來了。這個銅匭設計得相當周密，功能也齊全。武則天在諫官系統設置了一些新官位，叫做補闕和拾遺，讓他們做知匭使，每天傍晚開匭箱，把意見彙總上報，不得延誤。

看到這麼個奇思妙想的玩意兒，大家也許會認為武則天還是一個發明家。其實設銅匭這個高明的主意，還真不是武則天想出來的，而是一個叫魚保家的小夥子想出來的。這個魚保家的父親魚承曄就是裴炎謀反案的主審官，也算是武則天的鐵桿追隨者。魚保家有點歪才，因為喜歡搞發明創造，還曾經幫李敬業製造過兵器。李敬業失敗之後呢，他就失業了，又把自己的聰明才智奉獻給武則天了。武則天拿到這個設計方案後太高興了。那時候她還沒有稱帝，李敬業反叛剛剛結束，裴炎也才伏法不久，武則天正覺得天下人都在和自己作對呢。她非常想知道誰是潛藏的危險分子，但是她只有一雙眼睛，哪裡看得過來這麼多人啊，現在有了這個意見箱，不就等於平白長出了千手千眼了嗎？

武則天馬上下令按照魚保家的圖紙製造。垂拱二年三月，銅匭終於鑄成了，馬上就擺到朝堂裡去了。不久，一封告密信就塞到了朝北的黑格子裡。告什麼呢？這封信密告魚保家曾經給李敬業叛軍製造兵器，殺傷官軍甚眾。魚保家即刻伏誅，成為銅匭的第一個受害人，真是搬起石頭砸了自己的腳。魚保家這個事情一出來，武則天和天下的野心家可是皆大歡喜啊。從武則天的角度講呢，魚保家這樣隱藏的異己分子不是被抓出來了嗎？匭檢制度算是初見成效。從野心家的角度講呢，原來告密真的有用啊！馬上就能看到人頭落地。這些人從此一發不可收拾，野心小點兒的，就想通過告密把自己仇家的腦袋塞到鍘刀下，野心大的呢，就想要把別人的烏紗帽戴在自己腦袋上。整個銅匭裡塞進來的都是告密信，其他三個格子的意見箱幾乎都被閒置起來了。

第二個措施是武則天想出來的，鼓勵當面告密。銅匭放在朝堂裡，什麼樣的人才能把意見塞進去啊？還不是那些朝廷裡的官員，他們識文斷字，又整天在那兒來來往往，塞進去很容易。可是光有這個意見箱還不夠，萬一有外地老百姓想要告狀，又沒有進京的路費怎麼辦呀？或者，萬一告密者不會寫字呢？這些武則天也想到了。她下令：「有告密者，臣下不得問，皆給驛馬，供五品食，使詣行在。雖農夫樵人，皆得召見，廩於客館，所言或稱旨，則不次除官，無實者不問。」（《資治通鑑》卷二〇三）什麼意思呢？哪個老百姓要想告密，你就找你當地的基層長官，跟他說我要告密。這個長官絕對不允許質問說你想告誰的密，告哪方面的密，他什麼都不能問。他能幹什麼呢？他必須立刻提供給你一匹高頭大馬，而且按照五品官的政治待遇，把你安安全全地護送到洛陽，讓你去見武則天當面告密。

這樣一來可就不得了了，不僅是誰都可以告密，而且告密的待遇還特別好。告密的人如果說的是事實，查有此事，怎麼辦？馬上加官晉爵，賞！如果告完了，一查，沒這回事怎麼辦？沒這回事也不罰，還是把你平平安安地給送回家去。這種只有賺沒有賠的生意誰不想做呀，無數在正常制度下根本沒有可能當官的野心家興奮得不得了，馬上，四面八方的告密者蜂擁而至，雲集洛陽。

武則天這下可忙起來了，天天親自接見各地前來告密的老百姓，告得有理，馬上提拔當官，告的純屬子虛烏有，武則天也和顏悅色，賞賜後讓他走人，絕不讓一個人失望。可能有人就不明白了，在洛陽往銅匭裡投告密信的當然以官員為主，武則天想通過他們了解點朝廷裡的情況無可厚非，但是從全國各地趕來的這些草民知道什麼呢？難道武則天能夠指望他們揭發什麼在基層醞釀的陰謀？其實，這就是武則天的高明之處。讓老百姓告密有兩個好處：首先，可以利用大規模的群眾運動造聲勢，形成對官員的震懾力；其次，可以從這些人裡挑出她想要的刑偵人才。因為有人告密就得有人審訊啊，得為自己挑選一些司法幹部了。

二、酷吏橫行：女皇要的酷吏，都是些什麼人？

這些被武則天挑中的人才有個統一的稱號——酷吏。所謂「酷吏」，按照字面解釋就是執法嚴酷的官員。但是光這麼解釋還不夠，酷吏本質上是一群特務，他們的嚴酷，不是我們今天說的「執法必嚴」的加強版，而是嚴刑逼供，濫殺無辜，是殘酷。根據新舊《唐書》的《酷吏傳》記載，武則天前後任用的酷吏一共有二十七個。這些人都是什麼來歷呢？舉兩個例子大家就知道了。

第一個是侯思止。此人最早的身分是賣餅的，小生意人，跟武大郎做的是一個買賣。大家知道武大郎賣炊餅那是起早貪黑，老實本分，這才能勉強養家糊口。可是侯思止偏偏是個好吃懶做的人，日上三竿還不起床，這餅當然就賣不出去了，最後生意做不下去了，就改行投奔一位將軍，當了僕人。有了落腳地，他心思可就活動起來了，雖然目不識丁，但卻渾身是膽。武則天鼓勵大規模告密，他聽到召喚之後，馬上就去告本州刺史和李唐宗室謀反。當時武則天正在大肆誅殺宗室，對他的告密頗為賞識，立刻提拔他當了五品的游擊將軍。這是一個散官，有待遇，但是沒職責。對於一個奴僕來說，這也算一步登天了。可是，侯思止並不滿足，他去拜見武則天，點名要到御史台做侍御史。這次連武則天都吃驚了，要知道，御史台負責監察百官，可是當時的要害部門，侯思止大字不識一個，怎麼能幹得了呢？於是武則天就問他：你不識字，連公文都看不懂，怎麼能做御史呢？侯思止既然口氣這麼大，肯定是有備而來啊，他馬上對武則天說：陛下知道不知道有一種神獸叫獬豸啊？武則天說我知道啊。侯思止又說：獬豸的本事是用犄角頂邪惡的人。獬豸這東西它識字不識字呢？它不識字，但是它可以憑藉本能去辨別善惡。我不識字，難道我就不能憑藉本能去分辨好人、壞人嗎？一番道理講下來，一下子就說到武則天心裡去了，真有點醍醐灌頂的感覺。武則天想，我為什麼需要酷吏啊，不就是因為他們不受任何傳統的束縛，能夠為我辦事嘛！如果一個人知書達理，行政經驗豐富，就不能讓他去監察部門工作，相反，他就應該變成被監察的對象了。行，就是文盲侯思止了，讓他憑直覺去抓那些對我不滿的人吧。一下子，武則天就把他提拔成侍御史了。

再舉一個武則天稱帝之後提拔起來的酷吏。這個人叫做來俊臣，就是後來導演「請君入甕」的那個傢伙，這也是一牛人。來俊臣出身還不如侯思止呢。他的親爹姓蔡，是一個賭徒，輸給了另一個姓來的賭徒好多錢，房子也輸了，地也輸了，沒錢還債了。正好他的妻子本來就和來賭徒私通，來賭徒就讓他拿妻子抵債。這個女人當時已經懷孕了，孩子當然也說不清楚是誰的，到來賭徒家就生下了一個兒子，取名為來俊臣。父母是孩子的第一任教師啊，來俊臣生在這麼一個賭徒的家裡，所受的教育可想而知。長大之後，他整天遊手好閒，殺人放火，無惡不作，最後鋃鐺入獄。

說起來，來俊臣的告密經歷還頗為曲折。在他關進監獄的時候，武則天已經發布詔令讓大家都來告密，來俊臣覺得這是一個改變命運的機會啊，他就在監獄裡頭提出申請，說我也要告密。監獄的領導當時心裡就打鼓了，朝廷確實說人人都可以告密，可是這個「人人」包括不包括犯人啊？他一時拿不準，只好請示本州的刺史。這個刺史恰好是李唐宗室，平生最看不起來俊臣這類小人了，就把來俊臣拉過來責打一百大板，仍舊遣送回牢房。來俊臣在武周革命之前的第一次告密就這樣失敗了。等到後來武則天改朝換代已經完成，當年的刺史因為是李唐宗室也早做了刀下鬼，來俊臣再告密，已經沒有人敢阻攔了。來俊臣於是再次告密。這一次監獄領導再也不敢攔他，乖乖地把他送到武則天身邊了。來俊臣見到武則天，趕緊訴苦，說自己當年本來就是想要把宗室造反的陰謀報告給皇帝的，結果受到了宗室刺史的蓄意打壓，所以一直被關在監獄裡。如今幸好這些圖謀不軌的宗室都被皇帝剷除了，我的冤屈才能得以伸張。武則天一聽，不錯啊，別看是個死刑犯，說話倒是頭頭是道，語言表達流暢，邏輯很清楚，是個可造之才。再仔細看看，這個來俊臣長得還不錯，面若桃花，武則天一向是喜歡美男子的，於是，大筆一揮，來俊臣也當了侍御史。

通過這兩個例子，我們就知道所謂酷吏都是些什麼人了。我給他們總結了「四無三有」。「四無」是什麼呢？無身分，無道德，在正常情況下無出頭之日，更重要的是，在朝廷裡絕對無依無靠，只能認武則天一個主子。那「三有」又是什麼呢？有野心、有膽量、有破壞力。武則天要的就是這樣的人。

三、鬼朴來了：利用酷利，打擊反對派

武則天為什麼要用酷吏呢？她是要去震懾那些對她的統治心存不滿的人。按照她的想法，有了告密制度，就不怕抓不著反對派；有了酷吏，就不怕制伏不了反對派。武則天利用酷吏打擊反對派是分兩個階段進行的，第一個階段是在稱帝之前，也就是從廢黜中宗李哲到武周政權建立，武則天當太后的這個階段。這個時期打擊的主要對象是那些反對她當皇帝的李唐宗室和大臣。為了達到這個目的，武則天在酷吏的協助下，把有可能對她形成挑戰的李唐宗室基本上斬盡殺絕，那些以李唐老臣自居的大臣們也受到很大打擊。在這六年多的時間裡，武則天一共任用了二十四位宰相，其中被殺、被流放

的就有十七人，自然死亡的三人，只有四個人一直做到了武則天稱帝之後，其中還有兩個是她的姪子。第二階段是從武則天建立政權到來俊臣被處死，主要解決的問題是如何防止李唐王朝復辟。這個階段打擊的主要對象是那些對於李唐王朝還抱有幻想、心存留戀的反對派官僚。這一階段一共是七年時間，這兩個時期一共製造了四十多起大案，我們最熟悉的武則天時期的宰相如狄仁傑、魏元忠，都曾經因為酷吏下過大牢，九死一生。

那麼酷吏究竟是怎麼審案子的呢？按說這也是一千多年前的事了，本來一些細節今天已經很難知道了。但俗話說三百六十行，行行出狀元，酷吏之中也有能人，有一個酷吏就把他們的實踐經驗做了理論總結。誰呢？就是來俊臣。來俊臣在大牢裡待了若干年，對犯人心理瞭若指掌，當官以後，又很快摸清了皇帝的心理，通過換位思考，融會貫通，他很快掌握了其中的奧妙，寫成了一部專著，名叫《羅織經》。這本專著流傳下來，成為人類有史以來第一部製造冤獄的「完全攻略」。

《羅織經》講的是什麼內容呢？首先是辦案的原則。來俊臣說：「事不至大，無以驚人；案不及眾，功之匪顯。上以求安，下以邀寵，其冤固有，未可免也。」要辦就辦大案子，只有這樣才能震懾天下，而且便於邀功請賞。至於說刻意辦大案會有冤枉好人的可能，來俊臣覺得那是不可避免的，不必操心。另外，什麼是好人，什麼是壞人啊？來俊臣說了，這本來就沒有什麼固定標準，二者是可以互相轉化的，得辨證地看問題，而關鍵就是看能不能為皇帝所用。如果這個人的存在對皇帝有利，壞人也是好人；對皇帝不利，好人也是壞人。這麼一來，酷吏辦案的原則就明確了，那就是根據皇帝的需要去打擊那些對皇帝不利的人，打擊得越深入越好。

那怎樣才能辦成一件牽連人數眾多的大案子呢？來俊臣設計了六個步驟。

一、確定目標。看準了哪個人對皇帝不利，鎖定他，立刻實施打擊。

二、群起而攻之，由特務們從四面八方發出告密信件。他在全國各地收買了幾百個無賴，一旦想誣陷誰，就指使這些無賴差不多同一時間分別去告發。有關部門看到這些背景、身分完全不同的人都眾口一詞地揭發一個人，能不重視嗎？肯定要立案調查。

三、逮捕人犯。根據皇帝的旨意，拘押被誣陷的對象。

四、刑訊逼供。施用酷刑審訊人犯，取得理想的口供。對於酷刑，來俊臣可是專家。他有一句名言：「人可以接受死亡，卻不能忍受痛苦。」什麼樣的痛苦是人所不能忍受的呢？舉幾個例子。比如先把犯人的腰固定在椅子上，然後幾個人拽著他脖子上的枷鎖使勁，拽到什麼程度呢？直到最後犯人用脖子、腰的力量把這個木椅子給拔出來。這叫「驢駒拔橛」。還有，讓犯人把枷舉到頭頂，然後往枷上摞磚頭，這叫「仙人獻果」。這是些有名字的刑罰。沒有名字的也不少，比如說往鼻子裡灌醋；給人犯戴上鐵箍，像孫悟空一樣，然後再往鐵箍裡面加楔子。說起來都讓人毛骨悚然。但是來俊臣還不滿足。《孫子兵法》裡講戰爭的最高境界是「不戰而屈人之兵」，同樣道理，在來俊臣這樣一個刑訊「大師」看來，最高境界也不是讓人犯把所有的刑罰都試一個遍，而是讓他們一到公堂，套上枷鎖，還沒有上刑就自動招供。為此，他又研製出一套巨型枷鎖，分為十種不同款式，只要給犯人套上不同款式的枷鎖，犯人的反應就像枷鎖的名稱一樣：定百脈，動彈不得；喘不得，喘不上氣來；突地吼，嗷的大叫；著即承，馬上胡亂承認罪行；失魂膽，魂飄魄散；實同反，承認與別人一起謀反；反是實，承認自己組織謀反；死豬愁，你就是死豬也還會發愁；求即死，只求速死；求破家，這個最厲害，只要把巨枷往犯人頭上一套，犯人立刻就說，你把我們全家老小全部殺光吧，千萬別讓我戴這玩意了！這十套大枷確實收到了威懾的效果，只要威脅人犯要套枷，對方就會嚇得魂飛魄散，甘願自誣。如此審案自然事半功倍，大大加快了結案的效率。

五、順藤摸瓜。人人都有親朋好友，在人犯喪失鬥志之後，逼迫他們攀扯更多的人定罪。

六、偽造口供。把被告口供整理編撰，使之互相吻合，毫無破綻。

經過這麼六個步驟，一件謀反案就可以做成了。

但是，我們知道，總會有硬漢，有的時候即使用盡了酷刑，人犯還是不招供，這樣是不是就沒辦法了呢？來俊臣的辦法多的是。大家還記得張虔勖嗎？就是當年和程務挺一起勒兵入宮廢黜中宗李哲的將軍。武周政權建立後，他也落到來俊臣的手裡，來俊臣無論怎麼折磨他，他都不肯承認謀反，還要求換主審官，惹得來俊臣怒從心頭起，下令將他亂刀砍死，然後偽造供詞，最後照樣結案。

甚至有的時候，連刑訊這套程式都免了。舉一個例子。武則天登基前後固然是大開殺戒，但是也不能把所有的人都處死，有些人罪行輕一點，或者是死刑犯的家屬，就流放到南方邊疆去了。這樣的人叫做「流人」，總數也有幾萬人。到了長壽二年（六九三年），武則天登基三年之後，忽然在民間流傳開一條讖語，叫做「代武者劉（流）」，這就跟當年「女主武王」的流言一樣，統治者當然很緊張。有人就跟武則天說，將要取代您的可能是一個姓劉的人，也可能是那些流放的人，這些人恐怕想造反復辟。

武則天一聽，當即派了一個叫萬國俊的人去嶺南審理。這萬國俊是何許人啊？他也是一個大名鼎鼎的酷吏，《羅織經》的第二作者，以心狠手辣著稱。他去了之後，把嶺南所有的流人都召集到廣州了，沒做任何審訊，就假託皇帝旨意，讓他們集體自殺。流人不服啊，一時間哭聲震天，局面眼看要失控，萬國俊生氣了：讓你們自己死你們還不領情！他把這些流人驅趕到水邊，一聲令下，殺！流人馬上人頭落地。三百餘人無一幸免，頃刻之間河水都被染紅了。萬國俊回到洛陽彙報說：「所有流人都心懷怨望，意圖造反，所以臣就把他們當場誅殺了。」武則天覺得他當機立斷處置得體，還給他升官了。既然萬國俊聲稱嶺南流人都想造反，武則天不免又想了，其他的地方也難保啊！馬上，第二批酷吏又被派到其他五個流人集中的地方。這些酷吏一看，萬國俊殺人升了官，我們也開始殺吧，就爭先恐後地殺人。最多的一個殺了九百人，最少的也殺了五百人。這就是歷史上臭名昭著的「六道使事件」。消息傳出，朝野震驚。酷吏勢如狼虎，法律形同虛設。武周的刑罰枉濫已經到了無以復加的程度。難道這就是武則天想要看到的局面嗎？

這時候，朝廷裡的有識之士開始上書要求整頓酷吏，重建法制。與此同時，武則天自己也在思索了。酷吏究竟給她帶來了什麼好處呢？有一個好處是顯而易見的，酷吏確實震懾了整個朝廷。直接反對或者威脅武則天統治的人被消滅了，暗中不滿的人也都噤若寒蟬，這使得武則天的統治在短時間內穩定下來。但是，酷吏也給她帶來了損失，朝廷上君臣一體的和諧局面不見了。皇帝對大臣充滿了猜忌，大臣也是風聲鶴唳，草木皆兵，連生命都不能得到基本保障，還怎麼能夠指望他們一心為國家操勞呢？當時審理朝廷官員的制獄建在麗景門之內，本來是個很好聽的名字，可是老百姓都管它叫「例竟門」，意思是一進去就再也別想活著出來了。官員們每天早晨上朝之前都要和妻兒訣別，說我現在走了，不知道晚上還能不能回來，如果我不回來，這就是咱們最後一次見面了，永別了。在宮門負責引導官吏入見皇帝的宮婢給這些官員起了個外號，叫「鬼朴」，看見官員進宮，就說，「鬼朴來了」，意思是「又有送死的來了」。

君臣之間如果沒有信任，就不可能締造一個良好的政府，也不可能建立一個強大的國家。前路還長，面對這樣的信任危機，武則天該如何處理呢？

請看下回：請君入甕。

【第二十三回】

請君入甕

在武則天重用的酷吏中，有兩個最為狠毒，在歷史上知名度也最高，一個叫周興，一個叫來俊臣，提到這兩個人的名字，當時的人都會不寒而慄。武則天為了鞏固她的地位，實行鐵血政策，重用酷吏，打擊潛在的政治敵人，藉此穩定政局。那麼失去利用價值之後，這兩個殺人魔王又落得個何等的結局呢？

有一個成語叫做「請君入甕」，意思是以其人之道，還治其人之身。這句成語說的其實就是武則天手下的兩個酷吏周興和來俊臣的故事。這到底是怎麼回事呢？

一、以其人之道，還治其人之身：坐穩女皇寶座，先拿酷吏周興開刀

武則天依靠酷吏解決了反對派，坐穩了女皇的寶座，一支酷吏隊伍也就應運而生。那麼，武則天會不會重賞酷吏，把他們真正當成心腹呢？不會。剛當上皇帝不久，武則天就拿大名鼎鼎的酷吏周興開刀了。

周興是雍州長安人，從小學習法律，長大後就混上了個司法小吏。雖然都是吃皇糧的，但是，唐朝官和吏可是界限森嚴。吏的地位很低，就是衙門裡跑腿打雜的。那時候，當官的責打小吏是家常便飯。如果哪個官居然不打小吏，倒成了罕見的善行，要被記載在史書裡。雖然周興明熟法律制度，在唐高宗時代也曾受到賞識，但是，由於出身低微，他始終沒有得到提拔，一直在衙門裡忍氣吞聲。他做夢也沒想到，有一天，這個等級森嚴的社會，會在武則天的手下發生天翻地覆的變化。

武則天要改朝換代，昔日趾高氣揚的王公貴族紛紛落馬，小人物的上升之路卻變得空前寬廣。獻祥瑞呀，告密呀，都可以當官。周興原本就是有野心的人，覺得天生我材必有用，在這個特殊的年代裡，他的司法才能終於有機會發揮了。周興經手的第一件大案，就是前面講過的宗室謀反案。這個案子讓一大批宗室人頭落地，為武則天稱帝掃除了障礙。周興也因此成為武周建國的一大功臣。當時很多人私下議論他大量製造冤假錯案，周興聽了哈哈一笑，在衙門口貼了兩行大字：

被告之人，問皆稱枉。斬決之後，咸悉無言。

真是一副十足的無賴相。武則天當皇帝之後，周興又投其所好，建議廢除李唐宗族的宗正屬籍，剝奪他們的皇室成員資格。周興辦案手段高明，又能上體天心，所以深得武則天的賞識。很快從一個不入流的司法小吏升到四品的秋官侍郎、文昌右丞，升官的速度飛快。不僅如此，武則天還賜他姓武，這在當時是了不起的殊榮，儼然就是酷吏中的大哥，周興自己也得意洋洋。

可是俗話說「人無千日好，花無百日紅」。周興的好日子在天授二年（六九一年）就到頭了。當時來俊臣已經是酷吏裡的後起之秀，和周興一塊兒審案子，也一塊兒吃飯，兩人關係不錯。有一天，正吃飯呢，來俊臣說話了：「現在犯人都不肯招供，您是老前輩，有什麼辦法嗎？」周興哈哈大笑說：「這簡單。你找一個大缸來，四周圍上炭，把炭火生得旺旺的，請他進去坐會兒，到時候，讓他招什麼他就招什麼啦！」來俊臣不由得叫一聲好，馬上叫手下人搬來一口缸，眼看炭火已經燒起來了，來俊臣站起身來，朝著周興深深一揖：「奉皇帝聖旨查辦老兄謀反一案，煩請老兄入此甕！」周興當場就嚇呆了，撲通一聲跪倒在地，說道：「你要我招什麼，我都招。」案子不費吹灰之力馬上就結了，謀反罪按律當斬，武則天念周興有功，破例流放嶺南。但周興作惡多端，結怨太多，半途為仇家所殺。這就是著名的「請君入甕」的故事，之所以流傳至今，也反映了老百姓的一種願望：多行不義必自斃，惡人自有惡人磨。

二、惡人自有惡人磨：武則天下令將來俊臣斬首

收拾了老資格的酷吏周興，同樣也是酷吏的來俊臣會不會有兔死狐悲之感呢？他沒有。他覺得自己有兩大優勢，一定可以立於不敗之地。哪兩大優勢呢？第一，他忠誠於皇帝。來俊臣在自己的名著《羅織經》裡首先就講忠君。忠到什麼程度呢？「雖至親亦忍絕，縱為惡亦不讓。」就是可以置倫常於不顧，也可以置良心於不顧。只要有利於皇帝，沒有他不可以幹的。一個人主動把自己置於狗的位置，難道還不能討得主子的喜歡嗎？何況，他是武則天從死刑犯裡直接提拔上來的，武則天就是他的重生父母，他怎麼會不忠誠呢？

第二大優勢是專業素質高。上回講過，來俊臣把刑訊逼供已經上升到理論的高度了，連周興這樣的老手都被他玩弄於股掌之間，其他人就更不在話下了。天授二年周興死後，大的案子基本都是來俊臣經辦的，也都沒有什麼差池。因為有這樣兩大優勢，來俊臣覺得自己絕不會失寵。延載元年（六九四年），來俊臣因為貪污被貶官，可是沒過多久就被重新起用，這讓他的信心更堅定了。跟當年武則天的第一個支持者李義府一樣，來俊臣也開始飄飄然了，覺得武則天既然用得著他，就得罩著他，從此更加胡作非為了。

他都幹了些什麼壞事呢？首先是任意奪人妻女。只要是來俊臣看上的人，也不管人家是未出閣的姑娘，還是已嫁人的媳婦，一定要弄到手裡。要是人家不給怎麼辦呢？客氣一點，他就假傳聖旨，讓對方自動把姑娘送給他；要是這家人不識相，他就告人家謀反，把人家全家殺光，然後把姑娘弄過來，被他弄得家破人亡的不計其數。他的妻子就是這麼娶來的。這位來夫人出身於大名鼎鼎的太原王

氏，那是頭等的貴族，唐朝非常講究等級門第，按道理講，無論如何是不會嫁給來俊臣這樣的人。本來這位王小姐已經嫁給一個叫段簡的人了，但是因為太漂亮，被來俊臣盯上了。來俊臣就到段家去，假傳聖旨，說皇帝已經把王氏賞給他了。段簡雖然明知道這純屬胡說，但是又怕來俊臣誣陷他謀反，只好把夫人拱手送他。死囚犯出身的來俊臣，也就因此成了太原王氏的乘龍快婿。

其次，肆意陷害大臣。來俊臣的職業不是查辦謀反案嗎？如果沒人謀反他豈不就失業了，所以他整天琢磨製造嫌疑犯。誰對皇帝有威脅，或者哪怕是誰不買他的帳，他就誣陷誰謀反。後來他膽子越來越大了，也懶得絞盡腦汁了。乾脆找了若干塊石頭做成靶子，石頭上面一一寫著當朝官員的名字，然後和自己的黨羽一起從遠處拿小石子砸這些靶子，砸中誰就拿誰開刀。這石子可是不長眼睛，誰知道砸中哪個？所以朝廷上人人自危。這還不算，來俊臣連武則天碩果僅存的幾個親人都惦記上了。他跑到武則天跟前，說武則天的兒女、姪子們全都不可靠。他這樣像瘋狗一樣亂咬人，能不招人恨嗎！

一個人如果讓所有的人都記恨，恐怕就沒什麼好下場了。可是，真正讓來俊臣陷於滅頂之災的倒不是他的仇家，而是他的下屬兼朋友——酷吏衛遂忠。這是怎麼回事呢？前面不是說過來俊臣的辦案步驟嗎？他在全國各地招一幫流氓，想要打倒哪個人，就讓這幫流氓一起誣告，最後把這個人置於死地，這就是所謂的「羅織」。衛遂忠就是他豢養的這幫打手之一。此人聰明伶俐，能說會道，很得來俊臣的賞識，也算是來俊臣的死黨。

有一天衛遂忠來找來俊臣喝酒，正逢來俊臣宴請妻子的族人，太原王氏是名門望族，大家正濟濟一堂，舉杯暢飲。衛遂忠突然不請而至，來俊臣覺得他身分太低，上不了臺面，就吩咐管家說：就說我不在，別讓他進來！

衛遂忠也是黏上毛比猴子還精的人，一眼就看出來其中的原委了，這可太傷自尊了！他徑直闖了進去，指著王氏的鼻子就是一通狂罵，說妳有什麼了不起呀，有妳們家人在我就不能進來？小心我把妳們一家都修理死！王氏原本是名門淑女，居然在眾目睽睽之下被來俊臣的小嘍囉一頓羞辱，回屋痛哭不已。來俊臣也很生氣，命人把衛遂忠捆起來痛打了一頓。衛遂忠這下子可被打清醒了，趕緊跪地求饒。來俊臣也還真饒了他。為什麼呀？因為有道是兄弟如手足，妻子如衣服嘛。兄弟是事業上的好幫手，而且只要坐在這個位置上，還怕討不到老婆？所以他教訓了衛遂忠幾句就讓他走人了。王氏夫人被人白白地羞辱一番，自己在丈夫心目之中的位置不過如此，羞憤交加，沒過幾天，自殺了！即使是這樣，來俊臣也沒當回事兒，因為他又發現新目標了。上次他看上的是段簡的妻子，這次他又看上段簡的妾了。倒楣的段簡只好又乖乖地拱手相送。本來是左擁右抱，一下子成了孤家寡人了。所以老百姓常講「醜妻近地家中寶」，妻子醜一點，地離自己近一點，都好照顧，不容易被別人盯上。段簡倒好，嬌妻美妾，現在都成別人的了。來俊臣不斷發現新目標，並沒有把妻子的死當回事，可是衛遂忠寢食難安了。他是來俊臣的心腹，知道來俊臣心如蛇蠍，雖然現在沒有找自己的麻煩，但難保哪天不翻舊帳。怎麼辦呢？

衛遂忠索性一不做，二不休，去給來俊臣下絆子了。他知道來俊臣是武則天身邊的紅人兒，直接跟武則天說來俊臣謀反未必起作用，所以他決定曲線救國，去求見武則天的姪子魏王武承嗣。他問武承嗣：「您可知上次來俊臣擲石頭砸中的是誰的名字？正是魏王您呀！他準備告您謀反呢！」一句話可把武承嗣嚇壞了。他也曾經風聞來俊臣在武則天面前說自己的壞話，現在從來俊臣的心腹衛遂忠口裡再聽說，那就更讓他深信不疑了。俗話說先下手為強，後下手遭殃。武承嗣立刻行動起來了。

他先是以帶頭大哥的身分聯絡了武家子弟和太平公主，因為當時太平公主已經嫁到武家，算是武家的人。後來為了增強實力，又把皇嗣李旦也拉了進來，最後乾脆連禁軍將領也給拉上了說：「來，我們一塊兒告倒來俊臣！」這些人本來不是一個陣營的，彼此有諸多矛盾，但是在痛恨來俊臣這一點上卻空前一致。反正來俊臣讓大家都人心惶惶，現在正好趁著人多勢眾，一起打倒他。聯絡好了之後，就以魏王武承嗣為首，這些人聯名上奏，控告來俊臣。既然這麼多人聯名上告，那就立案審理吧。一審起來，這罪名可就多了，行賄受賄、欺男霸女已經算是小意思了，更重要的罪狀是來俊臣想要自己做皇帝！證據是什麼呢？來俊臣曾經把自己比作十六國時期的後趙皇帝石勒！這石勒原本是個奴隸，後來從奴隸成為了將軍，又從將軍晉升皇帝。來俊臣自比石勒，不就是要謀反嗎？謀反就得判處死刑啊，這個處理意見就上報給武則天了。

武則天怎麼處理呢？她對來俊臣還是相當有好感的。她知道來俊臣得罪人很多，但那都是自己讓他幹的。至於說來俊臣想要當皇帝，武則天無論如何是不相信的。何況來俊臣還是個美男子，武則天對於美色總是很感興趣。她想保住來俊臣，因此遲遲沒有答覆。然而越是這樣，那些告來俊臣的人越害怕呀，要是來俊臣不死，接下來就輪到這些人吃不了兜著走了。宰相啊，武則天的面首啊，都被動員起來遊說武則天，可是武則天就是不處理。

常言道：惡人自有惡人磨。最後結束來俊臣性命的還是酷吏。這個酷吏名字叫做吉頊，也是一個美男子。此人曾經和來俊臣共事，心機深沉，膽略非凡，當時也正得武則天信任。

神功元年（六九七年）六月的一天，武則天騎馬到禁苑散心，吉頊為她牽馬。騎了一會兒馬，武則天問：「最近外面有什麼動靜嗎？」吉頊回答道：「大家都在議論皇上怎麼還沒判來俊臣死刑呢。」

武則天說：「來俊臣有功於國，朕不能不考慮啊。」吉頊朗聲說道：「來俊臣糾結不法之徒，陷害忠良，他們家收受的賄賂有如山積，被他迫害而死的冤魂充塞道路，這樣的人是國賊，是公害啊。陛下您哪能對這樣的人心存惻隱呢？」

這話還真把武則天說動了。武則天沉默了一會，終於長嘆一聲說：「只好這樣了！」吉頊這句話為什麼這麼起作用呢？有兩點原因：第一，他沒有提來俊臣謀反，他知道武則天不相信他謀反。但是他所開列的來俊臣的罪狀卻都是真的，單憑這些罪狀已經足夠判處來俊臣死刑了。第二，吉頊也是個酷吏，連他都跟武則天說，不能再讓來俊臣苟活於人世，武則天也就意識到了，天下人都已經萬般厭惡來俊臣了，如果這時候再保他，只能是引火焚身。沒辦法，借他的腦袋來平息民憤吧，來俊臣自己在《羅織經》裡也說過，要「善歸上，罪歸下」，有好處時要讓皇上做好人，有罪過時做臣子的應承擔下來，現在，就讓他實踐自己的理論去吧。神功元年六月初三，武則天終於下令將來俊臣斬首。

斬首那天，洛陽城的老百姓傾城而出，都來看熱鬧。來俊臣人頭剛一落地，百姓蜂擁而上，把來俊臣的屍體挖眼剝皮，連五臟六腑都掏了出來。這情景太讓人震撼了，武則天還真沒想到來俊臣如此讓人痛恨，她不由得暗自慶幸，幸好把他處死了，否則這種鬱積的憤怒要是爆發到自己頭上，豈不是大麻煩！她趕緊和來俊臣脫清關係，親自寫了《暴來俊臣罪狀制》，列舉了來俊臣的種種罪狀，最後說：「宜加赤族之誅，以雪蒼生之憤。」搖身一變，又成了一個替天行道、為民申冤的好皇帝。

既然要當好皇帝，光殺死來俊臣還不夠，還要進一步證明自己是被蒙蔽的，沒有責任。怎麼才能做到這一點呢？武則天找大臣談話了。她說：「過去周興、來俊臣審訊的時候，每次都牽扯好多大臣，我也不是沒有懷疑過，可是派身邊的大臣去覆查，回來都說確實如此。我再問那些受審的人，這些人自己都承認謀反，那我也就只好相信了。可是周興、來俊臣死了之後，也就不再有謀反案了，這樣看來，以前那些案子恐怕也有冤枉的吧。」她這明擺著是在裝糊塗，大臣也不知道說什麼好，就都不說話。沉默了一會兒，一個叫姚元崇的大臣說話了：「從垂拱年間以來，所謂的謀反案基本都是周興他們誣告出來的。當時陛下讓大臣去覆查，這些大臣還不是泥菩薩過江——自身難保，怎麼敢真的去查！那些被誣陷的人如果翻供的話，會吃更多的苦頭，還不如早點死了算了，所以只好承認謀反。現在全仗老天保佑，陛下終於看清楚了周興、來俊臣他們的嘴臉，把他們正法了。臣敢以全家族一百多口人的性命向您保證，從今再也不會有人謀反了，如果再有人謀反，請陛下問臣的罪！」武則天趕緊順坡下驢說：「姚愛卿說得對！以前那些宰相只知道順著朕，險些讓朕成了濫用刑罰的人！現在姚愛卿所說的才是我真正想聽的話呀！」一下子把責任推了個精光。武則天和姚元崇之間的這次對話，成為武則天結束酷吏政治的一個標誌。這個姚元崇是誰呢？他就是後來輔佐唐玄宗，開創了開元盛世的大名鼎鼎的宰相姚崇。

三、酷吏時代的終結：鞏固武周江山後，酷吏使命同時結束

周興和來俊臣都死於酷吏之手，是不是因為惡有惡報呢？其實沒有這麼簡單，關鍵是武則天想要除掉他們了。不光是周興和來俊臣，新舊《唐書》所記載的二十七個酷吏不是被處決，就是承受不了內心的壓力自殺或者發瘋，沒有一個善終。那麼，武則天為什麼要把這些幫她打江山的功臣送上斷頭臺呢？

兩個原因。第一，她已經用完這些人了。她利用酷吏來打擊反對派，鞏固了武周的江山。但是，一旦統治真的穩定下來，這些人的歷史使命也就結束了。而且，這些人的存在還會成為她的負擔。為什麼呢？首先，這些人會有損於她的形象，讓人們覺得她是淫刑之主；其次，這些人勢力太大，都侵奪了武則天的神聖皇權了。來俊臣死後，禮部侍郎馬上向武則天自首，說他過去迫於來俊臣的壓力，每年都要任命幾百個來俊臣的親信。武則天質問他為什麼拿國家官職做人情，侍郎說：「臣負陛下，死罪！臣亂國家法，罪止一身；違俊臣語，立見族滅。」可見皇帝的威力還比不上來俊臣，武則天一生追逐權力，怎麼能容忍這樣的事情呢？既然酷吏已經失去了利用價值，留下來有百害而無一利，那麼，「狡兔死，走狗烹」也就不可避免了。

第二，酷吏自身素質太低了，缺乏轉型的可能。酷吏大都出身社會底層，好多人甚至大字不識一個，這樣的文化素質讓他們沒法勝任別的工作。比如說，以前提到的文盲酷吏侯思止就經常鬧笑話。他在洛陽當官，洛陽有一個地名叫白司馬坂，侯思止不大認字，把「坂」字看成謀反的「反」字，還以為是一個叫白司馬的謀反了，在這兒被砍的頭。當時有一個將軍叫孟青棒，他又以為是一種刑具，用來打人的。所以一審問囚徒他就說：「若不承認是白司馬，就讓你吃孟青棒。」犯人莫名其妙，後來知道是這麼回事，好多人都在心裡竊笑。長壽元年（六九二年），曾經幫助武則天平定李敬業叛亂的魏元忠也被人告發謀反。侯思止提審魏元忠時，又露怯了，對魏元忠呵斥道：「急認白司馬，不然，即吃孟青棒。」魏元忠一聽，忍不住哈哈大笑。侯思止太生氣了，一個犯人敢笑我，就把魏元忠的腳綁起來，拖著他走。魏元忠說：「我命薄，騎驢摔下來了，腳卻被鞍鐙掛住了，所以被驢拖著走。」侯思止更生氣了，接著又是一頓暴打。魏元忠終於發火了說：「侯思止！你要殺我就殺，說什麼謀反不謀反！你好歹也是國家官員，居然說什麼白司馬、孟青棒，總有你吃虧的時候！」侯思止不懂啊，以為白司馬、孟青棒是犯忌諱的話，嚇壞了，連忙給魏元忠鬆綁道歉說：「思止死罪，幸蒙中丞指教！」這件事一下子傳開了，連武則天聽了也忍俊不禁。這樣素質的官吏，怎麼可能不被淘汰呢？等著拿腦袋祭旗吧。

從廢黜中宗李哲到處死來俊臣，酷吏政治持續了十四年之久。唐朝以來，任用酷吏一直是人們批評武則天的最主要罪證。那麼，回首這段血腥而又紛繁的歷史，我們究竟應該怎樣評價武則天的酷吏政治呢？

必須承認，酷吏政治有它極其惡劣的一面。首先它嚴重破壞了司法制度。唐代號稱律令制社會，武周王朝的司法體系承自唐朝，本來也很完備，但是在酷吏橫行的時代，原來的法律條文和司法原則都成了一紙空文，無法再發揮應有的作用。其次，酷吏政治也破壞了人心。君臣之間互相猜忌，大臣為了自保，只能裝聾作啞，苟且偷生。當時的宰相蘇味道有一句名言說，別人要是問你問題，絕不能正面回答，要模模糊糊地回答。可即是不可，不可即是可，凡事無可無不可，所以就留下來一個成語叫做「模稜兩可」。連宰相整天說話做事都似是而非，公事還能辦好嗎？所以在武則天手下雖然有不少很能幹的大臣，但是再也找不到魏徵那樣的直臣了。

但是，在另一方面，我們也要看到，酷吏對於武則天的統治發揮了積極的作用。一般來說，如果是開國皇帝，必然都有自己的佐命功臣；如果是女主執政，又都會有外戚幫忙。武則天既是女人又是開國皇帝，可是她既沒有佐命功臣也沒有得力的外戚，而她遇到的阻力又那麼大，怎麼辦呢？只能是任用酷吏了。通過讓酷吏殺一批人來震懾天下，武則天迅速地穩定了統治，國家沒有發生更大規模的動亂。正是因為有酷吏幫助，武則天才能「計不下席，聽不出闈，蒼生晏然，紫宸易主」（《資治通鑑》卷二〇五）。沒有經過大規模的流血戰爭，老百姓安安穩穩，天下就改朝換代了。在這個過程中，不僅武則天是贏家，天下的老百姓也是贏家。

此外，酷吏雖然在一定時期內橫行霸道，但是，他們行使的主要是監察司法權，而不是行政權。影響最大的酷吏周興、來俊臣，都沒有當過宰相，因此也就不可能從根本上左右國家政局，這使得酷吏的危害被降到最低。即便是在司法領域裡，酷吏打擊的對象也主要是可能對武則天構成威脅的中高級官員，基層社會受到的震動不大，從而在很大程度上保持了社會整體的平穩發展。更重要的是，從任用酷吏到結束酷吏統治，武則天始終把握著政治進程。她深知，酷吏固然是開創和鞏固政權的重要工具，但是要坐穩江山，絕不能僅憑暴力威懾。

那麼，武則天究竟依靠什麼人來治理國家呢？

請看下回：大柱擎天。

【第二十四回】

大柱擎天

武則天任用酷吏打擊反對派，維護了自己的統治。但是武則天想要坐穩江山，讓天下長治久安，真正的依靠對象卻不是酷吏。那麼，武則天究竟依靠誰來幫助她治理國家呢？她又通過什麼方式來發現真正的人才呢？

毛澤東主席有一段話評價武則天，非常精闢。他說武則天既有容人之量，又有識人之智，還有用人之術。上回講到她任用酷吏穩定政權，但是，只有酷吏不可能維持一個國家的正常運轉，她還要任用一批真正的人才來治理國家。

一、英雄不問出處：武則天對科舉的三大貢獻

中國古代講為政之道，唯在得人。用人好壞是國家發展的關鍵。用人先得從識人開始。我們前面講過武則天賞識魏元忠的事情，但是，識人不能光靠統治者一個個地發現人才，更重要的是要建立一種有效選拔人才的機制。怎麼選拔人才呢？武則天把重點放在科舉上。

武則天對科舉有三大貢獻，第一是提高了進士科的地位，第二是充分發揮了制舉的作用，第三是開創了武舉。

先說進士科。唐代的科舉分為常科和制科。每年舉行的考試稱為常科，由皇帝下詔臨時舉行的考試稱為制科，制科又叫制舉。常科裡面比較重要的有兩種，一種是進士，一種是明經。進士科側重考察文學才華，明經科側重考察儒家經典。本來進士的級別比明經低一點，但是，從武則天統治開始，進士的前程明顯好於明經，逐漸變成科舉考試裡最重要的一科了。武則天為什麼要提高進士科的地位呢？傳統說法是說武則天自己愛好文藝，所以重視進士。但是，作為一個政治家，武則天恐怕不會在這樣大的事情上表現出這麼強烈的主觀色彩，主要原因還是進士科有利於人才的選拔。為什麼呢？明經科主要考經典記憶，需要熟悉儒家經典，那家裡至少得有經典才行吧。當時印刷術不發達，讀書都

是靠家傳手抄，普通老百姓家藏書少，因此這種考試明顯對世家子弟有利。但是進士科就不一樣了，進士科考文才，文才固然也需要知識積累，但更重要的還是靠天賦靈氣。好多寒門小戶，家裡沒有太多的書，但是子弟憑著一股靈氣，一種天分，也能夠在詩文方面有所造詣，在進士科中嶄露頭角。因此相對來說，進士科也有它的公平性。武則天提高進士科的地位，拓寬了廣大寒門子弟上升的道路，選拔人才的面兒也就更廣了。這是武則天對科舉的第一大貢獻。

第二大貢獻就是充分發揮了制舉的作用。既然已經有了每年一次的常科了，為什麼還要再搞制舉呢？這也有三個緣故。首先，制舉和現實聯繫緊。常科有固定的出題套路，和現實聯繫很小，就像如今的高考命題一樣，講究規範化。但是制舉就不一樣了，它是臨時命題，題目往往緊貼現實，甚至就是專門找一個國家急須解決的問題問考生，考生的實際行政能力一下子就能檢驗出來。其次，制舉的考生範圍廣。常科考試只能是白丁（無官者）參加，制舉就不一樣了，白丁可以參加，現任官員也可以參加，這就把選擇面放大了。第三，制舉考試起效快。常科考試考中了，相當於現在的大學畢業，並不能立刻當官，還要再經過有關部門的篩選；但是制舉過關，馬上就可以當官，類似於現在的招聘幹部。這樣一來，選拔的人才可以直接投入使用。

因為制舉有這麼多好處，所以從武則天當太后臨朝稱制開始，制舉平均一年半舉行一次，頻率遠遠高於唐朝其他任何一位皇帝。特別是她稱帝之前和打擊酷吏的時候，人才需求量大，更是連年舉行制舉。另外，武則天為了拉近考生和自己的距離，還親自主持殿試。所謂殿試，就是皇帝在大殿親自主持的考試。唐朝第一次殿試是在顯慶四年（六五九年），由唐高宗主持，但是規模不大。載初元年（六九〇年），武則天即將稱帝，為了收買人心，在洛城殿親自主持考試，一時間各地精英雲集洛陽，考生有上萬人之多，連續考了好幾天。這次殿試給世人留下的印象太深刻了，以至於《資治通鑑》乾脆抹殺了唐高宗主持的那次殿試，稱殿試就是武則天開創的。

第三大貢獻是開創了武舉。武則天認為，有一些人雖然沒有什麼文化，但是有膽量，有武功，這樣的人，也應該有出頭之日。所以武則天又開創了武舉，讓武藝超群的人都來參加考試。

這樣一來，有這三個方面，唐朝的科舉考試就算完備了。而後的歷朝歷代，科舉制都是選拔人才最重要的方式，一直到清朝，都是以此為格局豐富發展，這是武則天在科舉考試方面的貢獻。

那麼科舉考試是不是選拔出天下俊傑了呢？還真選拔出來了。載初元年那次殿試就發現了一匹千里馬，名叫張說。張說當時剛剛二十二歲，雖然是初生牛犢，武則天一眼就看出他是個人才，親自點評他為第一名，比現在的高考狀元還厲害。武則天對他的才華讚不絕口，把他寫的文章貼在尚書省，讓朝廷百官都去參觀，一時間傳為美談。張說文武雙全，出將入相，前後當了三任宰相，一直到玄宗朝還活躍在政治舞臺上，可見武則天的知人之明。

但是，儘管如此，武則天覺得用人管道還不夠多。怎樣才能發現更多的人才呢？她又想出了一個辦法，鼓勵人們互相推薦和自我推薦。垂拱元年（六八五年），武則天平定李敬業叛亂後就下詔，讓「文武九品已上官及百姓，咸令自舉」。此後，這樣的詔令沒少頒布。另外，前面曾經講過武則天鑄造銅匭，雖然說主要是和告密連在一起，但是銅匭朝東的那個青色的格子，就是接受毛遂自薦的信件。你要求官，可以往這裡投自薦信。這些推薦是否幫武則天選拔出了人才呢？也選出來了。比方說，武則天時期最有名望的宰相狄仁傑，曾經推薦自己的兒子當地官（戶部）員外郎，結果很稱職，武則天非常高興，說狄仁傑是內舉不避親。當然，狄仁傑推薦的可不光是自己的兒子，武周一朝，經他推薦而當了大官的就有幾十人。

為了選拔賢才，武則天極力拓寬用人管道。不過用人管道多了，也產生了一些問題，最主要的問題就是官職不夠了。當時人有個對比，說「乾封以前，選人每年不越數千；垂拱以後，每歲常至五萬」，從唐高宗到武則天以太后身分臨朝稱制的前後二十年間，有資格當官的人一下子激增了十餘倍，原有的官位不夠了。怎麼辦呢？兩個辦法：第一是增加新的職位，第二個辦法就是大量試官。什麼叫試官呢？凡是毛遂自薦上來的，或者別人推薦的，就先給你一個官試試，看你行不行。

試官的人太多了，刻薄的人就編了一個歌謠挖苦武則天：「補闕連車載，拾遺平斗量。欋推侍御史，碗脫校書郎。」什麼意思呢？「補闕」多得一車一車推過來；「拾遺」像米粒一樣，可以一斗一斗地去量；你拿一耙子，一摟就好幾個侍御史；校書郎就像用碗扣出來的，一個一個模子你扣去吧，隨便扣多少是多少。總的意思就是官太多了，一板磚下去能拍死三個大官。當時有個才子叫沈金交，聽了之後覺得好玩，又給補上四句：「評事不讀律，博士不尋章。麵糊存撫使，眯目聖神皇。」成了一首打油詩，而且把武則天也給編排進去了。這下可不得了，公然說皇帝是有眼無珠的老糊塗，這不是誹謗嗎！馬上就有御史把他抓起來了，請求武則天裁決。武則天聽了之後哈哈一笑說：「只要你們不爛就行了，還怕人說嗎？別治罪了，放了他吧。」跟當年讚賞駱賓王如出一轍，這就叫容人之量。

武則天這樣用人豈不是太沒有原則了？這倒也不盡然。為什麼呢？因為武則天還留了一手呢。你想當官嗎？容易，我可以馬上讓你來試試，可是如果你不勝任呢？那對不起，輕者貶官，重者殺頭。這樣一來，有真才實學者快速升遷，尸位素餐者難以久留，這就叫做「求才貴廣，考課貴精」，寬進嚴出。真正剩下的都是經過了大浪淘沙的金子了。用這些人治理天下，還能治理不好嗎？

二、君子滿朝：任用傑出人才，上承貞觀，下啟開元

那麼，武則天究竟都用了什麼人才呢？舉三個例子。

第一個是婁師德。婁師德是在唐高宗時期考中的進士，後來投筆從戎，在東邊打契丹，在西邊打吐蕃，都立下了赫赫戰功。武則天時期曾兩度拜相，也算是個出將入相的能人。為什麼說他是金子般的人才呢？婁師德最大的特點就是能忍。舉一個例子。婁師德的弟弟到地方去當刺史，臨走的時候，婁師德找他談話說：「我當宰相，你又當刺史，我們是光宗耀祖了，可是得有多少人忌恨咱們啊，你可千萬別闖禍。」他弟弟趕緊說：「我一定夾緊尾巴做人，絕不給哥哥闖禍。」婁師德就問了：「你怎麼才能做到不給我闖禍呢？」他弟弟說：「誰要是往我臉上吐唾沫，我自己擦乾就是了，絕不跟他爭執，這總行了吧？」婁師德長嘆一聲說：「這就是給我闖禍呀！別人往你臉上吐唾沫，說明他恨你，你要是再去擦，那不就激怒他了嗎？」他弟弟說：「那我應該怎麼辦啊？」婁師德說：「人家啐你，你也不要有什麼反應，這唾沫等一會自己就乾了，你擦它幹什麼！」有一個成語叫「唾面自乾」，就是這麼來的。

有人就問了，武則天難道就用這樣的人才治理國家？這不就是唯唯諾諾、苟且偷生嘛！再講一個故事，大家就會知道婁師德不是蠅營狗苟只知保命的人。這是發生在狄仁傑和婁師德之間的故事。狄仁傑當宰相是婁師德推薦的，但是狄仁傑並不知道，還老覺得婁師德窩囊，常擠對他，婁師德也從來都不說什麼。後來武則天看出門道來了，想給婁師德打抱不平。有一天，找到狄仁傑問他：「你覺得婁師德這個人怎麼樣啊？」狄仁傑說：「他當個邊將倒是能夠謹守邊疆，其他的才能我就不知道了。」

武則天又問：「婁師德有知人之明嗎？」狄仁傑說：「我跟他共事這麼長時間，沒看出來。」武則天就說了：「可是我知道你狄仁傑正是婁師德推薦的呀！」說完拿出婁師德當年推薦他的奏章給他看。狄仁傑一下子非常慚愧，到處跟人說：「我被婁公包容了這麼久，自己居然不知道，看來我比婁公差遠了！」

我們應該怎麼評價婁師德呢？在武則天改朝換代，朝廷動盪不安的情況下，婁師德一方面守衛邊疆，另一方面還能不計個人得失，舉薦人才，這是相當了不起的。他忍辱負重到了窩囊的地步，固然是為了保全自己，但是也在客觀上維持了朝廷的穩定。正因為有這樣的正人君子始終掌握朝政，武周政權才能最終擺脫酷吏的影響，走上正軌。所以，如果用一個詞給婁師德做總結的話，那就是仁而有忍。因為仁慈，所以忍讓。

第二個人是徐有功。徐有功一直在司法部門工作，他最大的特點是勇。怎麼個勇法呢？舉一個例子。當年越王李貞、李沖父子謀反，被株連的人很多。有一個小官在李沖造反前曾經幫他收過債，也跟他通過信，後來就被人告發了。當時是酷吏當道，就判了這個小官死刑。徐有功堅持認為這個小官並非謀反的魁首，因此不應處死。武則天正想殺人立威呢，很是生氣，就質問徐有功：那你說什麼是魁首！這哪裡是問題呀，分明是威脅嘛。可是徐有功不慌不忙，引經據典地給武則天講起課了。他說：所謂「魁」，就是大帥；「首」呢，就是首謀。要說這個案子有魁首的話，那就是李沖了，這個小官頂多算個支黨，怎麼能按魁首治罪呢！當時滿朝文武一共好幾百人，聽著君臣兩個人辯論，都嚇得腿發抖，臉發青，可徐有功始終氣定神閒。最後的結果怎麼樣呢？武則天還真被他說得心悅誠服，徐有功的大名從此也就不脛而走。

再舉一個例子。長壽二年（六九三年），皇嗣李旦的妃子竇氏家出事了。他們家的一個奴隸告竇妃的母親夜裡詛咒皇帝。為什麼詛咒皇帝啊？說她是想讓武則天死掉，好讓自己的女婿當皇帝。當時剛剛有一個婢女告竇妃本人詛咒武則天，武則天已經把她暗殺掉了，現在又把她媽牽出來了。草率一審之後，就按謀反罪判處死刑。竇家人覺得冤枉啊，聽說徐有功正直，就向他喊冤了。當時竇夫人已經定案，眼看押赴刑場，命懸一線，徐有功挺身而出，要求緩刑。緊接著，為竇老太太鳴冤的奏章就送到武則天面前了。武則天當時正想打擊兒子李旦的勢力呢，哪能容忍徐有功搗亂！大筆一揮，說徐有功阿附竇家，判處絞刑。徐有功正辦公呢，手下人淚流滿面地把這個消息告訴他了。徐有功聽到這個消息，輕輕嘆了一口氣說：「死就死吧，也不是只死我一個。難道這世界上還有永遠不死的人嗎？」照舊吃飯、睡覺。有人認為徐有功的鎮定是裝出來的，誰聽說自己要被絞死了還能睡得著呢，就去偷窺了，結果發現徐有功真睡著了，還打呼嚕呢！這個消息馬上就傳到武則天的耳朵裡了。武則天聽了之後不禁感慨萬千，她雖然為了鞏固政權殺人如麻，但是從心裡還是敬重徐有功這樣的君子的。於是她再次召見徐有功，劈頭就問：「卿近來審理案件，為什麼錯放了那麼多人！」徐有功答道：「臣下失察放錯了人，是臣下的小過錯。但是對生命的慈悲，卻是君主的大德啊，請陛下三思。」武則天聽了，沉默了很久。最後，竇老太太終於沒有被處死。

說到這兒，我們覺得徐有功勇敢吧，在酷吏橫行的司法部門工作，他居然敢屢屢跟皇帝唱反調，真是一個頂天立地的硬漢啊。可是，這只是徐有功的一面，他還有另一面呢。徐有功第一次革職之後不久，武則天又起用他當侍御史。徐有功接到任命書就哭了，他說：「野鹿本在山間遊走，可是生命卻掌握在廚子的手裡，我就像那鹿一樣啊。陛下如今任命臣做法官，臣必定要守正執法，總有一天會觸怒陛下，身首異處，請陛下收回成命吧！」

為什麼要講這個故事呢？我想說明徐有功並不是不怕死，相反，他太愛生活，太愛自由了，但是，正因為如此，他才不能容忍有人因為他怕死，而失去自由，失去生命。為此，他不惜自己慨然赴死。這就叫做仁而有勇。正因為有他這樣的司法官員，武則天時期的司法部門才能最大程度地保持公正，不會完全被酷吏控制。

武則天一朝還有一個大臣最受倚重，這個人就是大名鼎鼎的狄仁傑。狄仁傑在民間知名度太高了。他不僅是個清官，還是個神探，有關狄仁傑的斷案傳奇不是借助小說《狄公案》廣泛流傳嗎？那他究竟是不是神探呢？還真是。《舊唐書‧狄仁傑傳》載，狄仁傑「儀鳳中為大理丞，周歲斷滯獄一萬七千人，無冤訴者」，說他一年判了一萬七千件積壓案件，沒有一個人事後喊冤的，那還不是神探嗎？神探最重要的素質是什麼呢？是有智謀。我們就先從狄仁傑的智謀說起。他前後當過兩次宰相，第一次當宰相的時候，因為被來俊臣陷害，關進監獄了。當時只要承認自己確實謀反，就算是坦白從寬，可以從輕發落。因此在審問的時候，狄仁傑就說：「大周革命，萬物惟新，唐室舊臣，甘從誅戮，反是實！」現在已經改天換地了，我們這些唐家老臣可不就是該死，你說我謀反，那我就是謀反了，自己先承認了。這樣一來，來俊臣覺得這是個軟蛋，也就放鬆警惕了。狄仁傑等了一個機會，就從衣服上撕下一塊布，把自己的情況寫在上面，然後塞到棉袍裡，找了個機會跟管事兒的說：「天熱了，能不能讓我們家把棉衣服拿回去，換件單的？」管事兒的一聽，這又不是什麼大問題，換吧。狄仁傑的兒子把棉衣拿回家，看到了信，這個兒子像他爸爸，也非常聰明，馬上求見武則天，說我要告密。因為當時只有說告密才能見到武則天。武則天接見他之後，他就把情況一五一十跟武則天說了。

武則天召見狄仁傑，問他：你既然沒謀反，為什麼要承認啊？狄仁傑說：我要不承認，早被打死了。武則天想想也是，就把他從輕發落，貶官了。從這件事可見狄仁傑的智慧。

那狄仁傑是不是只有這些自保的小智慧呢？也不是。他的智慧是建立在仁的基礎上的。當年，越王李貞父子謀反，被牽連判死刑的老百姓就有兩千人之多。狄仁傑知道他們沒有罪，但是他也知道武則天正想殺人立威，怎麼辦呢？想來想去，他給武則天寫了一封密信。他說這些老百姓都是被牽連進這個案子的，不是真正做了什麼壞事，我想為他們申冤，又害怕陛下認為我替惡人說情。可是要不替這些人說情，又害怕沒有體現出陛下珍惜生命的胸懷。因為是密奏，並沒當眾駁武則天的面子，又誇武則天愛惜生命，把武則天誇得心裡暖洋洋的，最終，這些老百姓都沒有處死，而是被流放戍邊了。到底是什麼挽救了這兩千條性命呢？重要的固然是狄仁傑的智慧，但更重要的則是狄仁傑的一片慈悲之心。

狄仁傑宦海沉浮，拜相時間才不過三年多，卻獨享大名，號稱武周第一賢相。為什麼呢？因為他以其大智慧辦了兩件大事。第一件大事是勸說武則天重新立廬陵王，也就是被廢掉的中宗李哲做太子，這個我們後面再講；第二件大事就是推薦了張柬之等一些英才當宰相。武則天要狄仁傑舉薦賢士，狄仁傑答道：「要論寫文章的好手，咱們朝廷裡已經夠多的了。但是，如果陛下要的是濟世安邦之才，那麼臣推薦荊州長史張柬之，其人雖老，有宰相之才。」正是得益於狄仁傑的大力推薦，張柬之才在八十高齡當上了宰相。這個張柬之是誰呢？就是後來發動神龍政變推翻武則天、復辟李唐的第一功臣。不僅張柬之，後來在唐玄宗時期，發揮重要作用的姚崇等好多宰相，都是狄仁傑推薦的。當時人們就說：「天下桃李，悉在公門矣。」所以，如果用一個詞來描述狄仁傑的特點，那就應該是仁而有智。

孔子說，仁、智、勇是三達德，能有這種品德的就是君子。婁師德有仁，狄仁傑有智，徐有功有勇，所以武則天不就是君子滿朝了嗎？

正因為武則天任用了很多傑出的人才，所以她的統治時期，才能上承貞觀之治，下啟開元盛世，推動了社會的發展。那麼，武則天又是怎樣對待這些幫助她坐穩江山，把國家治理得井井有條的人才呢？

婁師德是善始善終，壽終正寢。徐有功雖然三次都差一點被殺頭，但是在最後關頭總能幸免於難，最後官至司僕少卿，去世後追贈司刑卿。狄仁傑就更不用說了。武則天對他的敬重已經到了無以復加的程度，她不像對一般大臣那樣直呼其名，而是管狄仁傑叫國老，狄仁傑每次覲見，武則天都要免去他跪拜之禮，說是見到狄公下拜她也會感覺疼痛。可謂百般禮遇，體貼入微。狄仁傑七十一歲去世，武則天非常難過，她說：「狄公一去，朝堂彷彿都空了。」三個人可以說都是生榮死哀。相反，同樣是大臣，周興、來俊臣這樣的酷吏武則天是用完就殺，毫不留情。

那麼，武則天為什麼要這樣做呢？我想，這就是武則天用人的原則，利用小人而信用君子。雖然因為改朝換代而不得不利用酷吏殺人立威，但是，在朝廷高層始終有一批優秀官員主持朝政。這些武則天親手提拔、任用的優秀人才有如擎天大柱，撐起了武周的天空，也讓中國歷史光彩奪目。

唐朝有名的政論家陸贄對武則天有一番評價，他說，武則天「課責既嚴，進退皆速，不肖者旋點，才能者驟升，是以當代謂知人之明，累朝賴多士之用」。唐朝另一著名宰相李絳也說：「天后朝命官猥多，當時有車載斗量之語。及開元中，在朝赫赫有名望事績者，多是天后所進之人。」毫不誇張地說，正是武則天的知人之明、識人之智和容人之量，為開元盛世的到來儲備了人才。那麼，已經是滿朝君子的武則天還會遇到什麼問題呢？

請看下回：奪嫡大戰。

【第二十五回】

奪嫡大戰

儲位之爭在中國古代政治史上屢見不鮮。一般來說，有奪嫡資格的都是同姓皇子。而武則天以一個女性的身分改朝換代，卻使兩個異姓人之間爆發了一場曠日持久的奪嫡大戰。那麼，這兩個人是誰呢？為了最高權力，他們之間又展開了怎樣驚心動魄的鬥爭呢？

中國古代是家天下，開國皇帝打下來的江山最後都要傳給子孫，讓皇權在同一個家族裡綿延下去。這個制度已經實行了幾千年了。可是，這個制度到武則天時卻遇到了困難。什麼困難呢？就是皇位不知道傳給誰好。按照傳統傳給兒子吧，兒子是跟隨父親姓李的，雖然在武則天登基之後懾於淫威改姓了武，但是，一旦讓他當了皇帝，恐怕還得恢復李姓。恢復李姓也就等於恢復了李唐王朝，這樣一來，武則天苦心孤詣建立起來的武周王朝豈不就一代而亡了嗎？如果傳給姪子呢？姪子倒是姓武，讓姪子做接班人，武家天下肯定能傳承下去，可是，姪子和自己的血緣關係就遠了。這可真是個兩難選擇。怎麼辦呢？武則天一時也拿不定主意，只好先拖一拖再說。

怎麼拖呢？一般人當了皇帝不是要立太子嗎？武則天登基，卻沒立太子，她給原來的皇帝李旦安了一個封號，叫皇嗣。這皇嗣的身分可太微妙了。它看起來好像是由原來的皇太子改名而成，但是和太子又有很大區別，因為皇太子意味著接班人，而皇嗣只不過意味著你是我的兒子，是不是有資格繼承皇位還不一定呢。這個名號一出來，所有人都知道皇帝心中的矛盾了。既然繼承人是誰還不確定，有人就想努力謀求這個位置。誰呢？武則天的姪子，武承嗣。武承嗣在武則天登基之後，受封為魏王，官拜首席宰相——文昌左相（尚書左僕射），他覺得自己是武家的嫡系繼承人，當武周太子是名正言順。有了這樣的想法，他自然就把皇嗣李旦看成了眼中釘、肉中刺，一場驚心動魄的奪嫡大戰也就此展開。

一、武承嗣的野心：武承嗣奪嫡，覬覦繼承皇位

這場爭奪戰一共分了兩個回合，第一回合發生在天授二年（六九一年），也就是武則天當皇帝的第二年，由武承嗣首先挑起。武承嗣一看姑姑武則天找了三撥人上表勸進，一下子就當了皇帝，他覺得群眾運動就是有效，自己也想模仿一下，讓武則天立自己當太子。可是武承嗣自己不好出面啊，於是就派人找來洛陽人王慶之，讓他以基層百姓的身分，聯絡數百人，上書請求廢掉皇嗣李旦（武輪），改立武承嗣為太子。

立太子正是武則天當時比較頭痛的問題，現在居然有人上書，武則天立刻接見了他。問他：「皇嗣我子，奈何廢之？」王慶之回答說：「神不歆非類，民不祀非族。」王慶之說，當今天下是誰的天下？是武家的天下，武家天下怎麼能讓李家人當繼承人呢？這句話太有殺傷力了，武則天覺得心裡很鬱悶，就揮揮手說：你下去吧。王慶之是帶著任務來的呀，哪能這麼輕易就下去呢！他當即就跪在地上說，陛下您要是不答應我的請求，我就一頭碰死在地上。武則天一看這老百姓政治熱情太高了，太有覺悟了！大為感動，說這麼大一件事，我怎麼能當即答應你呢？這樣吧，我給你一張蓋了章的紙，這就好比一個特別通行證，你什麼時候想見我，就拿這張紙給守門的人看，他就會讓你進來。

送走王慶之後，武則天就找宰相來商量了。她找的是文昌右相，也就是尚書右僕射岑長倩。岑長倩當時也算是武周王朝政府班子中，僅次於武承嗣的第二號人物了。因為勸進武則天登基有功，頗受皇上的賞識重用，讓皇嗣李旦改姓武就是他提出來的。按照武則天的想法，岑長倩和自己還是比較有感情的，於是賜他姓武，所以岑長倩當時又叫做武長倩。但是岑長倩一聽王慶之的動議，馬上就跳起

來了。他是武則天的心腹，但他也是李唐老臣啊，對李唐王朝一直心存好感。他擁戴武則天，一方面是因為武則天的能力了得，另一方面也是因為反正武則天要把皇位傳給兒子，最後不還是李唐的天下嗎？他當初一定要讓李旦改姓武，正是想給李旦上一道保險，讓他順利接班。現在武則天居然跟他商量要把皇嗣廢掉，立自己的姪子武承嗣，這大大突破他的心理底線了。他馬上斷然拒絕了：「皇嗣現在住在東宮裡頭，好好待著沒有犯任何錯誤，怎麼能說廢就廢啊，再說了，立誰當儲君這是國家大事，哪能由一個老百姓在那兒瞎議論。臣建議好好懲戒一下這個百姓，以儆效尤，以後看誰還敢再瞎議論這件事。」岑長倩一表態，其他宰相也都隨聲附和，事情就先壓下去了。

可是武承嗣不甘心，他太鬱悶了，眼看到手的鴨子哪能就這麼飛了！他也看出來了，李旦本身沒什麼能力，關鍵是有一幫忠於李唐的大臣死保他，要廢掉李旦，必須首先除掉這些大臣。第一個要除掉的就是岑長倩。武承嗣決定調虎離山，以吐蕃犯邊為名，讓岑長倩出征吐蕃，這樣就把他調離朝廷了。岑長倩率軍剛一走，武承嗣就奏上一本，說岑長倩謀反！謀反在任何時候都是重罪呀，更何況是在武周政權剛剛建立這樣的敏感時刻，岑長倩又是第二號宰相，領兵出征在外，如果真要是謀反的話，這可是挺大的威脅，所以岑長倩稀裡糊塗就從半路給召回來了，回來就直接進監獄了。當時的司法部門可是掌握在酷吏手裡，幾番大刑伺候，岑長倩就從人犯變成了犯人，定了死罪，同時被處死的還有跟岑長倩關係密切的幾十個大臣。

這下子武承嗣可得意了，只要他動動嘴，宰相就人頭落地啊，看看誰還敢再反對他！現在李旦的保護傘倒了，趕快趁熱打鐵，讓王慶之再去請願吧。武則天不是特許王慶之可憑印紙隨時求見嗎？王慶之就在武承嗣的指使之下一次次地求見，終於把武則天給惹煩了。武則天經過幾十年的努力，剛剛當上皇帝，還沒過足癮呢，你整天問她死了之後讓誰接班，這算怎麼回事嘛。何況立子還是立姪，武則天自己還沒拿定主意，正在鬧心，怎麼能受你的要脅呢！武則天馬上找來了鳳閣侍郎李昭德，讓他杖責王慶之一頓，給他個教訓。

這個李昭德可不是一般人物，此人一向號稱個性鮮明、氣勢凌厲。他對李唐王朝很有感情，對武承嗣則是深惡痛絕。得此命令李昭德樂壞了，馬上叫左右把王慶之架出宮門外，朗聲宣布：「此賊欲廢我皇嗣，立武承嗣！今奉皇帝聖旨予以懲戒！」話音一落，左右亂棒齊下，打得王慶之七竅流血，死了。眼睜睜地看著頭目被當場打死，請願團狼狽四散，一下子走了個精光。打死王慶之，李昭德回報武則天：「啟奏陛下，您交代的任務我都圓滿完成了！」

武則天心裡忽然一震，就問李昭德：「你把他打死了？」李昭德說是啊，我看您讓他糾纏得不勝煩惱，就想好好給他一個教訓，看以後哪個刁民再敢胡言亂語，議論立儲大事！武則天搖搖頭說：「其實王慶之說的也有道理啊，武承嗣他畢竟跟我一樣姓武啊，難道就不應該繼承我武家江山嗎？」李昭德算是找到勸諫的機會了，說：「天皇高宗皇帝是您的丈夫，皇嗣是陛下的兒子，陛下您擁有這個萬里江山，應該傳給子孫做萬代的家業啊，怎麼能夠傳給姪子呢？自古以來從沒有聽說過哪個姪子當了皇帝，還給姑姑立廟祭祀的。再說了，陛下您受天皇的託付，天皇把兩個兒子交給您，可是您現在卻想把江山傳給武承嗣。您真要這樣做，那天皇得不到祭祀，可要變成餓鬼啦！」

這話說得很在理，而且有三層道理。第一層，繼承的道理。古往今來，繼承的順序都是由親到疏，家產當然應該傳給親生兒子，怎麼能給姪子呢！第二層，祭祀的道理。古代人對身後事比現代人要看重得多，一個人死後如果得不到祭祀，就會變成孤魂野鬼。可是按照宗法制的原則，人們只能祭祀自己的父系尊長及其配偶，即自己的父母、祖父母、曾祖父母，有誰會祭祀自己的姑姑呢！第三層，感情的道理。李昭德說了，陛下的江山是高宗皇帝臨終時託付給您的，就算退一萬步說，武承嗣日後感激您把江山傳給他，破例祭祀您這個姑姑，那他也絕不可能祭祀高宗皇帝啊，那高宗皇帝豈不是成了餓鬼嗎？這是用夫妻之間的感情來打動武則天。這三層道理猶如剝繭抽絲，層層深入，句句在理，特別是最後一層，確實把武則天打動了。三十年的夫妻啊，當初高宗把她從感業寺拯救出來，交給她權力，也算是她再生的恩人，她怎麼能忍心讓唐高宗變成無人祭祀的餓鬼呢！武則天長嘆一聲，不再說話了，武承嗣第一次奪嫡的美夢就此告終。

這還不算，沒過多久，李昭德又密奏武則天：「魏王承嗣權太重。」武則天說：「吾姪也，故委以腹心。」李昭德不以為然地笑笑說：「自古以來為了權力，兒子殺父親的事兒都屢次發生，何況姪子和姑姑之間的這種感情？您看現在武承嗣又是魏王，又當宰相，權力太大了，陛下就不擔心有一天江山落入他的手中嗎？」

這句話太有震撼力了，簡直是醍醐灌頂啊。武則天自己的皇位就是從兒子手裡奪來的，她怎能不明白其中的厲害呢！馬上，武承嗣就被罷相了。這下可好，武承嗣奪嫡未果反丟官，真是偷雞不成反蝕把米，賠了夫人又折兵。這麼一來，李旦的位置也就保住了。所以這奪嫡之爭的第一回合算是武承嗣失利，李旦勝出。

二、李旦的桃花劫：武則天利用韋團兒這著棋，震懾李旦

可是不能高興得太早，第二回合的鬥爭馬上又開始了。只不過這次挑起戰火的不是武承嗣，而是一個和皇位沒有任何關係的女人。這是怎麼回事呢？一言以蔽之，李旦走桃花運了，有個女人對他動了心。這個女人名叫韋團兒，是武則天身邊的戶婢，所謂「戶婢」，就是掌管宮中門戶的宮女。韋團兒長得有幾分姿色，又聰明伶俐，很得武則天的賞識。她每天引領李旦朝拜武則天，一來二去，竟然愛上了這位落難皇帝。其實這也很正常啊，宮裡本來就是女人多，男人少，資源一稀缺，就容易成為搶手貨，何況李旦溫和內斂，宮廷失勢又給他增添了一層落魄王孫的頹唐感，頗有一些打動人心的魅力。更重要的是，在後宮裡頭，通過巴結皇位候選人來改變命運，本來就是宮女和不得志妃嬪的行業祕密，當年武則天不就是走的這條路嗎？

李旦此時雖然地位不穩，但名義上畢竟還是皇嗣，皇位的第一繼承人，胸懷大志的韋團兒想要拿下這支潛力股，靜等日後升值。可是李旦現在正有如驚弓之鳥，哪還敢在太歲頭上動土，勾引母親身邊的婢女啊！所以無論韋團兒怎麼百般引誘，他都裝聾作啞，只當是「妳的柔情我永遠不懂」。

李旦的這種態度可把韋團兒給惹火了，這簡直太沒面子了！韋團兒下定決心，無論如何也不能讓李旦日子好過！怎麼才能做到這一點呢？韋團兒把怨氣全撒在李旦的兩個妃子身上了。這也很容易理解，按照韋團兒的想法，李旦為什麼不喜歡她呀，不就是因為身邊有那兩個女人嘛！韋團兒向武則天報告說，李旦的兩個妃子在宮裡實施厭勝，說她們在院子裡埋了一個桐木做的小人兒，上面刻著武則天的名字和生辰八字，整天詛咒這小人兒，想要通過這種手段咒死武則天！大家想一想，這可是我們

第三次提到厭勝啦。頭一次是武則天誣告唐高宗的王皇后搞厭勝，第二次是宦官王伏勝誣告武則天搞厭勝，現在又是韋團兒誣告李旦的妃子。那厭勝怎麼處理呀？前面也說過，厭勝雖然在法律上是重罪，但是按照後宮不成文的慣例，究竟怎麼處理還要看最高統治者的意思。武則天誣告王皇后厭勝，直接結果是王皇后失寵，但是沒做任何實質意義上的處理。王伏勝誣告武則天厭勝，結果是唐高宗想要廢掉武則天，但是最後也不了了之。這次武則天會怎麼處理李旦的兩個妃子呢？武則天是一臉的高深莫測，並不急於做出決定。馬上，新年到了。

長壽二年（六九三年）正月初一這天，武則天在萬象神宮（也就是明堂）舉行祭天祭祖大典。這次大典可是不同尋常，武則天作為初獻，第一個捧上祭品，她的姪子魏王武承嗣作為亞獻，第二個捧上祭品，她的另外一個姪子、梁王武三思作為終獻，最後一個捧上祭品。這可是一個大大的變動啊，因為就在四年以前，身為太后的武則天第一次啟用萬象神宮來舉行祭祀大典的時候，作為亞獻的還是皇帝李旦，終獻是李旦的兒子、當時的太子。現在一切都變了，武則天由太后變成了皇帝，李旦由皇帝變成了皇嗣，而且，更重要的是，他這個皇嗣已經失去了追隨皇帝祭祀的資格，這意味著他恐怕連皇帝的繼承人也當不了了！

武則天為什麼要這樣做呀？當然，根本原因還是武周政權先天性的矛盾始終存在：立兒子，跟自己不是一個姓，以後武周政權難以為繼；立姪子，可以繼續武周政權，但是跟自己關係不親，自己落不著什麼好，還得把自己的丈夫高宗皇帝搭進去。武則天就在這兩難的選擇當中左右搖擺，現在因為韋團兒的誣告，她的心理天平又偏到姪子這邊來了。她這思想一搖擺不打緊，那對李旦可就是九級地震啊，雖然李旦此刻並不知道騷擾過自己的韋團兒已經在武則天面前告了狀，但是他還是感覺到如履薄冰了。

按照慣例，第二天正月初二，李旦的正妃劉氏和德妃竇氏要去嘉豫殿給婆婆武則天拜年。臨行之前，李旦對她們千叮嚀萬囑咐：目前形勢嚴峻，千萬小心。兩個妃子也謹小慎微，跪拜如儀，大殿之上，武則天微笑著目送她們退出，星星一眨眼，人間已千年。武則天一眨眼，兩個妃子也就此不見了。大變活人的遊戲武則天玩兒成了，但若干年後重登大寶的李旦可沒能再把她們變回來。上窮碧落下黃泉，兩處茫茫皆不見。二妃屍骨無存，只能招魂安葬。李旦的正妃劉氏出身名門，溫柔賢慧，是唐高宗親自選的媳婦。當年，李旦完婚之後，唐高宗高興地大會親朋說：「阿輪（李旦最初的名字是李旭輪，所以小名叫阿輪）是我最小的兒子，所以我最寵愛他，最近一直替他挑選媳婦，沒有挑著好的，後來就選中了劉家的姑娘，自她嫁過來之後，我發現這姑娘非常孝順，我特別滿意，所以今天我請大家來一塊兒樂呵樂呵。」德妃竇氏也出身顯赫，是唐高祖竇皇后的族人，為李旦生下了後來大名鼎鼎的李隆基。她們可能至死都不明白，自己到底做錯了什麼。

可憐李旦當時在東宮裡等啊等，從早晨等到晚上不見妃子回來，從晚上等到深夜還不見回來，等到第二天，李旦終於明白了，妃子是回不來了。雖然明知道是武則天下的毒手，可是李旦哪有什麼力量跟自己母親叫板呢？也許，這正是母親對自己的一個考驗，或者，是一個引蛇出洞的陷阱。為了自保，李旦嚴令手下，包括一群沒有成年的小兒女，不得談論劉、竇二妃之事，自己每天照樣到武則天身邊請安問好，表面上舉止如常，彷彿根本沒有發生過什麼，其實整天戰戰兢兢，不知道頭頂上的利劍什麼時候會掉到腦袋上來。

就在這時候，韋團兒得罪人了。有人告發她誣告皇嗣妃，那個所謂「厭勝」的證據小桐人根本就是韋團兒埋的。武則天馬上把韋團兒給殺了。現在真相大白，所謂「厭勝」純粹是冤假錯案，武則天會不會給兩個妃子平反昭雪呀？那是不可能的。其實，震懾李旦、防範他復辟，本來就是武則天當時的重點工作之一，韋團兒和所謂的「厭勝事件」，不過就是她手中運用的棋子罷了。試想，武則天在後宮摸爬滾打五十多年，自己也親手炮製過厭勝事件，她豈能不明白其中的奧妙？從一開始她就未必相信韋團兒，只不過是借刀殺人罷了，現在韋團兒也完成歷史使命了，所以乾脆一殺了之。但是，震懾李旦的工作還沒有完成，怎麼能給他的妃子平反呢！

不僅妃子沒有平反，李旦的處境反而更糟了。他的五個兒子原本都封為親王，現在一律降為郡王，隨父幽禁，不得邁出宮門一步。兩個月後，兩個官員未經武則天允許，私下探望李旦，也被腰斬於市。腰斬是一種將人犯從腰部斬為兩段的酷刑，武則天這樣做，顯然是要殺一儆百。她的目的也確實達到了，從此再也沒有人敢去探望皇嗣了，李旦接觸文官武將的途徑被完全斬斷了。身邊除了宦官宮女，就只剩下一幫樂工，每天彈琴唱歌，陪他解悶了。

按說到這一步，武則天震懾皇嗣的目的已經完全實現，李旦也不可能再組織任何力量圖謀復辟，武則天應該可以罷手了。可是，前面不是說過嗎？武承嗣正在眼巴巴地盯著太子的位置呢！現在一系列的事情已經明顯反映出武則天心思有變，李旦地位不穩，他就想再加把勁，乾脆把李旦拉下馬算了！就這樣，一紙密信告到武則天面前，說皇嗣李旦想要謀反！這個告密人是誰呢？史書沒有交代，但我想應該是武承嗣指使的。

接到告密，武則天立刻派人審理，派誰呢？就是前面曾經提到的酷吏來俊臣。來俊臣在東宮架起刑堂，當時李旦身邊只剩下些樂工了，他就打算從這些人身上打開缺口。刑具馬上擺滿了一地，看著就讓人毛骨悚然。這可到了李旦一生中最危險的時刻了：上有疑心重重的母親，中有虎視眈眈的魏王，下有心狠手辣的酷吏。而李旦這邊接受考驗的並不是什麼鐵骨錚錚的仁人志士，只不過是些可憐的樂工，從來沒有人要求他們有什麼政治覺悟。在當時，這些樂工都是賤民，按照貴族社會的偏見，他們甚至連正常的人都不算，怎麼能要求他們為李旦捨生忘死呢！來俊臣一聲令下：大刑伺候！大殿裡頓時鬼哭狼號亂成一片，屈打成招基本上已經成定局了。李旦絕望了，心想得了，明年今日就是我的週年祭日了！

就在這個時候，忽聽一人朗聲說道：「皇嗣沒有謀反！」說話的是誰呢？是一個叫做安金藏的太常樂工，他的父親原來是安國的首領，投降了唐朝，所以他就以安為姓了。他並沒有受過多少儒家教育，但是，越是簡單的心靈就越容不下醜惡，安金藏慢慢攥緊手中的佩刀，大叫道：「皇嗣的確沒有謀反，你們如果不信，我安金藏願意剖心證明！」說罷，反手一刀，直刺自己的腹腔！剎那間鮮血四濺，五臟六腑都流了出來，把來俊臣都嚇呆了。

眼看勢頭不好，武則天安插在東宮的眼線早又發動起來。聽說安金藏如此義氣，武則天心中也是五味俱全。罷了罷了，當年那個鬧著「不肯去阿母」的小阿輪的身影又在她眼前晃動，難道我們母子至親，竟及不上安金藏和他的君臣義氣嗎？武則天立刻命人將安金藏抬進宮來，讓最好的外科醫生給他做手術，務必救活他年輕的生命。安金藏幽幽魂魄，終於又重返人間了。

武則天聽說安金藏蘇醒過來了，親自來探望他。她嘆了口氣說：「吾有子不能自明，使汝至此。」最終，武則天母性的本能戰勝了對絕對權力的追求，她決定放過李旦，皇嗣謀反案也就此不了了之了。

兩個回合下來，可以看到，在爭奪太子之位這個問題上，李旦始終處於守勢，武承嗣始終處於攻勢。但是，李旦這個皇嗣的頭銜雖然屢次搖搖欲墜，關鍵時刻卻總有貴人相助，最終能夠化險為夷。看來，無論是官心，還是民心，基本上還是傾向李唐的多些。

奪嫡之爭看似告一段落了，但是武則天畢竟沒有立下太子，究竟是武家人還是李家人會接武則天的班，武則天心裡沒有答案，群臣心裡更是沒有底。武周的萬里江山，究竟會由誰來接掌？對於太子之位的爭奪，究竟會往什麼方向發展呢？

請看下回：重立廬陵。

【第二十六回】

重立廬陵

按照父系社會的傳統，中國古代的皇權都是在一家一姓中傳遞的。這種繼承方式讓女皇武則天大受困擾：如果讓兒子繼承帝位，那倒是一家了，但卻跟自己不是一個姓；如果把皇位傳給姪子，跟自己是一個姓了，可又不是一家。那麼，進退維谷的武則天最終是如何破解這個難題的呢？

武則天的姪子武承嗣為了能當上太子，使盡了渾身解數，連出狠招，把皇嗣李旦也折騰得死去活來。但是，每次就在他快要成功的時候，總有貴人出手接招，搭救李旦，使他化險為夷，保住皇嗣之位。這樣折騰了幾遭之後，武承嗣都老了，他的姑姑就更老了，解決接班人問題已經是迫在眉睫。對武承嗣和李旦來講，這意味著奪嫡之爭到了最後的關鍵時刻。那麼武承嗣會想出怎樣的點子，來打動武則天呢？

一、立子還是立姪：宰相狄仁傑出手，推動武則天立子

武承嗣非常著急，他就開始催武則天了，不停地在她面前吹風鼓搗說：「自古天子未有以異姓為嗣者。」這話對呀，因為中國古代是家天下，皇帝姓武，繼承人就應該是武家人，肥水不流外人田，所以姓武就是武承嗣的最大優勢。為了加強這個優勢，武承嗣也沒少忙活。長壽二年（六九三年），他牽頭搞了個五千人的請願，要求武則天加尊號為「金輪聖神皇帝」，武則天原來叫聖神皇帝，這時候成了金輪聖神皇帝。第二年他又牽頭搞請願，這次是兩萬六千人，又給武則天上了一個「越古金輪聖神皇帝」的尊號，名頭越來越嚇人。這當然是投武則天所好，讓她看看，到底是誰維護您的利益，誰才是您最忠誠的支持者，還不得是您的娘家姪子嗎？這麼幾番表演之後，武則天的心思又活動了。我們講過，每次武則天心裡一活動，大家就得忙活，李旦就得倒楣。可是這一次不同了，為什麼呢？因為這時候的宰相是足智多謀的狄仁傑。

狄仁傑看出武則天的心思又活動了，還沒等武則天來徵求他的意見，他理好發言思路，就先找武

則天溝通去了。「陛下現在享有的江山，是高祖太宗皇帝打下來的呀，高祖太宗皇帝為什麼那麼拚命去打江山啊，不就是為了給子孫掙下一份家業嘛。高宗天皇大帝去世時，也是親手把這個江山託付給了您，想讓您傳給兒子。陛下現在卻想把江山社稷傳給外人，這也太違背天意了吧。您怎麼對得起他們呢？何況姑姪和母子比較起來哪個更親啊？陛下立子，則千秋萬歲後，配食太廟，子子孫孫會永遠祭祀您。要是立姪呢？從古到今，臣真是沒聽說過姪兒做天子後，在太廟裡祭祀姑姑的。」

大家回憶一下，這不老調重彈，還是當年李昭德那一套話嗎？一個是繼承順序問題，一個是身後祭祀問題，一個是親情關係問題。不同的只是狄仁傑的身分比較特別。狄仁傑號稱國老，是武則天最信任的大臣，而且跟武則天年齡相仿，說起話來就有點老頭、老太太拉家常的味道，所以武則天容易接受。

但是，儘管如此，武則天還是把國老給嗆回去了，她說：「這是朕的家事，用不著你操心。」狄仁傑多聰明啊，馬上就反駁了說：「王者以四海為家，四海之內，什麼事情不是陛下的家事呢！再者說了，君為元首，臣為股肱，您就好比一個人的頭，我們大臣就好比一個人的四肢，我們本是一體之人，更何況我還是個宰相，豈能不過問呢！」武則天哪裡辯論得過狄仁傑啊，當下說不出話來，讓他走了。人走了之後，武則天心裡那個煩啊。

俗話不是說嗎？日有所思，夜有所夢。武則天整天為立嗣的事情苦惱，翻來覆去地想：立子，立姪，立子，立姪……連做夢都忘不了。聖曆元年（六九八年）的一天，七十五歲的武則天做了一個怪夢，夢到一隻鸚鵡，羽毛華麗，色彩斑斕，但是兩個翅膀都折了，想要飛，怎麼也飛不起來。武則天一下子嚇醒了，怎麼最近總做怪夢呢，這個夢是什麼意思呢？一個人悶著也是悶著，再一看，上朝的時間快到了，得了，還是一會兒去問問狄仁傑吧，這個國老天文地理的什麼都知道。武則天覺得狄仁傑聰明，就讓他解夢。狄仁傑說：「武是陛下的姓，這隻鸚鵡就是陛下啊，折斷的兩個翅膀就是陛下的兩位愛子啊。如果陛下起用兩位皇子，那就會雙翼復振，您又可以展翅高飛了。您看，現在廬陵王還在房州呢，是不是應該把他接回來？」武則天本來就已經覺得狄仁傑上次分析得在理了，再一聽狄公解夢，她又是比較迷信的一個人，心裡就更動搖了。

說到這兒我們就有一個疑問了。狄仁傑不是武則天最信任的大臣嗎？他應該忠誠於武則天，忠實於武周王朝啊，怎麼他一個勁兒忽悠武則天立兒子呢？立兒子以後不就恢復李唐王朝了嗎？其實，這個問題並不矛盾。為什麼呢？首先，武則天自己也承認，武周是繼承唐朝建立的，江山是高祖、太宗打下來的，她又是從高宗手裡接過來的。武則天這個大周皇帝，相當於一個代兒子持家的寡婦呀。正是從這個意義上講，狄仁傑認為，她的政權具有合法性，所以他忠誠於武則天，勤勤懇懇地幫著她把這個家管好。但是既然妳是代行家長職權，是替兒子看守家業，那麼等妳到時候了，這份家業是不是還應該回到兒子手裡啊？就是還要恢復李唐王朝，所以忠實於武則天和恢復李唐王朝本身是不矛盾的。當時不僅狄仁傑是這樣想，好多大臣都這麼想，所以他們都在攛掇武則天立兒子。

二、男寵的枕邊風：二張兄弟盤算召回廬陵王李哲的好處

但是，讓武則天接受武周政權一代而亡這個事實還是太殘酷了，感情上她還是轉不過彎來，打不開這個心結。狄仁傑固然在逐步推動，武則天還是遲疑不決。就在這種膠著狀態下，有一個意想不到

的外力又把事情向前推進了一步。這個外力從哪兒來的呢？起風的地方，就是唐朝東北部的一個少數民族——契丹。契丹本來是臣服於唐朝的，唐朝被武則天取代之後，又臣服於武周，臣服了一陣子，他們逐漸強大了，就想擺脫中央王朝的影響，起兵反叛。反叛需要一個理由啊，名不正則言不順，他們就以李哲、李旦被廢為藉口，發兵圍攻幽州，並發布檄文說：「何不歸我廬陵王？」這一句話，對契丹的首領來講其實只是個藉口，嘴上說一說嘛，不過，它對武則天的震動是相當大的，這也是民意調查啊。她想，我大周王朝取代李唐王朝已經這麼久，但是，老百姓依然沒有忘記李唐王朝！連邊疆的老百姓都還忘不了李唐王朝，這是不是就意味著民心所向啊？看來，武周政權從李唐那兒來，還得回到李唐那兒去。

就在武則天這種心理狀態下，又有人最後推了一把，徹底把這個傳子還是傳姪的問題解決了。誰呢？武則天的男寵張易之、張昌宗兄弟。這對寶貝兒是太平公主孝敬給母親的禮物。兄弟倆都長得花容月貌，時人說他們就像兩朵出水芙蓉。武則天當時已經步入晚年，對待他們的心情，既像小女孩哄洋娃娃，又像老奶奶疼孫子，是一種既複雜又曖昧的心態，給他們穿薰香的衣服，讓他們塗脂抹粉，整天跟他們廝混在一起。這樣一來，張氏兄弟一下子身價倍增，連武承嗣、武三思這樣的大人物都得巴結他們，給他們牽馬拉轡，像奴才一樣。可是張家兄弟也不傻，他們知道自己的權勢完全是從武則天這兒來的，人們對他們客氣，不過就因為打狗也要看主人嘛。但是，主人已經七十多歲了，風燭殘年，誰知道還能罩著他們多久呢？兩朵芙蓉花想想覺得挺害怕的，就想找高人指點指點，今後的路怎麼走。

真是想睡個好覺了就有人送來枕頭，在他們尋找高人的時候，有個人主動來找他們來了。誰呢？

吉頊，就是最後扳倒來俊臣的那個人。吉頊本來也是從酷吏起家，但是，因為文化程度比較高，早早地認清形勢，成功轉型了。所以在來俊臣死後，他沒有受到什麼牽連，反而成了武則天的心腹，並且和武則天的兩個男寵也打得火熱。吉頊是個明白人，他看清了李唐復辟已是人心所向，在路線之爭的大是大非面前，他知道自己該舉什麼旗，但他也知道武則天還下不了最後的決心。這個時候，如果有誰在武則天這個心靈天平上再加一個砝碼，這個天平會立刻完全傾斜到李唐這邊來，就肯定能立功，其功至偉啊。可是心裡雖然這麼想，他掂量掂量，又覺得自己還不夠資格成為那個最後的砝碼。那誰夠格呢？想來想去，他就想到了這二張兄弟，覺得他們是武則天面前最得寵的人，由這兩朵芙蓉花跟武則天吹吹風，那會非常起作用的。所以，他就來找張家兄弟了。

有一天，三個人在一起吃飯。酒過三巡，吉頊看著張家兄弟，推心置腹地說：你們兄弟現在這樣享受榮華富貴，這麼得寵，可是你們現在所得到的一切並不是憑你們自己的功勞得來的，你們也沒有什麼過人的品德，天下人肯定嫉妒你們啊。按照吉頊的說法，那叫做「側目切齒多矣」，拿眼睛斜著看你們，咬牙切齒，恨不得吃了你們。如果你們這個時候不立下大功，以後怎麼保全自己啊？兄弟我不才，每次一想到這件事，就替你們哥兒倆發愁。飯局上的二張正琢磨這事呢，忙問計策。吉頊就說了，現在天下的老百姓並沒有忘記唐朝，包括各級領導幹部，都想恢復廬陵王的地位。咱們的主上春秋已高，偏偏又沒看中武家哪一個人可以接班。如果這個時候你們建言說服她，讓她重立廬陵王，就等於建下奇功一件，這以後不僅能夠免禍，而且還可以永保富貴啊。

大家會覺得，吉頊的想法是不是和狄仁傑的一樣啊？不一樣。狄仁傑是出於公心，而吉頊則有貪圖私利的意思了。狄仁傑出於公心，所以他最關心的是李家人繼承，還是武家人繼承這個問題，至於李家的兩個兒子之間的安排，狄仁傑並沒有介入。他之所以提出讓廬陵王回洛陽，主要是想加強一下李家的力量。但是吉頊就不一樣了，他貪圖的是個人富貴，所以他不光想讓武則天放棄武家人，進而還想讓武則天放棄皇嗣李旦，重立廬陵王。為什麼要重立廬陵王呢？因為李旦當時就是皇嗣，皇嗣和太子之間的地位非常模糊，李旦由皇嗣升為太子，是順理成章，而立早已被貶的廬陵王則意味著有擁立之功，所以他寧可擁護廬陵王。公心私心，判然有別。但是無論如何，從吉頊的建議可以看出，當時的有識之士都認為應該把廬陵王接回洛陽了。

張易之兄弟聽了吉頊的建議，連連點頭。當天，枕頭風就吹過去了，他們對武則天說，不如把廬陵王召回洛陽，立他當太子！武則天一聽，驚呆了。連洋娃娃都說話要她召回廬陵王？這簡直就像項羽當年四面楚歌一樣啊。看來，立兒子當繼承人真的是人心所向，大勢所趨了。但是武則天轉念一想，不對呀，這兩個洋娃娃哪裡有這樣的頭腦啊，肯定背後有高人指點！一問，果然是吉頊在背後指使。武則天就把吉頊給叫來了。吉頊趕緊給武則天開了一個利弊的單子，讓武則天自己權衡。其實武則天考慮這麼久了，主體思路已經明確，現在既然明白是大勢所趨，那就順水推舟吧。

三、廬陵王東山再起：武則天回心轉意，復立廬陵王為太子

聖曆元年三月，武則天託言廬陵王有病，派人將他一家接回洛陽，整個行程高度保密，滴水不漏，連狄仁傑都不知道。有一天，狄仁傑奉旨進宮，武則天主動跟他提起了廬陵王。狄仁傑又是一通慷慨陳詞，一定得接回廬陵王。武則天微微一笑：「既然你那麼思念廬陵王，那我把他還給你得了。」

然後指著一個簾子說：「你看那是誰？」這時候簾子拉開了，狄仁傑一看，這不就是那個十多年前心浮氣躁的年輕皇帝嘛，現在已經像個小老頭了。狄仁傑忍不住老淚縱橫，跪倒在地。那這樣一來，也就等於天下人都知道廬陵王回到洛陽了。武承嗣終於明白自己是沒有希望了。這麼多年的努力一下子成為泡影，落選了，還怎麼玩兒呀？武承嗣受不了這個打擊，積鬱成疾，怏怏而死了。

我們總結一下，武則天為什麼回心轉意，最終決定立自己的兒子當繼承人呢？我認為，主要有三點原因。

第一，立子符合武則天的長遠利益。就像狄仁傑、李昭德等人反覆分析的那樣，如果立兒子做繼承人，既符合繼承傳統，又順應了母子親情，而且死後還能夠永遠得到祭祀，可以說是生死俱榮。如果立姪子呢？恐怕自己百年之後，兒子首先就要被斬草除根。而且，就算是甘願斷子絕孫，自己恐怕也無法在姪子們的祭祀體系中占據一席之地。試想，如果讓小武當了皇帝，那麼被祭祀的首先就是武承嗣的父親。當年，為了多分家產，這個同父異母的哥哥曾經給了年幼的武則天多少白眼啊。後來她當了皇后，還想報仇雪恨，要把老武除掉呢。如今，難道能讓自己辛辛苦苦得到的江山輾轉落到他的手中！

第二，立子是人心所向。反對武則天當皇帝的大臣固然已經都被酷吏殺死了，剩下的這些大臣確實都不反對武則天當皇帝，但是，不反對武則天，並不意味著不反對武則天的姪子當皇帝。事實上，這些大臣認可武則天的一個基本前提，正是武則天最後會把政權交給兒子。不僅大臣這樣想，老百姓也這樣想，中央地方一條心啊。唐朝前三位皇帝都算勵精圖治，給老百姓留下了美好的印象，按當時的說法，叫「未厭唐德」。因此，武則天取代李唐，也就算不上替天行道，只能說是能幹的主婦代行家長職責。可是，按照一般的倫理觀念，作為一個寡婦，從丈夫的手裡接過家門鑰匙，替自己的兒子主持生活，怎麼能夠轉手就把鑰匙塞給娘家人，讓他們來繼承家產呢！

第三，武家子弟缺乏人才，難成大業。武家的第一候選人武承嗣和第二候選人武三思基本上沒多大能耐，除了巴結武則天之外，就沒幹過什麼正經事。兄弟兩個雖然都不止一次當過宰相，但是每次都過不了多久就被罷官，根本沒有領導才能。其他的武家子弟就更不堪了。舉一個例子。武則天的堂姪河內王武懿宗身材矮小，相貌猥瑣，長得不好看倒也不算他的錯，最要命的是他膽小如鼠。神功元年（六九七年），武則天讓他帶兵討伐契丹，武懿宗率領十萬大軍出發了。離前線還有很遠呢，聽說有幾千契丹騎兵要來，嚇得他丟盔棄甲，落荒而逃。自武周建立以來，甚至從唐朝以來，國家就沒打過這麼丟人的仗，所以當時的那些才子都嘲笑他。有一個叫張元一的人，甚至當著武則天的面寫打油詩，諷刺武懿宗說：「長弓短度箭，蜀馬臨階騙。去賊七百里，隈牆獨自戰。忽然逢著賊，騎豬向南竄。」什麼意思呢？握的是長弓，射出的是近箭。本來是匹很小的蜀馬，也要找個臺階才能騎上去。敵人遠隔七百里之遙，自己卻繞著城牆跟自己打仗玩兒。聽說敵人真的要來，卻嚇得丟盔棄甲，騎著豬急急忙忙向南逃竄。武則天雖然也是個聰明人，一下子卻真沒聽懂，就問道：「懿宗有馬，為何要騎豬而逃？」張元一答：「豕（即豬的意思）屎同音，武將軍嚇得屎尿齊出，豈非騎豬而逃？」可見時人對諸武的鄙視。武懿宗雖然遇到敵人膽小如鼠，遇到老百姓可就心如蛇蠍了。武則天派他去安撫被契丹殘害的河北老百姓，結果那些被契丹裹脅走、現在又逃回家園的人，居然被他統統安上謀反的罪名給殺了。殺人的時候，武懿宗先要把人膽割下來，然後再砍頭，血流成河，哀聲動地，慘不忍睹，河北的老百姓恨透了他。像這樣的武家子弟，你就算把鐵桶一般的江山給他，他又怎麼能夠守得住呢！

所以，在這些因素的共同作用下，武則天終於決定讓兒子繼承自己的帝業了。可是，第二個問題馬上又出現了：讓哪個兒子繼承呢？廬陵王李哲當年當過皇帝，皇嗣李旦也當過皇帝，可是現在太子的位置只有一個，到底給誰呢？兩人各有優勢。李旦的優勢是資格比較老，當過好幾年的傀儡皇帝，又當了多年的皇嗣，在武周朝的待遇一直比擬於皇太子；廬陵王李哲的優勢是年紀大，而且又是唐高宗選定的皇太子。武則天左右為難。在這種情況下，幽居深宮的皇嗣李旦主動讓賢了，他再三上書懇請遜位於廬陵王。武則天權衡利弊，終於做出了決定，復立廬陵王為太子，並恢復了他出生時的名字——李顯。這時已經是聖曆元年九月，距離李顯回京已有半年之久。

兩個答案選一個，為什麼是這個結果？武則天放棄李旦，改立李顯，是不是就因為李顯是哥哥，符合立嫡以長的原則呢？其實沒有那麼簡單。武則天首先是個政治家，考慮她的一切活動，都不應該忽略政治意義。那麼，立李顯究竟有什麼政治意義呢？我想有三個方面。

第一，李顯在朝廷中沒有任何勢力。李顯是在文明元年（六八四年）被拉下皇位，貶往地方的，他離開洛陽已經整整十五年。朝廷裡沒有多少人了解他，他也幾乎不認識任何權臣。如果讓他當太子，就好比扶起來一個光桿司令。李旦就不一樣了。他一直待在洛陽，是這十多年來擁護李唐的大臣心目中的一面旗幟，雖然武則天後來切斷了他和大臣的交往，但是，擁護他的勢力一直存在。武則天一生追求權力，讓本身就有勢力的人當太子對自己繼續控制權力有利，還是讓沒有勢力的人當太子對自己有利呢？柿子得揀軟的捏，當然是讓沒勢力的人當太子啦。

第二，李顯跟武家的人沒有仇。為了爭奪太子之位，武承嗣、武三思等武家子弟反覆陷害李旦，李旦也算是九死一生。如果他以後當皇帝，肯定不會輕饒武家子弟。李顯就不一樣了。他被貶是武則天做出的決定，與武家子弟無關；貶往房州之後，他又一直待在那個地方，跟洛陽缺乏聯繫，這麼多年遠離名利場，和武家子弟沒有直接的衝突。所以他當皇帝，對武家子弟的威脅不大。武則天讓兒子繼承自己的皇位，並不意味著她不惦記娘家人，自己就姓武啊，她希望百年之後，武家人依舊能夠有相當的勢力。那當然是選擇李顯更有保證一些。

第三，李顯更有可能對武則天感恩戴德。在武周時期，李旦一直是皇嗣，如果立他為太子，屬於順理成章，不足為奇。李顯就不一樣了。他被廢掉之後待遇一直很低，淘汰了也沒看到復活機制，從來沒有想過自己哪一天可以東山再起，現在武則天把他重新立為太子，對他而言真是一步登天，他當然會感恩戴德。這一點，武則天和張易之兄弟以及吉頊的想法是一樣的，有私心。出於這三個原因，武則天立李顯為皇太子了。

可事情總是複雜的。復立李顯之後，武則天並沒有完全擺脫心中的矛盾。她已經認可了李姓做皇帝，將來恢復李唐政權；但在同時，她又不願意讓自己畢生奮鬥的心血付之東流，她還想讓武家享有她稱帝期間已經享有的一切權力。怎麼辦呢？武則天採取了兩個措施。

第一，抬高武氏子弟的地位，授予他們軍政要職，從中央到地方都有人事安排。武家子弟中兩個人出任宰相，另外還有四個人分別掌握著并州、洛陽和長安的軍事大權，兵馬得捏在自己人手裡。

第二，彌合李武兩家的矛盾。聖曆二年（六九九年）臘月，武則天賜太子李顯姓武氏，本來就是一家人嘛。同年六月，又命李顯、李旦、太平公主與武三思等武家子弟盟誓，告天地於明堂，發誓彼此永遠互幫互扶和睦相處，這個誓文還被銘刻在鐵券上，希望能夠永遠執行。

久視元年（七〇〇年）十月，武則天宣布恢復李唐王朝使用的夏曆。走到這一步，天下人都明白了，武則天確實是要放棄自己的大周朝了。什麼時候恢復李唐，就看武則天能活到多大歲數了。

到此為止，武周王朝的兩大問題，酷吏問題和立嗣問題都解決了，武周王朝完全走上正軌，武則天總算可以鬆一口氣，像其他這個歲數的老年人一樣頤養天年了。心境輕鬆的武則天會用怎樣的方式來譜寫自己的晚年樂章呢？

請看下回：嵩呼萬歲。

【第二十七回】

嵩呼萬歲

封禪是一種表示帝王受命於天的典禮，是春秋戰國時期齊魯的儒生提出的。他們認為泰山是世界上最高的山，人間的最高統治者應當到這座最高的山上去祭祀至高無上的上帝。中國歷史上舉行過封禪大典的，共有七位帝王。其中就包括女皇武則天，可是奇怪的是，其他六位皇帝都是封禪泰山，唯獨武則天獨樹一幟，封禪嵩山。那麼武則天為什麼要這樣做呢？她與嵩山究竟有著怎樣的不解之緣呢？

大家可能知道一條成語叫做「嵩呼萬歲」或「山呼萬歲」。這條成語怎麼來的呢？根據史書記載，當年漢武帝巡遊嵩山，忽然聽到遠遠傳來呼喊「萬歲」的聲音。漢武帝就問隨行人員，這是誰喊的呀？隨行人員哪敢造次，說誰也沒喊啊！漢武帝覺得挺奇怪的。這時候，有人就解釋了，說這不是人喊的，是嵩山喊的。漢武帝龍顏大悅，馬上命令祭祀山神。從此就有了「嵩呼萬歲」這個成語，大聲呼萬歲也就成了臣民覲見皇帝的固定儀式。其實，這嵩山跟皇帝的淵源相當深，它不僅對漢武帝喊過萬歲，還對武則天喊過萬歲呢。這是怎麼回事呢？

一、封禪嵩山：取得上天的認可，消除人們對於女皇帝的疑慮

前面說過，武則天當皇帝之後，面臨的最重要問題就是穩定統治。在她的指揮下，不斷打擊敵對勢力，並廣納賢才，反對派終於銷聲匿跡，國家發展也走上正軌，武周王朝開始出現政局穩定、國泰民安的局面。這時候，武則天開始想要展示一下自己的勝利成果了。怎麼展示呢？她想到了封禪這個途徑。封禪可是中國古代最重要的祭祀大典。皇帝通過封禪，一方面可以向上天尋求進一步的保佑；另一方面也可以昭告天下，我就是得天命的真龍天子，誰要是反對我，無異於自取滅亡！

大家肯定還記得，這已經不是武則天第一次封禪了。乾封元年（六六六年）正月初一，她第一次參與封禪，以皇后的身分追隨唐高宗封禪泰山，充當亞獻，想來估計還不過癮。這一次，時隔三十年，天冊萬歲二年（六九六年）臘月，她要以皇帝的身分進行封禪大典，做正正經經的第一號主持人。而且，上一次是封禪東嶽泰山，這一次，她要封禪中嶽嵩山！有人就問了，封禪一般不都在泰山

嗎？沒錯，中國歷史上一共有七位皇帝曾經封禪，秦始皇、漢武帝、漢光武帝、唐高宗、武則天、唐玄宗、宋真宗，其中六位都是封禪泰山，那武則天為什麼如此與眾不同呢？我覺得，武則天換地方，選擇嵩山封禪，一共有四個原因：

第一個原因，嵩山自然條件好，古人認為它處在大地中心，這個想法由來已久，是當年周公測日影得出來的。在天下之中的這個位置，平地聳起高峻的山峰，這就是一個天然形成的通天柱。封禪是要幹什麼呢？不就是要和天溝通，向上天彙報成績嗎？在這裡向天彙報，天應該聽得更清楚啊。

第二個原因，嵩山本來就是周王朝的聖山，當年周武王、周成王都祭祀過嵩山。武則天既然自稱是周朝的後裔，武姓就是從周朝姬姓那兒來的，所以周朝的先王是她的祖宗，祖宗崇拜什麼，後代也得崇拜，自然就追隨周朝，崇拜嵩山了。而且，當時還有一個傳說，說嵩山神就姓武，是武則天的本家，既然是本家，還能不保佑武周王朝嗎？從這個角度考慮，武則天也想抬高一下嵩山的地位。

第三個原因，嵩山離洛陽比較近，一共七十公里的路程，交通便利。武則天封禪的時候已經七十三歲了，當年交通條件肯定沒有現在這麼好，不過從洛陽走到嵩山，總比走到泰山少折騰一點兒。這也是可以理解的事情。

第四個原因，也可能是最重要的原因，涉及武則天個人的經歷和心理。當年，武則天曾以皇后身分跟著李治封禪泰山，祈求上天保佑李唐王朝。現在武則天自己以周代唐，改朝換代了，再去泰山祈求上天不再保佑李唐王朝，改成保佑武周王朝，豈不是有點兒彆扭！所以乾脆改封嵩山，和李唐王朝劃清界限，也是和以前的皇后身分斷絕關係。

出於這樣四個原因，武則天把嵩山改稱神嶽，到嵩山封禪去了。中嶽嵩山，古有「嵩高唯嶽，峻極於天」的說法，不似其他山脈那樣一山獨秀，而是分為太室山、少室山二山，中間隔有數里的山谷平地，相望不相連。天冊萬歲二年臘月初一，武則天帶領大隊人馬，從神都洛陽浩浩蕩蕩地出發；臘月十一日，親行登封大禮，在太室山祭天；十四日，在少室山祭地；十六日，接受群臣朝覲；二十日回到洛陽，整個過程歷時二十天。封禪完畢，為了紀念這件事，武則天就把年號給改了，原來叫「天冊萬歲」，這時候改為「萬歲登封」，嵩山所在地嵩陽縣改名登封縣（今河南省登封市），意思是登嵩山封禪，陽城縣改名告成縣（今登封市下屬的告成鎮），意思是大功告成。嵩山的山神也被尊為神嶽天中黃帝，這可是五嶽山神中第一個稱帝的。

封禪讓武則天大大地風光了一把，現在，她當皇帝是正式取得上天的認可了。可還有一個問題。改朝換代在中國古代是經常發生的事，如果是男性改朝換代成功了，他的阻力不會那麼大，關鍵武則天是女性，女人當皇帝畢竟有點離經叛道，她還想藉著封禪突出一下女性的地位，消除人們對於女皇帝的疑慮。所以，武則天決定再封一批女神仙。嵩山山神不是已被封為神嶽天中黃帝了嗎？一個人多孤單啊，武則天又給他找了位夫人，封為天中黃后，和他一起接受人們的崇拜。傳說大禹的兒子啟就是在嵩山出生的，啟是夏朝的開國之君，可是他的母親生下他之後，就化作了石頭。這是多偉大的母親啊，武則天加封她為玉京太后。另外，啟的母親沒了，是他的姨媽把他撫養長大的，後來就成了少室山的山神。多麼偉大的姨媽啊，武則天給她加封為金闕夫人。一時間女神仙大行其道，在嵩山上一走，每走幾步就能碰上一位女神仙。武則天這樣抬高婦女地位，用意很清楚，連女神仙都可以存在，我當女皇帝又算得了什麼？

封禪之後，武則天躊躇滿志。現在，她已經是歷史上唯一在泰山之外舉行封禪大禮的君王，也是唯一的女性封禪者，真是天地之間唯我獨尊啊。在這樣的心情下，她大赦天下，免除了天下百姓整整一年的租稅，另賜百姓大酺十天，就是普天之下放長假，都在家喝酒吃肉，來慶祝當今皇帝的盛典。

二、金簡祈福：長生不老成為武則天老年最大夢想

封禪確實給武周政權帶來了好運。此後一、兩年，武則天徹底結束了酷吏政治，也最終選定兒子李顯作為自己的接班人，武周政權步入正軌，似乎一切讓她頭疼的問題都解決了。可是，舊的問題解決了，新的問題又出現了。什麼問題呢？年齡。武則天老了。

武則天當皇帝的時候已經六十七歲，即使按照今天的標準，也已步入花甲之年。當上皇帝之後，武則天並沒有停下奮鬥的腳步。雖然都說工作是最好的抗衰老劑，但是，衰老只能延緩，不可避免。武則天一生跟大臣鬥、跟丈夫鬥、跟兒女鬥，甚至跟命運鬥，每一次鬥爭都以她的勝利告終，但是，她唯獨不能戰勝自然規律，她一天比一天更加衰老，特別是在用人政策和繼承人問題基本解決之後，工作上鬆了一口氣，武則天的衰老似乎也加劇了。聖曆二年（六九九年）二月，武則天生病了。本來，頭疼腦熱的事誰沒有，這次生病怎麼就證明人老了呢？要知道，這可是史書第一次記載武則天生病，生病能夠被載入史冊，可見病勢不輕。這一年，武則天已是七十六歲的高齡。這場疾病對武則天的打擊非常大，她恐怕第一次真正意識到已經來日無多。和生命相比，以前的一切追求都顯得黯淡了。長生不老一下子成了她的最大夢想。那麼，怎樣才能長生不老呢？這時候，嵩山又發揮新的功能了。

現在人們都知道嵩山是佛教聖地，因為有大名鼎鼎的少林寺。其實，嵩山也是道教聖地，有現在全國規模最大的中嶽廟。道教追求長生不老，正符合武則天當時的願望，所以她把希望寄託到道教上了。剛才不是說武則天在聖曆二年生病了嗎？病急亂投醫，當時女皇正在嵩山，她就讓一個大臣閻朝隱向嵩山之神祈禱，求山神保佑她快點好。閻朝隱拍起女皇的馬屁來毫不含糊，一接到命令馬上就去了，在祭台之前齋戒沐浴，然後他就趴在祭臺上祈禱了。祭臺一般擺什麼祭品？三牲，就是一些動物的肉。這時候閻朝隱祈禱了：我就是那祭品，我願意用自己年輕的生命去換皇帝陛下的生命。可能是閻朝隱的虔誠感動了神靈吧，武則天的病居然有所好轉。我們都知道武則天利用佛教奪取政權，因此積極扶植佛教，但是佛教講涅槃，講永恆，不講長生不老。哪一種宗教講長生不老？道教。這次生病之後，武則天的信仰就發生了一定的轉變，對道教的熱情也空前高漲起來。

她的這種信仰轉變是怎麼表現出來的呢？武則天做了這麼幾件事。

第一件：服用丹藥。聖曆三年（七〇〇年）五月，就在她生病的第二年，武則天開始服用洪州道士胡超給她煉製的長生藥。胡超說，這個仙丹可是沒少費我的心思，我煉了三年才煉成。三年煉一味的仙丹當然效果應該更好吧？俗話說信則靈，武則天一這樣想，藥效就容易表現出來，當真感覺身體有了好轉。從此，武則天就對煉丹著了迷，甚至她的面首也一定要學會煉丹才能得寵。這是後話。

第二件：改元「久視」。這可是一個極富道教色彩的詞，《道德經》是道家的第一部也是最重要的一部經典，裡頭有這麼一句話：「有國之母，可以長久；是謂深根固柢，長生久視之道。」武則天就從這裡抽取了「久視」兩個字，希望這個年號可以讓她長長久久地活下去。

第三件：嵩山投金簡。所謂金簡，就是一張金子做的名片，但是，這個名片不是給人的，而是給道教神仙的，而且，名片上不僅有本人的姓名，從事什麼職業，擔任什麼職務等基本資訊，還有這個人對神靈的請求。投簡是一個道教儀式，是給人們去病免災的，武則天投金簡可是當年的一個大活動。久視元年（七〇〇年）七夕佳節，武則天讓幫她煉丹有功的道士胡超替她到嵩山謝神，在封禪台的北面投下一個金簡。金簡上鐫刻著銘文：

大周國主武曌好樂真道長生神仙，謹詣中嶽嵩高山門，投金簡一通，乞三官九府，除武曌罪名。太發庚子七月甲申朔七日甲寅。小使臣胡超稽首再拜謹奏。

三官九府是什麼呢？所謂三官，就是天官、地官、水官，道教的三位神仙，九府就是各路神仙的洞府。意思是說大周皇帝武曌崇奉道教，希望長生不老，因此到中嶽嵩山投下這枚金簡，請求天官、地官、水官及其他各路神仙除去武曌的罪名，實現她的願望。

這個金簡到底是贖罪簡，還是祈福簡，學術界一直爭論不休。我個人覺得，武則天當時的心境非常複雜，這兩種說法都有道理。為什麼？首先我們說武則天有沒有贖罪的想法啊？當然有了。她當時已步入暮年，又是病魔纏身，心裡當然比較迷信，覺得自己一生有很多罪過，可能正是這些罪孽在向她勾魂索命，所以希望得到神靈寬恕，不要再追究她的責任。武則天究竟想要免除自己什麼罪名呢？我個人認為，在生命接近尾聲的武則天看來，自己一生的所作所為恐怕有太多的不當之處，從勾引李治到殺害親生女兒，從大開殺戒到包養面首，按照傳統禮教，都算是罪行。當然，最離經叛道的還是改唐為周、女主天下了。回首往事，武則天覺得不勝惶恐，她希望天官、地官、水官這三位道教神靈能夠免除她的罪名。所以說，這確實是個贖罪簡。但是，武則天為什麼要贖罪？她的最終目的還是希望求得神仙原諒，保佑她長生不老，所以從終極目的來說，這又是一個祈福簡。這個金簡對於我們了解武則天晚年的心境太重要了，可是早在二、三十年前，全世界沒有一個人知道這個金簡。為什麼？因為金簡是在一九八二年被登封縣一個種樹的農民偶然撿到的，後來才保存到河南博物院，現在是國家一級文物。

武則天的理想既然已經轉變為長生不老，有些想升官發財的人就又開始打算盤了。當時有個人叫朱前疑，上書說「臣夢陛下壽滿八百」，武則天很高興，說給你個官當吧，便讓他當了拾遺，是個八品官。這個人深受鼓舞，一想，當官挺容易啊，沒過多久又說「臣夢陛下髮白再黑，齒落更生」，武則天一聽更高興了，讓他當駕部郎中吧，駕部郎中已經是五品官了。這個人再接再厲，又說他聽見嵩山喊萬歲，武則天說，好啊，嵩山喊萬歲是好事，我賜你一個緋算袋吧。這個算袋是什麼？一個小掛件，緋算袋就是紅色的算袋，這樣的裝飾品在唐朝只有高級官員才能佩戴。單靠說這種鬼話就能步步高升，也可以看出女皇當時對長壽的渴望都到了犯傻的程度了。

三、沉湎享樂：旅遊、宴會，武則天晚年生活的主旋律

理想的變化自然也會引起心境的變化。什麼樣的變化呢？武則天從原來的熱心政務變得貪圖享樂了。武則天本是一個精力充沛的人，按照現在的說法就是一個工作狂。當年還在當太后的時候，連一個太學生請假回家她也要直接過問，可見工作的細緻程度。但是，接連幾場大病下來，武則天對人生

的意義發生了懷疑。她想，再玩命地工作有什麼意思啊，就想把過去為工作所犧牲掉的休閒娛樂統統找補回來，抓緊時間縱情聲色。旅遊啊，宴會啊，逐漸成了晚年武則天生活的主旋律。說起來武則天的品位還確實不錯，她建立了一個叫控鶴監的機構，廣選美少年充實其中，還豢養了一幫文人墨客，陪著她搞旅遊，開宴會。這個宴會其實有不同的開法，有人開起來很粗俗，就知道猜拳行令，吆五喝六的。武則天是很風雅的人，她覺得這樣沒意思，咱們要有點文化品位，一邊喝酒還得一邊賦詩，搞得像個文化沙龍。興之所至，武則天有時也會舉辦賽詩會，由她寵愛的才女上官婉兒做評判，看誰寫得又快又好。上官婉兒是被武則天殺死的宰相上官儀的孫女。她繼承了上官儀風雅的基因，雖然當年不到一歲就被沒入掖庭，沒受過什麼正經教育，但是長大之後照樣錦心繡口。武則天特別善於發現人才、使用人才，就讓她當賽詩會的裁判。相傳婉兒出生之前，母親曾經做了一個夢，夢見神仙給她一柄大秤，說妳生的這個孩子以後要去衡量天下，可是生出來是個女孩，後來又沒入掖庭了，上官夫人也就沒把這夢當回事。現在，這夢不是應驗了嘛。婉兒雖然沒有能衡量天下，但是畢竟她能衡量詩人了，哪個寫得好，哪個寫得不好，她一句話說了算。這樣的宴會當然是氣氛越輕鬆越好，所以皇帝啊，大臣啊，男寵啊，宮女啊，甚至一些商人，都坐在一起，也沒了尊卑名分。有位大臣看不下去了，跟武則天說，您收斂收斂吧。武則天對他粲然一笑說，你老了，以後這樣的宴會活動就別參加啦。她照樣我行我素。

在這種情況下，嵩山又開始發揮它的第三個功能了。什麼功能呢？按照現在的說法就是避暑勝地。嵩山離洛陽約七十公里，因為處在風口上，又是山區，海拔高，溫度要比洛陽低五度左右，夏天的時候輕風習習，流水潺潺。武則天整天待在宮裡多悶啊，就在嵩山搞起了旅遊開發。久視元年三月，武則天在嵩山石淙河畔修建了一座三陽宮，四月入住，一住就是四個月。第二年，也就是長安元年五月，武則天又一次駕臨三陽宮，住到七月才回洛陽。武則天為什麼這麼喜歡這個地方？說來這三陽宮畔的石淙河就是當年拍《少林寺》的外景地，所謂「林間小溪水潺潺，坡上青青草」，牧羊女和小和尚的愛情故事就是在這兒發生的。這麼好的風景，又是三教薈萃的人文聖地，皇帝能不開發利用嗎！

大家恐怕還記得，武則天年輕的時候不僅會寫詩，想要取悅唐太宗，還苦練過書法。現在，她用不著取悅任何人了。在沒有壓力的心境下，寫出來的東西也就格外瀟灑。聖曆二年，武則天駕幸嵩山，特地去尋訪傳說中周靈王的太子晉升仙的地方。太子晉是周太子，武則天也一直自稱是周室之後，那周太子就應該是武則天的祖先了。傳說這位周太子後來成了神仙，飛升而去。當神仙可是武則天當時的最大夢想，於是武則天為他立廟，親自作文刻碑，表達了她對神仙世界的嚮往。《升仙太子碑》至今仍保留在河南偃師緱山，筆力雄健，《宣和畫譜》贊曰：「凜凜英斷，脫去鉛華脂韋氣味。」這是歷史上首次以今草入碑，在書法史上也算開風氣之先。當然了，武則天一生中突破的傳統太多了，這種小小不言的突破又算得了什麼呢？此刻的武則天追求的就是活著並快樂著。

四、調和李武：石淙宴飲，化解李、武兩家矛盾

武則天到晚年是不是只知道沉湎享樂了？那倒不然。武則天是什麼人啊，她首先是一位傑出的政治家，即便是飲酒賦詩，也保持著高度的政治敏感，知道國家面臨的主要問題是什麼。當時政治生活

中最大的問題是什麼呢?穩定問題解決了,用人路線解決了,接班人問題也解決了,但是最大的問題就是李家和武家關係的問題。武則天已經確定了讓兒子當繼承人,還想讓姪子繼續手握大權。其實這是辦不到的。如果解決不好,武則天一旦駕鶴仙去,就會埋下日後動亂的伏筆。李武兩家到底怎麼定位,當時有識之士都是憂心忡忡。當年勸武則天殺掉來俊臣,又勸武則天重立廬陵王的吉頊也是這有識之士之一。他說:「臣今遠離闕庭,永無再見之期,願陳一言!」武則天說,那你說吧。吉頊道:「合水土為泥,會引發爭執嗎?」武則天答:「不會。」吉頊道:「如果分一半塑為佛祖,另一半塑為道家的天尊呢?」武則天答道:「那就有爭執了。」吉頊再拜說:「臣也以為有。宗室、外戚若能各守本分,則天下安。現在太子已立,外戚仍居王位,陛下若不處置而任其發展,他日必有禍亂!臣擔心的就是這件事。」這一番話的確是發自肺腑,說完之後,吉頊的眼淚都流下來了,用期待的眼光看著武則天。武則天半天沒說話,最後,她嘆了一口氣說:「朕也知道,可是事已至此,又能如何!」

不好解決也得解決,當皇帝不能撂挑子啊。怎麼辦呢?武則天現在不是經常遊山玩水、飲酒賦詩嗎?每次氣氛都輕鬆愉快,武則天就想用這種方法來調解李武兩家的矛盾了。俗話說酒越喝越厚,在一塊多玩幾次,矛盾不就解決了嗎?在這種心境下,武則天就把李武兩家聚到一塊搞聯誼活動了。比如說在久視元年七月,武則天第一次到三陽宮避暑,即在石淙河的一塊巨石之上大擺宴席。宴請的是些什麼人呢?第一個就是太子李顯,第二個是相王李旦,第三個就是梁王武三思,以下還有大臣狄仁傑、姚元崇,男寵張易之、張昌宗兄弟。一時間真是母慈子孝,君臣和諧。這件事在歷史上就稱為石淙宴飲。喝得興起,武則天豪興大發,提議即席賦詩,作〈石淙〉一首:

三山十洞光玄籙，玉嶠金巒鎮紫微。
均露均霜標勝壤，交風交雨列皇畿。
萬仞高巖藏日色，千尋幽澗浴雲衣。
且駐歡筵賞仁智，雕鞍薄晚雜塵飛。

女皇都帶頭了，隨從人員肯定紛紛響應。十六個人，一共寫成了十六首詩，這些詩都刻在石淙河邊的石壁之上，現在還能看得清清楚楚。

到此為止，武周一朝的用人路線和傳位問題都已解決，李武兩家矛盾在緩和之中，武則天也步入風燭殘年的怠政時期了，她開始頤養天年。如果沒有意外，武則天的政治生命就會隨著自然生命一起結束，到時候，太子李顯也就可以順利接班了。但是，就在武則天晚年耽於享樂的心境下，一種新的勢力忽然在政壇崛起，讓政治形勢急遽複雜起來，也讓武則天的命運再次發生逆轉。這究竟是一種什麼勢力呢？

請看下回：小寶興衰。

【第二十八回】

小寶興衰

在武則天幾十年的統治時期，有兩個問題最讓後人詬病：一個是酷吏政治，另一個就是包養男寵。武則天晚年，一批男寵慢慢走進她的生活。而這批男寵的開路先鋒，就是本回的主人公馮小寶。馮小寶是如何走進武則天的視線的？他在武則天的政治生活中究竟扮演了什麼角色呢？

大家恐怕都聽說過灰姑娘的故事，貧寒的灰姑娘憑藉美貌打動了王子，最後終於嫁進皇家，過上了幸福的生活。因為男權社會的傳統，這樣的故事代代相傳，甚至今天還有人說，幹得好不如嫁得好。可是大家想過沒有，如果灰姑娘變成「灰小夥」會怎樣？武則天時期就有這麼一個「灰小夥」，叫做馮小寶，他也憑自己的身體條件進入皇宮，上演了一部男裝版的灰姑娘傳奇。

一、小混混一步登天：男寵的開路先鋒——馮小寶崛起

這馮小寶是何許人也？他本來是在洛陽城市井之中靠賣野藥為生的小貨郎，想來為了宣傳藥效，還得把自己鍛鍊得精神一點，相當於老北京天橋上賣大力丸的，賣藥之前還要先比畫幾招。正因為從事這種職業，馮小寶身體結實魁梧，又能說會道，被一所豪宅裡的侍女看上了，成了侍女的情人。這個侍女的主人是誰呢？說起來大家肯定有印象，就是在宗室謀反案之後為了保命，主動要求當武則天女兒的千金公主。這個侍女偷偷把馮小寶領到公主府幽會，不小心被千金公主發現了。起初自然是勃然大怒，但是看看跪在地上的馮小寶一表人才，千金公主也就原諒了他，不僅沒有懲罰他，還把他留用了。留用之後，經過一番檢驗，千金公主覺得馮小寶確實是人才難得，公主本人當時不是正在努力討好武則天嗎？有了這樣的寶貝，怎麼能據為己有呢！於是又把他包裝包裝，孝敬武則天了。

武則天當時已經是太后，高宗去世了，再也沒有能夠真正約束她的人，而且她又剛剛平息了李敬業叛亂，正需要好好放鬆一下，於是也就笑納了。可是，禮物雖然是好禮物，武則天也有點犯難。怎麼安排他呢？直接讓他進宮有點不妥，畢竟高宗屍骨未寒，自己作為太后多少要顧及點影響。想來想

去，武則天有主意了。唐朝宗教氣氛濃厚，和尚道士經常出入宮廷，武則天便令馮小寶出家為僧，賜名懷義，這樣進宮就方便了。可是還有一個問題，小寶出身太低微了，雖然武則天不拘一格用人才，但是說起來是一個江湖賣藥的，讓人不舒服。怎麼給他換個出身呢？當時武則天的小女兒太平公主已經出嫁了，丈夫叫做薛紹。武則天靈機一動，讓薛紹認了小寶做叔叔。這樣，小寶就改姓薛了，經過這兩度包裝，馮小寶搖身一變成了薛懷義，而且很快當上了洛陽名寺白馬寺的住持。醜小鴨終於成了白天鵝，從此經常出入武太后的寢宮。人人都知道薛懷義的身分地位非同尋常，尊稱他為薛師，不敢直呼其名。就連在朝廷裡威風八面的武承嗣、武三思兄弟，也甘心在他面前低三下四，跟奴才似的。

二、太后的「賢內助」：小寶為太后排憂，建明堂、演繹《大雲經》、討伐突厥

馮小寶開始得寵的時候，也正是武則天向皇帝之位發起最後衝刺的時候。武則天還活著的兩個兒子，大兒子李顯已經被她廢為廬陵王，發配到房州囚禁起來了，小兒子李旦雖然名義上還是皇帝，但是也被軟禁在宮裡，政務上一點都插不上手。所有反對她當皇帝的人，武則天都有信心搞定。人，她是能擺平的，但是當皇帝需要天命所歸，怎麼擺平這個天呢？這時候，馮小寶被派上用場了。整個朝廷裡，沒有誰比他和太后的心貼得更近，太后的事業就是他的事業。誰也別把他僅僅看成一個男寵，他也要有所作為，為太后排憂解難，當太后的「賢內助」。怎麼才能當好「賢內助」呢？馮小寶做了三件大事。

第一件是建明堂。我們講過，明堂是儒家經典所記載的天子布政之所，非常神聖。武則天要把明

堂建起來，以證明她統治的合法性。這個大工程的主持人就是馮小寶。要說讓一個男寵去主持修建儒家聖物真夠離經叛道的，但是，武則天用人眼光一向準確，馮小寶果真不負重託，不到一年就把明堂修成了。新修的明堂宏偉壯麗，有大概三十層樓那麼高，起名叫萬象神宮，武則天在那裡祭天祭祖，接受百官朝賀，大大出了一把鋒頭。更加絕妙的是，馮小寶還在明堂背後修建了一座天堂，貯存佛像，遮風擋雨。這個佛像有多大呢？據說一個小指頭就能裝好幾十個人，所以天堂蓋得極其高大壯麗，一共五層，才到第三層就已經比明堂還要高了。武則天為什麼要修建這麼宏偉的天堂呢？一方面是因為馮小寶的宗教情結，另一個重要原因，恐怕還是武則天此時想要利用佛教為自己當皇帝服務了。

馮小寶做的第二件大事，就是在佛教經典中找到了能支持武則天當皇帝的理論。我們前面講過，經過以馮小寶為首的和尚的刻苦攻關，終於在浩如煙海的佛經裡找到了一部《大雲經》，經裡記載女主統治國家，最後又成佛。這就名正言順地為武則天當皇帝提供了經典依據。但是，馮小寶並沒有止步，為了普及《大雲經》，他又帶領一幫和尚炮製了解釋經典的《大雲經疏》，用通俗易懂的語言把晦澀的經文加以演繹闡發，並和當時流行的彌勒信仰結合起來，稱唐室衰微，太后就是彌勒下生，必定取代唐朝的統治。武則天當皇帝的理論難題解決了，馮小寶也因此順理成章地成為武周建國的大功臣，官拜正三品的左威衛大將軍。

馮小寶做的第三件大事是幫助武則天討伐突厥。馮小寶既然已經是大將軍了，當然要建立軍功。當時突厥常常威脅北部邊疆，而武則天忙於改朝換代，對於武將不大信任，因此馮小寶又被派上了用場，去幫武則天討伐突厥。第一次是在永昌元年（六八九年），也就是武則天稱帝的前一年，武則天委任馮小寶為新平道行軍大總管討伐突厥。馮小寶本來是個賣藥的小混混，哪裡知道怎麼打仗啊，可是俗話說無知者無畏呀，他還真就去了。他的運氣太好了，突厥不是游牧民族嘛，逐水草而居，來無影去無蹤，馮小寶到了前線，正好突厥兵走了。沒找到敵人那就凱旋吧，回來以後，對武則天他可不這麼說。他說，敵人聞風喪膽，聽見我的名字就害怕了，所以我還沒到那兒，他們已經望風而逃了。武則天也很高興，當下封他當了二品的輔國大將軍。

既然馮小寶打突厥有功，以後對付突厥的事就交給他了。延載元年（六八四年），也就是武則天當上皇帝的第五年，馮小寶又被派出去討伐突厥了。這次，他的頭銜是伐逆道行軍大總管，兩位宰相當他的幕僚，率領十八位將軍出征。要說老天真是太照顧馮小寶了，也不知道為什麼，運氣特別好，還沒等他們出發，敵人已經無影無蹤了，所以馮小寶又是毫髮無損，再立新功。當然啦，他給武則天的理由仍然是，「敵人一聽說我的名字就嚇跑了」。

第二次討伐突厥可以說是馮小寶一生事業發展的巔峰。他既是武則天的男寵，又是白馬寺的住持，同時還是朝廷裡威風凜凜的大將軍，真是炙手可熱。

三、一錯再錯：小寶火燒天堂、明堂，毀掉大周王朝的象徵

可是，人往往取得了一丁點兒成就，就會飄飄然，甚至連一些大賢大德都不例外，更不要說馮小寶這樣一個沒什麼底蘊的市井小混混了。他很快就忘乎所以了，一次次地犯錯誤。他都犯了什麼錯誤呢？歸結起來一共有三類。

第一類錯誤：小人得志，驕橫跋扈。從他當了面首，這類錯誤就開始犯了。馮小寶當了和尚以

後，就得住在寺裡，他覺得這太悶得慌，太寂寞，不甘心，怎麼辦呢？他就私自剃度了好多小流氓當和尚，每天也不在寺裡念經，跑到街上去，騎著高頭大馬，在洛陽城裡橫衝直撞，路上的行人紛紛躲避。誰要是躲得不夠及時，馬上就被他們打得頭破血流。然後，扔在路邊，揚長而去，根本不管別人死活。特別是看到道士，更是分外眼紅，一定要把人家抓過來，剃光頭髮，陪他一起當和尚，有時候連道教的高級人物也不能幸免。當時有一位著名的道士，叫做侯尊，是弘道觀的觀主，有一次不小心被馮小寶看見了。馮小寶才不管他是誰，馬上把人家拉進寺裡去，強迫當了好幾年的和尚，直到馮小寶死後，這人才出來，再重新蓄髮當道士。

馮小寶對官員也挺不客氣的。當時有一位御史看不過他的所作所為，多次依法彈劾他，馮小寶一怒之下，把這個人堵在路上，打了個半死。這類為非作歹的事情幹多了，有時候也會碰釘子。有一天，馮小寶帶著自己的一幫嘍囉進宮，在門口遇到了宰相蘇良嗣。馮小寶驕橫慣了，覺得我是寵兒啊，我得先進門啊，根本沒把蘇良嗣放在眼裡。要知道，唐代的宰相非常威風，號稱「禮絕百僚」，哪裡容得下一個男寵如此無禮！蘇良嗣勃然大怒，當即叫左右把馮小寶揪過來，劈頭蓋臉一頓暴打，把馮小寶打得滿地找牙。馮小寶自從進宮，哪裡受過這種委屈啊，跑到武則天面前哭訴，說是可忍，孰不可忍。沒想到武則天心裡非常明白，公私分得很清，摸著馮小寶的光頭說：「孩子你記住，北門才是你出入的地方，南衙是宰相理政的地方，你沒事到那裡闖什麼禍呢？」當然，能夠這樣跟馮小寶叫板的人少之又少，特別是隨著馮小寶地位的提高，宰相也奈何他不得。在出征突厥期間，李昭德以宰相的身分充當馮小寶的幕僚，因為一言不合，馮小寶揮拳便打，李昭德那麼有性格，這時候也只能惶懼求饒，可見馮小寶的威風。

第二類錯誤：任性使氣，得罪女皇。馮小寶是武則天的第一個男寵，本來就是唯我獨尊，缺乏競爭上崗意識。可是，隨著武則天從太后變成皇帝，她的胃口也變大了，不再滿足於只有一個「後宮佳麗」了，她身邊的男寵逐漸多了起來，慢慢移愛於一個叫做沈南璆的人了。這沈南璆是一個御醫，給武則天看病的，想來功夫了得，武則天慢慢就喜歡起他來了。

皇帝身邊多了一個人？這對馮小寶的打擊可太大了，他為武則天立了那麼多功勞，武則天怎麼可以移情別戀呢？馮小寶一氣之下，耍起了小性子，乾脆不進宮見武則天了，整天待在白馬寺裡，和他剃度的那些小流氓胡鬧。鬧來鬧去，又引起不滿了。有一位御史叫周矩，看不下去了，畢竟馮小寶整天出入宮廷，要是和這幫小流氓搞什麼陰謀危害皇帝怎麼辦呢？於是他上奏武則天，說薛師每天都糾集一些不法和尚在那兒操練，他又整天出入您的身邊，萬一他對您有什麼不良的企圖，大家就防不住了，要求審問馮小寶。武則天當時也正生馮小寶的氣，就批准了說：「你先回去吧，我馬上讓他過去受審。」周矩剛剛回到御史台，馮小寶騎著高頭大馬也來了。進門後他不是跪地受審，一看那有一張床，下了馬就躺在床上了，袒胸露腹，旁若無人。周矩氣壞了，說你這是什麼意思，目中無人哪，招呼手下過來，就要把馮小寶押上公堂。沒想到馮小寶一躍而起，騎著馬揚長而去。周矩真是被氣了個七竅生煙。沒辦法，向武則天彙報吧，武則天聽完彙報後笑了說：「這和尚瘋了，你也不必再審問他，就把他剃度的那些小流氓處理掉就可以了。」周矩沒辦法，只好先把那近千個和尚都給流放了。武則天的態度表明雖然馮小寶任性引起了她的不滿，但是念及舊情，武則天還是願意保護他的。不過，馮小寶並沒有體會到這點，他不僅沒有因此收斂一下，反而沿著錯誤的道路越走越遠了。

他犯的第三類錯誤，也就是最嚴重的一類錯誤，是公私不分，火燒明堂。證聖元年（六九五年）

正月十五日是中國傳統的上元佳節。朝廷取消宵禁，百姓家裡也是張燈結綵，天下狂歡。馮小寶為這個節日做了精心準備，他指揮手下在明堂的地上挖了一個五丈深的大坑，坑裡面預先埋上佛像，裝上機關。然後，用絲綢在坑上搭了一座宮殿。皇帝也得過節啊，武則天來到明堂之後，馮小寶指揮手下將佛像從坑底徐徐拉起，一直拉到彩綢搭建的宮殿之中。從旁邊看起來，活像是地底踴出佛像。這景象難道不神奇、不壯觀嗎？可是武則天看了之後沒什麼反應，馮小寶可是太失望了。我是用心血去做的，您怎麼沒反應呢？不過他還留著一手。他早就殺了一頭牛，用牛血畫了二百尺高的一個大佛，把這個佛像張掛在天津橋上，然後對武則天說，這是我割破膝蓋，用自己的血畫成的。武則天哪信啊，不要說割破膝蓋，你就是割破主動脈，也沒這麼多血啊。所以武則天還是淡淡一笑，沒理會。

這可太傷馮小寶的心了，他為武則天做了那麼多事，就因為那麼一個御醫，武則天就要把他打入冷宮嗎？太不公平了！小寶這次真的吃醋了，他一夜都沒睡著。第二天是正月十六，就在夜裡，天堂忽然起火了。火借風勢，迅速蔓延，很快天堂就成了一片火海。當初建天堂的時候，所費以萬億計，府藏為之枯竭，耗費了國家多少財富啊，如今只剩下一片錦灰堆。這還不算，大火又繼續蔓延，把明堂也給點著了。烈火熊熊，把神都洛陽照耀得如同白晝。這場大火一直燒至天明，明堂和天堂一起化為灰燼。這火是怎麼著起來的呢？馮小寶放的。他無法忍受武則天冷落他，就想既然妳不再在乎我了，我就給妳做一件大事，讓妳看看我的厲害。小混混的想法是，也許只有幹出這麼一件驚天動地的大事，武則天才會注意到他的存在。

可是這件事他大大地辦錯了。明堂和天堂能隨便玩沒了嗎？他犯了公私不分的錯誤。對於武則天而言，明堂是她得天命的標誌，是她號令天下的場所，是大周王朝的象徵。明堂頂上一鳳壓九龍的造型，更是她自身的寫照，這些是她畢生追求的東西。相對於這些而言，和馮小寶之間微不足道的私情算得了什麼呢！但是，馮小寶天真地把這兩者混為一談了，為了引起皇帝的注意，他不惜燒掉她心中最神聖的東西。這一次，皇帝很生氣，後果很嚴重。

四、小寶之死：火燒明堂半個月之後，馮小寶死了

武則天怎麼處理馮小寶呢？會不會立刻殺了他呀？武則天當時還真沒殺！不僅沒殺，她還說，這個天堂和明堂要重修，重修這個工程的主持人還是馮小寶——薛懷義。

我們剛才不是說武則天生氣了嗎？以她的脾氣，為什麼不殺馮小寶呢？我覺得，這裡面有兩個原因。

第一個原因，武則天要遮羞。她不能公開懲辦馮小寶，天下人都知道馮小寶是她的面首，現在如果昭告天下，說馮小寶因為爭風吃醋火燒明堂，我們必須予以懲處，這也太沒面子了吧。不僅不能公開他的罪行，還要盡可能地幫他脫清干係。怎麼脫清呢？說這是天火？不行。如果是天火，那不就意味著遭天譴了嗎？只能歸罪於人。那應該歸罪於誰呢？武則天諉過於工匠，說他們用火不慎，點著了天堂裡的大佛，大佛含麻較多，屬於易燃品，引起火勢迅速蔓延。也就是說，這件事和馮小寶毫無關係，一切謠言純屬捕風捉影。

第二個原因，武則天對馮小寶還是有一定感情的，捨不得下手。自馮小寶從垂拱元年（六八五年）進入武則天的後宮，到延載二年（六九五年）的正月，已經過去了整整十年。人生有幾個十年啊，馮

小寶跟著她一起經歷了改朝換代的種種風浪，為她登基稱帝沒少操勞。這次放火，也是多情所致，只有多情，才會嫉妒嘛，想想這些，武則天不願意太過絕情。

因為有這樣一些考慮，所以武則天不僅沒有殺馮小寶，她還昭告天下，要重新修建明堂和天堂，仍然讓馮小寶來當專案負責人。那我們說兩個人的感情是不是恢復如初了？不可能，無論是武則天還是馮小寶，誰也不可能真正忘記這場明堂大火。

對於武則天來說，明堂是她得天命的標誌，突然被燒了，怎麼解釋這場火災呢？當時大臣就分成兩派了。一派說這就是上天降災示警，皇帝應該反省自己，謝罪於天。另一派就是馬屁精了，說這哪裡是天譴啊，這是祥瑞！為什麼呢？有人說了，當年周武王伐紂，軍隊過河時便有天降大火，結果武王伐紂成功了，所以明堂失火是說明我們的大周朝也會發旺啊！還有人說，當年彌勒成佛時便有天魔燒宮，這說明陛下您真是彌勒佛啊！兩種意見，都挺有道理的，武則天信哪個啊？雖然武則天愛聽好話，但她其實更相信前者。她的心裡，很長一段時間都擺脫不了天譴的陰影。

那馮小寶呢？其實他心裡也並不平靜，天天琢磨這個事情。他知道自己這個婁子捅大了，以他對武則天的了解，他不相信武則天會真的饒了他。人在不安的情況下會有兩種反應，有人更加小心翼翼，而有人就會破罐子破摔，顯得更加狂妄。馮小寶屬於後者。於是，他在武則天面前更加放肆了，經常出言不遜。到了這一步，武則天再也不想容忍他了。而且，武則天開始覺得他是一個危險分子了，為了防備他突然發瘋，利用隨便出入皇帝寢宮的特權搞恐怖襲擊，謀害自己，武則天祕密挑選了一百多個健壯的宮女，組成一支宮廷女子特警隊，整天跟在自己身邊，以防不測。

你想，兩人的關係都到這分兒上了，馮小寶會是什麼結果呢？延載二年二月四日，火燒明堂半個多月之後，馮小寶死了。怎麼死的呢？史書上記載了三種說法。

第一種說法見於《實錄》，後來又被《資治通鑑》採納，說馮小寶是被武則天的堂姪武攸寧暗殺的。暗殺的地點，就在洛陽宮城內的瑤光殿。瑤光殿四面環水，景色清幽。有一天，武則天約馮小寶來這兒見面，馮小寶乘輿而來，沒想到等他的不是女皇，而是女皇的姪子武攸寧。武攸寧一看見馮小寶，不容分說，率領壯士一擁而上，將他撲倒在地，馮小寶雖然練過幾招拳腳，哪裡敵得過大內高手！雙拳難敵四腿，一頓劈頭蓋臉的毒打之後，馮小寶當即斃命。

第二種說法見於《舊唐書》，說馮小寶是被武則天的女兒太平公主的乳母張夫人率領壯士暗殺的，具體情節和武攸寧的故事基本一樣。也是說武則天召喚馮小寶到瑤光殿幽會，馮小寶屁顛屁顛來了，沒看到武則天，倒看見太平公主的奶媽張夫人了。張夫人率領的壯士一擁而上，把馮小寶撲倒在地，一陣亂棒打死。

第三種說法見於李商隱所寫的《宜都內人傳》。宜都內人是武則天的宮女，她規勸武則天，男為陽，女為陰，武則天如果用男寵，那就是以陰求陽，自毀長城。因此必須去除男寵，培養自身的陽剛之氣，只有這樣統治才能長久。武則天聽了之後覺得有道理，因此就下令殺了馮小寶。按照這種說法，武則天對馮小寶就是明殺，不是暗殺了。

那麼，這三種說法究竟哪種可靠呢？

我個人認為，首先，第三種是明顯不可信的。為什麼呢？有兩個理由。第一，武則天不可能公開處決馮小寶。馮小寶的身分是男寵，相當於現在公司老總的小蜜。試想，一個小蜜如果非要插手公司事務，而且企圖危害老總，那老總應該怎麼辦呢？他很難請求司法幫助，因為公開這種關係對自己影響不好。怎麼辦呢？只好雇凶殺人。武則天也是如此。即使有必要殺死馮小寶，她也不希望把事情公之於眾。第二個理由是〈宜都內人傳〉是李商隱寫的一個小說，虛構成分太多了，可信度不高。因此，這第三種說法首先被排除了。

那第一種說法和第二種說法呢？我覺得，這兩種說法都記載武則天雇凶暗殺馮小寶，符合一般情理；另外，《實錄》和《舊唐書》的可信度也是難分高下，因此很難確認哪一種更可信。不過雇凶暗殺情人屬於絕對隱私，當然要找更親近的人來操作。誰信得過呢？把武攸寧和太平公主相比，太平公主更信得過一些。根據史書記載，太平公主是武則天最寵愛的女兒，而且有權謀，小心謹慎，不該說的話從來不說，不該做的事從來不做，深得武則天的信任。因此，我個人認為太平公主參與的可能性更大一些，也許太平公主受武則天的委託，就指使自己的奶媽張夫人，領了一幫高手，消滅了馮小寶。馮小寶「香銷玉殞」後，武則天派人把他的屍體送回白馬寺，在那裡焚屍造塔，整個人就這麼消失得無影無蹤。

那麼，我們今天應該怎樣評價馮小寶其人以及他和武則天的關係呢？我覺得，今天必須明確三點內容。第一，中國古代的皇帝一向號稱後宮佳麗三千人，武則天也是皇帝，她包養男寵，正是仿效了以前皇帝的傳統做法，雖然談不上道德高明，但是也不應該作為特例受到特別的批判。第二，馮小寶的主體身分就是男寵，雖然他幫助武則天改朝換代，但是，並沒有很深地涉入國家政治，他沒有當過宰相，沒有主持過任何大政方針，在這一點上，武則天基本做到了公私分明。第三，武則天對馮小寶有著很強的控制力，從他發跡到最後滅亡，都是武則天一手操縱，他的活動範圍和活動能量都被有效地控制著。

換言之，如果武則天的男寵就只有一個馮小寶，那就僅僅是一個私生活問題，根本不會對她的統治造成太大的影響。但是，馮小寶死了，風燭殘年的武則天會安於寂寞嗎？她的不甘寂寞又會造成什麼新的問題呢？

請看下回：二張亂政。

【第二十九回】

二張亂政

武則天生命中的第一個男寵銷聲匿跡後，張易之、張昌宗兄弟迅速崛起，成為武則天的新寵。這兄弟倆不但模樣俊俏，而且出身也好，富有文藝才華，少了馮小寶身上的俗氣。那麼，這兩個人會不會接受馮小寶的教訓，安分守己呢？他們的所作所為，又會給武則天的統治帶來怎樣的影響？

我們上一回說過，武則天在太平公主的協助下殺死了第一個面首馮小寶，太平公主是個孝順女兒，不忍心看著母親晚年形單影隻，就把自己的小情人張昌宗孝敬給了母親。

一、蓮花似六郎：張氏兄弟取代馮小寶，共同伺候老女皇

張昌宗是唐高宗時代的宰相張行成的族孫，是官宦人家出身，風度翩翩，溫文爾雅，吹拉彈唱樣樣精通，跟馮小寶一比，有一種別樣的風情。更難得的是張昌宗對兄弟特別友愛，自己得寵之後，不忘提拔兄弟，又向武則天推薦了自己同父異母的哥哥張易之，兄弟倆一塊兒伺候女皇。武則天晚年心境改變，開始沉湎於享樂，這兩個兄弟的到來可以說是恰逢其時。根據《資治通鑑》的記載，這小哥兒倆塗脂抹粉，身著錦繡，小鳥依人一般陪伴在武則天的身邊，老太太特別開心，給兄弟兩人都封了三品官。

張氏兄弟既然已經取代了馮小寶的位置，一幫小人自然又是趨之若鶩，爭著為他們牽馬執鞭。當時僕人稱呼主人為郎，張易之行五，張昌宗行六，這幫趨炎附勢的小人就管他們叫五郎、六郎，赤裸裸地表明甘心當他們的奴才。武則天的姪子武三思本來就是拍馬屁高手，一看現在這幫人都像蒼蠅一樣圍著二張兄弟轉，他也不甘落後，這時候奏上一本，說張昌宗他不是人。不是人，是什麼呢？是神仙王子晉的後身，那是神仙啊。武則天晚年特別喜歡神仙，也想當神仙，一聽這話特別高興，當即就讓張昌宗穿上羽毛做的衣服，騎在木鶴上吹笙，樣子真是飄飄欲仙啊，武則天先過了一把眼癮。

聖曆二年（六九九年），為了讓更多的美男子匯聚到自己的身邊，也為了讓張家兄弟再過一把當

官的癮，武則天設置了一個機構叫做控鶴監，後來改名奉宸府，讓五郎張易之當長官，張昌宗當然就是首席成員。武則天本來就是風雅之人，奉宸府不僅吸收美男子，還吸收文學之士，一時間也是人才濟濟。當時人都明白，奉宸府在老太太心目中那可是非同尋常的，有些利欲薰心的人為了巴結武則天，削尖了腦袋也要鑽進奉宸府，甚至公開向武則天毛遂自薦，有的說我比張昌宗還漂亮，有的說我比馮小寶還結實。這麼一來，奉宸府的名聲自然就大受影響了。有的大臣就給武則天上書說，您看男寵有這麼幾個人就可以了，不要整天海選美少年啦，這樣影響多不好啊！

武則天想想，這也有道理，怎麼辦呢？為了掩人耳目，武則天就讓張易之兄弟領銜編書，書的名字叫《三教珠英》，實際上是一個詩歌集，表現的是儒、釋、道三家的思想。因為編詩歌集需要有一些詩人參與，所以當時好多文人就匯聚到二張兄弟的麾下了，像著名詩人宋之問、杜審言（杜甫的爺爺），都是《三教珠英》編輯部成員，在二張手下做事。後來也因為有這麼多文人在身邊，所以二張的人脈越來越廣，甚至連宰相也開始巴結他們。當時有位宰相叫楊再思，人稱「兩腳狐」，狐狸不是四隻腳嘛，楊再思跟狐狸一樣狡猾，但是他站著走路，兩隻腳，所以就管他叫兩腳狐。楊再思怎麼巴結張昌宗的呢？他聽別人誇說六郎張昌宗長得齒白唇紅，面似蓮花，當時他就跟人家急了說：「應該是蓮花像六郎，你怎麼能說六郎像蓮花呢！」極盡諂媚之能事。可見二張當時在朝廷裡頭勢力之大。

俗話說，一人得道，雞犬升天，二張得勢，他們的親戚也都跟著沾光了。我們知道，唐朝也好，武周也好，官吏都是由吏部來選拔，這些官員的候選人都集中到首都，吏部再去挑選。當時有資格當官的人很多，但位置空缺少，僧多粥少，所以有一個姓薛的候選人就打起了張家兄弟的主意。張昌宗的弟弟張昌儀當時擔任洛陽縣令，有一天在上班的路上，這姓薛的候選人就攔路行賄，塞給張昌儀五十兩金子，對他說，張大人，您給我幫個忙，我今年想當官。張昌儀也是見錢眼開，很高興，一下子就答應了，寫著薛某人個人簡歷的條子交給天官（吏部）侍郎。誰知道這天官侍郎是個馬大哈，把紙條給弄丟了。趕緊再去問張昌儀吧。張昌儀一聽就火了，說我就見過這人一面，我怎麼能記住他叫什麼名字！拿了人家的錢就得辦事呀，反正他姓薛，這樣吧，你把姓薛的都錄取上不就得了？吏部侍郎沒辦法，回去數了數，姓薛的候選人一共六十多個，得了，都當官吧。

二、面首也干政：二張直接參與朝政，打亂母子、君臣關係

花兒為什麼這樣紅？二張兄弟貴寵一時，倒不完全是老女皇的感情因素所致。事實上，老太太把這對寶貝當眼線用了。武則天晚年多病多災，已經很難像當年那樣對外廷明察秋毫，二張也算是替她多長了兩雙眼睛和四隻耳朵。老太太還是不願放權呀！有了這種身分，二張逐漸突破男寵的限制，自然就參與到朝政中來。他們參與的大事一共有三件。

第一件是重立廬陵王李顯當太子。這件事我們前面講過。張家兄弟受寵太過，而武則天年事已高，他們恐怕自己在武則天死後受人報復，於是聽從了吉頊的主意，向武則天吹枕頭風，勸說武則天放棄自己的姪子，召回廬陵王李顯，立他做太子。武則天也就真聽了這哥倆兒的話，最後把自己的親生兒子李顯給接回來了。當然，狄仁傑等宰相也勸過武則天召回廬陵王，不過二張說話其實是最管用的，對李顯絕對有擁立之功。二張兄弟這樣做固然說明他們當時頭腦還比較清楚，知道為自己的將來打算，但是，立誰當太子是當時武周政權的頭等大事，張易之兄弟能夠在這個問題上發揮作用，可見

他們的政治能量已經是相當了得。

張易之兄弟做的第二件大事是間接殺死了太子李顯的嫡長子李重潤、女兒永泰郡主和郡主的丈夫武延基。怎麼回事呢?史料中主要有四種記載。

第一種見於《資治通鑑》:「太后春秋高,政事多委張易之兄弟;邵王重潤與其妹永泰郡主、主婿魏王武延基竊議其事。易之訴於太后,九月,壬申,太后皆逼令自殺。」按照這種說法,是武則天親自下令,逼迫三個年輕人自殺的。

第二種說法見於《舊唐書·武承嗣傳》,說李重潤兄妹和妹夫武延基「話及張易之兄弟出入宮中,恐有不利,後忿爭不協,泄之,則天聞而大怒,咸令自殺」。

第三種說法見於《舊唐書·張易之張昌宗傳》,說武則天讓太子李顯處置他的兒女和女婿,李顯逼迫他們自殺。

第四種說法見於《永泰公主墓誌》,說公主是因為早產而死。

那麼,到底哪一種合理呢?我覺得四種記載都對,把它們拼到一起就是一個完整的故事了。長安元年(七〇一年),李重潤和妹妹、妹夫私下議論二張兄弟出入宮廷參與朝政的事,言辭之間非常不屑。幾個年輕人的私密話,說著說著,不知怎麼就說嗆了,聲音越來越大。被同父異母弟弟李重福聽到了。李重福娶了張易之的外甥女,大概就是通過這個管道吧,就傳到二張那裡去了,哥兒倆就一起找武則天傾訴委屈。上了年紀的人脾氣本來就陰晴不定,何況武則天又是一個從來不允許別人挑戰她的權威的強人,一聽二張告狀,血壓一高,火騰地就上來了,這不是針對我嗎!剛把你們的父親扶上太子之位,你們難道就想翻天!馬上把太子李顯叫來,劈頭蓋臉就是一頓罵,讓他回家好好教訓孩子！其實，到這時候，我覺得無論是二張兄弟還是武則天，都沒有真的想把這幾個年輕人怎麼樣。二張只是不想讓別人欺負他們，武則天在氣頭上也只想讓兒子好好教訓一下孫子孫女，但是，對太子李顯來說，可就不一樣了！回首幽禁在房州的十五年，他真是不寒而慄啊，好不容易熬出頭，他怎麼敢再觸怒母親？而且，萬一他娘就是用這個事情來考驗他的忠誠度呢？必須要有所表示！

人逼急了就失去理性。乾脆，讓他們去死吧，可是，怎麼下得了手呢？李重潤才十九歲，尚未娶妻生子，永泰郡主年僅十七，新婚一年，已經懷孕，即將臨產。但是，如果不讓他們死，自己恐怕就地位難保了！思前想後，李顯最後還是狠下心腸，下令賜李重潤和武延基自盡。永泰郡主即將臨產，讓她生下孩子再死吧。可是，永泰郡主聽說哥哥和丈夫同時斃命，一下子承受不了打擊，早產了一個死嬰，自己也死了。真是一句戲言，四條人命啊。怪誰呢？《舊唐書・武承嗣傳》點出了這種私下裡的話是怎麼被二張兄弟知道的。《資治通鑑》認為元凶是武則天，所以直接說武則天逼他們自殺。《舊唐書・張易之張昌宗傳》則指出了具體執行者，驚弓之鳥太子李顯。而永泰公主的墓誌，則交代了這個可憐的十七歲少婦的具體死因。可是，無論怪誰，死去的人永遠不可能再活過來。而且，這兩個自殺的男孩子地位都很重要，李重潤是李顯的嫡長子，如果沒有特殊變故，以後就是李顯的帝業接班人，而武延基是武則天的大姪子魏王武承嗣的兒子，對於武家來講，也是長房長孫。現在因為二張兄弟的一句話就死於非命，誰能不恨他們呢！二張對李顯本來有擁立之功，現在卻變成功不抵罪了。

第三件事是陷害大臣。武則天雖然逼死了李顯的一雙兒女，也是自己的親孫子孫女，但還政李顯、回歸李唐的決心並沒有變。就在李重潤兄妹死後一個月，武則天重返長安，大赦天下，改元長安。李顯作為皇太子隨行護駕。最小的兒子李旦也被委以重要軍職，先是知左右羽林軍事，這是當時北衙禁軍的最高統帥，接著擔任并州牧，這是李唐龍興之地的最高軍政長官，最後又被任命為雍州牧，直接護衛京畿之地。政治重心重返李唐的舊都長安，兩個兒子也都做了妥善安排，回歸李唐的態勢已經相當明顯。武則天甚至下令：「自今有告言揚州及豫、博餘黨，一無所問，內外官司無得為理。」不再追究參與揚州徐敬業叛亂和李唐諸王起兵的罪過。人也老了，相逢一笑泯恩仇，得了，過去的是非恩怨武則天都準備原諒了，政治氣氛當時顯得相當好。投桃報李，李氏三兄妹李顯、李旦和太平公主聯合上表，請封武皇最寵愛的張昌宗為王。可因為張昌宗的資歷和功績還不夠格，受封異姓王實在太扎眼了，最後改封國公。但是無論如何，兒女的態度是好的，所以一時之間也確實是母慈子孝，其樂融融，李顯這時候真是鬆了一口氣，他覺得，我付出了那麼大代價，經受了那麼多考驗，看來沒白忙活，總算等到快要接班這一天了。可是就在這個當口，二張又捅婁子了。怎麼回事呢？

長安三年九月，張昌宗忽然向武則天遞上一張狀紙，告宰相魏元忠和太平公主的情夫司禮丞高戩，說他們私下議論「皇帝年老，不如侍奉太子長久」！這個話當臣子的可是絕對不該說的啊，再說了，武則天雖然老了，對權力可是毫不放鬆，這樣的言論當然犯了她的大忌。武則天反應非常激動，就問，你們怎麼知道的呀？張昌宗說了，我是沒聽見，不過有人聽見了，張說聽見了。這張說大家肯定還有印象，他就是武則天第一次舉行殿試時錄取的第一名，武則天對他一向高看一眼，張說也因此被視為武則天的嫡系。另外，張說還是《三教珠英》編輯部成員，跟二張私交也不錯，張易之兄弟就拿出他來作證。老太太一聽還有人證，就信以為真了，馬上把兩個被告抓起來審問。

但魏元忠根本沒說過這話，哪裡肯認？這是要掉腦袋的呀。最後武則天就下令，第二天早晨上朝的時候，雙方在朝堂對質，張昌宗和張易之兄弟作為原告，魏元忠和高戩作為被告，叫張說前來對證。張昌宗一聽非常高興，因為他早就和張說做好扣了，張說幫他作偽證，他幫張說升官。明天只要張說一出來，魏元忠就沒有好果子吃了，等著定罪殺頭吧。張昌宗為什麼這麼恨魏元忠啊，是因為魏元忠把他們哥兒倆得罪透了。武則天有一次想讓二張的弟弟張昌期當雍州長史，其他宰相都隨聲附和，說「陛下得人矣」，只有魏元忠不給面子說：「昌期少年，不閑吏事」，原來在岐州當刺史已經搞了個烏七八糟，老百姓都逃光了，現在怎麼能再讓他到雍州為害一方呢？就這樣，魏元忠幾次三番阻擋人家兄弟當官的路。另外，魏元忠為人耿介，老早就看二張不順眼，在武則天面前提到他們倆時，左一個小人，右一個小人，誰受得了啊！魏元忠既是宰相，又是太子左庶子，也就是東宮官僚，張易之兄弟想到自己因為間接殺死了太子的一雙兒女，已經把太子得罪了，以後太子繼位，魏元忠又是東宮的官僚，肯定接著還得當宰相，到時候君臣聯合修理他們兩個，這日子可怎麼過呀！乾脆，咱們製造一個案子，把魏元忠給拖進來，順便也把太子拖下水，一箭雙雕不就得了？

第二天，朝堂之上，氣氛是相當緊張。因為這個案子涉及面太大了，第一涉及宰相魏元忠，第二，因為魏元忠說什麼不如奉太子長久，其實還涉及了太子李顯。如果張說真的這麼一作證，太子的地位可就又危在旦夕了！此時，那些擁護李唐王朝、希望李唐王朝的子弟順利接班的大臣，在大殿外面可就著急了。武則天一宣張說進殿，他們就把張說圍上了。鳳閣舍人宋璟緊緊拉住張說的手說：「名義至重，鬼神難欺，不可黨邪陷正以求苟免。若獲罪流竄，其榮多矣！」（《資治通鑑》卷二〇七）什麼意思呢？這是在激勵張說：做一個人，名節是最重要的，你可以欺騙人，但是你不能欺騙鬼神，你幹什麼事鬼神都在那兒看著呢，所以，你千萬不能依附奸佞來陷害正人。如果你因為這件事得罪了皇帝，即使被流放邊疆，那也是很榮耀的事啊。這是要張說珍惜羽毛，流芳史冊。宋璟剛把張說放開，另外一個人又出來了，這個人也很有名，是大名鼎鼎的史學家劉知幾，劉左史說：「無汚青史，為子孫累！」說你千萬不要讓自己的行為玷污了歷史，讓你的子子孫孫都跟著你蒙羞。什麼意思？劉知幾等於在威脅張說，這筆桿子在我這兒掌握著，如果你要敢做什麼對不起魏元忠的事，我就要把你記載在歷史裡頭，讓你家世世代代都為此覺得羞辱。我們知道，張說雖然不是傳統儒家意義上的耿介之士，但也是一個識大局顧大體的聰明人。他也明白，張氏兄弟雖然權傾朝野，但他們的富貴全部依附於武則天，沒有根基，而武則天已經老了，大臣們又這麼恨他們，如果現在黨附於他們，一旦武則天死去，自己的下場可想而知。經過群臣這麼一番激勵，張說臨時變卦了。

進殿之後，武則天問：「張說，據說魏元忠口出大逆不道之言的時候，你也在場？」張說一時沒有回答，魏元忠這個鐵打的硬漢也著急了，忍不住叫了起來：「張說，你難道要和張昌宗一起陷害我嗎？」張說馬上不高興了，皺起眉頭說：「魏元忠身為宰相，怎麼也像街頭巷尾的小人一樣聽風就是雨，你知道我要說什麼嗎？」這時候張昌宗等得不耐煩了，催張說快點說。張說下了決心，臉色一變，對武則天朗聲說道：「陛下請看，在陛下面前，張昌宗尚且如此逼臣，可想而知他在背後有多囂張！然而今日臣面對朝廷百官，不能不據實而言，臣實不聞魏元忠曾有此言，完全是張昌宗威逼臣作偽證！」張易之與張昌宗兄弟沒有想到張說忽然反水，一下子懵了，本能地大叫起來說：「張說和魏元忠一同謀反！」一時間滿朝譁然。

這下子連武則天都覺得奇怪了，你們剛剛說張說可以為你們作證，現在又說他謀反，這是怎麼回事呀？張易之兄弟本來是脫口而出，並沒有想清楚理由，現在武則天這麼一問就有點著急了。不過張易之也算聰明，眼珠一轉就想出一條罪狀說：「臣曾親耳聽到張說把魏元忠比作伊尹、周公，伊尹放太甲，周公攝王位，這不是想造反是什麼？」說完理由以後還挺得意，心想咱怎麼這麼聰明，臨時想出這麼一句話來，伊尹和周公可不就是犯上的例子嘛。張說一聽心裡就笑開了，小張啊小張，你就要吃沒文化的虧嘍。張說馬上說了：「不錯，當日魏元忠初登相位，臣前往道賀，確曾勉勵他以伊尹、周公為己任，只因伊尹輔商湯，周公輔成王，皆事君至忠，古今敬仰。陛下用宰相，不學伊、周，又該學誰呢，我這樣說有什麼錯嗎？」

二張這下可傻眼了，張說是越說越來勁了：「臣豈不知今日附張昌宗立可拜相，附魏元忠立致族滅！但是，臣畏懼元忠冤魂不滅，不敢妄奏誣告。」話說得慷慨激昂，滔滔雄辯，恐怕連自己都忘了曾經答應過二張兄弟作偽證的事。可是，武則天是多聰明的人啊，馬上就猜到這事的前因後果了。看著自己的小情人被人耍弄，武則天又覺得自己的權威受到了挑戰，大怒道：「張說，你這個反覆無常的小人！也該一起治罪！」

最終，魏元忠被貶為從九品下的高要尉，從宰相貶為副縣長，到南方當縣尉去了，張說和太平公主的情夫高戩也都流放嶺南。按道理，武則天已經夠給兩個小情人面子了。但是，二張不是被寵壞了的孩子嗎？受人欺負，哪能就這樣善罷甘休啊？沒過幾天，又找上魏元忠的麻煩了。魏元忠曾是太子左庶子，是東宮官僚的頭兒，這次含冤被貶，東宮的幾個下屬就一起給他餞行。這本來是人之常情，可是二張不正找茬嗎？一聽說這件事，馬上叫人化名「柴明」，誣告這幾人與魏元忠謀反！

事情本來沒那麼複雜，鬧到這一步，性質已經發生了幾次變化。開始是誣告魏元忠身為大臣而有異心，打擊對象主要是魏元忠；可是因為魏元忠的話是跟太平公主的情夫說的，所以又扯上了太平公主；而魏元忠本身是太子的人，又說了不如奉太子長久這樣的話，那太子李顯也就有關係了。到朝堂對質的時候，因為張說不肯作證，二張氣急敗壞，說魏元忠和張說謀反，這時候，案子已經升格為謀反大罪。這個謀反案因為證據不足，最後含糊處理了，可是到了東宮官員為魏元忠餞行，又被重新提了出來。而且既然都是東宮官員，恐怕又會牽連太子了。武則天會怎麼處理呢？

既然謀反案已經報上來了，那就審吧。武則天讓監察御史馬懷素負責審理，而且，在二張的請求下，武則天還特地當面囑咐馬懷素：「此案鐵證如山，只要隨便審審就可以了。」馬懷素剛審沒一會兒工夫，武則天就接連好幾次派宦官來催促結案。這皇帝也做得太過分了，馬懷素不幹了，說必須找到原告「柴明」和被告對質才能結案。所謂的「柴明」，本來就是子虛烏有，這不是給武則天難堪嗎？武則天氣壞了，質問馬懷素：「你是不是想包庇反叛？」馬懷素回答：「臣不敢包庇叛逆。魏元忠以宰相之尊被貶，幾個朋友為他餞行，若說這就是謀反，臣實在不敢這樣定案。陛下手握生殺大權，欲加之罪，聖衷獨斷即可，如果要臣來審理，臣不敢隨便定罪。」話說到這個分上，武則天也明白了，指望馬懷素妥協是不可能的了。怎麼辦呢？換個聽話的大臣重新審？武則天倒是沒少幹過這樣的事，可是，那都是在她統治不穩定的時候，為了建立政權、維護政權，她不得不殺人立威。現在，她不想僅僅為了兩個不懂事的小情人就濫殺大臣。酷吏時代結束了，她也希望所有的官員都像馬懷素這樣奉公守法。最後，武則天妥協了，沒有再追究下去。

可是，這次魏元忠的事情也確實把武則天的心情搞壞了。這次回長安，本來是想留下來，就在這兒實現政權的交接的，沒想到因為魏元忠一案，搞得自己和太子、大臣們的關係都很緊張。武則天也很生氣，說我還沒死，你們就想和我叫板，我要讓你們看看到底誰厲害！老太太一氣之下，帶著政府班子離開長安，又重返洛陽了！

要知道，長安和洛陽可不是隨隨便便的兩個城市，在當時人看來，那就是李唐和武周各自的象徵啊！盼著武周政權順利回歸李唐的人們一下子都傻了眼，百轉千迴，女皇的心思難道又有變化？回到洛陽，武則天到底想做什麼？她是不是又對太子心存疑慮了？太子究竟還能不能順利繼位？誰都沒有把握。在這種情況下，二張一下子成了眾矢之的，都是這兩個壞小子搞的鬼！看來不把他們除掉，誰也別想有好日子過。

那麼，大臣們會採取什麼行動呢？在大臣和男寵之間，武則天又會做出怎樣的選擇呢？

請看下回：政壇博弈。

【第三十回】

政壇博弈

張易之、張昌宗兄弟間接逼死了太子李顯的子女，和皇室成員關係惡化。他們陷害宰相魏元忠，又與那些心向李唐、為人正直的大臣結怨。而武則天對二張兄弟的寵愛和縱容，更是導致了母子、君臣關係的緊張，使政治形勢變得撲朔迷離，那麼，倒張派的大臣們會對張家兄弟採取什麼行動呢？在大臣和男寵之間，武則天又會做出怎樣的選擇？

我們上回講到，張易之兄弟陷害宰相魏元忠，不僅跟大臣結怨，也使得武則天回歸李唐、傳位太子的形勢發生逆轉，武則天重新從長安回到了洛陽。回到洛陽後，朝廷的分裂就相當嚴重了。一派攀附二張兄弟，我們稱之為擁張派，另一派反對二張干政，我們稱之為倒張派。

一、擁張與倒張：政治形勢緊張，兩派勢力互相抗衡

擁張派都是些什麼人呢？主要是兩種勢力，一種是文人出身的官僚，另一種是武家子姪。這些人為什麼要攀附二張兄弟呢？我們先來看文人官僚，有三點原因。第一，他們大多是二張兄弟奉宸府的下屬，修《三教珠英》的幫手，在同一個編輯部裡待過，有工作上的關係，是同僚，所以彼此比較熟悉。第二，這些文人墨客和二張兄弟一樣，都是武則天晚年懈怠朝政的產物。當時，大的事情都解決了，武則天開始想那些吃喝玩樂的事兒，一方面包養二張兄弟作為男寵，另一方面就是搞各種各樣的文化活動，弄一些文人來陪著她開宴會賦詩。當然文人也想要升官的，所以這些人雖然是大臣，但也有幾分弄臣的色彩，和張氏兄弟有惺惺相惜之感。第三，所謂文人無行，這些人本身道德品質比較差，沒有什麼操守，表面上溫文爾雅，但為了眼前利益可以不顧名節。舉一個例子，二張黨羽裡有一個叫李迥秀的，他有兩個身分，第一個身分是宰相，第二個身分是情夫，他是張昌宗的母親臧夫人的情夫。這個情夫是怎麼當上的呢？當時張氏兄弟得寵，連帶著他們的母親也沾光了，被武則天封為太夫人。武則天推己及人，覺得我一個老太太既然喜歡年輕漂亮的男孩，別的老太太肯定也喜歡。於是就讓二張兄弟的母親也來挑選情人，看朝廷裡哪個人好，我保證能把他送給你。李迥秀是制舉出身的

一個官僚，風流儒雅，一表人才，當時已經做到鳳閣（中書）侍郎，一下子就被張昌宗的母親臧太夫人看中了。跟武則天一說，武則天馬上表態，小菜一碟，沒問題，下敕讓李迥秀當了臧太夫人的情夫。我們過去看戲，經常看到有奉旨成婚的，但是奉旨通姦，包「二爺」，這恐怕還是比較稀罕。因為有這樣的身分，李迥秀當然就成了奉宸府的成員，而且連升三級，很快當了宰相。當年唐太宗李世民曾找人畫過一幅《秦府十八學士圖》，二張兄弟搞模仿秀，也畫了一幅《十八高士圖》，李迥秀就是這「十八高士」之一。

武家子姪為什麼要攀附張易之兄弟呢？我們說過，二張兄弟勸說武則天放棄姪子，立自己的兒子當太子，其實是損害過武家姪子們的利益的。而且，他們還間接殺死了武家的長孫、武承嗣的兒子，即永泰郡主的丈夫武延基。兩邊有仇，怎麼武家還會攀附二張呢？這也有兩個原因。第一，武家兄弟出於對自己前途的擔心，是不願意看到李顯當皇帝的，所以他們想要利用這二張兄弟阻止太子李顯接班。第二，諂媚是武家兄弟的一貫作風，無論是馮小寶，還是二張，只要是武則天身邊的紅人，他們都不遺餘力地巴結，終極目的還是要巴結武則天，得一些好處。比如張昌宗是神仙王子晉的化身的這個說法，就是由武三思提出來的，武則天當時真高興啊，而武三思也因此榮升《十八高士圖》的榜首。

這兩類人物加起來，在朝廷中占據了相當大的比例，某籍某系，拉幫結夥的。除了這些黨羽之外，二張兄弟的本家也都跟著雞犬升天。他們的弟弟張昌期出任汴州刺史，張昌儀為司府少卿、尚方少監，張同休升至司禮少卿，都是三、四品的高官。

那麼，倒張派都是何許人呢？其實人很多，在武則天長安年間，朝廷中好多正直的大臣心裡都有倒張傾向，不過主要集中在兩個大部門。第一大部門就是太子府和相王府，因為他們的主君太子和相王受到二張的威脅最大。馬善被人騎，人善被人欺，下屬為了保護主君，肯定是要跟二張鬥的。另一個大部門就是刑部、御史台、大理寺，我們統稱為司法部門。一提到司法部門，大家可能立刻會想到酷吏。沒錯，司法部門確實曾經是酷吏的大本營，但是，自從武則天結束酷吏政治後，這裡就集中了一批作風強硬、執法嚴明的官員，他們深明時局，有正義感。日本學者把唐朝稱為律令制國家，其實，武周時期也和唐朝一樣，立法嚴謹，有法可依，酷吏政治結束後，人們重新恢復了對法律的信任，希望通過法律解決問題。在這種情況下，司法部門的官員一下子就站到了倒張鬥爭的第一線。最著名的人物就是宋璟。

大家都知道宋璟是後來著名的開元賢相，和姚崇齊名。其實，宋璟開始嶄露頭角是在武則天時期。他是進士出身，垂拱三年（六八七年），宋璟剛剛二十五歲，因為一篇〈梅花賦〉名聲大噪，遂在政壇脫穎而出。按照今天的說法，〈梅花賦〉是一篇託物言志的作品，宋璟寫道：「萬木僵仆，梅英載吐；玉立冰姿，不易厥素。」說梅花就是冰清玉潔、傲霜鬥雪的一種植物，宋璟當然是用梅花來自比，他希望自己也有這樣一種風骨。這種甘為公僕的自律追求，受到了武則天的賞識，到長安年間，宋璟已經做到了御史中丞，也就是御史台的實際負責人。

在民間，宋璟還有個外號叫做「有腳陽春」，意思是他走到哪裡就把春天帶到哪裡。但是，這個愛民模範也有鐵腕的一面，對待二張兄弟和他們的黨羽，就像秋風掃落葉一樣無情。當時二張炙手可熱，多數大臣巴結他們還來不及呢，宋璟偏不買帳。人只要正直就會受人敬畏，他不巴結二張，二張倒主動來巴結他了。據《資治通鑑》記載，有一次，武則天大擺筵席請大臣吃飯，二張兄弟官都比宋璟大，理應坐在宋璟之上。但是，他們為了討好宋璟，就把上座讓出來，請宋璟去坐，一邊讓一邊還說，宋公是當今天下第一人啊，怎麼能坐在下手呢！誰知宋璟毫不領情，冷冷地說：「才劣位卑，張卿以為第一，何也？」一看話不投機，旁邊一個官兒馬上就出來打圓場說：「中丞奈何卿五郎？」我們說過，當時奴才管主人叫郎，但是張易之因為受寵，官稱就是五郎，所以旁邊那個官兒才有這麼一問。可是宋璟打定主意不給面子到底了，就質問這個人說：「足下非張卿家奴，何郎之有！」滿座都大驚失色。

其實，光是這一頓飯，就已經能看出朝廷中兩派勢同水火的局面了。那麼，當時擁張派和倒張派哪一方更占優勢呢？很難說。因為二張兄弟都官至公卿，他們的黨羽在朝廷中也頗有分量。但是，倒張派官員中也頗有一些傑出人物，而且，有一句話叫做公道自在人心，他們還擁有來自老百姓的支持吶。

武則天還在長安的時候，因為魏元忠案件，有一個叫做蘇安恆的平民就上書武則天，指責她委任奸佞，斥逐賢良。蘇安恆甚至威脅說，事情如果發展下去，就會有人「爭鋒於朱雀門內，問鼎於大明殿前」，也就是說人民要起義了。怎麼解決呢？按照蘇安恆的說法，就應該把二張兄弟殺掉。如果實在捨不得殺，也要貶官發落，不能再讓他們手握大權，任意胡為。接到這個意見信，武則天是怎麼表態的呢？她沒理睬。這說明，指望武則天壯士斷腕，親手處理二張，很難辦到。

長安的老百姓政治覺悟高，洛陽的老百姓也是位卑未敢忘憂國，他們找不到張易之、張昌宗兄弟，就想敲山震虎，先敲打敲打他們的弟弟。當時，二張的弟弟張昌儀剛剛建了一所豪宅，比宮殿還漂亮。這錢肯定是從老百姓那裡搜括來的啊，所以老百姓都恨之入骨，想要治一治他。據《資治通鑑》

記載，有一天，張昌儀睡覺起來，發現自家大門上赫然寫了一行大字：「一日絲能作幾日絡？」什麼意思呢？一天的絲線，你能打幾天的結子？其實，就是我看你還能夠再享受幾天。張昌儀非常生氣，吩咐家裡的人趕緊擦去這句不吉利的話。同時讓家裡的保鏢盯著點，看看是誰寫的，再敢幹的話，一定把他抓起來。家裡是嚴防死守，到了第二天早晨，那行字又出現在大門上了。連續六、七天，不管防守多麼嚴密，每天早晨一醒來，大門上保準出現這行字。張昌儀終於忍不住了，他也提起筆來，在門口寫了一句：「一日亦足！」你不是問我還能享受幾天嗎？我告訴你，我活一天算一天，我享受一天算一天，我看你還怎麼著！這是流氓嘴臉。可是他這麼一寫之後，果然那行字再也不出現了。這個段子意味著老百姓已經看透了，指望二張兄弟自覺收斂，不再干政，也是不可能的了。

張易之、張昌宗兄弟恃寵而驕，不大可能約束自己的行為；而武則天正寵愛二張，也不可能主動對他們實施打壓。難道除了作壁上觀，沒有別的辦法了？我們剛才不是說，當時是律令制社會嘛，這個時候，司法官員們就行動起來了，想要通過法律手段解決二張問題。

二、張昌宗貪污案：倒張派狀告二張貪贓受賄，反被皇帝調離洛陽

怎麼倒張呢？司法官員先從經濟案入手。長安四年（七〇四年），在自己的姪子梁王武三思的建議下，武則天在萬安山修建興泰宮。二張黨羽攬下工程，由李迥秀主持修建。我們剛才說了，李迥秀沒什麼操守，為了當官，不惜給一個雞皮鶴髮的老太太當情夫，現在得到這麼一個美差，有油水，能不利用嗎？使用質次價高的建築材料啊，收受承包商賄賂啊，弄一堆豆腐渣工程啊，今天我們能想像

的問題，李迥秀都沒少幹。但出了經濟問題誰也保不住，這一下就被司法部門抓到把柄了，彈劾他貪贓受賄。人贓俱在，李迥秀當即被罷相，到地方當刺史去了。倒張派搞掉李迥秀，一方面是敲山震虎，嚇唬一下張家兄弟，取得心理攻勢，另一方面，也確實是剪除了他們的黨羽，逐漸削弱他們的勢力。

但是，二張兄弟並沒有收斂。相反，他們還頂風作案，又插手另一項大工程。當時，也是在武三思的建議下，武則天準備修建一尊巨佛。為此，國家財政部門還專門向天下的僧尼徵收了十七萬餘貫的捐款。二張兄弟覺得這是個發財的機會，馬上開始做起了木頭生意，自己販運木頭，然後高價賣給工程方。這一票生意，終於把他們也給賺進去了。

長安四年七月，有人狀告二張的三個弟弟張同休、張昌期、張昌儀貪贓受賄。於是，這小哥仨被收監候審，先進去了。審了一夜之後，二張兄弟就被兜出來了，張易之、張昌宗兄弟也被立案審查。這幾天之後，司刑正（大理正）的判決結果下來了，說張昌宗強買人田，按律可以罰銅二十斤抵罪。這個判決是輕還是重？輕，太輕了，是大事化小的做法。貪污受賄的大案審成了強買人田，而且只罰二十斤銅，這對於張昌宗算得了什麼啊？武則天一想，這個司刑正很會辦事，馬上批准了，沒當回事。但是倒張派的司法官員哪能善罷甘休啊，四天之後，御史台拿出了覆核的意見：「張家兄弟貪污贓款合計四千餘緡，數額巨大，不是罰款就能解決的，按照法律，張昌宗應當免官。」

四千餘緡就是四千萬錢，這可是一個大數字。張昌宗畢竟少不更事，一聽就急了說：「臣有功於國，犯這麼一點錯誤不至於免官吧？」這是什麼意思呢？唐朝的法律規定，如果一個人有功勞的話，即使犯了罪也可以減刑。張昌宗想要援引這項制度來保護自己。可是這話說得有點口不擇言，你想想，一個靠色相侍人的男寵，哪怕真有什麼功勞，也是講不出口啊！武則天也覺得這個說法有點問題，就把這個事情推給大臣，問周圍的宰相說：「你們說說，張昌宗可有功於國？」宰相們也是面面相覷，不好說。要是說張昌宗把陛下您伺候得很高興，所以有功，這個話聽起來實在是不怎麼樣。正在為難的時候，宰相楊再思說話了，就是那個曾經厚著臉皮說過「蓮花似六郎」的，他這一次說：「張昌宗為陛下合藥，聖躬服之有驗，此莫大之功。」武則天一聽這話就笑了，趕緊順坡下驢，就以這個名義赦免了張昌宗。這事兒她就想這麼了結，但倒張派哪能就善罷甘休呢？沒過多久，兩個重量級的人物，宰相韋安石和唐休璟，又介入進來，要求繼續追查張家兄弟的罪行。這兩個人為什麼那麼死心眼，一定要跟二張兄弟過不去呢？因為他們兩個具有雙重身分，是朝廷的宰相，同時也是太子府的官僚，一個是太子左庶子，一個是太子右庶子。我們剛才說了，太子府官員當時也是倒張派的主力。

他們窮追不捨，武則天怎麼辦呢？她這次也不想再費心跟大臣鬥了，乾脆，調虎離山，把他們調離算了。於是，武則天一紙調令，把韋安石派到揚州去做長史，又任命唐休璟為幽營都督、安東都護，把他支到東北去打契丹，你們就別管這件事了。這樣一來，倒張派不僅沒有扳倒二張兄弟，自己反倒損兵折將。怎麼辦呢？難道就任憑二張繼續胡作非為？

三、神祕的飛書：張易之兄弟圖謀不軌，想要謀反！

長安四年十二月，洛陽城的大街小巷裡忽然出現了一批飛書。所謂飛書，就是匿名傳單。飛書上面寫著，張易之兄弟圖謀不軌，想要謀反！這飛書來無影，去無蹤，今天在這裡貼，明天又在那裡貼，一時間街頭巷尾議論紛紛。本來飛書沒提出什麼具體問題，而且既然匿名，也是不做立案依據的，但是二張兄弟還是嚇壞了。為什麼？他們心裡有鬼啊。前幾年剛進宮的時候，張昌宗覺得前途未卜，曾經找過一個叫李弘泰的術士看過相。本來看相也沒什麼問題，關鍵是這個相士李弘泰張口就說卜筮得純乾之卦，張昌宗當有帝王之貴。二張兄弟當時覺得這話說得沒譜，就把他給打發了。現在洛陽城裡出現飛書，小哥倆覺得心裡不踏實了，是不是那個不懂事的相士把這件事給洩漏出去了呢？怎麼辦？想來想去，坦白從寬吧，張昌宗馬上撲到武則天的腳下，一把鼻涕一把淚的，把事情的經過原原本本地交代了一遍。武則天聽完之後笑了，知道二張其實就那麼回事，沒那個本事去謀反！她說，寶貝沒事，我保護你。

可是沒過幾天，匿名傳單搖身一變，變成公開的了。有一個叫做楊元嗣的人可能是受了某人指示，狀告上來：「昌宗嘗召術士李弘泰占相，弘泰言昌宗有天子相，勸於定州造佛寺，則天下歸心。」什麼意思呢？第一，張昌宗曾經找人看相，這是有不臣之心，這就是有謀反的動機呀；第二，張昌宗勸說武則天在定州造佛寺，這就是妄圖利用宗教發動群眾，換句話說，張昌宗還有具體的謀反行為。又有動機，又有行為，這不就是謀反嗎？按照程序，謀反案得立案調查，於是武則天讓宰相韋承慶、司刑卿崔神慶和御史中丞宋璟共同審理。韋承慶本身是二張黨羽，他拿到這個案子之後，有心為二張脫罪，便稱：「張昌宗既然已經主動交代了李弘泰的事，就算是自首，按照法律，不該定罪。」但宋璟卻是反對二張的核心人物之一，他可不是吃素的，立即反駁說，第一，張昌宗地位這麼高，要是沒有異心，讓人看相幹什麼!?這說明看相本身就動機不純。第二，他這個自首行為不是自發的，不是在看過相之後就來自首，而是被飛書所逼才自首的，這就不能算作自首。第三，謀反可是大罪啊，不管自首不自首，都得處死。所以小結起來，宋璟最後說道，臣覺得張昌宗應該判處死刑。

武則天不是要保護張昌宗嗎？一看，癥結出在宋璟這兒，乾脆故技重演，把他支走算了，就想派宋璟到揚州處理一些陳年舊案。沒想到宋璟不聽調遣，當即頂了回去：「州縣的事情自有監察御史處理，臣是御史中丞，不該管這些小事。」這話說得也符合制度，武則天很鬱悶，也沒轍了，只好取消命令。但是，沒過幾天，武則天又想出一個轍，下了一道命令，讓宋璟去審理幽州都督的貪污案。這次算是大案了吧，沒想到宋璟還是不吃這一套，又頂回來了。他說：「中丞非軍國大事，不當出使。」說幽州都督官再大，也只是一個地方官的貪污案，換言之，這是個具體案件，根本不需要我御史中丞去處理。還是不走。沒辦法呀，武則天是很尊重體制的人，再想了一轍，讓宋璟陪同宰相李嶠出使蜀地。你不是說御史中丞不辦具體案件嗎？這回不是具體事情了，是去訪貧問苦，任務比較抽象；另外，你不是覺得御史中丞官挺大的嗎？這次讓你陪同宰相，級別也足夠高，看你還說什麼！沒想到宋璟第三次頂回來了說：「現在隴蜀無變，不知聖上為何要宋璟出使蜀地？臣絕不奉制！」武則天這個鬱悶啊。

宋璟既然鐵了心要把這個案子辦到底，他也就把底牌亮出來了。他說：「臣知道張昌宗分外承恩，臣言發禍從，然而義激於心，雖死不恨。」宰相楊再思膽子小，看見君臣對峙起來了，趕緊叫宋璟出去。結果宋璟臉一板，眼一橫說：「天顏咫尺，親奉德音，不煩宰臣擅宣王命。」我就站在皇帝面前，有什麼話讓皇帝跟我說，你一個宰相多什麼嘴啊？皇帝有話她自己會跟我說。站在那兒不肯走。武則天真是服了這個人了。怎麼辦呢？把宋璟殺了，或者貶官？武則天可以那樣做，但是我們在前面就說過了，武則天一生敬重耿介的大臣，她不願意那樣做。但是小情人呢，武則天還是想要保護的。怎麼辦才能既不虧待大臣，又不虧待情人呢？這是個矛盾。武則天想了想，忽然對宋璟笑了，說：「宋愛卿說得對啊，我不應徇私。讓昌宗跟你回御史台受審吧。」宋璟一聽喜出望外，看來皇帝想通了！馬上，把張昌宗帶回御史台受審。才進御史台的院子，宋璟已經迫不及待地開審了。可是他急，武則天比他還急呢。宋璟一句話沒說完，宮裡來人了，說皇帝剛剛頒下特赦令，赦免張昌宗。等到宋璟反應過來，張昌宗早已經跑得無影無蹤，氣得宋璟大罵：「早知如此，一開始就該先把這小兔崽子打得腦漿迸裂！」

可是生氣又有什麼用呢？法律再大，大不過皇權。現在，武則天對二張的維護已經明明白白，有她在一天，就不可能動得了張氏兄弟。

但是，武則天這樣的舉動，也把自己推到空前危險的境地中了。武則天以前做任何事，都是態度鮮明，行為果斷。可是這一次，她一方面想要保護張氏兄弟，另一方面又想維護正直的大臣，這樣做其實是把自己置於兩面夾擊的位置上了。就好像一塊木板放在一塊冰和一堆火之間，想要隔離雙方，讓它們彼此都互不傷害，但是最後真正傷害的是自己。在母子、君臣關係都空前緊張的情況下，武則天又會遇到怎樣的麻煩和傷害呢？

請看下回：神龍政變。

【第三十一回】

神龍政變

晚年怠政的武則天寵幸張易之、張昌宗兄弟，二張兄弟逐漸插手朝政，引起了政局的複雜化，武則天母子、君臣關係也因此空前緊張起來。男寵勢力的膨脹最終導致神龍年間的一場宮廷政變，一代女皇的強權統治也就此終結。這場政變是怎樣策劃的？它的結果又是怎樣的呢？

人口老齡化是現在全世界面臨的一個大問題。好多人都覺得老年人什麼也幹不了，還需要別人的照顧。可是，這種觀念要是放在武則天時代可就大錯特錯了。武則天八十多歲了，還牢牢地控制著權力，而最終迫使武則天放手的，居然也是一位八十多歲的老頭。這是怎麼回事呢？

一、二張的敵人們：以張柬之為核心，準備發動除掉二張的宮廷政變

我們上回講過，武則天晚年寵幸二張兄弟，引起了母子、君臣關係的緊張，特別是長安四年（七〇四年）以後，武則天重病纏身，身邊只有二張侍奉，跟外界的聯繫減少，對朝政的控制力也有所下降。而二張兄弟卻逐漸突破男寵的限制，向朝政插手，使得政局更加變幻莫測。誰也不敢肯定太子李顯還能不能順利繼位，二張已經成為一切矛盾的焦點。長安年間，不少大臣一直想通過司法努力解決二張問題，把他們送進監獄，或者乾脆把他們處死，但是，由於武則天拚命維護，這條路顯然走不通。怎麼辦呢？這時候就開始有人想到非法手段：乾脆把二張給殺了吧。那麼二張怎麼殺呢？能不能搞一場暗殺？搞暗殺倒是容易，殺死這兩個小夥子，幾個大漢上去就可以了，可是武則天怎麼能饒得了凶手呢？所以暗殺不好。

人多主意也多，有人就想另外一條路子。什麼路子呢？乾脆搞一場宮廷政變，把這二張處死，同時也讓武則天提前退位。這個時候到底誰想殺死二張兄弟呢？我們看偵探小說會發現，誰的利益受損，誰就有可能是凶手，這樣的規律放在政治鬥爭裡，其實也是一樣成立的。

那麼，一旦二張得勢，武則天傳位給兒子的既定方針發生改變，誰的利益會受到損害呢？我想，

有兩類人受損最嚴重。

第一類是李唐皇室，主要包括太子李顯、相王李旦和太平公主。因為中國自古就是家天下，如果李顯當不成皇帝，無論是哪一家哪一姓當皇帝，李唐皇室都會被視為新皇帝的巨大威脅，一定會被斬草除根。另外，太子李顯的一雙兒女、女婿、外孫都因為二張兄弟死於非命，太平公主的情夫被二張兄弟誣陷，遠貶嶺南，公主心裡也深恨二張。國仇家恨匯聚到一起，自然彼此就有不共戴天之感了。

第二類人是跟張氏兄弟關係不好的大臣。武則天晚年對朝廷的控制力下降，朝廷中就開始形成不同的派系。有的趨炎附勢支持二張，有的則是張氏兄弟的鐵桿反對派。二張兄弟都是被寵慣了的小人，睚眥必報，快意恩仇，對於不喜歡他們的人或者他們不喜歡的人，報復起來非常惡毒。長安年間，像魏元忠、唐休璟等一大批反對過他們的大臣，都被貶出了朝廷。可以想像，路線之爭的結果，如果他們得勢，剩下的人也就難逃清洗的厄運。

這兩類人受二張專權的衝擊最大，自然就成為反對二張的主力。宮廷政變的思路一確定，兩方面的人就分別動起來了。

羊群走路靠頭羊，大臣這邊的核心是張柬之。張柬之是個大器晚成的傳奇人物。他出生於唐高祖武德年間，進士出身，說起來也是個政壇前輩，但是早年仕途一直不順利，他一生真正得志是在六十五歲以後。細述張柬之的崛起，實際上他是得了三個貴人的幫助。

第一個貴人就是武則天。永昌元年（六八九年），武皇為建立大周開制舉廣納人才，舉行殿試。張柬之老驥伏櫪，志在千里，以六十六歲的高齡一舉高中，由此擢拜監察御史。此後的十年之間，他已經升任四品的荊州長史，相當於荊州的副市長。可以說，永昌元年的考試是他命運的第一次轉折。

荊州長史這個官職說大不大，說小不小，但是按照常理，這應該是他擔任的最後一個公職了，因為當時的張柬之已經七十六歲了。

但是，就在這個年紀，張柬之遇到他生命中的第二個貴人——國老狄仁傑。武則天讓狄仁傑推薦人才，狄仁傑說：「不知陛下要的是哪方面的人才？要是想找文學侍從，我們朝廷裡已經夠多的了。要是您想找濟世安邦的奇才，臣推薦荊州長史張柬之，其人雖老，但有宰相之才。」武則天求賢若渴，馬上把張柬之提拔為洛州司馬，相當於今天北京市的副市長，從地方進入首都了。過了幾天，武則天又要狄仁傑薦賢，狄仁傑說：「前些日子臣推薦的張柬之，陛下還沒有用呢。」武則天說：「不是已經提拔他當洛州司馬了嗎？」狄仁傑道：「臣舉薦的是宰相人選，不是司馬。」於是，武則天又讓張柬之出任秋官（刑部）侍郎，進入中央機關工作了。

大家可能就覺得奇怪了，武則天不是號稱知人善任嗎？狄仁傑反反覆覆給她推薦張柬之，她怎麼沒有立刻提拔張柬之當宰相呢？我想，武則天這麼做是符合用人原則的。宰相是百僚之首，負責國家全局工作，所以他必須經驗豐富，無論是對地方還是中央工作都應該熟悉，然後才能通盤考慮，總攬全局。武則天是想一步一步地來，多考察幾年。可是，武則天的所作所為固然符合用人程序，張柬之的歲數卻在那裡擺著呢，他還能活到考察期滿的那天嗎？

這個時候，張柬之生命中的第三個貴人出現了。長安四年，武則天又讓姚元之（姚崇）推薦人才。姚元之說：「張柬之沉厚有謀，能斷大事，且其人年老，惟陛下急用之。」武則天立刻召見了張柬之，拜為鳳閣（中書）侍郎，平章政事。就這樣，張柬之在八十來歲的年紀終於當上了宰相。

很顯然，張柬之一生遇到的三個貴人中，武則天是最重要的。因為只有她才有對宰相的任免權，如果她不首肯，狄仁傑和姚崇是再怎麼說也不能把張柬之舉薦上來的。可是，武則天雖然對他有知遇之恩，最後張柬之卻站到了武則天的對立面上。他當宰相的時候，正是武周王朝的多事之秋，二張氣焰熏天，國家前途未卜。對於張柬之這樣一位正統儒家知識分子而言，當務之急就是除掉這兩個小人，以清君側，確保太子李顯能夠順利繼位，讓皇位重新回到李唐後裔手裡。

人在高位，心繫朝廷。就這樣，政治立場堅定、沉厚有謀而又身為宰相、手握大權的張柬之，就成了朝臣之中反二張力量的核心。他是大器晚成，也是老而彌堅，有著歲月積澱而成的城府和政治智慧。但要發動殺死張易之、張昌宗兄弟的宮廷政變，此事非同小可，準備工作可不少。老謀深算的張柬之一共做了三方面的準備。

第一是策反官員。他策反的最重要人物是右羽林軍大將軍李多祚。張柬之為什麼要發動他呢？李多祚的職位太重要了。政變必須靠軍事力量，當時中央的軍事力量一共有兩支，一支叫做北衙禁軍，駐守皇宮的正北門玄武門。玄武門裡面就是皇宮，因此這支軍隊直接負責保衛皇帝的安全。另一支軍隊叫做南衙衛兵，駐守在皇宮以南的皇城，皇城是中央政府所在地，所以這支軍隊的主要職責是保衛政府。這兩支軍隊中，北衙禁軍直接負責保衛皇帝，保衛宮城，所以尤其重要，而這支軍隊的最高統帥就是左右羽林大將軍。因為李多祚是兩位最高統帥中的一員，所以只要能策反他，政變成功就有希望了。

怎麼去做工作呢？李多祚是高宗時期投降的靺鞨人，一生經歷概括起來，就是從奴隸到將軍。張柬之就利用他的個人經歷去打動他，問他：「將軍今日富貴，誰所致也？」李多祚是真性情的漢子，他流著淚回答：「大帝也。」張柬之一聽有門，決心攤牌，進一步說：「今大帝之子為二豎所危，將軍不思報大帝之德乎？」這李多祚雖然是一個粗人，但他也是聰明人，一聽，馬上就明白了。於是，他就對張柬之說：「茍利國家，惟相公處分，不敢顧身及妻子！」當下就答應幫忙了。

手裡有槍，心中不慌。得到軍方配合之後，張柬之又利用在各處當官形成的人脈，把同僚發動起來。其中，最重要的有兩個人，第一個是司刑少卿桓彥範，第二個是中台右丞敬暉。為什麼要找這兩位呢？桓彥範和敬暉也都曾受狄仁傑薦舉之恩，又分別是張柬之在擔任洛州長史和刑部侍郎期間的舊同僚，三個人意氣相投，並且同出狄公門下，所以很快形成了一個核心集團。

張柬之做的第二項工作是加強軍方力量。羽林軍分為左右兩支，其中，右羽林大將軍是已經倒向張柬之一方的李多祚，左羽林大將軍則是二張黨羽、武則天的堂姪武攸宜。這也是張柬之的一步棋，讓武攸宜擔任左羽林大將軍，可以穩住二張，也讓武則天放心。不過，雖然讓武攸宜當左羽林大將軍，但下一個層級，也就是羽林將軍，可都是張柬之的人馬。長安四年，張柬之利用宰相的用人權，把桓彥範、敬暉以及另外一些親信像李湛、楊元琰等人，安插到左右羽林將軍的崗位上。經過這麼一番不動聲色的安排，羽林將軍這一層級已經完全變成了張柬之一派，而武攸宜則成了光桿司令。掌握了軍隊，政變就有了一半的把握了。

第三項工作是聯絡李唐皇室。發動政變本來就是為了恢復李唐的統治，誅殺二張，必須打著皇室的旗號進行，否則就是犯上作亂。那怎麼才能跟皇室，特別跟太子李顯取得溝通呢？當時，太子李顯每天從玄武門出入給武則天問安。這可是好機會啊。桓彥範和敬暉作為羽林將軍就帶兵駐守玄武門，張柬之讓二人利用工作便利，跟李顯商量了政變計畫。事關個人利益，李顯當然是欣然答應了。這樣一來，大臣這邊的準備工作已經基本就緒。

與此同時，李唐皇室這邊也開始行動了。當時，武則天活著的親生兒女共有三個。太子李顯，相王李旦，還有太平公主，為了共同的利益，這三個人也是空前團結，精誠合作。太子李顯無疑是宮廷政變的旗幟。發動政變，誅殺二張，必須打著他的旗號進行。當然，政變的結果也必然是他當皇帝，李顯的存在本身就會發揮作用。李顯的下屬，太子右庶子兼宰相崔玄暐也參加到政變核心領導小組之中。相王李旦呢？自從武則天重立李顯當太子之後，他就掌握兵權，當時擔任左衛大將軍，是南衙衛兵的最高領袖。到時候，可以由他帶領南衙衛兵控制政府，穩定首都。另外，相王李旦也給這個核心領導小組派出了一個成員，就是他的相王府司馬兼司刑少卿袁恕己。

太平公主都幹了些什麼呢？史書上沒有任何記載，但是，我認為太平公主發揮了相當大的作用，她主要負責策反大內裡面的宮女，讓這些宮女做內應。可不要小看宮女的力量，當年武則天就是從這些人身上打開突破口的，後宮的情報系統也是武則天隨時監控皇帝的一個有力武器。現在，武則天臥病在床，和外界接觸有限，全靠宮女向她反映一些外面的資訊，如果沒有宮女的幫助，她就會變成孤家寡人。這也正是太平公主所希望達到的效果。太平公主畢竟是武則天的女兒啊，經常出入內宮，在她的策動之下，一批宮女倒向了政變派，隨時監視二張兄弟的一舉一動，當然武則天本人也是被監視的對象。

有人就會問了，這大內祕事，史書沒有任何記載，妳是怎麼知道的？我有三個證據。第一，近年來，洛陽北邙山上出土了十幾方宮女的墓誌，墓誌裡記載她們反武擁李，最後在政變中犧牲了生命。第二，武則天臺灣學者耿慧玲還專門寫論文探討過這個問題，這些墓誌說明確實有宮女參與了政變。第二，武則天晚年精力不濟，太平公主作為她的愛女參與朝政，因此經常出入宮廷，幫她出謀劃策，在宮廷中有很大的影響力。第三，政變之後，太平公主被封為鎮國太平公主，而且丈夫兒子都加官晉爵，一下子威風八面，說明她在政變之中確實是建立了非常大的功勞，才會得到這樣的獎賞。把這三個證據聯繫到一起，我認為，太平公主確確實實參與了政變的準備，她的工作主要是策反宮女作為內應。這樣的工作無人能夠替代，因此非常重要又非常獨特。

二、突發的政變：箭在弦上，太子李顯卻臨陣退縮

就在這一連串的活動中，長安四年結束了。轉過年來，正月初一，武則天改元神龍。人們常說新年有新的氣象，但是，神龍元年（七〇五年），武則天繼續臥病長生院，身邊只有張氏兄弟出入，沒有絲毫還政兒子的意思。這時候人們就覺得更加緊張了，一旦武則天突然死去，二張會有什麼樣的行為？那麼，忐忑不安的李唐皇族和大臣們，或者說這個政變指揮部，又會有怎樣的舉動呢？

神龍元年正月二十二日，政變爆發了。按計畫，政變兵分四路。第一路，張柬之、崔玄暐和部分禁軍將領率領北衙禁軍直撲玄武門，控制住入宮的必要通道。第二路，右羽林大將軍李多祚率領部分禁軍將領趕赴東宮迎接太子，把太子迎到玄武門，號令天下，然後兩路軍隊一塊兒會合，攻占皇宮，殺死二張兄弟，再逼武則天退位。這兩路是政變的主體。第三路，太平公主安排的宮女在宮內接應。第四路，相王李旦和他的司馬袁恕己率領南衙諸衛控制中央各職能部門，殺死二張在政府機關的黨羽，穩定京畿。整個計畫看起來天衣無縫，處處都有謀劃。但是，就在這緊要關頭，卻出了兩個岔子，差點讓政變毀於一旦。怎麼回事呢？

第一個岔子居然是太子臨陣掉鏈子。剛才我們不是說，第二路是張柬之安排李多祚率領幾個禁軍將領，前往東宮迎接太子出來號令部隊嗎？沒想到事到臨頭，太子突然害怕了。一想到母親的鐵血政策，李顯不由得腿肚子發軟。雖然說二張在君側，前途未卜，可是現在母親畢竟還讓他當著太子呢，又沒有把他廢掉，難道一定要走這一步嗎？萬一失敗了怎麼辦？他越想越害怕，邁不開腿，反而下了個狠心，乾脆，不走了！他一不走，外面的將領可著急了，現在軍隊都出來了，已經是箭在弦上，不得不發，如果太子不出面，這次出兵也就徹底失去了正義性，那不就是造反嗎！怎麼辦呢？趕快勸他吧。

將領裡頭有一個王同皎，是太子李顯的女婿，跟太子關係比較近，就由他來打頭陣，這時候說話了：「先帝以神器託付殿下，不料橫遭幽廢，人神同憤，至今已有二十三年了！好容易等到今天，北門、南衙禁軍，都願同心協力，誅殺奸佞，重復李氏社稷，殿下怎麼能在這個時候退縮不前呢？請殿下到玄武門號令軍隊吧！」這個道理李顯不是不明白，可是他害怕呀。害怕又不好意思承認，怎麼辦呢？最後李顯搬出孝道來說：「小人是該殺，可是皇上正在病中，會不會受驚呢？咱們還是先緩一緩，從長計議吧？」一看太子這麼窩囊，將領們都急得像熱鍋上的螞蟻，政變之中時間最寶貴，失去時機，可能就會前功盡棄。

眼看時間一點點流逝，另外一個將領李湛急了，他忍不住叫起來：「我們不顧身家性命來維護殿下，殿下何必要把我們置於死地！現在將士們都已經在這兒了，如果殿下執意不去，請您自己出來跟將士們說吧！」這話是什麼意思啊？這是威脅啊。現在李顯和所有的政變將士都是拴在一條繩上的螞蚱，如果李顯敢出來跟將士們說政變取消，你們回家吧，那將士們還不把他吃了！李顯雖然窩囊，但是並不傻，他聽明白了，這話裡有火藥味。他嘆了一口氣，終於跨上早就準備在那裡的高頭大馬。李顯一坐上去，有人趕緊在旁邊狠狠抽了一鞭子，駿馬長嘶一聲，絕塵而去，將士們也趕快跟上，簇擁著太子直奔玄武門。第一個危機總算解決了。

可是，還有第二個岔子呢？老臣張柬之率領主力部隊來到玄武門，本以為應該無人阻擋，沒想到被一員大將擋住了去路，把張柬之他們擋到外面了。這員大將是誰呢？殿中監田歸道。當夜是由他率領千騎在此執勤。大家可能又不明白了，剛才我們不是一直說玄武門的守軍是羽林軍嗎？羽林軍的將領從上到下都搞定了，怎麼又冒出一個田歸道率領千騎擋路來？其實，北衙禁軍的主力是羽林軍，但是，北衙禁軍還有一支非主力呢，這支部隊就叫做千騎，千騎掛靠在羽林軍名下，不過它的將領由皇帝親自任命，因此處於半獨立狀態。皇帝這樣安排，為的就是讓禁軍內部互相牽制。按照張柬之他們當初的想法，既然有這麼一種掛靠關係，千騎將領就應該聽羽林大將軍的，所以沒有特別關照。沒想到田歸道認死理，無論張柬之怎麼對他曉之以理，動之以情，他就是不讓進。玄武門可是通往禁宮的必經之路啊，如果僵持不下，政變又是前途未卜。怎麼辦呢？正在這時，太子趕到了。太子一出面，田歸道沒主意了，他本來就不是二張的同黨，剛才不讓張柬之進去也只是職責所在，現在太子來了，太子就是未來的皇上，他得罪不起啊。這樣一想，田歸道一咬牙，說這樣吧，咱們妥協，我讓你們進去，但是我的兵不能跟著你們走。這在當時已經是最佳方案了，將士們一擁而入，第二個麻煩解決了。

進入玄武門之後，將士們的目標很明確，直撲武則天的寢宮迎仙宮。有的宮女一看見軍隊，想要進去通風報信，還沒等走出門，已經被太平公主安插的宮女一刀捅死。張氏兄弟呢？當時正在迎仙宮外廊的屋子裡睡覺，聽見聲音連忙披衣起床，剛剛走出屋門，就被殺死在廊下。張昌宗兄弟平常沒事經常披著羽毛做的衣服，騎在木頭仙鶴上裝神仙，武三思還因此吹捧他們是神仙王子晉的化身，現在是真的駕鶴西去了。

殺死二張，張柬之帶兵進入武則天的寢殿長生殿。老年人睡覺本來就輕，聽見聲音馬上抬起了頭，四下一看，只見一片刀光劍影。武則天心裡一驚，問道：「是誰在興兵作亂？」一個蒼老的聲音回答道：「張易之、張昌宗謀反，臣等奉太子令誅之，因為害怕洩漏消息，我們事先沒敢告訴陛下，真是罪該萬死！」這話雖然說我們罪該萬死，可是口氣相當強硬。武則天看了看，原來是和自己同齡的老頭子張柬之，心裡嘆了一口氣，把頭轉向太子李顯說：「原來是你呀！既然張家兄弟已經殺了，你就回東宮去吧！」真是虎老餘威在，李顯又嚇得腿肚子發軟，一句話也說不出來，真的就要往外走。這時候，桓彥範在旁邊忍不住了，他說：「太子怎麼能再回去呢！當年天皇把太子託付給陛下，如今太子早已成年了，應該繼承祖業。現在天意民心都還思念李唐，我們這些大臣才擁戴太子，誅殺陛下身邊危害太子的奸臣。現在，請陛下傳位太子，以順天人之望！」武則天一聽，不是那麼回事了，她又環顧了一下，這次，她看見了李湛。武則天說：「你也是誅殺易之的將軍嗎？我待你們父子不薄，你們就這樣報答我嗎！」李湛是誰啊？他就是武則天最早的擁戴者李義府的兒子。李湛臉紅了，一句話也說不出來。武則天又對著崔玄暐說：「別人都是受人推薦才到了今天這個位置，只有你是我親自提拔上來的，你怎麼也在這裡呢？」崔玄暐是一個很老到的人，回答說：「我也是在用自己的方式報答陛下啊。」聽到這兒，武則天閉上了眼睛，不再說話。

至此，政變計畫中的前三路都已經結束戰鬥，第四路也挺進得相當順利，相王李旦和袁恕己派兵逮捕了二張兄弟的黨羽，很快控制了全城。緊接著，政變的領袖們又派兵趕到張氏兄弟的豪宅，殺死了他們的三個弟弟，五兄弟的頭都被割下來，懸掛在橋頭示眾。張氏兄弟賣官鬻爵，橫行霸道，老百姓早就對他們恨之入骨，所以一夜之間，張氏兄弟屍體上的肉就被人們割光了。當年，武則天利用來俊臣也曾經引起民憤，幸好武則天自己糾正了錯誤，但是這一次，她已經沒有機會再自我糾錯了。神龍政變就這樣結束了。

那麼，我們應該怎樣評價神龍政變呢？我想，至少能夠得到三個結論：

第一，神龍政變直接針對的對象是張易之、張昌宗兄弟，並不是武則天本人。對於多數政變參加者而言，政變的目的只是為了掃除二張兄弟對政治的影響，結束武則天的統治只能算是政變的一個副產品。

第二，武則天既定的政治目標就是回歸李唐王朝，政變並沒有改變這個目標，相反，它只是提前實現了這個目標。

第三，政變是反對二張兄弟的大臣和受到威脅的李唐皇室成員合作的產物。在這次合作中，大臣中的核心分子發揮了主導作用，特別是張柬之、桓彥範、敬暉、崔玄暐和袁恕己，他們在政變後都受封為王，權傾朝野；而相王李旦和太平公主通過參與政變，勢力也大為提高；而且政變本來針對的不是武則天，武則天娘家的勢力也沒有在這次政變中受到衝擊。所以在政變之後，恰恰是一個群雄並起的時代。太子李顯當了皇帝，他必須面對的，是種種崛起的勢力，因此他只能在夾縫中求生存。換句話說，他這個皇帝還是很窩囊，不好當。

神龍政變標誌著武則天政治生涯的結束，那麼，政變後的武則天又會面臨怎樣的處境呢？她五十年的鐵腕統治難道就這樣黯然收場了嗎？

請看下回：白髮餘威。

【第三十二回】

白髮餘威

神龍元年（七〇五年），宰相張柬之聯合太子李顯等人發動兵變，殺死了二張兄弟，逼迫武則天退位，擁立李顯復位。神龍政變直接導致大周政權的覆亡，同時也宣告了叱吒政壇半個世紀的武則天正式退出政治舞臺。曾經在武周王朝飽經風霜的李顯，曾怎麼對待已經退位的武則天？武則天面對突如其來的政局變動，又會有怎樣的反應？

關於老虎，有兩句話大家都非常熟悉，一句叫做虎老餘威在，另一句叫做虎落平陽遭犬欺。這兩個說法看起來互相矛盾，但其實都有部分道理。那麼，如果我們把武則天比作一隻老虎的話，哪個說法更適合她呢？我個人覺得，兩個說法各自反映了她退位後生活的部分狀態。

一、虎落平陽：武則天傳位於李顯，中宗下詔，改周為唐，武周結束

上回講過，武則天在神龍元年一月二十二日被政變要求推下臺。政變第二天，武則天被迫下令太子李顯監國。第三天，武則天下制傳位給李顯。第四天，李顯正式即位。這已經是他一生中第二次當皇帝了，父親和母親都分別給過他接力棒，這份經歷可是天下少有。上一次是在二十一年前，他繼承父親李治，當上了大唐帝國的第四任皇帝，而這一次，他繼承的是母親武則天，當的是大周的第二代皇帝。李顯即位的第二天，武則天遷居上陽宮。上陽宮在洛陽宮城之西，因此又被稱為西宮，是唐高宗調露元年（六七九年）修建的。當年唐高宗和武則天一起臨幸洛陽，看上了這塊南臨洛水、北接禁苑的風水寶地，當即下令在此修建上陽宮。宮殿修得極其奢侈壯麗，屬於國家級的大型工程項目，靡費了不少國家的財政收入，主持工程的司農卿韋機甚至因此被貶了官。當年，武則天就在上陽宮的正殿觀風殿處理政事。現在，故地重遊，但已經是虎落平陽、物是人非了。為什麼說是虎落平陽呢？說三個表現大家就明白了。

第一，武則天迅速地衰老憔悴。作為一個女人，武則天本來是特別在意形象，注重養生化妝的。她當皇帝的時候，已經是六十七歲高齡的老人，但是因為有權力刺激，她絲毫也沒有表現出衰老的跡

象。六十九歲的時候，武則天還重新長出了濃密的眉毛，七十二歲的時候，又長出了新的牙齒，這一些反常的跡象也表明，權力是最好的保鮮藥。儘管聖曆二年（六九九年）以後她的身體狀況欠佳，但是因為生性好強，在外人面前並不示弱，每次露面還是神采奕奕的。按照《資治通鑑》（卷二〇五）的說法，就是「太后春秋雖高，善自塗澤，雖左右不覺其衰」。因為她太擅長梳妝打扮了，所以即使身邊的人都發現不了她的衰老，老太太駐顏有術。但是神龍政變後，武則天一下子受到巨大的打擊，精神上垮下來，人也就整個衰老下去了。衰老到什麼程度呢？《唐統紀》記載：「及在上陽宮，不復櫛沐，形容羸悴。上入見，大驚。」什麼意思呢？武則天這時候就不再梳洗打扮了，所以非常衰弱，驟然衰老下來，以至於她的兒子李顯看了都大吃一驚，產生了某種負罪感，覺得愧對母親。

第二，武則天被看管起來，失去了人身自由。當年，武則天從兒子李顯、李旦手裡奪取皇位，李顯被軟禁在房州，李旦被軟禁在洛陽，都是十幾年不能邁出大門一步。現在，風水輪流轉，輪到武則天自己品嚐被軟禁的滋味了。而且，看管她的將軍，正是神龍政變的主要參與者之一李湛，也就是武則天最早的支持者李義府的兒子。世事無常，無論是當權與落魄，還是心腹與仇敵，都可以互相轉化啊。

第三，武則天眼睜睜地看著她最為看重的武周政權，毀於一旦。創建屬於自己的大周王朝，當皇帝，這是武則天一生的夢想，她也為此付出了巨大的代價。但是，從神龍元年二月四日起，中宗下詔改國號為唐，宗廟、社稷、陵寢、百官、旗幟、服色都恢復唐高宗去世那年，也就是永淳元年（六八二年）的制度。武則天創造的新字全部廢除，只留下一個字，就是「曌」字，自己媽媽的名字做兒子的不能給改掉。李顯重新確定長安的首都地位，神都洛陽依舊稱為東都，武則天出生地北都依舊為并州大都督府。在新皇帝的統治下，佛道二教的地位再次調整，太上老君又重新成為玄元皇帝。武則天是依靠佛教起家的，所以在她統治時期佛在道之上，現在人家李老君的子孫重新當皇帝了，當然太上老君的地位又給提上來，重新變成道在佛上了。這道詔令一下，就等於宣布武周王朝徹底滅亡了。那麼，對於武周王朝滅亡這件事，武則天有沒有心理準備呢？其實她是有的。我們講過，武則天決定立自己的兒子李顯做太子，其實就等於在心裡接受武周王朝及身而止這個事實了。但是，當時她無論如何也沒有想到，還沒等她閉上眼睛，武周政權就滅亡了。對於一個畢生追求成功的英雄，還有什麼比親眼看到自己奮鬥的結晶毀滅更可悲的呢！

二、餘威猶存：政變後，仍享皇帝待遇，中宗尊其「則天大聖皇帝」

這樣看來，在神龍政變之後，武則天的的確確是虎落平陽了。那麼，是不是可以說，武則天半個世紀的風光就徹底化為烏有呢？這也不盡然。我們不是還有一個虎老餘威在的說法嘛，五十年形成的威風，豈能真的就這麼毀於一旦！我們可千萬別把武則天想像成受兒子虐待的老太太。事實上，她對於自己的三兒子，也就是當朝天子李顯還保持著相當大的威懾力。為什麼這樣說呢？我總結了四個表現。

第一，武則天依然享受皇帝的待遇。武則天是大周王朝的皇帝，現在中宗改周為唐，她就是一個亡國之君。歷代亡國之君是什麼待遇？我們最熟悉的南唐後主李煜，亡國之後被宋太祖趙匡胤毒死了，還有明朝的崇禎皇帝，亡國之時就吊死在景山上頭了。可以說，這是歷朝歷代亡國之君的標準待遇。那麼，武則天受到的是什麼待遇呢？她的待遇可比其他亡國之君強多了，神龍政變後，中宗李顯居然還給武則天上了一個尊號，叫做則天大聖皇帝。這可是中國古代絕無僅有的事情。有道是天無二日，國無二主，現在李顯已經是皇帝了，武則天居然還叫皇帝！雖說上尊號不久，李顯就恢復了唐的國號，但是武則天這個皇帝稱號還繼續保留。那麼，她究竟是大唐則天大聖皇帝呢，還是大周則天大聖皇帝呢？沒有人敢深究這個問題。反正皇帝這個尊號是保留下來了，這還不夠威風嗎！

另外，李顯還定下規矩，每十天率領文武百官到上陽宮，看望武則天一次。當年，被兒子逼著退位的唐高祖沒有享受到這等待遇。玄武門事變之後，李淵退位當了太上皇，馬上就被送到大安宮軟禁起來，李世民很少去看望他，李淵自己孤孤單單的，死得很淒涼。安史之亂以後，被兒子逼著退位的唐玄宗也沒有享受到此等待遇。唐肅宗把他軟禁到太極宮，也是不理不睬。有一次，唐肅宗抱著小公主上朝，還跟大臣解釋，說你們別見怪，我實在是太愛這個孩子，捨不得放下她。這時候有人進諫，說當年太上皇抱著您，也像您現在抱著小公主這樣啊，您將心比心，怎麼就不去看看自己的老父親呢？這件事說明，唐肅宗也是很少去看望唐玄宗的。而中宗李顯呢，不管心裡對武則天是怎麼想的，反正至少從制度上每十天就得去給武則天問安一次。這樣一比較，我們就能看出來了，武則天雖然是亡國之君，但是待遇比一般太上皇還要好，這還不夠威風嗎！

第二，武則天得到了相當高的評價。神龍政變後，有一個重要的問題必須解決，那就是對武則天的評價問題，或者說武周王朝的歷史定位問題。如果把武周王朝評價為偽朝，那麼武則天也就是個篡逆的奸賊，相當於以外戚身分篡奪漢朝的王莽，按照當時的標準，就要被釘在歷史的恥辱柱上了。如果說武則天不是篡逆的奸賊，那就必須得解釋清楚，武周王朝跟李唐王朝到底是什麼關係。作為兒子，李顯究竟想怎麼評價自己的母親呢？看看李顯的即位赦文就知道了。即位赦文是官方定評，有輿論導向作用，它會怎麼解釋武周政權呢？李顯說，當年高宗「仙駕不追，逆臣開釁，敬業挺災於淮甸，務挺潛應於沙場。天柱將搖，地維方撓，非撥亂之神功，不能定人之安危矣」。也就是說，高宗死後，李敬業在江淮地區造反，程務挺想要在塞北地區接應，國家面臨著空前危機，武則天在這種情況下挺身而出，挽狂瀾於既倒，扶大廈之將傾，拯救了國家，這才應天順人，登基稱帝的；而在國家安定下來之後，武則天又「凝懷問道，屬想無為」，當皇帝當累了，厭倦大寶，於是又主動遜位給李顯，命他光復李唐，繼承祖業。這個赦文在此刻出臺，是什麼意思呢？它的中心思想，就是說武則天絕不是一個篡奪李唐天下的人，只是在國家面臨危難的時刻，替兒子代管了十幾年的江山社稷；因此，武周王朝也不是偽朝，只是李唐王朝的一個變體。這個意思簡單說起來，就是周唐一體，母子相承。正因為如此，武則天「在朕躬則為慈母，於士庶即是明君」，當年挽狂瀾於既倒，當然是明君，現在又主動遜位給兒子，所以又是慈母。這樣一來，武則天高大的形象繼續保持住了，而神龍政變乾脆給一筆勾銷了，既然都說武則天是主動遜位的了，哪裡還有什麼政變呢？

第三，武則天的身後安排非常妥善。剛才我們分析過了，武則天退位後，照樣保持著皇帝的名號和尊嚴。但是，武則天當時已經是氣息奄奄，病入膏肓了。俗話說人走茶涼，在她死後，人們會怎樣看待她呢！對這一點，武則天臨死之前肯定沒少考慮。神龍元年十一月二十六日，政變發生十個月之後，武則天終於走完了她漫長而又傳奇的一生，病死在上陽宮的仙居殿，享年八十二歲。她一生發布的最後一道制書，也就是遺制，專門對身後事做了安排。遺制說：「祔廟、歸陵，令去帝號，稱則天大聖皇后。」什麼意思呢？就是說，武則天要求取消自己的皇帝稱號，重新回到高宗皇后的身分上來；等她死了之後，葬入唐高宗的陵寢，把神主（靈位）也放在李唐的祖廟之中。怎麼理解武則天這個遺制呢？可能有人就認為武則天投降了，放棄了自己畢生追求的東西。

其實，這是一種非常現實的考慮。因為如果恢復唐高宗皇后的身分，即使以後人們對她的評價發生逆轉，也會對她手下留情。說得直白一點，就是只要和唐高宗合葬，就永遠沒有剖棺戮屍的可能了。這份遺囑是武則天經過深思熟慮的結果。那麼，遺囑能否被遵照執行，也就關係到武則天身後的長遠利益。那麼，中宗君臣會不會尊重她的遺囑呢？當時確實有一些人是反對執行遺囑的。有一位大臣就說了，武則天不能歸陵。為什麼呢？因為夫為妻綱，所以唐高宗是尊，武則天是卑，唐高宗的乾陵已經封閉起來了，封閉得非常結實，如果要合葬的話，就必須把墓門鑿開，這一鑿不就驚動了高宗的靈魂嗎？怎麼能以卑動尊呢！所以，還不如另外選擇一塊好地方安葬武則天呢！這話說得冠冕堂皇，但其實包含了以後重新評價武則天的意思。那麼，面對不同意見，唐中宗李顯是怎麼決定的呢？他堅決維護母親的遺囑，親自護送靈柩返回長安，開啟乾陵，把武則天安葬在了唐高宗的身邊。這也促成了一個奇蹟，使得乾陵成為中國唯一安葬著兩位皇帝的陵寢。不僅如此，李顯還在《則天大聖皇后哀冊文》中，重申了對她的評價，稱她：「英才遠略，鴻業大勳。雷霆其武，日月其文。」這樣一來，武則天地下有知，也會感到非常安慰吧。事實上，武則天的陵寢也確實非常安穩，到現在一千三百多年過去了，乾陵始終保存完好。這在唐朝皇帝的陵寢中是獨此一份。

第四，武則天的家族繼續受到尊重。神龍政變剛剛結束，中宗李顯夫婦就和武則天的姪子梁王武三思交上了朋友。李顯多次到武三思家微服私訪，跟他商議國家大事。韋皇后更是和武三思成了一對棋友，有一次，武三思進宮和韋皇后一起打雙陸（一種棋類遊戲，有賭博的性質），中宗李顯就站在旁邊給他們數籌碼、算輸贏。在這種情況下，以武三思為首的武家子姪繼續加官晉爵，武三思升官當到一品的司空，太平公主的丈夫武攸暨也榮升為一品的司徒，爵位也由安定王（郡王），升格為定王（親王）。武則天活著的親人繼續風光，死去的祖宗也沒受太大的影響。當年，武則天稱帝時把唐朝高祖、太宗和高宗三代神主遷到崇尊廟，現在，輪到李顯把武周的祖宗搬家了。但是，李顯在崇尊廟裡供奉的是武家的七代神主，比武則天當年給李唐祖宗的待遇可優惠多了。中宗李顯還特地下制，要求「武氏三代諱，奏事者皆不得犯」。任何人奏事都不得犯武氏三代諱，也就是武則天的爸爸、爺爺、太爺爺的名字，都不能在任何奏書裡出現，表現對他們的極大尊重，對武家祖宗的關照可謂無微不至。

三、生榮死哀：打破亡國之君身後命運淒慘的規律

虎老餘威在，說了武則天這四個表現之後，可能大家就要感到奇怪了。為什麼武則天能夠打破亡國之君身後命運淒慘的規律呢？她何以能夠做到死生俱榮？我個人認為，一共有四個因素。

第一，神龍政變的性質。我們上回說過，神龍政變的第一目的是結束二張兄弟對政治的干擾，推翻武則天的統治只能算是政變的副產品。正因為如此，在武則天因為政變退位、遷居上陽宮的時候，許多人表現出了深深的惋惜眷戀之情。比如說宰相姚元之，也就是後來著名的開元賢相姚崇，在送別武則天的時候，忍不住嗚咽流涕。當時張柬之就提醒他說：「今日豈公涕泣時邪！恐公禍由此始。」姚元之回答說：「元之事則天皇帝久，乍此辭違，悲不能忍。且元之前日從公誅奸逆，人臣之義也；今日別舊君，亦人臣之義也，雖獲罪，實所甘心。」什麼意思呢？我姚元之侍奉則天皇帝這麼長時間

了，辭別舊君，我實在悲不能忍，而且那天我和你們一塊兒去誅討二張，這是從國家利益進行考慮的，我覺得這是大臣應該做的事情。今天我灑淚辭別舊君，這也是一個大臣應該做的事情。如果我因此獲罪的話，那麼我也心甘情願。姚元之的態度，代表了當時一大批臣子的立場。他們並不反感武則天，相反，因為武則天知人善任，給了他們施展才華的空間和機會，因此他們對武則天有相當的好感。按照當時人的說法，就是「則天皇帝在西宮，人心猶有附會；周之舊臣，列居朝廷」。朝廷裡的大臣還是大周培養起來的那批人，他們對於武則天是有感情的，在這種情況下，根本不存在君臣上下一致反對武則天、報復武則天的可能。

第二，政變後的形勢。我們說過，神龍政變是一場各種勢力聯合發動的政變。政變的主導人物並不是後來的唐中宗李顯，而是一些有地位、有權謀的大臣。另外，李顯的弟弟相王李旦與妹妹太平公主也出力頗多，這些人在政變後都有很大的勢力。大臣中的以張柬之為首的五位核心人物都受封為王，相王加封為安國相王，太平公主加封為鎮國太平公主。對於勢單力孤的皇帝李顯而言，這些人權力的發展都是很大的威脅。如果過分強調神龍政變的正確性，就等於凸顯了五位大臣的功勞，會使他們更加功高難制。在這種情況下，李顯只能是拉虎皮，做大旗，強調自己是接受了母親的禪讓，讓自己的權力更具有合法性。同時，也盡可能地淡化神龍政變的作用，通過這樣的方式降低權臣和弟弟妹妹的影響力。

第三，親情和利害關係。李顯是武則天的親生兒子，母子之間有著天然的感情。當年，武則天放棄姪子，把李顯從房州接回來立他當太子，是出於這種感情，現在，輪到李顯來處理母親地位問題的時候，這種感情同樣在發揮作用。面對著精神受到巨大打擊、身體極度衰弱的老母親，李顯不可能完全無動於衷。另外，李顯是武則天立的太子，正是憑著這種身分，他才能成為政變擁護的對象，在政變之後順理成章地當上皇帝。如果現在他否認武則天的合法性，也就否認了自己太子身分的合法性，那樣，他當皇帝的基礎就更不牢靠了。李顯怎麼能做這種傻事呢！所以，無論是於情還是於理，李顯都得接著推崇武則天。

第四，武則天的傑出智慧。武則天當年建立武周政權，並沒有跟李唐王朝決裂。她承認自己繼承了唐高祖、太宗和高宗的統治，而且，她也繼續保留了對這三位皇帝的祭祀。這使得她和李唐王朝的和解相對容易。更重要的是，武則天在遺制中主動提出恢復唐高宗皇后的身分，葬入唐高宗的陵寢之中。這就使得她重新從一個皇帝變回了妻子和母親。通過這樣的一番努力，原本離經叛道的武則天又重新回到了傳統的軌道上，在這個軌道上，她就是唐高宗的合法妻子，是兒子的親生母親。一個人可以不接受前朝的皇帝，但是誰能不接受自己的母親呢？不僅李顯必須接受，李顯之後的李旦也必須接受，李旦之後的皇帝還要繼續接受，因為他們都是武則天的直系子孫，血濃於水啊。

此外，武則天的遺囑還特別提到兩件事情：第一，赦免王皇后、蕭淑妃兩族以及褚遂良、韓瑗、柳奭等人的親屬；第二，賜魏元忠實封百戶。臨終以前，武則天為什麼會想到寬恕這兩批人呢？王皇后和蕭淑妃等人是她最早的敵人，也是她上升之路的第一批犧牲品，而魏元忠則是最後一個被她冤枉的大臣。這等於說，對於這些曾經得罪過她的人，武則天已經從頭原諒到尾了，她原諒所有的人，這些人難道就不能原諒她嗎？那麼，他們到底原諒武則天沒有呢？王皇后、蕭淑妃等人的族人在歷史上沒有留下痕跡，魏元忠的表現卻被記載下來了：「元忠捧制，感咽涕泗。」魏元忠感動得哭了，在這一時刻，他記住的只有武則天的好處。講到這裡，我們不得不佩服武則天的政治智慧，這份智慧一直保留到她生命的最後一刻。就是這份政治智慧，幫助武則天度過了政變之後最艱難的歲月，維護了自己的地位和尊嚴。

正是出於這樣複雜的原因，武則天避免了一般亡國之君的命運悲劇，以八十二歲的高齡壽終正寢，生榮死哀。大臣崔融在〈則天皇后挽歌〉裡寫道：「前殿臨朝罷，長陵合葬歸。山川不可望，文物盡成非！」武則天當完了皇帝，終於以一位皇后的身分歸葬到唐高宗的陵寢中，她再也看不見她曾經統治過的山河大地，一切都已經是物是人非了。如今，時隔千載，回首往事，回望乾陵，我們更會有物是人非之感。既然如此，這個以叛逆傳統開始，又以回歸傳統告終的一代女皇，曾帶給我們怎樣的思索和啟迪呢？

請看下回：無字豐碑。

【第三十三回】無字豐碑

神龍元年（七〇五年），八十二歲的武則天在人生的舞臺上完美地謝幕了，只留下空無一字的高大石碑，靜靜地屹立於蒼穹之中。古往今來，這塊無字之碑，給人們留下多少不解，又引發多少懷想和思索！

在武則天和唐高宗合葬的乾陵，立著兩塊石碑。西邊的那塊屬於唐高宗，上面刻著唐高宗的豐功偉績。東邊的那塊屬於武則天，八米的石碑高大巍峨，但是上面竟然一個字都沒有，這就是著名的武則天無字碑。

一、悠悠千載無字碑：關於乾陵無字碑的浪漫傳說

那麼，武則天為什麼要立這樣一塊無字碑呢？人們給出了多種解釋。

第一種，武則天覺得自己功勞太大了，無法用文字概括。

第二種，恰恰相反，武則天覺得自己罪孽深重，不敢寫出來。

第三種，武則天覺得千秋功過，自有後人評說，因此乾脆留下一片空白。

那麼，這三種說法哪種合理呢？其實，這三種說法沒有一個是正確的。因為這塊碑是武則天死後立的，和武則天本人的真實意志沒什麼直接關係。那麼，這塊碑為什麼空無一字呢？這還要從中國古代的皇帝陵寢制度說起。本來，中國古代的皇帝陵寢是不立碑的。因為皇帝的功德太大了，不是一塊碑所能概括得了的。但是，武則天不是一個喜歡標新立異、經常離經叛道的人嗎？唐高宗死後，武則天覺得有必要表彰他的豐功偉績，因此就突破了帝王不立碑的傳統，給高宗立了一塊碑，上面刻了一篇她親自撰寫的文章，叫做〈述聖記〉，表達了她對唐高宗的敬仰之情。這塊碑一立起來，馬上又成為新的傳統。武則天去世後，中宗李顯也想給她立一塊碑。

但是，選好了石頭，刻好了圖案之後，麻煩也就出現了。怎麼評價武則天呢？武則天退位後，唐

朝就進入了政局最動盪的時期。從神龍元年到先天元年（七一二年），也就是武則天去世前後的八年時間裡，一共爆發了七次政變。皇帝也像走馬燈一樣，從武則天換成了中宗李顯，又換成了殤帝李重茂，再換成睿宗李旦，最後才穩定到玄宗李隆基。幾乎所有的政治勢力都輪番上臺表演，而各個派系對武則天也都有不同的認識和評價，在這種情況下，光是武則天的尊號就換了若干次。先後叫做則天大聖皇帝、則天大聖皇后、天后、大聖天后、天后聖帝、聖后，直到唐玄宗天寶八載（七四九年）才最終改成了則天順聖皇后。這時離武則天去世都已經過去四十多年了。在這麼漫長的時間裡，沒有人能夠給武則天一個確定的評價，所以刻碑的事也就一拖再拖，最後不了了之，形成了我們今天看到的無字碑。

這樣看來，有關無字碑的浪漫說法不成立了，但是，從精神實質的角度上說，武則天這位空前絕後的女皇帝屹立在歷史長河中，就像高大的無字碑矗立在乾陵一樣，一直不斷地引起後人的興趣和思索。那麼，後人眼中的武則天到底是什麼樣子的呢？義大利著名的歷史哲學家克羅齊有一句名言：「一切歷史都是當代史。」人們看歷史的視角和方式會隨時代的變換而變化。對於武則天的評價正是如此。在唐朝，特別是唐前期，因為武則天之後所有的皇帝都是她的直系子孫，也因為唐朝儒家正統思想並不濃厚，所以對武則天的看法相對比較積極。但是到了宋朝特別是南宋以後，隨著程朱理學逐漸深入人心，武則天和傳統禮教的衝突變得明顯起來，對她的評價也大為降低。明末清初的思想家王夫之甚至說武則天是「鬼神之所不容，臣民之所共怨」。而近代，受女權運動的影響，人們又把武則天和婦女解放運動聯繫起來，開始給她作翻案文章。經過這樣反反覆覆的塗抹，武則天的故事越來越傳奇，但是離真相可能也越來越遠了。有人說，武則天是中國歷史上一個被歪曲得最厲害的人物。但是我想，也正是這一千多年來見仁見智的評價，使得武則天成為中國歷史上知名度最高的皇帝之一，在很多人心中激起了探索的無限欲望。對她的評價，也就「橫看成嶺側成峰，遠近高低各不同」了。那麼，我們今天應該如何評價這位中國歷史上獨一無二的女皇傳奇的一生，以及她長達半個世紀的統治呢？

我個人認為，武則天一生最大的特點在於她的矛盾性，不僅她的政績是矛盾的，她的性格也是矛盾的。

二、是非功過任評說：武則天的每一項政績，都伴隨著矛盾

武則天的政績如何呢？我從四個角度來講。

第一個角度：經濟狀況。武則天時期的經濟狀況，是經濟發展與民戶逃亡並存。咱們今天談經濟發展，特別關注GDP，古代沒有GDP，但是也有兩個重要的參數，一個是人口數字，一個是糧食儲備。根據《唐會要》對戶口數的記載，永徽三年（六五二年），也就是武則天當皇后的前兩年，全國共有三百八十萬戶，而到武則天退位的神龍元年，全國戶數已經增加到六百一十五萬戶，五十三年之間戶數增長了近一倍，這在整個中國古代社會也是不多見的。再來看糧食儲備情況。同樣據《唐會要》記載，武則天退位的前一年，也就是長安四年（七〇四年），一位官員在給武則天的上書中說：「神都帑藏儲粟，積年充實。」充實到什麼程度呢？一個考古發現解決了這個問題。一九七一年，在洛陽發掘出了唐朝含嘉倉的遺址，這個倉庫裡有兩百九十個儲藏糧食的洞窟，每一個洞窟能夠儲存五

十多萬斤糧食。也就是說，這個倉庫充實起來之後，總共容納的糧食數量是七萬兩千五百噸，這可是一個了不起的數字。通過這兩個數字可以說，武則天統治時期，經濟取得了長足發展。

但是，特別矛盾的是，武則天時期也恰恰是均田制開始瓦解、逃戶問題非常嚴重的時期。什麼是逃戶呢？逃戶是指脫離了戶籍的老百姓。什麼是均田制呢？大家可千萬不要以為均田制就是國家平均分配土地，均田制的真實含義是國家把荒地分給老百姓，同時通過戶籍制度，把老百姓牢牢地控制在土地上，不許他們遷移，讓他們繳納賦稅，為國家提供兵役和勞役。這個制度從北魏開始實施，到武則天時期已經明顯不適應經濟的發展了，所以許多老百姓就開始脫離戶籍，離開家鄉到其他地方去開荒種地，或者到城市謀生。我們固然可以說均田制瓦解、逃戶出現從根本上促進了生產力的發展，但在當時，它畢竟引起了政府收入的減少和社會不安定因素的增加。武則天時期所謂的「劍南逋逃，中原亡命」，很大程度上都和逃戶有關，所以說，當我們講到武則天統治下經濟發展狀況時，我們的心中是矛盾的。

第二個角度：政治狀況。武則天時期的政治是任人唯賢與酷吏政治並存。武則天在政治方面最值得後人稱道的，就是她的用人方略。她完善了科舉制，鼓勵自薦或者是推薦人才，留下很多佳話。長安二年（七〇二年），武則天派一位侍御史到河北辦事。此人能力有限，到了當地之後理不出頭緒來。怎麼辦呢？他就問地方人員，你們這裡有沒有人才啊？當地人說有啊，張嘉貞就很厲害。於是侍御史就把張嘉貞給找來了，向他諮詢，結果張嘉貞給他分析得非常透徹。侍御史特別佩服，就對張嘉貞說：乾脆你替我寫個奏章給皇上吧。武則天看了奏章之後非常高興，就問這個侍御史：你最近怎麼進步如此明顯呢？侍御史是個忠厚人說：「這不是我寫的，是一個叫做張嘉貞的人寫的。他是個人才，請求陛下把我的官轉給他當吧，他可比我強多了。」武則天聽了之後就笑了說：「朕寧無一官自進賢耶！」意思是我一個堂堂皇帝，難道就沒有一個官可以進賢嗎？很快提拔張嘉貞當了監察御史，那位能夠推薦賢才的侍御史也升官了。這個張嘉貞是何許人呢？他就是唐玄宗開元年間著名的宰相。我們前面也說過，後來輔佐唐玄宗的著名宰相像姚崇、宋璟、張說等人，都是武則天賞識提拔起來的，可以說，武則天給開元盛世的到來做了人才方面的準備。在這方面，武則天的貢獻連她的政敵也都不得不加以肯定，後世對武則天用人方面最經典的評價就是：「當代謂知人之明，累朝賴多士之用。」這是一個相當高的評價。

但是，武則天同時也是一個任用酷吏的皇帝，酷吏製造了大量的冤案，破壞了法制，更破壞了君臣之間的相互信任，無論有多少理由，我們都必須承認，這種酷吏政治即使在中國古代社會，也是非常黑暗的。所以說，當我們談到武則天的政治成就時，我們也是矛盾的。

第三個角度：文化方面。武則天促進了文風昌盛，但是也在一定程度上消磨了尚武精神。武則天富有文藝才華，她非常熱中於各種文化活動，賽詩、書法等，不一而足。特別到了晚年，她更是把大部分精力都投入到獎賞文化活動中。傳說武則天遊龍門，就是現在洛陽旁邊的龍門石窟，她詩興大發，命眾官賦詩紀勝，詩先成者賜予錦袍。這錦袍可是當時的高級時裝，大臣們也都躍躍欲試，馬上就寫。有一個叫東方虬的人先寫成了，三步兩步跑到武則天御座跟前，把詩呈給武則天。武則天一看挺好，就親自把錦袍披到東方虬的身上，然而東方虬還沒坐穩當，有個叫宋之問的詩人也寫好了，把詩獻上。武則天一看，這詩寫得文理俱美，比東方虬寫得好多了。難道因為一、兩分鐘的時差，就讓宋之問屈居第二？這可不是武則天的風格。武則天從御座上下來，走到東方虬面前，親手從東方虬身上奪回錦袍，改賜宋之問，群臣一片沸騰。這就是「龍門賦詩奪錦袍」的故事。俗話說，上有所好，下必效焉。武則天這麼熱中於詩歌創作，當然促使一批文人才子潛心於詩歌創作，中國古代詩歌的經典形式律詩，也就是五律和七律，在這個時期定型了。到唐玄宗時代，已經發展到「五尺童子恥不言文墨」的程度。說一個小孩，都以不談寫詩作文章為恥。現在說到白居易的詩通俗易懂，常常引用唐宣宗這句詩：「童子解吟長恨曲，胡兒能唱琵琶篇。」說的是當時的小孩子都能夠背誦《長恨歌》，胡人也能夠吟誦〈琵琶行〉。如果沒有對詩歌舉國若狂的熱情，再通俗的詩也無法這樣深入人心吧？現代學者把唐朝稱為詩的國度，武則天無疑就是這個詩國的重要締造者。

但是，對於文學的推崇在一定程度上意味著民族尚武精神的消磨。試想，一個「五尺童子恥不言文墨」的社會，誰還願意當一介赳赳武夫呢！所以在武則天統治時期，漢族將領的短缺問題已經非常突出，將軍們在戰場上的表現遠不及太宗時期有勇有謀。這種情況發展下去，到唐玄宗時期，領兵作戰的將軍就主要是胡人了。這在一定程度上促使了安史之亂的爆發。所以說，文化的發展同樣是一柄雙刃劍。

第四個角度：社會方面。武則天時期，社會結構調整與血腥殺戮並存。前面講過，在唐高宗統治之初，朝廷還掌控在關隴貴族集團手裡，他們勢力強盛，甚至不把皇帝放在眼裡。正因為如此，唐高宗和武則天才一起展開了對他們的鬥爭，在廢王立武的過程中，以長孫無忌為首的關隴貴族受到沉重打擊。此後，武則天為了便於控制朝廷，一次又一次地清洗倔強難制的元老大臣，一次又一次地提拔根基淺薄的新銳後進。這樣，經過武則天半個世紀的統治，中國社會發生了深刻的變化，皇帝的權力得到了空前的提高。貴族官僚的力量大為衰落，平民出身的官僚獲得了很大的發展。特別是科舉出身的官僚，在官僚隊伍中已經占了很大的比重。可以說，武則天的努力使得中國社會的流動性大大加強，「朝為田舍郎，暮登天子堂」的夢想正是拜武則天所賜。但是，必須看到，這種社會流動是建立在殘忍的血腥殺戮基礎上的，是由無數人的鮮血鋪就的。所以，當我們談到武則天所造成的社會結構調整和社會流動時，我們仍然是矛盾的。

這樣看來，武則天的每一項政績都伴隨著矛盾，借用林達先生的一句話說就是，每灑下一縷陽光，就投下一片陰影。

三、一半是火焰，一半是海水：矛盾的性格魅力，永遠不會被歷史淘汰

再看性格。一個有吸引力的人必須是個性鮮明的人。武則天在一千多年來被人反覆評說，經久不衰，也必然有其特殊的性格魅力。那麼，這種魅力在哪裡呢？我覺得，她的魅力也在於她的矛盾性。這個矛盾性表現在兩個方面。

第一方面，武則天是最自信的，但又是最不自信的。在一個男權社會裡，武則天一路披荊斬棘，最後以一個女人的身分改換天命，當上了中國歷史上獨一無二的女皇帝，沒有過人的勇氣和超常的自信不可能做到。有一個故事在民間流傳很廣，非常鮮明地體現了這一點。說武則天在冬天想看百花盛開，於是就寫了一首詩：

> 明朝遊上苑，火急報春知。

花須連夜發，莫待曉風吹。

眾花神看到這首詩都非常害怕，果然連夜開放，只有牡丹花不為所動。第二天清晨武則天去遊禁苑，看到百花盛開，只有牡丹還是老樣子，非常生氣，下令把牡丹連根拔起，把稈燒焦，貶往洛陽，這就是洛陽名花焦骨牡丹的來歷。這個故事當然只是一個傳說，但是，這個故事編得非常貼切，把武則天不僅要管人，還要管天的大氣概展現得淋漓盡致。說明在世人心目中，武則天確實是非常自信的。

但是，在另一方面，武則天也知道自己的所作所為有悖於傳統觀念，因此又非常不自信，充滿了不安全感。舉個簡單的例子，武則天特別喜歡改年號，她一生一共改了三十二個年號。本來，唐朝皇帝的年號比較穩定，前兩代皇帝各自都只用了一個年號，唐高祖的年號叫武德，唐太宗的年號叫貞觀。唐高宗在立武則天當皇后之前也只用了一個年號，叫永徽。可是武則天參政以後，年號變動一下子就頻繁起來了。武則天當了二十八年皇后，一共用了十四個年號，平均一個年號用兩年；當太后五年，用了四個年號；當皇帝十五年，用了十四個年號，平均一個年號只用一年多一點。甚至有的時候一年就改三次年號。比方說六九六年，本來叫天冊萬歲，但是因為武則天登嵩山封禪，又改名叫萬歲登封，剛叫了三個月，因為修建通天宮，又改名叫萬歲通天。頻繁地更改年號肯定會給政治運作帶來麻煩，那武則天為什麼還這麼不厭其煩地改年號呢？就是因為她太不自信了，太焦慮了，不知道應該用什麼方式來證明自己的合法性。所以說她是最自信的，又是最不自信的。

第二方面，她是最冷酷的，又是最溫情的。武則天為了權力，甚至不惜殺死親生兒女，對待反抗她的人更是從不心慈手軟。所以，清朝的趙翼說她是「千古未有之忍人」。但是，同樣是武則天，對狄仁傑卻充滿溫情。她不讓狄仁傑下拜，說那樣會讓她都覺得自己渾身疼；狄仁傑有一次騎馬，帽子被風給吹下來了，她讓太子李顯去撿，說千萬別折騰國老再去下馬。這樣的行為，就算是以愛護大臣著稱的唐太宗也望塵莫及。其實，不光是對狄仁傑，武則天對小人物也常常表現出這種人情味。

《資治通鑑》記載了一個小故事。武則天不是佛教徒嗎？為了表現好生的美德，她禁止老百姓宰殺牲畜，全國上下一起吃素，有些人就很不習慣，想方設法偷偷地搞一點兒肉吃。有一次，一個叫張德的小官生了兒子，很高興，請同僚到家裡吃飯，偷偷殺了一隻羊款待客人。好長時間沒有吃到肉了，大夥吃得都特開心。可是，有一個同僚不地道，吃的時候，他把一塊肉給揣到袖子裡，吃完之後，回家就寫了一個奏章，說張德這個人違反皇帝的禁令，私自宰羊吃肉，同時把這塊肉作為證物交給武則天了。第二天上朝的時候，說完大事，武則天就問張德說：「聞卿生男，甚喜。」張德當然表示感謝。武則天接著就問了：「何從得肉？」張德一聽嚇壞了，趕緊叩頭請罪。這時候武則天說了：「朕禁屠宰，吉凶不預。然卿自今召客，亦須擇人。」她說，我禁止宰殺牲畜那是在平時，如果誰家臨上喜事或者喪事我是不禁止的，所以你不用害怕。但是，你以後選擇客人可千萬要慎重一點啊。說完之後，就拿出了他那個同僚的告狀信。這個告密者當時真恨不得找一個地洞鑽進去。

這個故事說明什麼問題呢？其實有很多解讀方式。既可以理解為武則天雖然用小人，但是心裡其實鄙視小人；也可以理解為武則天在處理具體問題時，也是有靈活性的；還可以理解為武則天推卸責任，收買人心。但是，具體到當時當地，張德肯定會覺得皇帝充滿人情味吧。武則天能夠讓那麼多英雄折腰為她所用，一方面固然是她知人善任，能夠賞識他們的價值；另一方面，肯定也和她的人性化管理有關。

這樣看來，武則天不僅政績是矛盾的，性格也是矛盾的。借用一個小說的題目，那就是「一半是火焰，一半是海水」。正是這種強烈的矛盾性格使得武則天成為一個有血有肉的立體的人，讓我們觀之可親，也拍案驚奇。

開篇處，我曾經提出三個問題：第一，武則天為什麼能以一個女性的身分當上皇帝？第二，武周王朝如日中天，為什麼又會及身而止，不能傳承下去？第三，武則天作為亡國之君，為什麼還會在唐朝乃至後世受到崇拜和敬仰？現在，我們可以一起回答了。武則天為什麼能夠當上皇帝？我總結了兩句話。第一句：時勢創造英雄。第二句：性格決定命運。具體說來，就是唐朝婦女相對寬鬆的生存環境，唐高宗身體長期多病，乃至貴族政治沒落、平民勢力崛起的整體社會條件，都為她的成功創造了條件。但是，無論如何，武則天的成功還首先歸功於她傑出的才華、非凡的能力和永不言敗的性格。

那武則天為什麼又會失去皇位呢？我也總結了兩句話。第一句：人是時代的產物。第二句：人可以在一定程度上改變權力結構，但是很難突破文化傳統。武則天雖然當上了女皇，但是，她終究無法改變男權社會的傳統，她最終還得回到這個文化傳統中去，而這個傳統只允許女人充當妻子和母親。

第三個問題，武則天亡國之後為什麼沒有被徹底打倒呢？我仍然是總結了兩句話。第一句：武則天回歸妻子與母親的身分，奠定了她在唐朝的地位。第二句：武則天的豐功偉績奠定了她在中國歷史上的地位。武則天之後的所有唐朝皇帝都是她的子孫，這使得她在唐朝一直享受著來自子孫的祭祀和崇拜。而她通過五十來年的努力，留下的是一個文化昌明、人人機會相對均等的社會。這樣的社會奠定了此後中國歷史一千多年發展的基礎。正因為如此，武則天不會真的被歷史拋棄。

武則天去世後，留下一個充滿矛盾的國家。這個國家在此後近十年的時間裡，都籠罩在武則天的陰影之下。等到歷史真的走出後武則天時代，也就迎來了輝煌燦爛的開元盛世。可以說，武則天一手拉住了貞觀之治的餘韻，一手又挽起了開元盛世的開篇。郭沫若先生曾經給武則天寫了一副對聯：

政啟開元，治宏貞觀；
芳流劍閣，光被利州。

郭老這副對聯是為武則天的家鄉寫的，所以我覺得器局不免狹小，武則天真正的歷史影響，我個人覺得，至少應該叫做：

政啟開元，治宏貞觀；
芳流華夏，光被九州。

後記

人真是一種害怕孤獨的生物。兩千三百多年前，孟子質問梁惠王「獨樂樂，與人樂樂，孰樂」，梁惠王毫不猶豫地回答，「不若與人」。同樣，當童話故事中的理髮師知道國王長著驢耳朵的祕密後，他也無法容忍獨享祕密的痛苦，到最後，哪怕是和一個樹洞分享都會讓他釋然、讓他快樂。我們這些以「傳道、授業、解惑」為天職的老師又何嘗不是如此？多年前，一位數學老師對我們全班同學說，你們學好了某定理多好啊，這樣，放假回家，在火車上跟別人說起來，人家就知道你學過微積分了。當時我們都笑了，笑老師的迂腐。直到有一天，我自己也當了老師，我才終於明白，在老師的心中，哪怕在火車上，傳道也是一種本能的快樂。

古人說，倉廩實而知禮節，衣食足而知榮辱。我們有幸生活在一個倉廩漸實、衣食漸足的時代。當貧寒饑饉離我們遠去，物質生活逐漸豐稔的時候，人們有了更高的精神追求。就像一個與滔天巨浪激烈搏鬥過的水手，當他終於游上岸來，喘息甫定，恐怕在剎那間的恍惚中會問自己：「我是誰？我怎麼會在這裡？」那麼，我們究竟是誰呢？我們究竟為什麼以現在這種方式生活在這片土地上？要想回答這樣的問題，我們只能去探詢歷史。我們民族源遠流長的歷史與文化，永遠是我們追蹤與訴求的無盡寶藏。這恐怕就是近年來傳統文化復興的原因。一個正在崛起的民族，就像一棵正在生長的大樹，只有把樹根更深地扎進泥土，才能讓樹枝更高地伸向藍天。

我們這些校園裡的講者有傳道的本能，象牙塔外的人們也有著了解歷史與文化的需要，而《百家講壇》的主創人員說：我們就是要搭建一座連接學者和大眾的橋梁。看起來，三方是一拍即合了，可是，當聽眾超越了朋友、學生的範圍，而變成大眾之後，我們這些習慣於在象牙塔裡面對小眾講課的師者，不免要進行著或多或少的改變，而我們都有幸得到了若干在大眾傳媒方面具有專業素養、更具有敬業精神的高參的幫助。製片人萬衛在百忙中給節目以關心和肯定，策劃解如光以一個長者的身分給予親切關懷，還有導演高虹、製片吳林，他們都為節目的大局定調把關。當然，我接觸最多的還是張長虹、魏學來和藍培勝三位了。就隋唐史的研究而言，當然我比他們更專業，但是，就如何才能讓觀眾喜聞樂見而言，他們比我更專業。當我接受《百家講壇》欄目的任務後，我的想法是「讓人們快樂地學習」；而當我請教他們幾位如何才能講好時，聽到的建議竟然也是「心裡想著人民」。這話聽著幽默，卻是真諦。正因為基本觀念的一致，我們的合作才會像現在這樣愉快而卓有成效。因為每次遇到小小的分歧，我們都會尊重對方的專業素質，追求「百慮而一致，殊途而同歸」的妙境。

十年之前，我在洛陽的龍門石窟第一次瞻仰盧舍那大佛。佛的莊嚴與慈悲讓我深深地震撼。據說，這尊佛是按照武則天的形象塑造的。這讓我更多地思考武則天——這位空前絕後的一代女皇。破壞與建設、殘忍與仁慈是那麼矛盾地統一在她一個人身上。她是佛：還是魔？抑或她什麼都是？從她的經歷推演出去，我們的傳統文化又是如何呢？如果說它是嚴厲的，為什麼會容忍武則天這樣一位如此具有顛覆性的人物？如果說它是寬容的，為什麼最終又把這個離經叛道的女人約束進了傳統之中？中華民族歷史上輝煌燦爛的大唐盛世就是在這樣的矛盾中徐徐展開。也許，就是這樣永無休止的矛盾在推動著我們生生不息，前進不止。

今天，當我把這本《蒙曼説唐：武則天》呈現給廣大讀者的時候，我也在心裡祈禱，希望創造了武則天這樣一位奇女子的偉大歷史，能夠賦予我們深刻的思考能力和深厚的寬容精神，幫助我們走向美好而和諧的未來。

準備《蒙曼説唐：武則天》的講座時，除了爬梳史料，我還參考了大量前人的學術成果，如雷家驥、胡戟、趙文潤、王雙懷等學界前輩的作品，在此，一併致謝！最後，謹向為此書的出版付出辛勤努力的廣西師範大學出版社劉瑞琳女士、楊曉燕女士以及其他編審人員表示衷心的感謝！

蒙曼

二〇〇七年十二月

附錄一：則天文字

丙—天	坔—地	囸—日	囝—月
○—星	鼡—君	忈—臣	𥡴—載
靊—初	秊—年	囸—正	曌—照

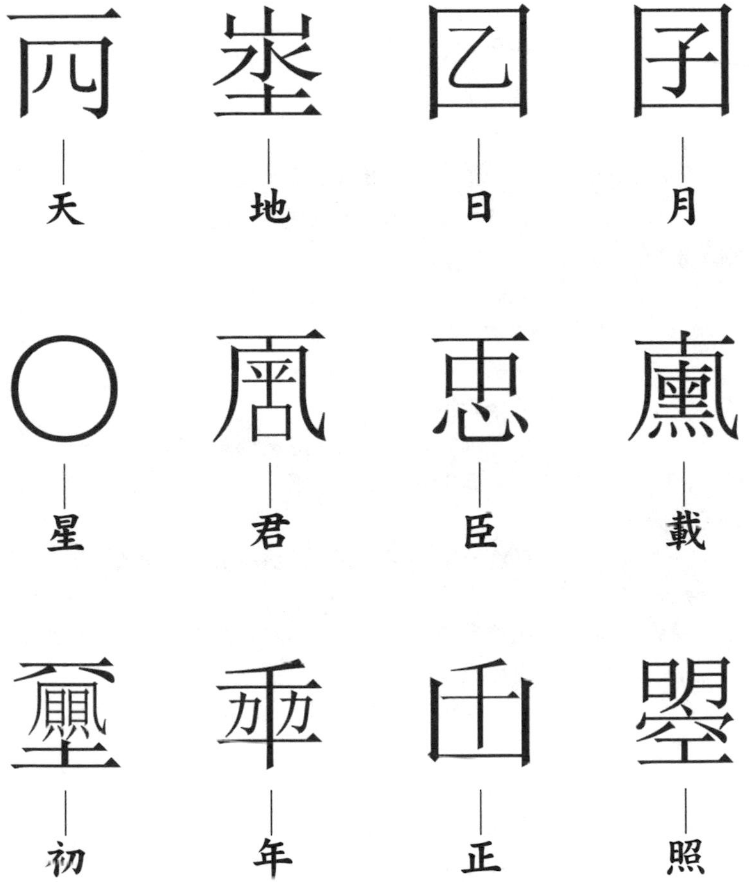

附錄二：重要事件年表

年號	西元	重要大事紀
唐高祖・武德	618 →	李淵滅隋，建唐，即位於長安
	624 →	武則天出生（依《資治通鑑》享年八十二歲逆推）
唐太宗・貞觀	627 ←	
	637 →	貞觀十一年，武則天入宮為才人
	649 →	貞觀二十三年，太宗死於翠微宮
唐太宗・永徽	650 ←	
	651 →	永徽二年，武則天二次入宮
	652 →	永徽三年十月，李弘出生
	653 →	永徽四年，長女出生，死亡
	655 →	永徽六年 ・高宗廢王皇后，立武則天為后 ・高宗立李弘為太子
・顯慶	656 ←	
	660 →	顯慶五年，高宗病，武后首次協助朝政
・龍朔	661 ←	
・麟德	664 →	麟德元年，高宗、武后封禪泰山、皇后打破傳統，充當亞獻
・乾封	666 →	乾封元年，二聖臨朝，武后開始垂簾聽政
・總章	668 ←	
・咸亨	670 ←	
・上元	674 →	上元元年，唐高宗稱天皇、武后稱天后
	675 →	上元二年 ・高宗夫婦巡幸洛陽，太子李弘過世 ・高宗冊立李賢為太子 ・高宗病，提議天后攝政，大臣反對
・儀鳳	676 ←	
・調露	679 ←	

年號	西元	重要大事紀
·永隆	680	→ 永隆元年，李賢被廢為庶人，高宗冊立李哲為太子
·開耀	681 ←	
·永淳	682	→ 永淳元年，皇太子李哲的嫡長子降生，唐高宗立其為皇太孫
·弘道	683	→ 永淳二年 ·大赦天下，改元弘道 ·高宗病逝於洛陽，享年五十六歲
唐中宗·嗣聖 唐睿宗·文明 ·光宅	684	→ 嗣聖元年 ·中宗李哲登基 ·中宗被太后廢為廬陵王 文明元年 ·睿宗李旦登基 ·太后正式臨朝稱制 光宅元年 ·改旗幟、改都號 ·揚州叛變
·垂拱	685	→ 垂拱元年 ·下詔「文武九品已上官及百姓，咸令自舉」 ·馮小寶進入武則天後宮
	688	→ 垂拱四年 ·薛懷義建明堂 ·太后自稱「聖母神皇」 ·李唐宗室起兵反太后
·永昌	689	→ 永昌元年，聖母神皇於明堂祭天
·載初 武周·天授	690	→ 載初元年 ·改革文字，頒布十二個新字 ·年六十七歲，君臨天下，改國號為周 ·李旦降為皇嗣 ·定都洛陽，自稱「聖神皇帝」
	691	→ 天授二年 ·酷吏周興被流放嶺南，中途為仇家所殺 ·武承嗣派人上書，請求廢皇嗣李旦

年號	西元	重要大事紀
‧證聖 ‧天冊萬歲	695	→ 證聖元年 ‧馮小寶火燒天堂、明堂 ‧馮小寶死
‧萬歲登封 ‧萬歲通天	696	→ 天冊萬歲二年，封禪嵩山
‧神功	697	→ 神功元年，斬首來俊臣
‧聖曆	698	→ 聖曆元年，復立廬陵王為太子，恢復本名李顯
	699	→ 聖曆二年，武則天七十六歲，史書第一次記載武則天生病
‧久視	700	→ 久視元年 ‧設置「控鶴監」，後改為「奉宸府」，吸收美男子，文學之士 ‧道士胡超為武則天謝神於嵩山，於封禪臺地面投「金簡」
‧長安	701	→ 長安元年，重返長安，大赦天下
‧神龍	705	→ 神龍元年，正月二十二日 ‧以張柬之為核心，發動「神龍政變」 ‧武則天傳位於李顯，是為中宗 二月四日 ‧中宗下詔，改國號為唐 ‧宗教、社稷、陵寢、百官、旗幟、服色，皆恢復唐制 ‧定都長安 ‧尊武則天為「則天大聖皇帝」 十一月二十六日 ‧武則天病逝於東都洛陽仙居殿，享年八十二歲 ‧發布遺制：「祔廟、歸陵，令去帝號，稱則天大聖皇后」

國家圖書館出版品預行編目資料

蒙曼說唐：武則天／蒙曼著. -- 三版. -- 臺北市：
麥田出版：家庭傳媒城邦分公司發行, 2019.11
面；　公分. --（重說・史；1）
暢銷經典版
ISBN 978-986-344-705-4（平裝）

1.（唐）武則天　2. 傳記　3. 唐史

624.13　　108017445

重說・史 01

蒙曼說唐：武則天（暢銷經典版）

作　　者／蒙曼
主　　編／林怡君

國 際 版 權／吳玲緯
行　　銷／巫維珍　蘇莞婷　黃俊傑
業　　務／李再星　陳玫潾　陳美燕　馮逸華
編 輯 總 監／劉麗真
總 經 理／陳逸瑛
發 行 人／凃玉雲
出　　版／麥田出版
10483臺北市民生東路二段141號5樓
電話：(886)2-2500-7696　傳真：(886)2-2500-1967
發　　行／英屬蓋曼群島商家庭傳媒股份有限公司城邦分公司
10483臺北市民生東路二段141號11樓
客服服務專線：(886) 2-2500-7718、2500-7719
24小時傳真服務：(886) 2-2500-1990、2500-1991
服務時間：週一至週五09:30-12:00・13:30-17:00
郵撥帳號：19863813　戶名：書虫股份有限公司
讀者服務信箱E-mail：service@readingclub.com.tw
麥 田 網 址／https://www.facebook.com/RyeField.Cite/
香港發行所／城邦（香港）出版集團有限公司
香港灣仔駱克道193號東超商業中心1/F
電話：(852)2508-6231　傳真：(852)2578-9337
馬新發行所／城邦（馬新）出版集團Cite (M) Sdn Bhd.
41-3, Jalan Radin Anum, Bandar Baru Sri Petaling, 57000 Kuala Lumpur, Malaysia.
電話：(603)9056-3833　傳真：(603)9057-6622
讀者服務信箱：services@cite.my

封 面 設 計／莊謹銘
印　　刷／中原造像股份有限公司

■2008年 7 月　初版一刷
2012年 8 月　二版一刷
2019年11月　三版一刷

Printed in Taiwan.

定價：460元

ISBN 978-986-344-705-4